新时代"一带一路"古文明文献萃编

杨共乐　主编

古代丝绸之路文明文献萃编

武晓阳◎编译

国家社会科学基金项目《斯特拉波思想与观念研究》
（项目编号：16BSS013）阶段性成果

华夏出版社
HUAXIA PUBLISHING HOUSE

图书在版编目（CIP）数据

古代丝绸之路文明文献萃编 / 武晓阳编译 . -- 北京：华夏出版社有限公司，2023.4

（新时代"一带一路"古文明文献萃编 / 杨共乐主编）

ISBN 978-7-5222-0249-5

Ⅰ.①古… Ⅱ.①武… Ⅲ.①丝绸之路—文化史—古籍—研究 Ⅳ.① K203

中国版本图书馆 CIP 数据核字（2021）第 280131 号

古代丝绸之路文明文献萃编

编　　译	武晓阳
选题策划	潘　平
责任编辑	杜潇伟
责任印制	周　然
美术设计	殷丽云

出版发行	华夏出版社有限公司
经　　销	新华书店
印　　装	北京汇林印务有限公司
版　　次	2023 年 4 月北京第 1 版　2023 年 4 月北京第 1 次印刷
开　　本	710×1000　1/16
印　　张	21.25
字　　数	310 千字
定　　价	98.00 元

华夏出版社有限公司　地址：北京市东直门外香河园北里 4 号　邮编：100028
网址：www.hxph.com.cn　电话：（010）64663331（转）

若发现本版图书有印装质量问题，请与我社营销中心联系调换。

总　序

2013年秋天，中国国家主席习近平在出访哈萨克斯坦和印度尼西亚期间，先后提出共建丝绸之路经济带（The Silk Road Economic Belt）和21世纪海上丝绸之路（The 21st Century Maritime Silk Road），简称"一带一路"倡议（The Belt and Road Initiative）。"一带一路"倡议的主旨是：世界各参与国，通过全方位的交流合作，携手打造政治互信、经济互惠、文化包容的利益共同体、命运共同体和责任共同体。这一由中国发起的倡议得到了国际社会的高度重视。经过近十年的努力，至今已有一百多个国家和国际组织参与了"一带一路"建设。相关的建设项目也从无到有，由小而大，取得令世人羡慕的成绩。"一带一路"倡议始于中国，但惠及世界，必将有力促进人类文明事业的发展。

"一带一路"倡议有深厚的历史渊源和人文基础。早在两千多年前，我们的先人就开通了陆上和海上丝绸之路。丝绸之路把尼罗河流域、底格里斯河和幼发拉底河流域、印度河和恒河流域、黄河和长江流域连接起来，将埃及文明、两河流域文明、印度文明和中华文明的发祥地连接起来。世界不同的文明经过丝绸之路交流互鉴、紧密相连。通过丝绸之路，中国的丝、漆、瓷器、铁器以及它们的制作技术被传到西方，西方的苜蓿、胡椒和葡萄等也传到了中国。通过丝绸之路，拜占廷的金币、波斯的器皿及阿拉伯的医学等传入中国，中国的造纸术、印刷术、火药和指南针等重大发明也由此传向世界并对世界产生重大影响。[1] 通过丝绸之路，源自印度的佛教、大秦的景教等传入中国。源自中国的儒家文化，也被推介到西方，受到德国莱布尼茨和法国伏尔泰等思想

---

[1] 参阅杨共乐："人类文明进程中的中华文明"，《光明日报》，2021年12月31日。

家的赞赏。他们推崇儒家的道德与伦理并以此来丰富自己的思想学说。

当今中国首创的"一带一路",既承继历史传统,又立足世界未来,应时代之需,顺全球发展之势,赋丝路以全新之内涵,为人类进步提供极具价值的中国智慧。

当然,要通过"一带一路"与世界建立"互联互通",我们还需加强对世界上主要古文明进行的更为深入的研究。因为产生这些文明的几大古国大多分布于"一带一路"沿线,其文化对后世的影响既广泛又深远。从源头上厘清各文明的发展特点,有助于我们更好地认识"和平发展""开放包容"和"文明互鉴"的重要意义,有助于我们更深刻地理解"一带一路"倡议的重大价值。为此,从2013年年末开始,我们专门组织专家学者编纂了一套《"一带一路"古文明书系》(六卷七册),试图回答下述系列问题:(1)世界古代的文明成果主要体现在哪些方面?(2)多源产生的文明有何特点?(3)各文明区所创造的成果对后世有何影响?(4)各文明古国的国家治理体系如何构建?政治治理如何运行?(5)国家的经济保障主要体现在哪些方面?居民的等级特点与国家政权之间的关系如何?(6)在古代埃及、两河流域有没有像公元前8—前3世纪的中国、印度和希腊那样出现过精神觉醒的时代?(7)各文明古国所实行的文化政策有何特点?其对居民有何影响?(8)古代文明兴起的具体原因以及个别文明消亡的关键因素是什么?(9)中华文明连续不中断的原因究竟在哪里?等等。①《"一带一路"古文明书系》得到北京师范大学出版社的大力支持,已由2018年11月出版。出版后,社会反响良好,至今已连续重印两三次。

与此同时,我们又组织相关学者集中精力,协同攻关,对世界上主要文明地区留下的文献资料进行精选、翻译。经过近八年的努力,我们又完成了《"一带一路"古文明书系》的姊妹篇——《新时代"一带一路"古文明文献萃编》(七卷十册)的编译工作。

《新时代"一带一路"古文明文献萃编》以"一带一路"沿途所经且在历

---

① 参见杨共乐总主编:《"一带一路"古文明书系》总序,北京:北京师范大学出版社,2018年版。

史上有重要影响的古文明文献为萃编、译注对象，以中国人特有的视角选择文献资料，展示人类文明的内涵与特色。让文献说话，让文献在当代发挥作用，是我们这套丛书的显著特色。《新时代"一带一路"古文明文献萃编》共七卷十册，分别是《古代美索不达米亚文明文献萃编》《古代埃及文明文献萃编（上、下册）》《古代印度波斯文明文献萃编》《古代希腊文明文献萃编》《古代罗马文明文献萃编（上、下册）》《古代中国文明文献萃编（上、下册）》和《古代丝绸之路文明文献萃编》。范围涉及北非、西亚、南亚、东亚和南欧五大区。我们衷心希望《新时代"一带一路"古文明文献萃编》能为学界提供一种新的、认识古代世界的视角，为我国的"一带一路"建设贡献微薄的力量。

杨共乐

北京师范大学史学理论与史学史研究中心

2022 年 2 月 15 日

目　录

序　言 /001

司马迁《史记·大宛列传》/005

班固《汉书·西域传》（上、下）/021

　　上卷/023

　　下卷/038

鱼豢《魏略·西戎传》/055

范晔《后汉书·西域传》/063

魏收《魏书·西域传》/081

《大秦景教流行中国碑》/097

《那先比丘经》/103

　　上卷/105

下卷/116

法显《法显传》/129

一　自发迹长安至度葱岭/131
二　北天竺、西天竺记游/134
三　中天竺、东天竺记游/138
四　师子国记游/151
五　浮海东还/155
结语/156
跋/156

杜环《经行记》/159

斯特拉波《地理学》（选译）/167

意大利/169
罗马城/175
埃及的亚历山大里亚/179
叙利亚/186

《厄立特里亚航海记》/209

昆图斯·库尔提乌斯《亚历山大史》（选译）/229

第九卷目录/231
第九卷/233

克劳狄乌斯·托勒密《地理学》（卷五）/265

　　卷五/267

阿米亚努斯·马尔凯利努斯《晚期罗马帝国史》（选译）/309

　　对波斯王国十八个大行省的描述，其中包括每个行省的实力及其居民的风俗习惯（XXIII.6.1—88）/311

序　言

杨共乐

"丝绸之路"一词出现于19世纪70年代，这一概念来源于学者们对客观历史的真实提炼和高度概括。从历史上看，这条大道的建成并非一人之力，而是东西方众多先驱共同开拓的结果。这里的东西方先驱既有国王、使者，也不乏商人和航海探险家。

就陆道而言，西段的建设者应该上溯至亚历山大。公元前334年，马其顿国王亚历山大亲率3万余精兵东征波斯。波斯国王大流士三世仓促应战，最终为亚历山大所败。公元前327年，亚历山大率军来到中亚，灭掉波斯的地方政权巴克特里亚，并于锡尔河上游修筑亚历山大里亚城，派兵加强对这一地区的统治。欧洲势力开始进驻亚洲腹部邻近中国的地区。此后百余年间，中亚巴克特里亚地区的政权一直掌控在马其顿人和希腊人手里。中国与西方之间在当时虽还没有建立起直接联系，但西方已经知道了一些中国的消息。希腊人克泰夏斯在其作品中首次提到了东方远国"赛里斯"（Seres），"赛里斯"由此成为希腊对包括中国在内的东方远国的称呼。

东段的开拓者显然要数汉武帝的使者张骞。他于公元前138年至公元前126年、公元前119年至公元前115年两次出使西域，史称张骞"凿空"。张骞"凿空"，不但打通了东西方交往的连接点，而且大大开阔了中国人的世界视野，开创了中西交流的新纪元。此后，东西方陆上交通大开。从中国西去求"奇物"者"相望于道"，"一岁中使多者十余，少者五六辈，远者八九岁，近者数岁而反""一辈大者数百，少者百余人"。中国的丝绸随使者不断输出国外，中亚、西亚与罗马也因此留下了中国丝绸的记录。罗马的文献中还出现了罗马元老院通过决议反对男子穿丝绸衣服的禁令。

东汉时，班超为西域都护，曾经营西域31年，政绩卓著，成效明显。西域"五十余国悉纳质内属，其条支、安息诸国至于海濒四万里外，皆重译贡献"。公元97年，班超派部下甘英出使大秦（罗马），抵条支，欲渡，为安息船人所阻，只得"穷临西海而还"。甘英走南道赴大秦，虽中途而归，但其西行的路程远比张骞要长，其实际影响也比张骞要大。就在甘英出使大秦后不久，也就是公元100年，"远国蒙奇兜勒皆来归服，遣使贡献"。东汉朝廷对蒙奇兜勒遣使之事高度重视，还特意"赐其王金印紫绶"。蒙奇兜勒正是Macedones（马其顿，时属罗马帝国）之音译。马其顿遣使内附打通了中西间的直接交往，在中西交往史上占有十分重要的地位，而这件事本身也印证了中国与罗马陆上交通的存在。

就海道而言，中国至印度一线，为中国人所开拓。海船一般沿着印度支那半岛与南亚半岛海岸航行。公元前111年，汉朝用兵南越并在当地设置南海、苍梧与合浦等郡。合浦以南至印度的线路皆保存于《汉书·地理志》中。据《汉书·地理志》记载："自合浦徐闻南入海，得大州，东西南北方千里，武帝元封元年略以为儋耳、珠崖郡……自日南障塞、徐闻、合浦船行可五月，有都元国；又船行可四月，有邑卢没国；又船行可二十余日，有谌离国；步行可十余日，有夫甘都卢国；自夫甘都卢国船行可二月余，有黄支国……平帝元始中，王莽辅政，欲耀威德，厚遗黄支王，令遣使献生犀牛。自黄支船行可八月，到皮宗；船行可二月，到日南、象林界云。"据考证，黄支就是印度东岸之Kanchipura，即后来玄奘所记的建志补罗城。

印度至罗马的海路则多为罗马人开创，船队最初皆绕着南阿拉伯海岸航行。据罗马地理学家斯特拉波《地理学》记载，在奥古斯都时期，每年都有多达120艘船只从埃及的红海港口起航，远航至曼德海峡之外各地，有的甚至远达恒河。大约在提比略执政时期，有一位名叫希帕鲁斯的罗马商人在长期实践的基础上发现了印度洋季风的规律。罗马人利用季风，不但可以直接跨越印度洋，而且大大缩短了罗马至印度的距离。按英国学者赫德逊测算，意大利到印度的一次旅程，只需要花费16个星期。约在公元2世纪中叶稍前，有一位名叫亚历山大的罗马人越过孟加拉湾，到达日南北部的卡提加拉。"至桓帝延熹九年（公元166年），大秦王安敦（指罗马元首马尔库斯·奥理略）遣使自日南徼外，献象牙、犀角、瑇瑁"来到中国，中西海道"始乃一通"。当时世界上最强大的两个国家——中国与罗马开始通过海道直接发生关系。印度和西方古典文献中出现的"秦尼（Sinae，Thinae）"实际上就是西方人对南部中国的尊称。

在中西陆、海两道开通之时，有许多中国的商品随使者输往西方。据中国的正史记载，从陆道西去的使者常"赍金币帛直数千巨万"，从海道西航的译使也携"黄金、杂缯而往"。由此可见，丝织品和黄金是出访人员必备的物品。

丝织品之所以成为使者出访时首选的重要物品，最根本的原因就在于，中国是桑蚕的故乡，而且在相当长的时间内，又是唯一掌握养蚕技术的国家。根据传说，我国"养蚕取丝"的发明者为黄帝元妃嫘祖。她教民育蚕，治丝茧以制衣服。考古发掘也表明：大约在距今约6000—5600年的仰韶文化时期，我们的祖先就懂得了"养蚕取丝"的技术。著名学者夏鼐先生曾指出，至迟在殷商时期，我国已能"充分利用蚕丝的优点，并且改进了织机，发明了提花装置，能够用蚕丝织成精美的丝绸"。此后，此项丝织技术不但没有失传，反而随着时代和社会的变化，又有新的改进和发展。

《史记·大宛列传》有言："自大宛以西至安息国……其地皆无丝漆。"实际上，不但当时的安息国无丝，就是安息国以西的罗马也不产丝，所以中国的丝绸一直是罗马贵族身份的象征。为获取丝绸衣料，罗马人不惜远赴赛里斯，正是"靠着如此长距离的谋求，罗马的贵妇们才能够穿上透明的衣衫，耀眼于公众场合"。老普林尼坦言："据最低估算，每年从我们帝国流入印度、赛里斯和阿拉伯半岛的金钱，不下1亿塞斯退斯。"在罗马，不但有销售中国丝绸的丝绸市场、丝绸商人，而且还有丝绸加工地，丝绸交易的价格曾一度与黄金相等。

随着丝绸西向输出，我国的养蚕织绸技术也不断西传。公元5世纪时，中原的种桑、养蚕、缫丝织绸法已传至和阗；到6世纪的查士丁尼时代，更是跨越国界传到了罗马的东部世界。从此以后，"在罗马的土地上也能生产蚕丝了"，西方对中国丝绸的依赖逐渐消失。

历史表明，在中国的汉代，亦即西方的罗马共和晚期及帝国时期，世界上确实存在着以丝绸为重要交易物的陆、海大道。19世纪以后，这两条大道被分别冠之以"陆上丝绸之路"和"海上丝绸之路"，总称为"丝绸之路"。丝绸之路的起点是中国，终点在罗马。中亚、南亚、西亚是陆上丝绸之路的必经之地，南海、红海、地中海是海上丝绸之路的必过之海，而印度洋则是海上丝绸之路的必跨之洋。丝绸之路的开启，既拉近了亚欧各国各地区间的距离，密切了沿途各国人民之间的关系，又加强了沿途各民族之间的交往，大大推进了人类文明的进步。从这一意义来讲，丝绸之路是世界的奇迹，更是人类携手合作的创举。

（原文题名：《丝绸之路：人类携手合作的创举》，载《光明日报》，2017年9月11日，第14版）

司马迁《史记·大宛列传》

《史记》是西汉史学家司马迁撰写的纪传体史书，是我国历史上第一部纪传体通史，被列为"二十四史"之首。其中的《大宛列传》，所记地区以大宛为中心，包括乌孙、康居、奄蔡、大月氏、安息、条枝和大夏等广阔的区域，内容涉及这些地区和国家的地理方位、道路里程、人口、物产、习俗、城市、政治、军事等诸多方面。书中的不少信息源于张骞，具有较高的准确性。张骞于公元前138年至公元前126年、公元前119年至公元前115年两次出使西域，史称张骞"凿空"。张骞"凿空"，不但打通了东西方交往的连接点，而且大大开阔了中国人的世界视野，开创了中西交流的新纪元。包含张骞所带回的丰富信息的《大宛列传》，成为我们研究和认识当时"西方"的重要依据。

　　大宛①之迹，②见自张骞。张骞，汉中人。③建元中为郎。是时天子问匈奴降者，皆言匈奴破月氏王，④以其头为饮器，⑤月氏遁逃而常怨仇匈奴，无与共

---

　　① 《史记索隐》音菀，又于袁反。
　　② 《史记正义》《汉书》云："大宛国去长安万二千五百五十里，东至都护治，西南至大月氏，南亦至大月氏，北至康居。"《括地志》云："率都沙那国亦名苏对沙那国，本汉大宛国。"
　　③ 《史记索隐》陈寿《益部耆旧传》云："骞，汉中成固人。"
　　④ 《史记正义》氏音支。凉、甘、肃、瓜、沙等州，本月氏国之地。《汉书》云"本居敦煌、祈连间"是也。
　　⑤ 《史记集解》韦昭曰："饮器，椑榼也。单于以月氏王头为饮器。"晋灼曰："饮器，虎子之属也。或曰饮酒器也。"《史记索隐》椑音白迷反。榼音苦盍反。案：谓今之偏榼也。《史记正义》《汉书匈奴传》云："元帝遣车骑都尉韩昌、光禄大夫张猛与匈奴盟，以老上单于所破月氏王头为饮器者，共饮血盟。"

击之。汉方欲事灭胡，闻此言，因欲通使。道必更匈奴中，①乃募能使者。骞以郎应募，使月氏，与堂邑氏（故）胡奴甘父②俱出陇西。经匈奴，③匈奴得之，传诣单于。单于留之，曰："月氏在吾北，汉何以得往使？吾欲使越，汉肯听我乎？"留骞十余岁，与妻，有子，然骞持汉节不失。

居匈奴中，益宽，骞因与其属亡乡月氏，西走数十日至大宛。大宛闻汉之饶财，欲通不得，见骞，喜，问曰："若欲何之？"骞曰："为汉使月氏，而为匈奴所闭道。今亡，唯王使人导送我。诚得至，反汉，汉之赂遗王财物不可胜言。"大宛以为然，遣骞，④为发导绎，抵康居，⑤康居传致大月氏。⑥大月氏王已为胡所杀，立其太子为王。⑦既臣大夏而居，⑧地肥饶，少寇，志安乐，又自以远汉，殊无报胡之心。骞从月氏至大夏，竟不能得月氏要领。⑨

留岁余，还，并南山，⑩欲从羌中归，⑪复为匈奴所得。留岁余，单于死，⑫左谷蠡王攻其太子自立，国内乱，骞与胡妻及堂邑父俱亡归汉。汉拜骞为太中大夫，堂邑父为奉使君。⑬

---

① 《史记索隐》更，经也。音羹。
② 《史记集解》《汉书音义》曰："堂邑氏，姓；胡奴甘父，字。"《史记索隐》案：谓堂邑县人家胡奴名甘父也。下云"堂邑父"者，盖后史家从省，唯称"堂邑父"而略"甘"字。甘，或其姓号。
③ 《史记索隐》谓道经匈奴也。
④ 《史记索隐》谓大宛发遣骞西也。
⑤ 《史记索隐》为发道驿抵康居。发道，谓发驿令人导引而至康居也。导音道。抵，至也。居音渠也。《史记正义》抵，至也。居，其居反。《括地志》云："康居国在京西一万六百里。其西北可二千里有奄蔡，酒国也。"
⑥ 《史记正义》此大月氏在大宛西南，于妫水北为王庭。《汉书》云去长安万一千六百里。
⑦ 《史记集解》徐广曰："一云'夫人为王'，夷狄亦或女主。"《史记索隐》案：《汉书张骞传》云"立其夫人为王"也。
⑧ 《史记索隐》既臣大夏而君之。谓月氏以大夏为臣，而为之作君也。《史记正义》既，尽也。大夏国在妫水南。
⑨ 《史记集解》《汉书音义》曰："要领，要契。"《史记索隐》李奇云"要领，要契也"。小颜以为衣有要领。刘氏云"不得其要害"，然颇是其意，于文字为疏者也。
⑩ 《史记正义》并，白浪反。南山即连终南山，从京南东至华山过河，东北连延至海，即中条山也。从京南连接至葱岭万余里，故云"并南山"也。《西域传》云"其南山东出金城，与汉南山属焉"。
⑪ 《史记正义》《说文》云："羌，西方牧羊人也。南方蛮闽从虫，北方狄从犬，东方貊从豸，西方羌从羊。"
⑫ 《史记集解》徐广曰："元朔三年。"
⑬ 《史记索隐》堂邑父之官号。

骞为人强力，宽大信人，蛮夷爱之。堂邑父故胡人，善射，穷急射禽兽给食。初，骞行时百余人，去十三岁，唯二人得还。

　　骞身所至者大宛、大月氏、大夏、康居，而传闻其旁大国五六，具为天子言之。曰：

　　大宛在匈奴西南，在汉正西，去汉可万里。其俗土著，耕田，田稻麦。有蒲陶酒。多善马，①马汗血，其先天马子也。②有城郭屋室。其属邑大小七十余城，众可数十万。其兵弓矛骑射。其北则康居，西则大月氏，西南则大夏，东北则乌孙，东则扞罙、③于窴。④于窴之西，则水皆西流，注西海；其东水东流，注盐泽。⑤盐泽潜行地下，其南则河源出焉。⑥多玉石，河注中国。而楼兰、姑师⑦邑有城郭，临盐泽。盐泽去长安可五千里。匈奴右方居盐泽以东，至陇西长城，南接羌，鬲汉道焉。

　　乌孙在大宛东北可二千里，行国，⑧随畜，与匈奴同俗。控弦者数万，敢战。故服匈奴，及盛，取其羁属，不肯往朝会焉。

　　康居在大宛西北可二千里，行国，与月氏大同俗。控弦者八九万人。与大宛邻国。国小，南羁事月氏，东羁事匈奴。

---

① 《史记索隐》案：《外国传》云"外国称天下有三众：中国人众，大秦宝众，月氏马众"。
② 《史记集解》《汉书音义》曰："大宛国有高山，其上有马，不可得，因取五色母马置其下，与交，生驹汗血，因号曰天马子。"
③ 《史记集解》徐广曰："《汉纪》曰拘弥国去于窴三百里。"《史记索隐》扞罙，国名也，音汗弥二音。《汉纪》谓荀悦所撰《汉纪》。拘音俱，弥即罙也，则拘弥与扞罙是一也。
④ 《史记索隐》音殿。
⑤ 《史记索隐》盐水也。《太康地记》云"河北得水为河，塞外得水为海"也。《史记正义》《汉书》云："盐泽去玉门、阳关三百余里，广袤三四百里。其水皆潜行地下，南出于积石山为中国河。"《括地志》云："蒲昌海一名泑泽，一名盐泽，亦名辅日海，亦名穿兰，亦名临海，在沙州西南。玉门关在沙州寿昌县西六里。"
⑥ 《史记索隐》案：《汉书西域传》云"河有两源，一出葱岭，一出于窴"。《山海经》云"河出昆仑东北隅"。郭璞云"河出昆仑，潜行地下，至葱岭山于窴国，复分流岐出，合而东注泑泽，已而复行积石，为中国河"。泑泽即盐泽也，一名蒲昌海。《西域传》云"一出于寘南山下"，与郭璞注《山海经》不同。《广志》云"蒲昌海在蒲类海东"也。
⑦ 《史记正义》二国名。姑师即车师也。
⑧ 《史记集解》徐广曰："不土著。"

奄蔡①在康居西北可二千里，行国，与康居大同俗。控弦者十余万。临大泽，无崖，盖乃北海云。

大月氏②在大宛西可二三千里，居妫水北。其南则大夏，西则安息，北则康居。行国也，随畜移徙，与匈奴同俗。控弦者可一二十万。故时强，轻匈奴，及冒顿立，攻破月氏，至匈奴老上单于，杀月氏王，以其头为饮器。始月氏居敦煌、祁连间，③及为匈奴所败，乃远去，过宛，西击大夏而臣之，遂都妫水北，为王庭。其余小众不能去者，保南山羌，号小月氏。

安息④在大月氏西可数千里。其俗土著，耕田，田稻麦，蒲陶酒。城邑如大宛。其属小大数百城，地方数千里，最为大国。临妫水，有市，民商贾用车及船，行旁国或数千里。以银为钱，钱如其王面，⑤王死辄更钱，效王面焉。画革旁行以为书记。⑥其西则条枝，北有奄蔡、黎轩。⑦

---

① 《史记正义》《汉书解诂》云："奄蔡即阖苏也。"《魏略》云："西与大秦通，东南与康居接。其国多貂，畜牧水草，故时羁属康居也。"

② 《史记正义》万震《南州志》云："在天竺北可七千里，地高燥而远。国王称'天子'，国中骑乘常数十万匹，城郭宫殿与大秦国同。人民赤白色，便习弓马。土地所出，及奇玮珍物，被服鲜好，天竺不及也。"康泰《外国传》云："外国称天下有三众：中国为人众，秦为宝众，月氏为马众也。"

③ 《史记正义》初，月氏居敦煌以东，祁连山以西。敦煌郡今沙州。祁连山在甘州西南。

④ 《史记正义》《地理志》云："安息国京西万一千二百里。自西关西行三千四百里至阿蛮国，西行三千六百里至斯宾国，从斯宾南行度河，又西南行至于罗国九百六十里，安息西界极矣。自此南乘海乃通大秦国。"《汉书》云："北康居，东乌弋山离，西条枝。国临妫水。土著。以银为钱，如其王面，王死辄更钱，效王面焉。"

⑤ 《史记索隐》《汉书》云："文独为王面，幕为夫人面。"荀悦云："幕音漫，无文面也。"张晏云："钱之文面作人乘马，钱之幕作人面形。"韦昭曰："幕，钱背也，音漫。"包恺音慢。

⑥ 《史记集解》《汉书音义》曰："横行为书记。"《史记索隐》画音获。小颜云："革，皮之不柔者。"韦昭云："外夷书皆旁行，今扶南犹中国，直下也。"

⑦ 《史记索隐》《汉书》作"犁靬"。《续汉书》一名"大秦"。按：三国并临西海，《后汉书》云"西海环其国，惟西北通陆道"。然汉使自乌弋以还，莫有至条枝者。《史记正义》上力奚反。下巨言反，又巨连反。《后汉书》云："大秦一名犁鞬，在西海之西，东西南北各数千里。有城四百余所。土多金银奇宝，有夜光璧、明月珠、骇鸡犀、火浣布、珊瑚、琥珀、琉璃、琅玕、朱丹、青碧，珍怪之物，率出大秦。"康氏《外国传》云："其国城郭皆青水精为［础］，及五色水精为壁。人民多巧，能化银为金。国土市买皆金银钱。"万震《南州志》云："大家屋舍，以珊瑚为柱，琉璃为墙壁，水精为础舄。海中斯调（州）［洲］上有木，冬月往剥取其皮，绩以为布，极细，手巾齐数匹，与麻焦布无异，色小青黑，若垢污欲浣之，则入火中，便更精洁，世谓之火浣布。秦云定重参问门树皮也。"《括地志》云："火山国在扶风南东

条枝在安息西数千里,临西海。暑湿。耕田,田稻。有大鸟,卵如瓮。①人众甚多,往往有小君长,而安息役属之,以为外国。国善眩。②安息长老传闻条枝有弱水、西王母,而未尝见。③

女国在于阗国南二千七百里。于寘去京凡九千六百七十里。计大秦与大昆仑山相去几四五万里,非所论及,而前贤误矣。此皆据汉括地论之,犹恐未审,然弱水二所说皆有也。

大夏在大宛西南二千余里妫水南。其俗土著,有城屋,与大宛同俗。无大(王)[君]长,往往城邑置小长。其兵弱,畏战。善贾市。及大月氏西徙,攻败之,皆臣畜大夏。大夏民多,可百余万。其都曰蓝市城,有市贩贾诸物。其东南有身毒国。④

大湖海中。其国中山皆火,然火中有白鼠皮及树皮,绩为火浣布。《魏略》云大秦在安息、条支西大海之西,故俗谓之海西。从安息界乘船直载海西,遇风利时三月到,风迟或一二岁。其公私宫室为重屋,邮驿亭置如中国。从安息绕海北陆到其国,人民相属,十里一亭,三十里一置。无盗贼。其俗人长大平正,似中国人而胡服。宋膺《异物志》云秦之北附庸小邑,有羊羔自然生于土中,候其欲萌,筑墙绕之,恐兽所食。其脐与地连,割绝则死。击物惊之,乃惊鸣,脐遂绝,则逐水草为群。又大秦金二枚,皆大如瓜,植之滋息无极,观之如用则真金也。"《括地志》云:"小人国在大秦南,人才三尺。其耕稼之时,惧鹤所食,大秦卫助之。即焦侥国,其人穴居也。"

① 《史记正义》《汉书》云:"条支出师子、犀牛、孔雀、大雀,其卵如瓮。和帝永元十三年,安息王满屈献师子、大鸟,世谓之'安息雀'。"《广志云》:"鸟,鸹鹰身,蹄骆,色苍,举头八九尺,张翅丈余,食大麦,卵大如瓮。"

② 《史记集解》应劭曰:"眩,相诈惑。"《史记正义》颜云:"今吞刀、吐火、殖瓜、种树、屠人、截马之术皆是也。"

③ 《史记索隐》《魏略》云:"弱水在大秦西。"《玄中记》云:"天下之弱者,有昆仑之弱水,鸿毛不能载也。"《山海经》云:"玉山,西王母所居。"《穆天子传》云:"天子觞西王母瑶池之上。"《括地图》云:"昆仑弱水乘龙不至。有三足神乌,为王母取食。"《史记正义》此弱水、西王母既是安息长老传闻而未曾见,《后汉书》云桓帝时大秦国王安敦遣使自日南徼外来献,或云其国西有弱水、流沙,近西王母处,几于日所入也。然先儒多引《大荒西经》云弱水云有二源,俱出女国北阿耨达山,南流会于女国东,去国一里,深丈余,阔六十步,非毛舟不可济,南流入海。阿耨达山即昆仑山也,与《大荒西经》合矣。然大秦国在西海中岛上,从安息西界过海,好风用三月乃到,弱水又在其国之西。昆仑山弱水流在女国北,出昆仑山南。女国在于寘国南二千七百里。于寘去京凡九千六百七十里。计大秦与大昆仑山相去几四五万里,非所论及,而前贤误矣。此皆据汉括地论之,犹恐未审,然弱水二所说皆有也。

④ 《史记集解》徐广曰:"身,或作'乾',又作'讫'。"《史记索隐》身音乾,毒音笃。孟康云:"即天竺也,所谓浮图胡也。"《史记正义》一名身毒,在月氏东南数千里。俗与月氏同,而卑湿暑热。其国临大水,乘象以战。其民弱于月氏。修浮图道,不杀伐,遂以成俗。土有象、犀、瑇瑁、金、银、

骞曰："臣在大夏时，见邛竹杖、蜀布。①问曰：'安得此？'大夏国人曰：'吾贾人往市之身毒。身毒在大夏东南可数千里。其俗土著，大与大夏同，而卑湿暑热云。其人民乘象以战。其国临大水焉。'②以骞度之，大夏去汉万二千里，居汉西南。今身毒国又居大夏东南数千里，有蜀物，此其去蜀不远矣。今使大夏，从羌中，险，羌人恶之；少北，则为匈奴所得；从蜀宜径，③又无寇。"天子既闻大宛及大夏、安息之属皆大国，多奇物，土著，颇与中国同业，而兵弱，贵汉财物；其北有大月氏、康居之属，兵强，可以赂遗设利朝也。且诚得而以义属之，则广地万里，重九译，④致殊俗，威德遍于四海。天子欣然，以骞言为然，乃令骞因蜀犍为⑤发间使，四道并出：出駹，出冄，⑥出徙，⑦出邛、僰，⑧

铁、锡、铅。西与大秦通，有大秦珍物。明帝梦金人长大，顶有光明，以问群臣。或曰："西方有神，名曰'佛'，其形长丈六尺而黄金色。"帝于是遣使天竺问佛道法，遂至中国，画形像焉。万震《南州志》云："地方三万里，佛道所出。其国王居城郭，殿皆雕文刻镂。街曲市里，各有行列。左右诸大国凡十六，皆共奉之，以天地之中也。"浮屠经云："临儿国王生隐屠太子。父曰屠头邪，母曰莫邪屠。身色黄，发如青丝，乳有青色，爪赤如铜。始莫邪梦白象而孕，及生，从母右胁出。生有发，堕地能行七步。"又云："太子生时，有二龙王夹左右吐水，一龙水暖，一龙水冷，遂成二池，今犹一冷一暖。初行七步处，琉璃上有太子脚迹见在。生处名祇洹精舍，在舍卫国南四里，是长者须达所起。又有阿输迦树，是夫人所攀生太子树也。"《括地志》云："沙祇大国即舍卫国也，在月氏南万里，即波斯匿王治处。此国共九十种。知身后事。城有祇树给孤园。"又云："天竺国有东、西、南、北、中央天竺国，国方三万里，去月氏七千里。大国隶属凡二十一。天竺在昆仑山南，大国也。治城临恒水。"又云："阿耨达山亦名建末达山，亦名昆仑山。水出，一名拔扈利水，一名恒伽河，即经称［恒］河者也。自昆仑山以南，多是平地而下湿。土肥良，多种稻，岁四熟，留役驼马，米粒亦极大。"又云："佛上忉利天，为母说法九十日。波斯匿王思欲见佛，即刻牛头旃檀象，置精舍内佛坐。此像是众像之始，后人所法也。佛上天青梯，今变为石，没入地，唯余十二蹬，蹬间二尺余。彼耆老言，梯入地尽，佛法灭。"又云："王舍国，胡语曰罪悦祇国。其国灵鹫山，胡语曰耆阇崛山。山是青石，石头似鹫。鸟名耆阇，鹫也。崛，山石也。山周四十里，外周围水，佛于此坐禅，及诸阿难等俱在此坐。"又云："小孤石，石上有石室者，佛坐其中，天帝释以四十二事问佛，佛一一以指画石，其迹尚存。又于山上起塔，佛昔将阿难在此上山四望，见福田疆畔，因制七条衣割截之法于此，今袈裟衣是也。"

① 《史记正义》邛都邛山出此竹，因名"邛竹"。节高实中，或寄生，可为杖。布，土芦布。
② 《史记正义》大水，河也。
③ 《史记集解》如淳曰："径，疾也。或曰径，直。"
④ 《史记正义》言重重九遍译语而致。
⑤ 《史记正义》犍，其连反。犍为郡今戎州也，在益州南一千余里。
⑥ 《史记正义》茂州、向州等，冄、駹之地，在戎州西北也。
⑦ 《史记集解》徐广曰："属汉嘉。"《史记索隐》李奇云："徙音斯。蜀郡有徙县也。"
⑧ 《史记正义》僰，蒲北反。徙在嘉州；邛，今邛州；僰，今雅州：皆在戎州西南也。

皆各行一二千里。其北方闭氏、筰,①南方闭巂、昆明。②昆明之属无君长,善寇盗,辄杀略汉使,终莫得通。然闻其西可千余里有乘象国,名曰滇越,③而蜀贾奸出物者或至焉,于是汉以求大夏道始通滇国。初,汉欲通西南夷,费多,道不通,罢之。及张骞言可以通大夏,乃复事西南夷。

骞以校尉从大将军击匈奴,知水草处,军得以不乏,乃封骞为博望侯。④是岁元朔六年也。其明年,骞为卫尉,与李将军俱出右北平击匈奴。匈奴围李将军,军失亡多;而骞后期当斩,赎为庶人。是岁汉遣骠骑破匈奴西(城)[域]数万人,至祁连山。其明年,浑邪王率其民降汉,而金城、河西西并南山至盐泽空无匈奴。匈奴时有候者到,而希矣。其后二年,汉击走单于于幕北。

是后天子数问骞大夏之属。骞既失侯,因言曰:"臣居匈奴中,闻乌孙王号昆莫,昆莫之父,匈奴西边小国也。匈奴攻杀其父,⑤而昆莫生,弃于野。乌嗛肉蜚其上,⑥狼往乳之。单于怪以为神,而收长之。及壮,使将兵,数有功,单于复以其父之民予昆莫,令长守于西(城)[域]。昆莫收养其民,攻旁小邑,控弦数万,习攻战。单于死,昆莫乃率其众远徙,中立,不肯朝会匈奴。匈奴遣奇兵击,不胜,以为神而远之,因羁属之,不大攻。今单于新困于汉,而故浑邪地空无人。蛮夷俗贪汉财物,今诚以此时而厚币赂乌孙,招以益东,居故浑邪之地,与汉结昆弟,其势宜听,听则是断匈奴右臂也。既连乌孙,自其西大夏之属皆可招来而为外臣。"天子以为然,拜骞为中郎将,将三百人,马各二匹,牛羊以万数,赍金币帛直数千巨万,多持节副使,道可使,使遗之他旁国。

---

① 《史记集解》服虔曰:"皆夷名,汉使见闭于夷也。"《史记索隐》韦昭云:"筰县在越巂,音昨。"案:南越破后杀筰侯,以筰都为沈黎郡,又有定筰县。《史记正义》氐,今成州及武等州也。筰,白狗羌也。皆在戎州西北也。

② 《史记正义》巂州及南昆明夷也,皆在戎州西南。

③ 《史记集解》徐广曰:"一作'城'。"《史记正义》昆、郎等州皆滇国也。其西南滇越、越巂则通号越,细分而有巂、滇等名也。

④ 《史记索隐》案:张骞封号耳,非地名。小颜云"取其能博广瞻望"也。寻武帝置博望苑,亦取斯义也。《史记正义》《地理志》南阳博望县。

⑤ 《史记索隐》按《汉书》,父名难兜靡,为大月氏所杀。

⑥ 《史记集解》徐广曰:"读'嗛'与'衔'同。《酷吏传》'义纵不治道,上忿衔之',《史记》亦作'嗛'字。"《史记索隐》嗛音衔。蜚亦"飞"字。

骞既至乌孙，乌孙王昆莫见汉使如单于礼，骞大惭，知蛮夷贪，乃曰："天子致赐，王不拜则还赐。"昆莫起拜赐，其他如故。骞谕使指曰："乌孙能东居浑邪地，则汉遣翁主为昆莫夫人。"乌孙国分，王老，而远汉，未知其大小，素服属匈奴日久矣，且又近之，其大臣皆畏胡，不欲移徙，王不能专制。骞不得其要领。昆莫有十余子，其中子曰大禄，强，善将众，将众别居万余骑。大禄兄为太子，太子有子曰岑娶，而太子蚤死。临死谓其父昆莫曰："必以岑娶为太子，无令他人代之。"昆莫哀而许之，卒以岑娶为太子。大禄怒其不得代太子也，乃收其诸昆弟，将其众畔，谋攻岑娶及昆莫。昆莫老，常恐大禄杀岑娶，予岑娶万余骑别居，而昆莫有万余骑自备，国众分为三，而其大总取羁属昆莫，昆莫亦以此不敢专约于骞。

骞因分遣副使使大宛、康居、大月氏、大夏、安息、身毒、于寘、扜罙及诸旁国。乌孙发导译送骞还，骞与乌孙遣使数十人，马数十匹报谢，因令窥汉，知其广大。

骞还到，拜为大行，列于九卿。岁余，卒。

乌孙使既见汉人众富厚，归报其国，其国乃益重汉。其后岁余，骞所遣使通大夏之属者皆颇与其人俱来，① 于是西北国始通于汉矣。然张骞凿空，② 其后使往者皆称博望侯，以为质于外国，③ 外国由此信之。

自博望侯骞死后，匈奴闻汉通乌孙，怒，欲击之。及汉使乌孙，若④出其南，抵大宛、大月氏相属，乌孙乃恐，使使献马，愿得尚汉女翁主为昆弟。天子问群臣议计，皆曰"必先纳聘，然后乃遣女"。初，天子发书《易》，⑤云"神马当从西北来"。得乌孙马好，名曰"天马"。及得大宛汗血马，益壮，更名乌孙马曰"西极"，名大宛马曰"天马"云。而汉始筑令居以西，⑥ 初置酒泉郡以通西北国。因

---

① 《史记集解》晋灼曰："其国人。"
② 《史记集解》苏林曰："凿，开；空，通也。骞开通西域道。"《史记索隐》案:谓西域险厄，本无道路，今凿空而通之也。
③ 《史记集解》如淳曰："质，诚信也。博望侯有诚信，故后使称其意以喻外国。"李奇曰："质，信也。"
④ 《史记集解》徐广曰："《汉书》作'及'，若意义亦及也。"
⑤ 《史记集解》《汉书音义》曰："发《易》书以卜。"
⑥ 《史记集解》徐广曰："属金城。"

益发使抵安息、奄蔡、黎轩、条枝、身毒国。而天子好宛马，使者相望于道。诸使外国一辈大者数百，少者百余人，人所赍操大放博望侯时。其后益习而衰少焉。汉率一岁中使多者十余，少者五六辈，远者八九岁，近者数岁而反。

是时汉既灭越，而蜀、西南夷皆震，请吏入朝。于是置益州、越巂、牂柯、沈黎、汶山郡，欲地接以前通大夏。① 乃遣使柏始昌、吕越人等岁十余辈，出此初郡② 抵大夏，皆复闭昆明，为所杀，夺币财，终莫能通至大夏焉。于是汉发三辅罪人，因巴蜀士数万人，遣两将军郭昌、卫广等往击昆明之遮汉使者，③ 斩首虏数万人而去。其后遣使，昆明复为寇，竟莫能得通。而北道酒泉抵大夏，使者既多，而外国益厌汉币，不贵其物。

自博望侯开外国道以尊贵，其后从吏卒皆争上书言外国奇怪利害，求使。天子为其绝远，非人所乐往，听其言，予节，募吏民毋问所从来，为具备人众遣之，以广其道。来还不能毋侵盗币物，及使失指，天子为其习之，辄覆案致重罪，以激怒令赎，复求使。使端无穷，而轻犯法。其吏卒亦辄复盛推外国所有，言大者予节，言小者为副，故妄言无行之徒皆争效之。其使皆贫人子，私县官赍物，欲贱市以私其利外国。外国亦厌汉使人人有言轻重，④ 度汉兵远不能至，而禁其食物以苦汉使。汉使乏绝积怨，至相攻击。而楼兰、姑师小国耳，⑤ 当空道，攻劫汉使王恢等尤甚。⑥ 而匈奴奇兵时时遮击使西国者。使者争遍言外国灾害，皆有城邑，兵弱易击。于是天子以故遣从骠侯破奴将属国骑及郡兵数万，至匈河水，欲以击胡，胡皆去。其明年，击姑师，破奴与轻骑七百余先至，虏楼兰王，遂破姑师。因举兵威以困乌孙、大宛之属。还，封破奴为浞野侯。⑦ 王恢⑧ 数使，为楼兰所苦，言天子，天子发兵令恢佐破奴击破之，封恢为

---

① 《史记集解》李奇曰："欲地界相接至大夏。"
② 《史记索隐》按：谓越巂、汶山等郡。谓之"初"者，后背叛而并废之也。
③ 《史记集解》徐广曰："元封二年。"
④ 《史记集解》服虔曰："汉使言于外国，人人轻重不实。"如淳曰："外国人人自言数为汉使所侵易。"
⑤ 《史记集解》徐广曰："即车师。"
⑥ 《史记集解》徐广曰："恢，一作'怪'。"
⑦ 《史记集解》徐广曰："元封三年。"
⑧ 《史记集解》徐广曰："为中郎将。"

浩侯。① 于是酒泉列亭鄣至玉门矣。②

乌孙以千匹马聘汉女，汉遣宗室女江都翁主③往妻乌孙，乌孙王昆莫以为右夫人。匈奴亦遣女妻昆莫，昆莫以为左夫人。昆莫曰"我老"，乃令其孙岑娶妻翁主。乌孙多马，其富人至有四五千匹马。

初，汉使至安息，安息王令将二万骑迎于东界。东界去王都数千里。行比至，过数十城，人民相属甚多。汉使还，而后发使随汉使来观汉广大，以大鸟卵及黎轩善眩人④献于汉。及宛西小国骧潜、大益，宛东姑师、扜罙、苏薤之属，皆随汉使献见天子。天子大悦。

而汉使穷河源，河源出于寘，其山多玉石，采来，⑤天子案古图书，名河所出山曰昆仑云。

是时上方数巡狩海上，乃悉从外国客，大都多人则过之，散财帛以赏赐，厚具以饶给之，以览示汉富厚焉。于是大觳抵，出奇戏诸怪物，多聚观者，行赏赐，酒池肉林，令外国客遍观（名）[各]仓库府藏之积，见汉之广大，倾骇之。及加其眩者之工，而觳抵奇戏岁增变，甚盛益兴，自此始。

西北外国使，更来更去。宛以西，皆自以远，尚骄恣晏然，未可诎以礼羁縻而使也。自乌孙以西至安息，以近匈奴，匈奴困月氏也，匈奴使持单于一信，则国国传送食，不敢留苦；及至汉使，非出币帛不得食，不市畜不得骑用。所以然者，远汉，而汉多财物，故必市乃得所欲，然以畏匈奴于汉使焉。宛左右以蒲陶为酒，富人藏酒至万余石，久者数十岁不败。俗嗜酒，马嗜苜蓿。汉使取其实来，于是天子始种苜蓿、蒲陶肥饶地。及天马多，外国使来众，则离宫别观旁尽种蒲萄、苜蓿极望。自大宛以西至安息，国虽颇异言，然大同俗，相知言。其人皆深眼，多须髯，善市贾，争分铢。俗贵女子，女子所言而丈夫

---

① 《史记集解》徐广曰："捕得车师王，元封四年封浩侯。"
② 《史记集解》韦昭曰："玉门关在龙勒界。"《史记索隐》韦昭云："玉门，县名，在酒泉。又有玉关，在龙勒也。"《史记正义》《括地志》云："沙州龙勒山在县南百六十五里。玉门关在县西北百一十八里。"
③ 《史记集解》《汉书》曰："江都王建女。"
④ 《史记索隐》韦昭云："变化惑人也。"按：《魏略》云"犁靳多奇幻，口中吹火，自缚自解"。小颜亦以为植瓜等也。
⑤ 《史记集解》瓒曰："汉使采取，将持来至汉。"

乃决正。其地皆无丝漆，不知铸钱器。^①及汉使亡卒降，教铸作他兵器。得汉黄白金，辄以为器，不用为币。

而汉使者往既多，其少从率多进熟于天子，^②言曰："宛有善马在贰师城，匿不肯与汉使。"天子既好宛马，闻之甘心，使壮士车令等持千金及金马以请宛王贰师城善马。宛国饶汉物，相与谋曰："汉去我远，而盐水中数败，^③出其北有胡寇，出其南乏水草。又且往往而绝邑，乏食者多。汉使数百人为辈来，而常乏食，死者过半，是安能致大军乎？无奈我何。且贰师马，宛宝马也。"遂不肯予汉使。汉使怒，妄言，^④椎金马而去。宛贵人怒曰："汉使至轻我！"遣汉使去，令其东边郁成遮攻杀汉使，取其财物。于是天子大怒。诸尝使宛姚定汉等言宛兵弱，诚以汉兵不过三千人，强弩射之，即尽虏破宛矣。天子已尝使浞野侯攻楼兰，以七百骑先至，虏其王，以定汉等言为然，而欲侯宠姬李氏，拜李广利为贰师将军，发属国六千骑，及郡国恶少年数万人，以往伐宛。期至贰师城取善马，故号"贰师将军"。赵始成为军正，故浩侯王恢使导军，^⑤而李哆^⑥为校尉，制军事。是岁太初元年也。而关东蝗大起，蜚西至敦煌。

贰师将军军既西过盐水，当道小国恐，各坚城守，不肯给食。攻之不能下。下者得食，不下者数日则去。比至郁成，士至者不过数千，皆饥罢。攻郁成，郁成大破之，所杀伤甚众。贰师将军与哆、始成等计："至郁成尚不能举，况至其王都乎？"引兵而还。往来二岁。还至敦煌，士不过什一二。使使上书言："道远多乏食；且士卒不患战，患饥。人少，不足以拔宛。愿且罢兵，益发而复往。"天子闻之，大怒，而使使遮玉门，曰军有敢入者辄斩之！贰师恐，

---

① 《史记集解》徐广曰："多作'钱'字，又或作'铁'字。"

② 《史记集解》《汉书音义》曰："少从，不如计也。或云从行之微者也。进熟，美语如成熟者也。"

③ 《史记集解》服虔曰："水名，道从外水中［行］。"如淳曰："道绝远，无谷草。"《史记正义》孔文祥云："盐，盐泽也。言水广远，或致风波，而数败也。"裴矩《西域记》云："在西州高昌县东，东南去瓜州一千三百里，并沙碛之地，水草难行，四面危，道路不可准记，行人唯以人畜骸骨及驼马粪为标验。以其地道路恶，人畜即不约行，曾有人于碛内时闻人唤声，不见形，亦有歌哭声，数失人，瞬息之间不知所在，由此数有死亡。盖魑魅魍魉也。"

④ 《史记集解》如淳曰："骂詈。"

⑤ 《史记集解》徐广曰："恢先受封，一年，坐使酒泉矫制，国除。"

⑥ 《史记索隐》音尺奢反，又尺者反。

因留敦煌。

其夏，汉亡浞野之兵二万余于匈奴。①公卿及议者皆愿罢击宛军，专力攻胡。天子已业诛宛，宛小国而不能下，则大夏之属轻汉，而宛善马绝不来，乌孙、仑头易苦汉使矣，②为外国笑。乃案言伐宛尤不便者邓光等，赦囚徒材官，益发恶少年及边骑，岁余而出敦煌者六万人，负私从者不与。牛十万，马三万余匹，驴骡橐它以万数。多赍粮，兵弩甚设，天下骚动，传相奉伐宛，凡五十余校尉。宛王城中无井，皆汲城外流水，于是乃遣水工徙其城下水空以空其城。③益发戍甲卒十八万，酒泉、张掖北，置居延、休屠以卫酒泉，④而发天下七科適，⑤及载糒给贰师。转车人徒相连属至敦煌。而拜习马者二人为执驱校尉，备破宛择取其善马云。

于是贰师后复行，兵多，而所至小国莫不迎，出食给军。至仑头，仑头不下，攻数日，屠之。自此而西，平行至宛城，汉兵到者三万人。宛兵迎击汉兵，汉兵射败之，宛走入葆乘其城。贰师兵欲行攻郁成，恐留行而令宛益生诈，乃先至宛，决其水源，移之，则宛固已忧困。围其城，攻之四十余日，其外城坏，虏宛贵人勇将煎靡。宛大恐，走入中城。宛贵人相与谋曰："汉所为攻宛，以王毋寡匿善马而杀汉使。今杀王毋寡而出善马，汉兵宜解；即不解，乃力战而死，未晚也。"宛贵人皆以为然，共杀其王毋寡，持其头遣贵人使贰师，约曰："汉毋攻我。我尽出善马，恣所取，而给汉军食。即不听，我尽杀善马，而康居之救且至。至，我居内，康居居外，与汉军战。汉军熟计之，何从？"是时康居候视汉兵，汉兵尚盛，不敢进。贰师与赵始成、李哆等计："闻宛城中新得秦人，知穿井，而其内食尚多。所为来，诛首恶者毋寡。毋寡头已至，如此而不许解兵，则坚守，而康居候汉罢而来救宛，破汉军必矣。"军吏皆以为

---

① 《史记集解》徐广曰："太初二年，赵破奴为浚稽将军，二万骑击匈奴，不还也。"
② 《史记集解》晋灼曰："易，轻也。"
③ 《史记集解》徐广曰："空，一作'穴'。盖以水荡败其城也。言'空'者，令城中渴乏。"
④ 《史记集解》如淳曰："立二县以卫边也。或曰置二部都尉，以卫酒泉。"
⑤ 《史记正义》音谪。张晏云："吏有罪一，亡命二，赘婿三，贾人四，故有市籍五，父母有市籍六，大父母有籍七：凡七科。武帝天汉四年，发天下七科谪出朔方也。"

然，许宛之约。宛乃出其善马，令汉自择之，而多出食食给汉军。汉军取其善马数十匹。中马以下牡牝三千余匹，而立宛贵人之故待遇汉使善者名昧蔡①以为宛王，与盟而罢兵。终不得入中城。乃罢而引归。

初，贰师起敦煌西，以为人多，道上国不能食，乃分为数军，从南北道。校尉王申生、故鸿胪壶充国等千余人，别到郁成。郁成城守，不肯给食其军。王申生去大军二百里，（侦）[倛]而轻之，责郁成。郁成食不肯出，窥知申生军日少，晨用三千人攻，戮杀申生等，军破，数人脱亡，走贰师。贰师令搜粟都尉上官桀往攻破郁成。郁成王亡走康居，桀追至康居。康居闻汉已破宛，乃出郁成王予桀，桀令四骑士缚守诣大将军。②四人相谓曰："郁成王汉国所毒，今生将去，卒失大事。"欲杀，莫敢先击。上邽骑士赵弟最少，拔剑击之，斩郁成王，赍头。弟、桀等逐及大将军。

初，贰师后行，天子使使告乌孙，大发兵并力击宛。乌孙发二千骑往，持两端，不肯前。贰师将军之东，诸所过小国闻宛破，皆使其子弟从军入献，见天子，因以为质焉。贰师之伐宛也，而军正赵始成力战，功最多；及上官桀敢深入，李哆为谋计，军入玉门者万余人，军马千余匹。贰师后行，军非乏食，战死不能多，而将吏贪，多不爱士卒，侵牟之，以此物故众。天子为万里而伐宛，不录过，封广利为海西侯。又封身斩郁成王者骑士赵弟为新畤侯。军正赵始成为光禄大夫，上官桀为少府，李哆为上党太守。军官吏为九卿者三人，诸侯相、郡守、二千石者百余人，千石以下千余人。奋行者官过其望，③以适过行者皆绌其劳。④士卒赐直四万金。伐宛再反，凡四岁而得罢焉。

汉已伐宛，立昧蔡为宛王而去。岁余，宛贵人以为昧蔡善谀，使我国遇屠，乃相与杀昧蔡，立毋寡昆弟曰蝉封为宛王，而遣其子入质于汉。汉因使使赂赐以镇抚之。

---

① 《史记索隐》本大宛将也。上音末，下音先葛反。
② 《史记集解》如淳曰："时多别将，故谓贰师为大将军。"
③ 《史记集解》《汉书音义》曰："奋，迅。自乐入行者。"
④ 《史记集解》徐广曰："奋行者及以适行者，虽俱有功劳，今行赏计其前有罪而减其赐，故曰'绌其劳'也。绌，抑退也。此本以适行，故功劳不足重，所以绌降之，不得与奋行者齐赏之。"

而汉发使十余辈至宛西诸外国，求奇物，因风览以伐宛之威德。而敦煌置[1]酒泉都尉；[2]西至盐水，往往有亭。而仑头有田卒数百人，因置使者护田积粟，以给使外国者。

太史公曰：《禹本纪》言"河出昆仑。昆仑其高二千五百余里，日月所相避隐为光明也。其上有醴泉、瑶池"。今自张骞使大夏之后也，穷河源，恶睹本纪所谓昆仑者乎？[3]故言九州山川，尚书近之矣。至《禹本纪》《山海经》所有怪物，余不敢言之也。[4]

（文献源自［汉］司马迁撰：《史记》，［宋］裴骃《集解》，［唐］司马贞《索隐》，［唐］张守节《正义》，中华书局，1982年第2版）

---

[1] 《史记集解》徐广曰："一本无'置'字。"
[2] 《史记集解》徐广曰："一云'置都尉'。又云敦煌有渊泉县，或者'酒'字当为'渊'字。"
[3] 《史记集解》邓展曰："汉以穷河源，于何见昆仑乎？《尚书》曰'导河积石'，是为河源出于积石，积石在金城河关，不言出于昆仑也。"《史记索隐》恶睹夫谓昆仑者乎。恶音乌。乌，于何也。睹，见也。言张骞穷河源，至大夏、于寘，于何而见昆仑为河所出？谓《禹本纪》及《山海经》为虚妄也。然案《山海经》"河出昆仑东北隅"。《西域传》云"南出积石山为中国河"。积石本非河之发源，犹《尚书》"导洛自熊耳"，其实出于冢岭山，乃东经熊耳。今推此义，河亦然矣。则河源本昆仑而潜流至于寘，又东流至积石始入中国，则《山海经》及《禹贡》各互举耳。
[4] 《史记索隐》余敢言也。案：《汉书》作"所有放哉"。如淳云"放荡迂阔，言不可信也"。余敢言也，亦谓《山海经》难可信耳。而荀悦作"效"，失之素矣。
【索隐述赞】大宛之迹，元因博望。始究河源，旋窥海上。条枝西入，天马内向。葱岭无尘，盐池息浪。旷哉绝域，往往亭障。

班固《汉书·西域传》(上、下)

定积分（积分·积分性质）（上、下）

《汉书》是我国第一部纪传体断代史，由东汉史学家班固撰写。《汉书·西域传》是班固在继承司马迁《史记·大宛列传》的基础上，扩充新史料，增补汉武帝以后的史实完成的。它叙述了西域五十余地区和国家的地理方位、道路里程、风土人情、物产、军事、政治及相关历史，反映了当时人们对"西方"认识的最高水平。值得注意的是，在《汉书·西域传》中，班固提供了中国由陆路通向西方的两条线路，"自玉门、阳关出西域有两道。从鄯善傍南山北，波河西行至莎车，为南道；南道西逾葱岭则出大月氏、安息。自车师前王廷随北山，波河西行至疏勒，为北道；北道西逾葱岭则出大宛、康居、奄蔡焉（耆）"。班固所提供的由玉门和阳关出西域的路线，实际上，是丝绸之路的南北二道。它是研究古代中西交通不可或缺的重要文献。

上卷

师古曰："自乌孙国已后分为下卷。"

西域以孝武时始通，本三十六国，其后稍分至五十余，[①]皆在匈奴之西，乌孙之南。南北有大山，中央有河，东西六千余里，南北千余里。东则接汉，厄以玉门、阳关，[②]西则限以葱岭。[③]其南山，东出金城，与汉南山属焉。[④]其河

[①] 师古曰："司马彪《续汉书》云至于哀、平，有五十五国也。"
[②] 孟康曰："（阳）[二]关皆在敦煌西界。"师古曰："厄，塞也。"
[③] 师古曰："《西河旧事》云葱岭其山高大，上悉生葱，故以名焉。"
[④] 师古曰："属，联也，音之欲反。"

有两原：一出葱岭山，一出于阗。① 于阗在南山下，其河北流，与葱岭河合，东注蒲昌海。蒲昌海，一名盐泽者也，去玉门、阳关三百余里，广袤三百里。② 其水亭居，冬夏不增减，皆以为潜行地下，南出于积石，为中国河云。

自玉门、阳关出西域有两道。从鄯善傍南山北，波河西行至莎车，为南道；③ 南道西逾葱岭则出大月氏、安息。④ 自车师前王廷随北山，波河西行至疏勒，为北道；北道西逾葱岭则出大宛、康居、奄蔡焉（耆）。

西域诸国大率土著，⑤ 有城郭田畜，与匈奴、乌孙异俗，故皆役属匈奴。⑥ 匈奴西边日逐王置僮仆都尉，使领西域，常居焉耆、危须、尉黎间，赋税诸国，取富给焉。⑦

自周衰，戎狄错居泾渭之北。⑧ 及秦始皇攘却戎狄，筑长城，界中国，⑨ 然西不过临洮。⑩

汉兴至于孝武，事征四夷，广威德，而张骞始开西域之迹。其后骠骑将军击破匈奴右地，降浑邪、休屠王，⑪ 遂空其地，始筑令居以西，⑫ 初置酒泉郡，后稍发徙民充实之，分置武威、张掖、敦煌，⑬ 列四郡，据两关焉。自贰师将军伐大宛之后，西域震惧，多遣使来贡献，汉使西域者益得职。⑭ 于是自敦煌西至盐泽，往往起亭，而轮台、渠犁皆有田卒数百人，置使者校尉领护，⑮ 以给使

---

① 师古曰："阗字与窴同，音徒贤反，又音徒见反。"
② 师古曰："袤，长也，音茂。"
③ 师古曰："波河，循河也。鄯音上扇反。傍音步浪反。波音彼义反。此下皆同也。"
④ 师古曰："氏音支。"
⑤ 师古曰："言著土地而有常居，不随畜牧移徙也。著音直略反。"
⑥ 师古曰："服属于匈奴，为其所役使也"。
⑦ 师古曰："给，足也。"
⑧ 师古曰："错，杂也。"
⑨ 师古曰："为中国之竟界也。"
⑩ 师古曰："洮音土高反。"
⑪ 师古曰："屠音除。"
⑫ 师古曰："令音铃。"
⑬ 师古曰："敦音徒门反。"
⑭ 师古曰："赏其勤劳，皆得拜职也。"
⑮ 师古曰："统领保护营田之事也。"

外国者。①

至宣帝时，遣卫司马使护鄯善以西数国。及破姑师，未尽殄，②分以为车师前后王及山北六国。时汉独护南道，未能尽并北道也。然匈奴不自安矣。其后日逐王畔单于，将众来降，护鄯善以西使者郑吉迎之。既至汉，封日逐王为归德侯，吉为安远侯。是岁，神爵三年也。乃因使吉并护北道，故号曰都护。都护之起，自吉置矣。③僮仆都尉由此罢，匈奴益弱，不得近西域。于是徙屯田，田于北胥鞬，④披莎车之地，⑤屯田校尉始属都护。都护督察乌孙、康居诸外国⑥动静，有变以闻。可安辑，安辑之；可击，击之。⑦都护治乌垒城，去阳关二千七百三十八里，与渠犁田官相近，土地肥饶，于西域为中，故都护治焉。

至元帝时，复置戊己校尉，屯田车师前王庭。是时匈奴东蒲类王兹力支将人众千七百余人降都护，都护分车师后王之西为乌贪訾离地以处之。

自宣、元后，单于称藩臣，西域服从，其土地山川王侯户数道里远近翔实矣。⑧

出阳关，自近者始，曰婼羌。⑨婼羌国王号去胡来王。⑩去阳关千八百里，去长安六千三百里，辟在西南，不当孔道。⑪户四百五十，口千七百五十，胜兵者五百人。西与且末接。⑫随畜逐水草，不田作，仰鄯善、且末谷。⑬山有铁，

---

① 师古曰："收其所种五谷以供之。"
② 师古曰："虽破其国，未能灭之。"
③ 师古曰："都犹总也，言总护南北之道。"
④ 师古曰："胥鞬，地名也。胥音先余反。鞬音居言反。"
⑤ 师古曰："披，分也。"
⑥ 师古曰："督，视也。"
⑦ 师古曰："辑与集同。"
⑧ 师古曰："翔与详同，假借用耳。"
⑨ 孟康曰："婼音兒。"师古曰："音而遮反。"
⑩ 师古曰："言去离胡戎来附汉也。"
⑪ 师古曰："辟读曰僻。孔道者，穿山险而为道，犹今言穴径耳。"
⑫ 师古曰："且音子余反。"
⑬ 师古曰："赖以自给也。仰音牛向反。"

自作兵，兵有弓、矛、服刀、剑、甲。① 西北至鄯善，乃当道云。

鄯善国，本名楼兰，王治扜泥城，② 去阳关千六百里，去长安六千一百里。户千五百七十，口万四千一百，胜兵二千九百十二人。辅国侯、却胡侯、③ 鄯善都尉、击车师都尉、左右且渠、击车师君各一人，译长二人。西北去都护治所千七百八十五里，至山国千三百六十五里，④ 西北至车师千八百九十里。地沙卤，少田，寄田仰谷旁国。⑤ 国出玉，多葭苇、柽柳、胡桐、白草。⑥ 民随畜牧逐水草，有驴马，多橐它。⑦ 能作兵，与婼羌同。

初，武帝感张骞之言，甘心欲通大宛诸国，使者相望于道，一岁中多至十余辈。楼兰、姑师当道，苦之，⑧ 攻劫汉使王恢等，又数为匈奴耳目，令其兵遮汉使。汉使多言其国有城邑，兵弱易击。于是武帝遣从票侯赵破奴将属国骑⑨ 及郡兵数万击姑师。王恢数为楼兰所苦，上令恢佐破奴将兵。破奴与轻骑七百人先至，虏楼兰王，遂破姑师，因暴兵威以动乌孙、大宛之属。⑩ 还，封破奴为浞野侯，恢为浩侯。⑪ 于是汉列亭障至玉门矣。

楼兰既降服贡献，匈奴闻，发兵击之。于是楼兰遣一子质匈奴，一子质汉。后贰师军击大宛，匈奴欲遮之，贰师兵盛不敢当，即遣骑因楼兰候汉使后过者，欲绝勿通。时汉军正任文将兵屯玉门关，为贰师后距，⑫ 捕得生口，知

---

① 刘德曰："服刀，拍髀也。"师古曰："拍音貊。髀音俾，又音陛。"
② 师古曰："扜音一胡反。"
③ 师古曰："却音丘略反，其字从卩，卩音节。下皆类此。"
④ 师古曰："此国山居，故名山国也。"
⑤ 师古曰："寄于它国种田，又籴旁国之谷也。仰音牛向反。"
⑥ 孟康曰："白草，草之白者。胡桐似桑而多曲。"师古曰："柽柳，河柳也，今谓之赤柽。白草似莠而细，无芒，其干熟时正白色，牛马所嗜也。胡桐亦似桐，不类桑也。虫食其树而沫出下流者，俗名为胡桐泪，言似眼泪也，可以汗金银也，今工匠皆用之。流俗语讹呼泪为律。柽音丑成反。"
⑦ 师古曰："它，古他字也，音徒何反。"
⑧ 师古曰："每供给使者受其劳费，故厌苦之。"
⑨ 师古曰："属国谓诸外国属汉也。"
⑩ 师古曰："暴谓显扬也。"
⑪ 苏林曰："浩音昊。"
⑫ 师古曰："后距者，居后以距敌。"

状以闻。上诏文便道引兵捕楼兰王。将诣阙，簿责王，①对曰："小国在大国间，不两属无以自安。愿徙国人居汉地。"上直其言，遣归国，②亦因使候司匈奴。匈奴自是不甚亲信楼兰。

　　征和元年，楼兰王死，国人来请质子在汉者，欲立之。质子常坐汉法，下蚕室宫刑，故不遣。报曰："侍子，天子爱之，不能遣。其更立其次当立者。"楼兰更立王，汉复责其质子，亦遣一子质匈奴。后王又死，匈奴先闻之，遣质子归，得立为王。③汉遣使诏新王，令入朝，天子将加厚赏。楼兰王后妻，故继母也，谓王曰："先王遣两子质汉皆不还，奈何欲往朝乎？"王用其计，谢使曰："新立，国未定，愿待后年入见天子。"然楼兰国最在东垂，近汉，当白龙堆，乏水草，常主发导，负水儋粮，送迎汉使，又数为吏卒所寇，惩艾不便与汉通。④后复为匈奴反间，⑤数遮杀汉使。其弟尉屠耆降汉，具言状。

　　元凤四年，大将军霍光白遣平乐监傅介子往刺其王。介子轻将勇敢士，赍金币，扬言以赐外国为名。既至楼兰，诈其王欲赐之，王喜，与介子饮，醉，将其王屏语，壮士二人从后刺杀之，贵人左右皆散走。介子告谕以："王负汉罪，天子遣我诛王，当更立王弟尉屠耆在汉者。汉兵方至，毋敢动，自令灭国矣！"介子遂斩王尝归首，⑥驰传诣阙，⑦悬首北阙下。封介子为义阳侯。乃立尉屠耆为王，更名其国为鄯善，为刻印章，赐以宫女为夫人，备车骑辎重，⑧丞相[将军]率百官送至横门外，⑨祖而遣之。⑩王自请天子曰："身在汉久，今归，单弱，而前王有子在，恐为所杀。国中有伊循城，其地肥美，愿汉遣（二）[一]将屯田积谷，令臣得依其威重。"于是汉遣司马一人、吏士四十人，田伊

---

① 师古曰："以文簿一一责之。簿音（簿）[步]户反。"
② 师古曰："以其言为直。"
③ 师古曰："匈奴在汉前闻楼兰王死，故即遣质子还也。"
④ 师古曰："艾读曰乂。"
⑤ 师古曰："间音居苋反。"
⑥ 师古曰："尝归者，其王名也。《昭纪》言安归，今此作尝归，纪传不同，当有误者。"
⑦ 师古曰："传音张恋反。"
⑧ 师古曰："重音直用反。"
⑨ 孟康曰："横音光。"
⑩ 师古曰："为设祖道之礼也。"

循以填抚之。①其后更置都尉。伊循官置始此矣。

鄯善当汉道冲，西通且末七百二十里。自且末以往皆种五谷，土地草木，畜产作兵，略与汉同，有异乃记云。

且末国，王治且末城，去长安六千八百二十里。户二百三十，口千六百一十，胜兵三百二十人。辅国侯、左右将、译长各一人。西北至都护治所二千二百五十八里，北接尉犁，南至小宛可三日行。有蒲陶诸果。西通精绝二千里。

小宛国，王治扜零城，②去长安七千二百一十里。户百五十，口千五十，胜兵二百人。辅国侯、左右都尉各一人。西北至都护治所二千五百五十八里，东与婼羌接，辟南不当道。③

精绝国，王治精绝城，去长安八千八百二十里。户四百八十，口三千三百六十，胜兵五百人。精绝都尉、左右将、译长各一人。北至都护治所二千七百二十三里，南至戎卢国四日行，地厄狭，西通扜弥四百六十里。④

戎卢国，王治卑品城，去长安八千三百里。户二百四十，口千六百一十，胜兵三百人。东北至都护治所二千八百五十八里，东与小宛、南与婼羌、西与渠勒接，辟南不当道。

扜弥国，王治扜弥城，去长安九千二百八十里。户三千三百四十，口二万四十，胜兵三千五百四十人。辅国侯、左右将、左右都尉、左右骑君各一人，译长二人。东北至都护治所三千五百五十三里，南与渠勒、东北与龟兹、西北与姑墨接，⑤西通于阗三百九十里。今名宁弥。

渠勒国，王治鞬都城，⑥去长安九千九百五十里。户三百一十，口二千一百七十，胜兵三百人。东北至都护治所三千八百五十二里，东与戎卢、

---

① 师古曰："填音竹刃反。"
② 师古曰："扜音乌。"
③ 师古曰："辟读曰僻。下皆类此。"
④ 师古曰："扜音乌。"
⑤ 师古曰："龟音丘。兹音慈。"
⑥ 师古曰："鞬音居言反。"

西与婼羌、北与扜弥接。

于阗国，王治西城，去长安九千六百七十里。户三千三百，口万九千三百，胜兵二千四百人。辅国侯、左右将、左右骑君、东西城长、译长各一人。东北至都护治所三千九百四十七里，南与婼羌接，北与姑墨接。于阗之西，水皆西流，注西海；其东，水东流，注盐泽，河原出焉。① 多玉石。② 西通皮山三百八十里。

皮山国，王治皮山城，去长安万五十里。户五百，口三千五百，胜兵五百人。左右将、左右都尉、骑君、译长各一人。东北至都护治所四千二百九十二里，西南至乌秅国千三百四十里，③ 南与天笃接，北至姑墨千四百五十里，西南当罽宾、乌弋山离道，西北通莎车三百八十里。

乌秅国，王治乌秅城，去长安九千九百五十里。户四百九十，口二千七百三十三，胜兵七百四十人。东北至都护治所四千八百九十二里，北与子合、蒲犁，西与难兜接。山居，田石间。有白草。累石为室。民接手饮。④ 出小步马，⑤ 有驴无牛。其西则有县度，去阳关五千八百八十八里，去都护治所五千二（百）〔十〕里。县度者，⑥ 石山也，溪谷不通，以绳索相引而度云。

西夜国，王号子合王，治呼犍谷，⑦ 去长安万二百五十里。户三百五十，口四千，胜兵千人。东北到都护治所五千四十六里，东与皮山、西南与乌秅、北与莎车、西与蒲犁接。蒲犁（反）〔及〕依耐、无雷国⑧ 皆西夜类也。西夜与胡异，其种类羌氐行国，⑨ 随畜逐水草往来。而子合土地出玉石。

蒲犁国，王治蒲犁谷，去长安九千五百五十里。户六百五十，口五千，胜

---

① 苏林曰："即中国河也。"
② 师古曰："玉石，玉之璞也。一曰石之似玉也。"
③ 郑氏曰："乌秅音鷃拿。"师古曰："乌音一加反。秅音直加反。急言之声如鷃拿耳，非正音也。"
④ 师古曰："自高山下溪涧中饮水，故接连其手，如猿之为。"
⑤ 孟康曰："种小能步也。"师古曰："此说非也。小，细也。细步，〔言其〕能蹀足，即今所谓百步千迹者也。岂谓其小种乎？"
⑥ 师古曰："县绳而度也。县，古悬字耳。"
⑦ 师古曰："犍音钜言反。"
⑧ 师古曰："耐音奴代反。"
⑨ 师古曰："言不土著也。"

兵二千人。东北至都护治所五千三百九十六里，东至莎车五百四十里，北至疏勒五百五十里，南与西夜子合接，西至无雷五百四十里。侯、都尉各一人。寄田莎车。种俗与子合同。

依耐国，王治去长安万一百五十里。户一百二十五，口六百七十，胜兵三百五十人。东北至都护治所二千七百三十里，至莎车五百四十里，至无雷五百四十里，北至疏勒六百五十里，南与子合接，俗相与同。①少谷，寄田疏勒、莎车。

无雷国，王治卢城，去长安九千九百五十里。户千，口七千，胜兵三千人。东北至都护治所二千四百六十五里，南至蒲犁五百四十里，南与乌秅、北与捐毒、西与大月氏接。②衣服类乌孙，俗与子合同。

难兜国，王治去长安万一百五十里。户五千，口三万一千，胜兵八千人。东北至都护治所二千八百五十里，西至无雷三百四十里，西南至罽宾三百三十里，南与婼羌、北与休循、西与大月氏接。种五谷、蒲陶诸果。有银铜铁，作兵与诸国同，属罽宾。

罽宾国，王治循鲜城，去长安万二千二百里。不属都护。户口胜兵多，大国也。东北至都护治所六千八百四十里，东至乌秅国二千二百五十里，东北至难兜国九日行，西北与大月氏、西南与乌弋山离接。

昔匈奴破大月氏，大月氏西君大夏，而塞王南君罽宾。③塞种分散，往往为数国。④自疏勒以西北，休循、捐毒之属，皆故塞种也。

罽宾地平，温和，有目宿、杂草奇木，檀、櫰、梓、竹、漆。⑤种五谷、蒲陶诸果，粪治园田。地下湿，生稻，冬食生菜。其民巧，雕文刻镂，治宫室，织罽，刺文绣，好治食。有金银铜锡，以为器。市列。⑥以金银为钱，文

---

① 师古曰："与子合同风俗也。"
② 师古曰："捐毒即身毒、天笃也，本皆一名，语有轻重耳。"
③ 师古曰："君谓为之君也。塞音先得反。"
④ 师古曰："即所谓释种者也，亦语有轻重耳。"
⑤ 师古曰："櫰音怀。即槐之类也，叶大而黑也。"
⑥ 师古曰："市有列肆，亦如中国也。"

为骑马,幕为人面。① 出封牛、水牛、象、大狗、沐猴、孔爵、② 珠玑、珊瑚、虎魄、璧流离。③ 它畜与诸国同。

自武帝始通罽宾,自以绝远,汉兵不能至,其王乌头劳数剽杀汉使。④ 乌头劳死,子代立,遣使奉献。汉使关都尉文忠送其使。王复欲害忠,忠觉之,乃与容屈王子阴末赴共合谋,攻罽宾,杀其王,立阴末赴为罽宾王,授印绶。后军候赵德使罽宾,与阴末赴相失,⑤ 阴末赴锁琅当德,⑥ 杀副已下七十余人,遣使者上书谢。孝元帝以绝域不录,放其使者于县度,绝而不通。

成帝时,复遣使献,谢罪,汉欲遣使者报送其使,杜钦说大将军王凤曰:"前罽宾王阴末赴本汉所立,后卒畔逆。⑦ 夫德莫大于有国子民,罪莫大于执杀使者,所以不报恩,不惧诛者,自知绝远,兵不至也。有求则卑辞,无欲则骄嫚,终不可怀服。凡中国所以为通厚蛮夷,恢快其求者,为壤比而为寇也。⑧ 今县度之厄,非罽宾所能越也。其乡慕,不足以安西域,⑨ 虽不附,不能危城郭。⑩ 前亲逆节,恶暴西域,⑪ 故绝而不通;今悔过来,而无亲属贵人,奉献者皆行贾贱人,欲通货市买,以献为名,故烦使者送至县度,恐失实见欺。凡遣使送客者,欲为防护寇害也。起皮山南,更不属汉之国四五,⑫ 斥候士百

---

① 张晏曰:"钱文面作骑马形,漫面作人面目也。"如淳曰:"幕音漫。"师古曰:"幕即漫耳,无劳借音。今所呼幕皮者,亦谓其平而无文也。"

② 师古曰:"封牛,项上隆起者也。郭义恭《广志》云,罽宾大狗大如驴,赤色,数里摇辍以呼之。沐猴即猕猴也。"

③ 孟康曰:"流离青色如玉。"师古曰:"《魏略》云,大秦国出赤、白、黑、黄、青、绿、缥、绀、红、紫十种流离。孟言青色,不博通也。此盖自然之物,采泽光润,逾于众玉,其色不恒。今俗所用,皆销(治)〔冶〕石汁,加以众药,灌而为之,尤虚脆不贞,实非真物。"

④ 师古曰:"剽,劫也。音频妙反。"

⑤ 师古曰:"相失意也。"

⑥ 师古曰:"琅当,长锁也,若今之禁击人锁矣。琅音郎。"

⑦ 师古曰:"卒,终也。"

⑧ 师古曰:"比,近也。为其土壤接近,能为寇也。惬音苦颊反。比音频寐反。"

⑨ 师古曰:"乡读曰向。"

⑩ 师古曰:"城郭,总谓西域诸国也。"

⑪ 师古曰:"暴谓章露也。"

⑫ 师古曰:"言经历不属汉者凡四五国也。更音工衡反。"

余人，五分夜击刀斗自守，① 尚时为所侵盗。驴畜负粮，须诸国禀食，得以自赡。② 国或贫小不能食，或桀黠不肯给，拥强汉之节，馁山谷之间，③ 乞丐无所得，④ 离一二旬则人畜弃捐旷野而不反。⑤ 又历大头痛、小头痛之山，赤土、身热之阪，令人身热无色，头痛呕吐，驴畜尽然。⑥ 又有三池、盘石阪，道狭者尺六七寸，长者径三十里。临峥嵘不测之深，⑦ 行者骑步相持，绳索相引，二千余里乃到县度。畜队，未半坑谷尽靡碎；⑧ 人堕，势不得相收视。险阻危害，不可胜言。圣王分九州，制五服，⑨ 务盛内，不求外。今遣使者承至尊之命，送蛮夷之贾，劳吏士之众，涉危难之路，罢弊所恃以事无用，⑩ 非久长计也。使者业已受节，可至皮山而还。"⑪ 于是凤白从钦言。罽宾实利赏赐贾市，其使数年而壹至云。

乌弋山离国，王去长安万二千二百里。不属都护。户口胜兵，大国也。东北至都护治所六十日行，东与罽宾、北与扑挑、西与犁靬、条支接。⑫

行可百余日，乃至条支。国临西海，暑湿，田稻。有大鸟，卵如瓮。⑬ 人众甚多，往往有小君长，安息役属之，以为外国。⑭ 善眩。⑮ 安息长老传闻条支有弱水、西王母，亦未尝见也。⑯ 自条支乘水西行，可百余日，近日所入云。

---

① 师古曰："夜有五更，故分而持之也。刀斗，解在《李广传》。"
② 师古曰："禀，给也。赡，足也。食读曰饲。次下并同。"
③ 师古曰："馁，饥也，音能贿反。"
④ 师古曰："丐亦乞也，音工大反。"
⑤ 师古曰："离亦历也。旷，空也。"
⑥ 师古曰："呕音一口反。"
⑦ 师古曰："峥嵘，深险之貌也。峥音仕耕反。嵘音宏。"
⑧ 师古曰："队亦堕也。靡，散也。队音直类反。靡音縻。"
⑨ 师古曰："九州：冀、兖、豫、青、徐、荆、扬、梁、雍也。五服：侯、甸、绥、要、荒。"
⑩ 师古曰："罢读曰疲。所恃，谓中国之人也。无用，谓远方蛮夷之国。"
⑪ 师古曰："言已立计遣之，不能即止，可至皮山也。"
⑫ 师古曰："扑音布木反。犁读与骊同。靬音钜连反，又钜言反。"
⑬ 师古曰："瓮，汲水瓶也，音于龙反。"
⑭ 师古曰："安息以条支为外国，如言蕃国也。"
⑮ 师古曰："眩读与幻同，解在《张骞传》。"
⑯ 师古曰："《玄中记》云'昆仑之弱水，鸿毛不能起'也。《尔雅》曰'觚竹、北户、西王母、日下，谓之四荒'也。"

乌弋地暑热莽平，①其草木、畜产、五谷、果菜、食饮、宫室、市列、钱货、兵器、金珠之属皆与罽宾同，而有桃拔、师子、犀牛。②俗重妄杀。③其钱独文为人头，幕为骑马。以金银饰杖。④绝远，汉使希至。自玉门、阳关出南道，历鄯善而南行，至乌弋山离，南道极矣。转北而东得安息。

安息国，王治番兜城，⑤去长安万一千六百里。不属都护。北与康居、东与乌弋山离、西与条支接。土地风气，物类所有，民俗与乌弋、罽宾同。亦以银为钱，文独为王面，幕为夫人面。王死辄更铸钱。有大马爵。⑥其属小大数百城，地方数千里，最大国也。临妫水，商贾车船行旁国。书革，旁行为书记。⑦

武帝始遣使至安息，王令将将二万骑迎于东界。东界去王都数千里，行比至，过数十城，人民相属。⑧因发使随汉使者来观汉地，以大鸟卵及犁靬眩人献于汉，天子大说。⑨安息东则大月氏。

大月氏国，治监氏城，去长安万一千六百里。不属都护。户十万，口四十万，胜兵十万人。东至都护治所四千七百四十里，西至安息四十九日行，南与罽宾接。土地风气，物类所有，民俗钱货，与安息同。出一封橐驼。⑩

大月氏本行国也，随畜移徙，与匈奴同俗。控弦十余万，故强轻匈奴。⑪本居敦煌、祁连间，至昌顿单于攻破月氏，而老上单于杀月氏，以其头为饮

---

① 师古曰："言有草莽而平坦也。一曰莽莽平野之貌。"
② 孟康曰："桃拔一名符拔，似鹿，长尾，一角者或为天鹿，（者）两角［者］或为辟邪。师子似虎，正黄有髯耏，尾端茸毛大如斗。"师古曰："师子即《尔雅》所谓狻猊也。狻音酸。猊音倪。拔音步葛反。耏亦颊旁毛也，音而。茸音人庸反。"
③ 师古曰："重，难也。言其仁爱不妄杀也。"
④ 师古曰："杖谓所持兵器也，音直亮反。"
⑤ 苏林曰："番音盘。"
⑥ 师古曰："《广志》云'大爵，颈及膺身，蹄似橐驼，色苍，举头高八九尺，张翅丈余，食大麦'。"
⑦ 服虔曰："横行为书记也。"师古曰："今西方胡国及南方林邑之徒，书皆横行，不直下也。革为皮之不柔者。"
⑧ 师古曰："属，联也，音之欲反。"
⑨ 师古曰："说读曰悦。"
⑩ 师古曰："脊上有一封也。封言其隆高，若封土也。今俗呼为封牛。封音峰。"
⑪ 师古曰："自恃其强盛，而轻易匈奴也。"

器,月氏乃远去,过大宛,西击大夏而臣之,①都妫水北为王庭。其余小众不能去者,保南山羌,号小月氏。

大夏本无大君长,城邑往往置小长,民弱畏战,故月氏徙来,皆臣畜之,共禀汉使者。②有五翕侯③:一曰休密翕侯,治和墨城,去都护二千八百四十一里,去阳关七千八百二里;二曰双靡翕侯,治双靡城,去都护三千七百四十一里,去阳关七千七百八十二里;三曰贵霜翕侯,治护澡城,④去都护五千九百四十里,去阳关七千九百八十二里;四曰肸顿翕侯,⑤治薄茅城,去都护五千九百六十二里,去阳关八千二百二里;五曰高附翕侯,治高附城,去都护六千四十一里,去阳关九千二百八十三里。凡五翕侯,皆属大月氏。

康居国,王冬治乐越匿地,⑥到卑阗城。⑦去长安万二千三百里。不属都护。至越匿地马行七日,至王夏所居蕃内九千一百四里。⑧户十二万,口六十万,胜兵十二万人。东至都护治所五千五百五十里。与大月氏同俗。东羁事匈奴。⑨

宣帝时,匈奴乖乱,五单于并争,汉拥立呼韩邪单于,而郅支单于怨望,杀汉使者,西阻康居。⑩其后都护甘延寿、副校尉陈汤发戊己校尉西域诸国兵至康居,诛灭郅支单于,语在《甘延寿、陈汤传》。是岁,元帝建昭三年也。

至成帝时,康居遣子侍汉,贡献,然自以绝远,独骄嫚,不肯与诸国相望。都护郭舜数上言:"本匈奴盛时,非以兼有乌孙、康居故也;及其称臣妾,非以失二国也。汉虽皆受其质子,然三国内相输遗,交通如故,亦相候司,见便则发;合不能相亲信,离不能相臣役。以今言之,结配乌孙竟未有益,反为中国生事。然乌孙既结在前,今与匈奴俱称臣,义不可距。而康居骄黠,讫不

① 师古曰:"解在《张骞传》。"
② 师古曰:"同受节度也。"
③ 师古曰:"翕即字翕字。"
④ 师古曰:"澡音藻。"
⑤ 师古曰:"肸音许乙反。"
⑥ 师古曰:"乐音来各反。"
⑦ 师古曰:"阗音徒千反。"
⑧ 师古曰:"王每冬寒夏暑,则徙别居不一处。"
⑨ 师古曰:"为匈奴所羁牵也。"
⑩ 师古曰:"依其险阻,以自保固也。"

肯拜使者。①都护吏至其国，坐之乌孙诸使下，王及贵人先饮食已，乃饮啖都护吏，②故为无所省以夸旁国。③以此度之，何故遣子入侍？其欲贾市为好，辞之诈也。匈奴百蛮大国，④今事汉其备，闻康居不拜，且使单于有自下之意，⑤宜归其侍子，绝勿复使，⑥以章汉家不通无礼之国。敦煌、酒泉小郡及南道八国，给使者往来人马驴橐驼食，皆苦之。⑦空罢耗所过，送迎骄黠绝远之国，⑧非至计也。"汉为其新通，重致远人。⑨终羁縻而未绝。

其康居西北可二千里，有奄蔡国。控弦者十余万（大）[人]。与康居同俗。临大泽，无崖，盖北海云。

康居有小王五：一曰苏薤王，治苏薤城，⑩去都护五千七百七十六里，去阳关八千二十五里；二曰附墨王，治附墨城，去都护五千七百六十七里，去阳关八千二十五里；三曰窳匿王，⑪治窳匿城，去都护五千二百六十六里，去阳关七千五百二十五里；四曰罽王，治罽城，去都护六千二百九十六里，去阳关八千五百五十五里；五曰奥鞬王，⑫治奥鞬城，去都护六千九百六里，去阳关八千三百五十五里。凡五王，属康居。

大宛国，王治贵山城，去长安万二千（二）[五]百五十里。户六万，口三十万，胜兵六万人。副王、辅国王各一人。东至都护治所四千三十一里，北至康居卑阗城千五百一十里，西南至大月氏六百九十里。北与康居、南与大月氏接，土地风气物类民俗与大月氏、安息同。大宛左右以蒲陶为酒，富人藏酒

① 师古曰："讫，竟也。"
② 师古曰："饮音于禁反。啖音徒滥反。"
③ 师古曰："言故不省视汉使也。"
④ 师古曰："于百蛮之中，最大国也。"
⑤ 师古曰："言单于见康居不事汉，以之为高，自以事汉为太卑，而欲改志也。"
⑥ 师古曰："不通使与其国也。"
⑦ 师古曰："言二郡八国皆以此事为困苦。"
⑧ 师古曰："所过，所经过之处。骄黠谓康居使也。罢读曰疲。耗音呼到反。"
⑨ 师古曰："以此声名为重也。"
⑩ 师古曰："薤音下戒反。"
⑪ 师古曰："窳音庚。"
⑫ 师古曰："奥音于六反。鞬音居言反。"

至万余石，久者至数十岁不败。俗耆酒，马耆目宿。①

宛别邑七十余城，多善马。马汗血，言其先天马子也。②

张骞始为武帝言之，上遣使者持千金及金马，以请宛善马。宛王以汉绝远，大兵不能至，爱其宝马不肯与。汉使妄言，③宛遂攻杀汉使，取其财物。于是天子遣贰师将军李广利将兵前后十余万人伐宛，连四年。宛人斩其王毋寡首，献马三千匹，汉军乃还，语在《张骞传》。贰师既斩宛王，更立贵人素遇汉善者名昧蔡为宛王。④后岁余，宛贵人以为昧蔡谄，使我国遇屠，⑤相与（兵）[共]杀昧蔡，立毋寡弟蝉封为王，遣子入侍，质于汉，汉因使使赂赐镇抚之。又发（数）[使]十余辈，抵宛西诸国⑥求（其）[奇]物，因风谕以（代）[伐]宛之威。⑦宛王蝉封与汉约，岁献天马二匹。汉使采蒲陶、目宿种归。天子以天马多，又外国使来众，益种蒲陶、目宿离宫馆旁，极望焉。⑧

自宛以西至安息国，虽颇异言，然大同，自相晓知也。其人皆深目，多须髯。善贾市，争分铢。贵女子，女子所言，丈夫乃决正。其地（皆）[无]丝漆，不知铸铁器。及汉使亡卒降，教铸作它兵器。⑨得汉黄白金，辄以为器，不用为币。

自乌孙以西至安息，近匈奴。匈奴尝困月氏，⑩故匈奴使持单于一信到国，国传送食，⑪不敢留苦。⑫及至汉使，非出币物不得食，不市畜不得骑，

---

① 师古曰："耆读曰嗜。"
② （师古）[孟康]曰："言大宛国有高山，其上有马不可得，因取五色母马置其下与集，生驹，皆汗血，因号曰天马子云。"
③ 师古曰："谓詈辱宛王。"
④ 师古曰："昧音秣。蔡音千曷反。"
⑤ 师古曰："谄，古谄字。"
⑥ 师古曰："抵，至也。"
⑦ 师古曰："风读曰讽。"
⑧ 师古曰："今北道诸州旧安定、北地之境往往有目宿者，皆汉时所种也。"
⑨ 师古曰："汉使至其国及有亡卒降其国者，皆教之也。"
⑩ 师古曰："困，苦也。"
⑪ 师古曰："言畏之甚也。食读曰饲。"
⑫ 师古曰："不敢留连及困苦之也。"

所以然者，以远汉，而汉多财物，①故必市乃得所欲。及呼韩邪单于朝汉，后咸尊汉矣。

桃槐国，王去长安万一千八十里。②户七百，口五千，胜兵千人。

休循国，王治鸟飞谷，在葱岭西，去长安万二百一十里。户三百五十八，口千三十，胜兵四百八十人。东至都护治所三千一百二十一里，至捐毒衍敦谷二百六十里，西北至大宛国九百二十里，西至大月氏千六百一十里。民俗衣服类乌孙，因畜随水草，本故塞种也。

捐毒国，王治衍敦谷，去长安九千八百六十里。户三百八十，口千一百，胜兵五百人。东至都护治所二千八百六十一里。至疏勒。南与葱岭属，③无人民。西上葱领，则休循也。西北至大宛千三十里，北与乌孙接。衣服类乌孙，随水草，依葱领，本塞种也。

莎车国，王治莎车城，去长安九千九百五十里。户二千三百三十九，口万六千三百七十三，胜兵三千四十九人。辅国侯、左右将、左右骑君、备西夜君各一人，都尉二人，译长四人。东北至都护治所四千七百四十六里，西至疏勒五百六十里，西南至蒲犁七百四十里。有铁山，出青玉。

宣帝时，乌孙公主小子万年，莎车王爱之。莎车王无子死，死时万年在汉。莎车国人计欲自托于汉，又欲得乌孙心，即上书请万年为莎车王。汉许之，遣使者奚充国送万年。万年初立，暴恶，国人不说。④莎车王弟呼屠徵杀万年，并杀汉使者，自立为王，约诸国背汉。会卫候冯奉世使送大宛客，即以便宜发诸国兵击杀之，更立它昆弟子为莎车王。还，拜奉世为光禄大夫。是岁，元康元年也。

疏勒国，王治疏勒城，去长安九千三百五十里。户千五百一十，口万八千六百四十七，胜兵二千人。疏勒侯、击胡侯、辅国侯、都尉、左右将、左右骑君、左右译长各一人。东至都护治所二千二百一十里，南至莎车

---

① 师古曰："远音于万反。"
② 师古曰："槐音回。"
③ 师古曰："属，联也，音之欲反。"
④ 师古曰："说读曰悦。"

五百六十里。有市列，西当大月氏、大宛、康居道也。

尉头国，王治尉头谷，去长安八千六百五十里。户三百，口二千三百，胜兵八百人。左右都尉各一人，左右骑君各一人。东至都护治所千四百一十一里，南与疏勒接，山道不通，西至捐毒千三百一十四里，径道马行二日。田畜随水草，衣服类乌孙。

下卷

乌孙国，大昆弥治赤谷城，①去长安八千九百里。户十二万，口六十三万，胜兵十八万八千八百人。相，大禄，左右大将二人，侯三人，大将、都尉各一人，大监二人，大吏一人，舍中大吏二人，骑君一人。东至都护治所千七百二十一里，西至康居蕃内地五千里。地莽平。多雨，寒。山多松樠。②不田作种树，③随畜逐水草，与匈奴同俗。国多马，富人至四五千匹。民刚恶，贪（狠）[狼]无信，多寇盗，最为强国。故服匈奴，④后盛大，取羁属，不肯往朝会。⑤东与匈奴、西北与康居、西与大宛、南与城郭诸国相接。本塞地也，大月氏西破走塞王，塞王南越县度。大月氏居其地。后乌孙昆莫击破大月氏，大月氏徙西臣大夏，而乌孙昆莫居之，故乌孙民有塞种、大月氏种云。

始张骞言乌孙本与大月氏共在敦煌间，今乌孙虽强大，可厚赂招，令东居

---

① 师古曰："乌孙于西域诸戎其形最异。今之胡人青眼、赤须，状类弥猴者，本其种也。"
② 师古曰："莽平谓有草莽而平坦也。一曰莽莽平野之貌。樠，木名，其心似松，音武元反。"
③ 师古曰："树，植也。"
④ 师古曰："故谓旧时也。服，属于匈奴也。"
⑤ 师古曰："言才羁縻属之而已。"

故地，妻以公主，与为昆弟，以制匈奴。语在《张骞传》。武帝即位，令骞赍金币往。昆莫见骞如单于礼，① 骞大惭，谓曰："天子致赐，王不拜，则还赐。"② 昆莫起拜，其它如故。

初，昆莫有十余子，中子大禄强，善将，③ 将众万余骑别居。大禄兄太子，太子有子曰岑陬。④ 太子蚤死，⑤ 谓昆莫曰："必以岑陬为太子。"昆莫哀许之。大禄怒，乃收其昆弟，将众畔，谋攻岑陬。昆莫与岑陬万余骑，令别居，昆莫亦自有万余骑以自备。国分为三，大总羁属昆莫。骞既致赐，谕指曰："乌孙能东居故地，则汉遣公主为夫人，结为昆弟，共距匈奴，不足破也。"乌孙远汉，未知其大小，⑥ 又近匈奴，服属日久，其大臣皆不欲徙。昆莫年老国分，不能专制，乃发使送骞，因献马数十匹报谢。其使见汉人众富厚，归其国，其国后乃益重汉。

匈奴闻其与汉通，怒欲击之。又汉使乌孙，乃出其南，抵大宛、月氏，相属不绝。⑦ 乌孙于是恐，使使献马，愿得尚汉公主，为昆弟。天子问群臣，议许，曰："必先内聘，然后遣女。"乌孙以马千匹聘。⑧ 汉元封中，遣江都王建女细君为公主，以妻焉。赐乘舆服御物，为备官属宦官侍御数百人，赠送甚盛。乌孙昆莫以为右夫人。匈奴亦遣女妻昆莫，昆莫以为左夫人。

公主至其国，自治宫室居，岁时一再与昆莫会，置酒饮食，以币帛赐王左右贵人。昆莫年老，语言不通，公主悲愁，自为作歌曰："吾家嫁我兮天一方，远托异国兮乌孙王。穹庐为室兮旃为墙，以肉为食兮酪为浆。⑨ 居常土思兮心内伤，⑩ 愿为黄鹄兮归故乡。"⑪ 天子闻而怜之，间岁遣使者持帷帐锦绣给

① 师古曰："昆莫自比于单于。"
② 师古曰："还赐，谓将赐物还归汉也。"
③ 师古曰："言其材力优强，能为将。"
④ 师古曰："岑音仕林反。陬音子侯反。"
⑤ 师古曰："蚤，古早字。"
⑥ 师古曰："远音于万反。"
⑦ 师古曰："抵，至也。属音之欲反。"
⑧ 师古曰："入聘财。"
⑨ 师古曰："食谓饭，音饲。"
⑩ 师古曰："土思，谓忧思而怀本土。"
⑪ 师古曰："鹄音下督反。"

遗焉。①

昆莫年老，欲使其孙岑陬尚公主。公主不听，上书言状，天子报曰："从其国俗，欲与乌孙共灭胡。"岑陬遂妻公主。昆莫死，岑陬代立。岑陬者，官号也，名军须靡。昆莫，王号也，名猎骄靡。后书"昆弥"云。②岑陬尚江都公主，生一女少夫。③公主死，汉复以楚王戊之孙解忧为公主，妻岑陬。岑陬胡妇子泥靡尚小，岑陬且死，以国与季父大禄子翁归靡，曰："泥靡大，以国归之。"

翁归靡既立，号肥王，复尚楚主解忧，生三男两女：长男曰元贵靡；次曰万年，为莎车王；次曰大乐，为左大将；长女弟史为龟兹王绛宾妻；小女素光为若呼翎侯妻。④

昭帝时，公主上书，言："匈奴发骑田车师，车师与匈奴为一，共侵乌孙，唯天子幸救之！"汉养士马，议欲击匈奴。会昭帝崩，宣帝初即位，公主及昆弥皆遣使上书，言："匈奴复连发大兵侵击乌孙，取车延、恶师地，收人民去，使使谓乌孙趣持公主来，⑤欲隔绝汉。昆弥愿发国半精兵，自给人马五万骑，尽力击匈奴。唯天子出兵以救公主、昆弥。"汉兵大发十五万骑，五将军分道并出。语在《匈奴传》。遣校尉常惠使持节护乌孙兵，昆弥自将翎侯以下五万骑从西方入，至右谷蠡王庭，获单于父行及嫂、居次、名王、犁汙都尉、千长、骑将以下四万级，马、牛、羊、驴、橐驼七十余万头，乌孙皆自取所虏获。还，封惠为长罗侯。是岁，本始三年也。汉遣惠持金币赐乌孙贵人有功者。

元康二年，乌孙昆弥因惠上书："愿以汉外孙元贵靡为嗣，得令复尚汉公主，结婚重亲，畔绝匈奴，愿聘马、骡各千匹。"诏下公卿议，大鸿胪萧望之

---

① 师古曰："间岁者，谓每隔一岁而往也。"
② 师古曰："昆莫本是王号，而其人名猎骄靡，故书云昆弥。昆取昆莫，弥取骄靡。弥、靡音有轻重耳，盖本一也。后遂以昆弥为其王号也。"
③ 师古曰："名少夫。"
④ 师古曰："弟史、素光皆女名。"
⑤ 师古曰："趣读曰促。"

以为："乌孙绝域，变故难保，不可许。"上美乌孙新立大功，又重绝故业，^①遣使者至乌孙，先迎取聘。昆弥及太子、左右大将、都尉皆遣使，凡三百余人，入汉迎取少主。上乃以乌孙主解忧弟子相夫为公主，置官属侍御百余人，舍上林中，学乌孙言。^②天子自临平乐观，会匈奴使者、外国君长大角抵，设乐而遣之。使长（卢）[罗]侯光禄大夫惠为副，凡持节者四人，送少主至敦煌。未出塞，闻乌孙昆弥翁归靡死，乌孙贵人共从本约，立岑陬子泥靡代为昆弥，号狂王。惠上书："愿留少主敦煌，惠驰至乌孙责让不立元贵靡为昆弥，还迎少主。"事下公卿，望之复以为："乌孙持两端，难约结。前公主在乌孙四十余年，恩爱不亲密，边竟未得安，^③此已事之验也。今少主以元贵靡不立而还，信无负于夷狄，中国之福也。少主不止，徭役将兴，其原起此。"天子从之，征还少主。

狂王复尚楚主解忧，生一男鸱靡，不与主和，又暴恶失众。汉使卫司马魏和意、副候任昌送侍子，公主言狂王为乌孙所患苦，易诛也。遂谋置酒会，罢，使士拔剑击之。剑旁下，^④狂王伤，上马驰去。其子细沈瘦^⑤会兵围和意、昌及公主于赤谷城。数月，都护郑吉发诸国兵救之，乃解去。汉遣中郎将张遵持医药治狂王，赐金二十斤，采缯。因收和意、昌系琐，从尉犁槛车至长安，斩之。车骑将军长史张翁留验公主与使者谋杀狂王状，主不服，叩头谢，张翁捽主头骂詈。^⑥主上书，翁还，坐死。副使季都别将医养视狂王，狂王从十余骑送之。都还，坐知狂王当诛，见便不发，下蚕室。

初，肥王翁归靡胡妇子乌就屠，狂王伤时惊，与诸翎侯俱去，居北山中，扬言母家匈奴兵来，故众归之。后遂袭杀狂王，自立为昆弥。汉遣破羌将军辛武贤将兵万五千人至敦煌，遣使者案行表，穿卑鞮侯井以西，^⑦欲通渠转谷，积

---

① 师古曰："重，难也。故业，谓先与乌孙婚亲也。"
② 师古曰："舍，止也。"
③ 师古曰："竟读曰境。"
④ 师古曰："不正下（之）。"
⑤ 师古曰："瘦音搜。"
⑥ 师古曰："捽，持其头，音材兀反。"
⑦ 孟康曰："大井六通渠也，下泉流涌出，在白龙堆东土山下。"

居庐仓以讨之。

　　初，楚主侍者冯嫽①能史书，习事，尝持汉节为公主使，行赏赐于城郭诸国，敬信之，号曰冯夫人。为乌孙右大将妻，右大将与乌就屠相爱，都护郑吉使冯夫人说乌就屠，以汉兵方出，必见灭，不如降。乌就屠恐，曰："愿得小号。"宣帝征冯夫人，自问状。遣谒者竺次、期门甘延寿为副，送冯夫人。冯夫人锦车持节，②诏（焉）乌就屠诣长罗侯赤谷城，立元贵靡为大昆弥，乌就屠为小昆弥，皆赐印绶。破羌将军不出塞还。后乌就屠不尽归诸翖侯民众，汉复遣长罗侯惠将三校屯赤谷，因为分别其人民地界，大昆弥户六万余，小昆弥户四万余，然众心皆附小昆弥。

　　元贵靡、鸱靡皆病死，公主上书言年老土思，愿得归骸骨，葬汉地。天子闵而迎之，公主与乌孙男女三人俱来至京师。是岁，甘露三年也。时年且七十，赐以公主田宅、奴婢，奉养甚厚，朝见仪比公主。后二岁卒，三孙因留守坟墓云。

　　元贵靡子星靡代为大昆弥，弱，③冯夫人上书，愿使乌孙镇抚星（弥）[靡]。汉遣之，卒百人送（乌孙）焉。都护韩宣奏，乌孙大吏、大禄、大监皆可以赐金印紫绶，以尊辅大昆弥，汉许之。后都护韩宣复奏，星靡怯弱，可免，更以季父左大将乐代为昆弥，汉不许。后段会宗为都护，招还亡畔，安定之。④

　　星靡死，子雌栗靡代。小昆弥乌就屠死。子拊离代立，⑤为弟日贰所杀。汉遣使者立拊离子安日为小昆弥。日贰亡，阻康居。汉徙己校屯姑墨，⑥欲候便讨焉。安日使贵人姑莫匿等三人诈亡从日贰，刺杀之。⑦都护廉褒赐姑莫匿等金人二十斤，缯三百匹。

　　后安日为降民所杀，汉立其弟末振将代。时大昆弥雌栗靡健，翖侯皆畏服

---

① 师古曰："音了。嫽者，慧也，故以为名。"
② 服虔曰："锦车，以锦衣车也。"
③ 师古曰："言其尚幼少。"
④ 师古曰："有人众亡畔者，皆招而还之，故安定也。"
⑤ 师古曰："拊读与抚同。"
⑥ 师古曰："有戊己两校兵，此直徙己校也。"
⑦ 师古曰："诈畔亡而投之，因得以刺杀。"

之，告民牧马畜无使入牧，①国中大安和翁归靡时。②小昆（靡）[弥]末振将恐为所并，使贵人乌日领诈降刺杀雌栗靡。汉欲以兵讨之而未能，遣中郎将段会宗持金币与都护图方略，立雌栗靡季父公主孙伊秩靡为大昆弥。汉没入小昆弥侍子在京师者。久之，大昆弥翖侯难栖杀末振将，末振将兄安日子安犁靡代为小昆弥。③汉恨不自（责）诛末振将，复使段会宗即斩其太子番丘。④还，赐爵关内侯。是岁，元延二年也。

会宗以翖侯难栖杀末振将，虽不指为汉，合于讨贼，奏以为坚守都尉。责大禄、大吏、大监以雌栗靡见杀状，夺金印紫绶，更与铜墨云。末振将弟卑爰疐⑤本共谋杀大昆弥，将众八万馀口北附康居，谋欲藉兵⑥兼并两昆弥。两昆弥畏之，亲倚都护。⑦

哀帝元寿二年，大昆弥伊秩靡与单于并入朝，汉以为荣。至元始中，卑爰疐杀乌日领以自效，汉封为归义侯。两昆弥皆弱，卑爰疐侵陵，都护孙建袭杀之。自乌孙分立两昆弥后，汉用忧劳，且无宁岁。⑧

姑墨国，王治南城，去长安八千一百五十里。户三千五百，口二万四千五百，胜兵四千五百人。姑墨侯、辅国侯、都尉、左右将、左右骑君各一人，译长二人。东至都护治所（一）[二]千二十一里，南至（於）[于]阗马行十五日，北与乌孙接。出铜、铁、雌黄。东通龟兹六百七十里。王莽时，姑墨王丞杀温宿王，并其国。

温宿国，王治温宿城，⑨去长安八千三百五十里，户二千二百，口八千四百，胜兵千五百人。辅国侯、左右将、左右都尉、左右骑君、译长各二人。

---

① 师古曰："勿入昆弥牧中，恐其相扰也。"
② 师古曰："胜于翁归靡时也。"
③ 师古曰："末振将之兄名安日，安日之子名安犁靡。"
④ 师古曰："番音盘。"
⑤ 师古曰："疐音竹二反。"
⑥ 师古曰："藉，借也。"
⑦ 师古曰："倚，依附也，音于绮反。"
⑧ 师古曰："言或镇抚，或威制之，故多事也。"
⑨ 师古曰："今雍州醴泉县北有山名温宿岭者，本因汉时得温宿国人令居此地田牧，因以为名。"

东至都护治所二千三百八十里，西至尉头三百里，北至乌孙赤谷六百一十里。土地物类所有与鄯善诸国同。东通姑墨二百七十里。

龟兹国，王治延城，去长安七千四百八十里。户六千九百七十，口八万一千三百一十七，胜兵二万一千七十六人。大都尉丞、辅国侯、安国侯、击胡侯、却胡都尉、击车师都尉、左右将、左右都尉、左右骑君、左右力辅君各一人，东西南北部千长各二人，却胡君三人，译长四人。南与精绝、东南与且末、西南与扜弥、北与乌孙、西与姑墨接。① 能铸冶，有铅。东至都护治所乌垒城三百五十里。

乌垒，户百一十，口千二百，胜兵三百人。城都尉、译长各一人。与都护同治。其南三百三十里至渠犁。

渠犁，城都尉一人，户百三十，口千四百八十，胜兵百五十人。东北与尉犁、东南与且末、南与精绝接。西有河，至龟兹五百八十里。

自武帝初通西域、置校尉，屯田渠犁。是时军旅连出，师行三十二年，海内虚耗。征和中，贰师将军李广利以军降匈奴。上既悔远征伐，而搜粟都尉桑弘羊与丞相御史奏言："故轮台（以）东捷枝、渠犁皆故国，地广，饶水草，有溉田五千顷以上，处温和，田美，可益通沟渠，种五谷，与中国同时孰。其旁国少锥刀，贵黄金采缯，可以易谷食，宜给足不（可）乏。② 臣愚以为可遣屯田卒诣故轮台以东，置校尉三人分护，各举图地形，通利沟渠，务使以时益种五谷，③ 张掖、酒泉遣骑假司马为斥候，属校尉，事有便宜，因骑置以闻。④ 田一岁，有积谷，募民壮健有累重敢徙者诣田所，⑤ 就畜积为本业，⑥ 益垦溉田，稍筑列亭，连城而西，以威西国，辅乌孙，为便。臣谨遣征事臣昌分部行边，⑦ 严敕太守、都尉明烽火，选士马，谨斥候，蓄茭草。愿陛下遣使使西国，以安

---

① 师古曰："扜音乌。"
② 师古曰："言以锥刀及黄金彩缯与此旁国易谷食，可以给田卒，不忧乏粮也。"
③ 师古曰："益，多也。"
④ 师古曰："骑置即今之驿马也。"
⑤ 师古曰："累重谓妻子家属也。累音力瑞反。重音直用反。"
⑥ 师古曰："畜读曰蓄。"
⑦ 师古曰："分音扶问反。行音下更反。"

其意。臣昧死请。"

上乃下诏，深陈既往之悔，曰："前有司奏，欲益民赋三十助边用，①是重困老弱孤独也。②而今又请遣卒田轮台。轮台西于车师千余里，前开陵侯击车师时，③危须、尉犁、楼兰六国子弟在京师者皆先归，发畜食迎汉军，④又自发兵，凡数万人，王各自将，共围车师，降其王。诸国兵便罢，力不能复至道上食汉军。⑤汉军破城，食至多，然士自载不足以竟师，⑥强者尽食畜产，羸者道死数千人。朕发酒泉驴、橐驼负食，出玉门迎军。吏卒起张掖，不甚远，然尚廝留甚众。⑦曩者，朕之不明，以军候弘上书言'匈奴缚马前后足，置城下，驰言"秦人，我丐若马"'，⑧又汉使者久留不还，故兴（师）遣贰师将军，⑨欲以为使者威重也。古者卿大夫与谋，⑩参以蓍龟，不吉不行。⑪乃者以缚马书遍视丞相、御史、二千石、诸大夫、郎为文学者，⑫乃至郡属国都尉成忠、赵破奴等，皆以'虏自缚其马，不祥甚哉！'或以为'欲以见强，⑬夫不足者视人有余'。⑭《易》之，卦得《大过》，爻在九五，⑮匈奴困败。公车方士、太史治星望气，及太卜龟蓍，皆以为吉，匈奴必破，时不可再得也。⑯又曰：'北伐行将，于鬴山必克。'⑰卦诸将，贰师最吉。⑱故朕亲发贰师下鬴山，诏之必毋深入。今

① 师古曰："三十者，每口转增三十钱也。"
② 师古曰："重音直用反。"
③ 晋灼曰："开陵侯，匈奴介和王来降者。"
④ 师古曰："畜谓马牛羊等也。"
⑤ 师古曰："食读曰饲。"
⑥ 师古曰："士虽各自载粮，而在道已尽。至于归途，尚苦乏食不足，不能终师旅之事也。"
⑦ 师古曰："廝留，言其前后离廝，不相逮及也。廝音斯。"
⑧ 师古曰："谓中国人为秦人，习故言也。丐，乞与也。若，汝也。乞音气。"
⑨ 师古曰："兴军而遣之。"
⑩ 师古曰："与读曰豫。"
⑪ 师古曰："谓共卿大夫谋事，尚不专决，犹杂问蓍龟也。"
⑫ 师古曰："视读曰示。为文学，谓学经书之人。"
⑬ 师古曰："见，显示。"
⑭ 师古曰："言其夸张也。视亦读曰示。"
⑮ 孟康曰："其繇曰'枯杨生华'，象曰'枯杨生华，何可久也！'谓匈奴破不久也。"
⑯ 师古曰："今便利之时，后不可再得也。"
⑰ 师古曰："行将谓遣将率行也。鬴山，山名也。鬴，古釜字。"
⑱ 师古曰："上遣诸将，而于卦中贰师最吉也。"

计谋卦兆皆反缪。①重合侯（毋）[得]虏候者，言：'闻汉军当来，匈奴使巫埋羊牛所出诸道及水上以诅军。②单于遗天子马裘，常使巫祝之。缚马者，诅军事也。'又卜'汉军一将不吉'。匈奴常言：'汉极大，然不能饥渴，③失一狼，走千羊。'乃者贰师败，军士死略离散，④悲痛常在朕心。今请远田轮台，欲起亭隧，⑤是扰劳天下，非所以优民也。今朕不忍闻。大鸿胪等又议，欲募囚徒送匈奴使者，明封侯之赏以报忿，五伯所弗能为也。⑥且匈奴得汉降者，常提掖搜索，问以所闻。⑦今边塞未正，阑出不禁，障候长吏使卒猎兽，以皮肉为利，卒苦而烽火乏，失亦上集不得，⑧后降者来，若捕生口虏，乃知之。⑨当今务在禁苛暴，止擅赋，力本农，修马复令，⑩以补缺，毋乏武备而已。郡国二千石各上进畜马方略补边状，与计对。"⑪由是不复出军。而封丞相车千秋为富民侯，以明休息，思富养民也。

初，贰师将军李广利击大宛，还过扜弥，扜弥遣太子赖丹为质于龟兹。广利责龟兹曰："外国皆臣属于汉，龟兹何以得受扜弥质？"即将赖丹入至京师。昭帝乃用桑弘羊前议，以扜弥太子赖丹为校尉，将军田轮台，轮台与渠犁地皆相连也。龟兹贵人姑翼谓其王曰："赖丹本臣属吾国，今佩汉印绶来，迫吾国而田，必为害。"王即杀赖丹，而上书谢汉，汉未能征。

宣帝时，长罗侯常惠使乌孙还，便宜发诸国兵，⑫合五万人攻龟兹，责以

---

① 师古曰："言不效也。缪，妄也。"
② 师古曰："于军所行之道及水上埋牛羊。"
③ 师古曰："能音耐。"
④ 师古曰："言死及被虏略，并自离散也。"
⑤ 师古曰："隧者，依深险之处开通行道也。"
⑥ 师古曰："伯读曰霸。五霸尚耻不为，况今大汉也。"
⑦ 师古曰："搜索者，恐其或私赍文书也。"
⑧ 师古曰："言边塞有阑出逃亡之人，而（止）[主]者不禁。又长吏利于皮肉，多使障候之卒猎兽，故令烽火有乏。又其人劳苦，因致奔亡。凡有此失，皆不集于所（亡）[上]文书。"
⑨ 师古曰："既不上书，所以当时不知，至有降者来，及捕生口，或虏得匈奴人言之，乃知此事。"
⑩ 孟康曰："先是令长吏各以秩养马，亭有牝马，民养马皆复不事。后马多绝乏，至此复修之也。"师古曰："此说非也。马复，因养马以免徭赋也，复音方目反。"
⑪ 师古曰："与上计者同来赴对也。"
⑫ 师古曰："以便宜擅发兵也。"

前杀校尉赖丹。龟兹王谢曰："乃我先王时为贵人姑翼所误，我无罪。"执姑翼诣惠，惠斩之。时乌孙公主遣女来至京师学鼓琴，汉遣侍郎乐奉送主女，过龟兹。龟兹前遣人至乌孙求公主女，未还。会女过龟兹，龟兹王留不遣，复使使报公主，主许之。后公主上书，愿令女比宗室入朝，而龟兹王绛宾亦爱其夫人，上书言得尚汉外孙为昆弟，愿与公主女俱入朝。元康元年，遂来朝贺。王及夫人皆赐印绶。夫人号称公主，赐以车骑旗鼓，歌吹数十人，绮绣杂缯琦珍凡数千万。① 留且一年，厚赠送之。后数来朝贺，乐汉衣服制度，归其国，治宫室，作徼道周卫，出入传呼，撞钟鼓，如汉家仪。外国胡人皆曰："驴非驴，马非马，若龟兹王，所谓骡也。"绛宾死，其子丞德自谓汉外孙，成、哀帝时往来尤数，汉遇之亦甚亲密。

东通尉犁六百五十里。

尉犁国，王治尉犁城，去长安六千七百五十里。户千二百，口九千六百，胜兵二千人。尉犁侯、安世侯、左右将、左右都尉、击胡君各一人，译长二人。西至都护治所三百里，南与鄯善、且末接。

危须国，王治危须城，去长安七千二百九十里。户七百，口四千九百，胜兵二千人。击胡侯、击胡都尉、左右将、左右都尉、左右骑君、击胡君、译长各一人。西至都护治所五百里，至焉耆百里。

焉耆国，王治员渠城，② 去长安七千三百里。户四千，口三万二千一百，胜兵六千人。击胡侯、却胡侯、辅国侯、左右将、左右都尉、击胡左右君、击车师君、归义车师君各一人，击胡都尉、击胡君各二人，译长三人。西南至都护治所四百里，南至尉犁百里，北与乌孙接。近海水多鱼。

乌贪訾离国，王治于娄谷，去长安万三百三十里。户四十一，口二百三十一，胜兵五十七人。辅国侯、左右都尉各一人。东与单桓、南与且弥、西与乌孙接。③

---

① 师古曰："琦音奇。"
② 师古曰："员音于权反。"
③ 师古曰："且音子余反。"

卑陆国，王治天山东乾当国，①去长安八千六百八十里。户二百二十七，口千三百八十七，胜兵四百二十二人。辅国侯、左右将、左右都尉、左右译长各一人。西南至都护治所千二百八十七里。

卑陆后国，王治番渠类谷，②去长安八千七百一十里。户四百六十二，口千一百三十七，胜兵三百五十人。辅国侯、都尉、译长各一人，将二人。东与郁立师、北与匈奴、西与劫国、南与车师接。

郁立师国，王治内咄谷，③去长安八千八百三十里。户百九十，口千四百四十五，胜兵三百三十一人。辅国侯、左右都尉、译长各一人，东与车师后城长、西与卑陆、北与匈奴接。

单桓国，王治单桓城，去长安八千八百七十里。户二十七，口百九十四，胜兵四十五人。辅国侯、将、左右都尉、译长各一人。

蒲类国，王治天山西疏榆谷，去长安八千三百六十里。户三百二十五，口二千三十二，胜兵七百九十九人。辅国侯、左右将、左右都尉各一人。西南至都护治所千三百八十七里。

蒲类后国，王去长安八千六百三十国。户百，口千七十，胜兵三百三十四人，辅国侯、将、左右都尉、译长各一人。

西且弥国，王治天山东于大谷，④去长安八千六百七十里。户三百三十二，口千九百二十六，胜兵七百三十八人。西且弥侯、左右将、左右骑君各一人。西南至都护治所千四百八十七里。

东且弥国，王治天山东兑虚谷，去长安八千二百五十里。户百九十一，口千九百四十八，胜兵五百七十二人。东且弥侯、左右都尉各一人。西南至都护治所千五百八十七里。

劫国，王治天山东丹渠谷，去长安八千五百七十里。户九十九，口五百，胜兵百一十五人。辅国侯、都尉、译长各一人。西南至都护治所千四百八十七里。

---

① 师古曰："乾音干。"
② 师古曰："番音盘。"
③ 师古曰："咄音丁忽反。"
④ 师古曰："且音子余反。"

狐胡国，王治车师柳谷，去长安八千二百里。户五十五，口二百六十四，胜兵四十五人。辅国侯、左右都尉各一人。西至都护治所千一百四十七里，至焉耆七百七十里。

山国，王去长安七千一百七十里。① 户四百五十，口五千，胜兵千人。辅国侯、左右将、左右都尉、译长各一人。西至尉犁二百四十里，西北至焉耆百六十里，西至危须二百六十里，东南与鄯善、且末接。山出铁，民山居，寄田籴谷于焉耆、危须。

车师前国，王治交河城。河水分流绕城下，故号交河。去长安八千一百五十里。户七百，口六千五十，胜兵千八百六十五人。辅国侯、安国侯、左右将、都尉、归汉都尉、车师君、通善君、乡善君各一人，② 译长二人。西南至都护治所千八百七里，至焉耆八百三十五里。

车师后（王）国，［王］治务涂谷，去长安八千九百五十里。户五百九十五，口四千七百七十四，胜兵千八百九十人。击胡侯、左右将、左右都尉、道民君、译长各一人。③ 西南至都护治所千二百三十七里。

车师都尉国，户四十，口三百三十三，胜兵八十四人。

车师后城长国，户百五十四，口九百六十，胜兵二百六十人。

武帝天汉二年，以匈奴降者介和王为开陵侯，将楼兰国兵始击车师，匈奴遣右贤王将数万骑救之，汉兵不利，引去。征和四年，遣重合侯马通将四万骑击匈奴，道过车师北，复遣开陵侯将楼兰、尉犁、危须凡六国兵别击车师，勿令得遮重合侯。诸国兵共围车师，车师王降服，臣属汉。

昭帝时，匈奴复使四千骑田车师。宣帝即位，遣五将将兵击匈奴，④ 车师田者惊去，车师复通于汉。匈奴怒，召其太子军宿，欲以为质。军宿，焉耆外孙，不欲质匈奴，亡走焉耆。车师王更立子乌贵为太子。及乌贵立为王，与匈

---

① 师古曰："常在山下居，不为城治也。"
② 师古曰："乡读曰向。"
③ 师古曰："道读曰导。"
④ 师古曰："谓本始二年御史大夫田广明为祁连将军，后将军赵充国为蒲类将军，云中太守田顺为武牙将军，及度辽将军范明友、前将军韩增，凡五将也。"

奴结婚姻，教匈奴遮汉道通乌孙者。

地节二年，汉遣侍郎郑吉、校尉司马憙①将免刑罪人田渠犁，积谷，欲以攻车师。至秋收谷，吉、憙发城郭诸国兵万余人，自与所将田士千五百人共击车师，攻交河城，破之。王尚在其北石城中，未得，会军食尽，吉等且罢兵，归渠犁田。（秋收）[收秋]毕，复发兵攻车师王于石城。王闻汉兵且至，北走匈奴求救，匈奴未为发兵。王来还，与贵人苏犹议欲降汉，恐不见信。苏犹教王击匈奴边国小蒲类，斩首，略其人民，以降吉。车师旁小金附国随汉军后盗车师，车师王复自请击破金附。

匈奴闻车师降汉，发兵攻车师，吉、憙引兵北逢之，匈奴不敢前。吉、憙即留一候与卒二十人留守王，吉等引兵归渠犁。车师王恐匈奴兵复至而见杀也，乃轻骑奔乌孙，吉即迎其妻子置渠犁。东奏事，至酒泉，有诏还田渠犁及车师，益积谷以安西国，侵匈奴。吉还，传送车师王妻子诣长安，赏赐甚厚，每朝会四夷，常尊显以示之。于是吉始使吏卒三百人别田车师。得降者言，单于大臣皆曰："车师地肥美，近匈奴，使汉得之，多田积谷，必害人国，不可不争也。"果遣骑来击田者，吉乃与校尉尽将渠犁田士千五百人往田，匈奴复益遣骑来，汉田卒少不能当，保车师城中。匈奴将即其城下谓吉曰：②"单于必争此地，不可田也。"围城数日乃解。后常数千骑往来守车师，吉上书言："车师去渠犁千余里，间以河山，③北近匈奴，汉兵在渠犁者势不能相救，愿益田卒。"公卿议以为道远烦费，可且罢车师田者。诏遣长罗侯④将张掖、酒泉骑出车师北千余里，扬威武车师旁。胡骑引去，吉乃得出，归渠犁，凡三校尉屯田。

车师王之走乌孙也，乌孙留不遣，遣使上书，愿留车师王，备国有急，可从西道以击匈奴。汉许之。于是汉召故车师太子军宿在焉耆者，立以为王，尽徙车师国民令居渠犁，遂以车师故地与匈奴。车师王得近汉田官，与匈奴绝，

---

① 师古曰："憙音许吏反。"
② 师古曰："即，就也。"
③ 师古曰："间隔也，音居苋反。"
④ 师古曰："常惠也。"

亦安乐亲汉。后汉使侍郎殷广德责乌孙，求车师王乌（孙）贵，将诣阙，①赐第与其妻子居。是岁，元康四年也。其后置戊己校尉屯田，居车师故地。

元始中，车师后王国有新道，出五船北，通玉门关，往来差近，戊己校尉徐普欲开以省道里半，避白龙堆之厄。车师后王姑句②以道当为拄置，③心不便也。地又颇与匈奴南将军地接，普欲分明其界然后奏之，召姑句使证之，不肯，系之。姑句数以牛羊赇吏，求出不得。姑句家矛端生火，其妻股紫陬④谓姑句曰："矛端生火，此兵气也，利以用兵。前车师前王为都护司马所杀，今久系必死，不如降匈奴。"即驰突出高昌壁，入匈奴。

又去胡来王唐兜，国比大种赤水羌，⑤数相寇，不胜，告急都护。都护但钦不以时救助，唐兜困急，怨钦，东守玉门关。玉门关不内，即将妻子人民千余人亡降匈奴。匈奴受之，而遣使上书言状。是时，新都侯王莽秉政，遣中郎将王昌等使匈奴，告单于西域内属，不当得受。单于谢罪，执二王以付使者。莽使中郎王萌待西域恶都奴界上逢受。⑥单于遣使送，因请其罪。⑦使者以闻，莽不听，诏下会西域诸国王，陈军斩姑句、唐兜以示之。

至莽篡位，建国二年，以广新公甄丰为右伯，当出西域。车师后王须置离闻之，与其右将股鞮、左将尸泥支谋曰：⑧"闻甄公为西域太伯，当出，故事给使者牛、羊、谷、刍茭，导译，前五威将过，所给使尚未能备。今太伯复出，国益贫，恐不能称。"⑨欲亡入匈奴。戊己校尉刁护闻之，⑩召置离验问，辞服，

---

① 师古曰："乌孙遣其将之贵者入汉朝。"
② 师古曰："句音钩。"
③ 师古曰："拄者，支拄也。言有所置立，而支拄于己，故心不便也。拄音竹羽反，又音竹具反。其字从手，而读之者或不晓，以拄为梁柱之柱，及分破其句，言置柱于心，皆失之矣。"
④ 师古曰："陬音子侯反。"
⑤ 师古曰："比，近也，音频寐反。"
⑥ 师古曰："逢受谓先至待之，逢见即受取也。"
⑦ 师古曰："请免其罪也。"
⑧ 师古曰："鞮音丁奚反。"
⑨ 师古曰："不副所求也。"
⑩ 师古曰："刁音彫。"

乃械致都护但钦在所埒娄城。① 置离人民知其不还，皆哭而送之。至，钦则斩置离。置离兄辅国侯狐兰支将置离众二千余人，驱畜产，举国亡降匈奴。②

是时，莽易单于玺，单于恨怒，遂受狐兰支降，遣兵与共寇击车师，杀后城长，伤都护司马，及狐兰兵复还入匈奴。时戊己校尉刀护病，遣史陈良屯桓且谷备匈奴寇。③ 史终带取粮食，司马丞韩玄领诸壁，右曲候任商领诸垒，相与谋曰："西域诸国颇背叛，匈奴欲大侵，要死。可杀校尉，将人众降匈奴。"④ 即将数千骑至校尉府，胁诸亭令燔积薪，⑤ 分告诸壁曰："匈奴十万骑来入，吏士皆持兵，后者斩！"得三（百四）[四百]人，去校尉府数里止，晨火燃。⑥ 校尉开门击鼓收吏士，良等随入，遂杀校尉刀护及子男四人、诸昆弟子男，独遗妇女小儿。⑦ 止留戊己校尉城，遣人与匈奴南将军相闻，南将军以二千骑迎良等。良等尽胁略戊己校尉吏士男女二千余人入匈奴。单于以良、带为乌贲都尉。⑧

后三岁，单于死，弟乌累单于咸立，⑨ 复与莽和亲。莽遣使者多赍金币赂单于，购求陈良、终带等。单于尽收四人及手杀刀护者芝音妻子以下二十七人，皆械槛车付使者。到长安，莽皆烧杀之。其后莽复欺诈单于，和亲遂绝。匈奴大击北边，而西域亦瓦解。焉耆国近匈奴，先叛，杀都护但钦，莽不能讨。

天凤（二）[三]年，乃遣五威将王骏、西域都护李崇将戊己校尉出西域，诸国皆郊迎，送兵谷，焉耆诈降而聚兵自备。骏等将莎车、龟兹兵七千余人，分为数部入焉耆，焉耆伏兵要遮骏。及姑墨、尉犁、危须国兵为反间，还共袭击骏等，皆杀之。唯戊己校尉郭钦别将兵，后至焉耆。焉耆兵未还，钦击杀其老弱，引兵还。莽封钦为剺胡子。⑩ 李崇收余士，还保龟兹。数年莽死，崇遂没，西域因绝。

---

① 师古曰："埒娄，城名。埒音劣。娄音楼。"
② 师古曰："尽率一国之众也。"
③ 师古曰："且音子余反。"
④ 如淳曰："言匈奴来侵，会当死耳，可降匈奴也。"师古曰："要音一妙反。"
⑤ 师古曰："示为烽火也。"
⑥ 师古曰："古然字。"
⑦ 师古曰："遗，留置不杀也。"
⑧ 师古曰："贲音奔。"
⑨ 师古曰："累音力追反。"
⑩ 邓展曰："剺音衫。"师古曰："剺，绝也，音子小反。字本作剺，转写误耳。"

最凡国五十。自译长、城长、君、监、吏、大禄、百长、千长、都尉、且渠、当户、将、相至侯、王，皆佩汉印绶，凡三百七十六人。而康居、大月氏、安息、罽宾、乌弋之属，皆以绝远不在数中，其来贡献则相与报，不督录总领也。

赞曰：孝武之世，图制匈奴，患其兼从西国，结党南羌，① 乃表河（曲）[西]，列（西）[四]郡，开玉门，通四域，以断匈奴右臂，隔绝南羌、月氏。单于失援，由是远遁，而幕南无王庭。

遭值文、景玄默，养民五世，天下殷富，财力有余，士马强盛。故能睹犀布、玳瑁则建珠崖七（部）[郡]，② 感枸酱、竹杖则开牂柯、越巂，③ 闻天马、蒲陶则通大宛、安息。自是之后，明珠、文甲、通犀、翠羽之珍盈于后宫，④ 蒲梢、龙文、鱼目、汗血之马充于黄门，⑤ 巨象、师子、猛犬、大雀之群食于外囿。⑥ 殊方异物，四面而至。于是广开上林，穿昆明池，营千门万户之宫，立神明通天之台，兴造甲乙之帐，⑦ 落以随珠和璧，⑧ 天子负黼依，袭翠被，冯玉几，而处其中。⑨ 设酒池肉林以飨四夷之客，作《巴俞》都卢、海中《砀极》、漫衍鱼龙、角抵之戏以观视之。⑩ 及赂遗赠送，万里相奉，师旅之费，不可胜计。至于用度不足，乃榷酒酤，管盐铁，铸白金，造皮币，算至车船，租及六

---

① 师古曰："图，谋也。从音子容反。"
② 师古曰："玳音代。瑁音妹。"
③ 师古曰："枸音矩。"
④ 如淳曰："文甲即玳瑁也。通犀，中央色白，通两头。"
⑤ 孟康曰："四骏马名也。"师古曰："梢马音所交反。"
⑥ 师古曰："巨亦大。"
⑦ 师古曰："其数非一，以甲乙次第名之也。"
⑧ 师古曰："落与络同。"
⑨ 师古曰："依读曰扆。扆如小屏风，而画为黼文也。白与黑谓之黼，又为斧形。袭，重衣也。被音皮义反。"
⑩ 晋灼曰："都卢，国名也。"李奇曰："都卢，体轻善缘者也。《砀极》，乐名也。"师古曰："巴人，巴州人也。俞，水名，今渝州也。巴俞之人，所谓賨人也，劲锐善舞，本从高祖定三秦有功，高祖喜观其舞，因令乐人习之，故有《巴俞》之乐。漫衍者，即张衡《西京赋》所云'巨兽百寻，是为漫延'者也。鱼龙者，为舍利之兽，先戏于庭极，毕乃入殿前激水，化成比目鱼，跳跃漱水，作雾障日，毕，化成黄龙八丈，出水敖戏于庭，炫耀日光。《西京赋》云'海鳞变而成龙'，即为此色也。俞音逾。砀音大浪反。衍音戈战反。视读曰示。观示者，视之令观也。"

畜。民力屈，财用竭，①因之以凶年，寇盗并起，道路不通，直指之使始出，衣绣杖斧，断斩于郡国，然后胜之。是以末年遂弃轮台之地，而下哀痛之诏，岂非仁圣之所悔哉！且通西域，近有龙堆，远则葱岭，身热、头痛、县度之厄。淮南、杜钦、扬雄之论，皆以为此天地所以界别区域，绝外内也。《书》曰"西戎即序"，②禹既就而序之，非上威服致其贡物也。

西域诸国，各有君长，兵众分弱，无所统一，虽属匈奴，不相亲附。匈奴能得其马畜旃罽，而不能统率与之进退。与汉隔绝，道里又远，得之不为益，弃之不为损。盛德在我，无取于彼。故自建武以来，西域思汉威德，咸乐内属。唯其小邑鄯善、车师，界迫匈奴，尚为所拘。而其大国莎车、于阗之属，数遣使置质于汉，愿请属都护。圣上远览古今，因时之宜，羁縻不绝，辞而未许。虽大禹之序西戎，周公之让白雉，太宗之却走马，义兼之矣，亦何以尚兹！③

（文献源自［汉］班固撰：《汉书》，［唐］颜师古注，中华书局，1962年版）

---

① 师古曰："屈音其勿反。"
② 师古曰："《禹贡》之辞也。序，次也。"
③ 师古曰："'西戎即序'，说已在前。昔周公相成王，越裳氏重九译而献白雉。至，王问周公，公曰：'德不加焉，则君子不飨其质；政不施焉，则君子不臣其远。吾何以获此物也？'译曰：'吾受命国之黄耇曰："久矣天之无烈风雨雷也，意中国有圣人乎？盍往朝之，然后归之。"'王称先王之神所致，以荐宗庙。太宗，汉文帝也。却走马，谓有人献千里马，不受，还之，赐道路费也。老子《德经》曰'天下有道，却走马以粪'，故赞引也。"

鱼豢《魏略·西戎传》

《魏略》系曹魏时期史家鱼豢所撰，但原书已经散佚。裴松之为《三国志》作注时引录了《魏略·西戎传》全文。它受到中西交通史领域学者们的重视。法国汉学家沙畹和德国汉学家赫德对此文献高度关注。前者作《魏略·西戎传笺注》，后者将其中有关大秦的内容译成英文。鱼豢在《魏略·西戎传》中列出了当时人们所知的自敦煌入西域的三条道路，纠正了此前有关条支的错误信息。其中记述大秦的内容，是中国关于罗马帝国较早且比较详细的文献，它反映了当时中国人对大秦的最新认识。随后其他作品关于大秦的信息对此多有沿袭。此文献为我们了解当时中西交通的状况提供了重要信息。

氐人有王，所从来久矣。自汉开益州，置武都郡，排其种人，分窜山谷间，或在福禄，或在汧、陇左右。其种非一，称槃瓠之后，或号青氐，或号白氐，或号蚺氐，此盖虫之类而处中国，人即其服色而名之也。其自相号曰盍稚，各有王侯，多受中国封拜。近去建安中，兴国氐王阿贵、白项氐王千万各有部落万余，至十六年，从马超为乱。超破之后，阿贵为夏侯渊所攻灭，千万西南入蜀，其部落不能去，皆降。国家分徙其前后两端者，置扶风、美阳，今之安夷、抚夷二部护军所典是也。其（太）[本]守善，分留天水、南安界，今之（广平魏郡）[广魏郡]所守是也。其俗，语不与中国同，及羌杂胡同，各自有姓，姓如中国之姓矣。其衣服尚青绛。俗能织布，善田种，畜养豕牛马驴骡。其妇人嫁时著衽露，其缘饰之制有似羌，衽露有似中国袍。皆编发。多知中国语，由与中国错居故也。其自还种落间，则自氐语。其嫁娶有似于羌，此盖乃昔所谓西戎在于街、冀、獂道者也。今虽都统于郡国，然故自有王侯在其虚落间。又故武都地阴平街左右，亦有万余落。赀虏，本匈奴也，匈奴名奴婢为赀。始建武时，匈奴衰，分去其奴婢，亡匿在金城、武威、酒泉北黑水、西河东西，畜牧逐水草，钞盗凉州，部落稍多，有数万，不与东部鲜卑同也。其种非一，有大胡，有丁令，或颇有羌杂处，由本亡奴婢故也。当汉、魏之际，其大人有檀柘，死后，其枝大人南近在广魏、令居界，有秃瑰来数反，为凉州所杀。今有劲提，或降来，或遁去，常为西州道路患也。

燉煌西域之南山中，从婼羌西至葱领数千里，有月氏余种葱茈羌、白马、黄牛羌，各有酋豪，北与诸国接，不知其道里广狭。传闻黄牛羌各有种类，孕身六月生，南与白马羌邻。西域诸国，汉初开其道，时有三十六，后分为五十余。从建武以来，更相吞灭，于今有二十道。从燉煌玉门关入西域，前有二道，今有三道。从玉门关西出，经婼羌转西，越葱领，经县度，入大月氏，为南道。从玉门关西出，发都护井，回三陇沙北头，经居卢仓，从沙西井转西北，过龙堆，到故楼兰，转西诣龟兹，至葱领，为中道。从玉门关西北出，经横坑，辟三陇沙及龙堆，出五船北，到车师界戊己校尉所治高昌，转西与中道合龟兹，为新道。凡西域所出，有前史已具详，今故略说。南道西行，且志国、小宛国、精绝国、楼兰国皆并属鄯善也。戎卢国、扜弥国、渠勒国、（穴山国）[皮山国]皆并属于寘。罽宾国、大夏国、高附国、天竺国皆并属大月氏。

临儿国，《浮屠经》云其国王生浮屠。浮屠，太子也。父曰屑头邪，母云莫邪。浮屠身服色黄，发青如青丝，乳青毛，蛉赤如铜。始莫邪梦白象而孕，及生，从母左胁出，生而有结，堕地能行七步。此国在天竺城中。天竺又有神人，名沙律。昔汉哀帝元寿元年，博士弟子景卢受大月氏王使伊存口受《浮屠经》曰复立者其人也。《浮屠》所载临蒲塞、桑门、伯闻、疏问、白疏间、比丘、晨门，皆弟子号也。《浮屠》所载与中国《老子经》相出入，盖以为老子西出关，过西域之天竺，教胡。浮屠属弟子别号，合有二十九，不能详载，故略之如此。

车离国一名礼惟特，一名沛隶王，在天竺东南三千余里，其地卑湿暑热。其王治沙奇城，有别城数十，人民怯弱，月氏、天竺击服之。其地东西南北数千里，人民男女皆长一丈八尺，乘象、橐驼以战，今月氏役税之。

盘越国一名汉越王，在天竺东南数千里，与益部相近，其人小与中国人等，蜀人贾似至焉。南道而西极转东南尽矣。

中道西行尉梨国、危须国、山王国皆并属焉者，姑墨国、温宿国、尉头国皆并属龟兹也。桢中国、莎车国、竭石国、渠沙国、西夜国、依耐国、满犁国、亿若国、榆令国、捐毒国、休脩国、琴国皆并属疏勒。自是以西，大宛、安息、条支、乌弋。乌弋一名排特，此四国次在西，本国也，无增损。前世谬以为条支在大秦西，今其实在东。前世又谬以为强于安息，今更役属之，号为安息西界。前世又谬以为弱水在条支西，今弱水在大秦西。前世又谬以为从条支西行二百余日，近日所入，今从大秦西近日所入。

大秦国一号犁靬，在安息、条支西大海之西，从安息界安谷城乘船，直截海西，遇风利二月到，风迟或一岁，无风或三岁。其国在海西，故俗谓之海西。有河出其国，西又有大海。海西有迟散城，从国下直北至乌丹城，西南又渡一河，乘船一日乃过。西南又渡一河，一日乃过。凡有大都三，却从安谷城陆道直北行之海北，复直西行之海西，复直南行经之乌迟散城。渡一河，乘船一日乃过。周回绕海，凡当渡大海六日乃到其国。国有小城邑合四百余，东西南北数千里。其王治滨侧河海，以石为城郭。其土地有松、柏、槐、梓、竹、苇、杨柳、梧桐、百草。民俗，田种五谷，畜乘有马、骡、驴、骆驼。桑蚕。俗多奇幻，口中出火，自缚自解，跳十二丸巧妙。其国无常主，国中有灾异，辄更立贤人以为王，而生放其故王，王亦不敢怨。其俗人长大平正，似中国人而胡服。自云本中国一别也，常欲通使于中国，而安息图其利，不能得过。其俗能胡书。其制度，公私宫室为重屋，旌旗击鼓，白盖小车，邮驿亭置如中国。从安息绕海北到其国，人民相属，十里一亭，三十里一置，终无盗贼。但有猛虎、狮子为害，行道不群则不得过。其国置小王数十，其王所治城周回百余里，有官曹文书。王有五宫，一宫间相去十里，其王平旦之一宫听事，至日暮一宿，明日复至一宫，五日一周。置三十六将，每议事，一将不至则不议也。王出行，常使从人持一韦囊自随，有白言者，受其辞投囊中，还宫乃省为决理。以水晶作宫柱及器物。作弓矢。其别枝封小国，曰泽散王，曰驴分王，曰且兰王，曰贤督王，曰汜复王，曰于罗王，其余小王国甚多，不能一一详之也。国出细绮。作金银钱，金钱一当银钱十。有织成细布，言用水羊毳，名曰海西布。此国六畜皆出水，或云非独用羊毛也，亦用木皮或野茧丝作，织成氍毹、毾㲪、罽帐之属皆好，其色又鲜于海东诸国所作也。又常利得中国丝，解以为胡绫，故数与安息诸国交市于海中。海水苦不可食，故往来者希到其国中。山出九色次玉石，一曰青，二曰赤，三曰黄，四曰白，五曰黑，六曰绿，七曰紫，八曰红，九曰绀。今伊吾山中有九色石，即其类。阳嘉三年时，疏勒王臣槃献海西青石、金带各一。又今《西域旧图》云罽宾、条支诸国出琦石，即次玉石也。大秦多金、银、铜、铁、铅、锡、神龟、白马、朱髦、骇鸡犀、玳瑁、玄熊、赤螭、辟毒鼠、大贝、车渠、玛瑙、南金、翠爵、羽翮、象牙、符采玉、明月珠、夜光珠、真白珠、虎珀、珊瑚、赤白黑绿黄青绀缥红紫十种流离、璆琳、琅玕、水精、玫瑰、雄黄、雌黄、碧、五色玉、黄白黑绿紫红绛绀金黄缥留黄十种氍毹、五色毾㲪、五色九色首下毾㲪、金缕绣、杂色绫、金涂布、绯持布、发陆布、绯持渠布、火浣布、阿罗得布、巴则布、度代布、温宿布、五色桃布、绛地金织帐、五色斗帐、一微木、二苏合、狄提、迷迷、兜纳、白附子、薰陆、郁金、芸胶、薰草木十二种香。大秦道既从海北陆通，又循海而南，与交趾七郡外夷比，又有水道通益州、永昌，故永昌出异物。前世但论有水道，不知有陆道，今其略如此，其民人户数不能备详也。自葱领西，此国最大，置诸小王甚多，故录其属大者矣。

泽散王属大秦，其治在海中央，北至驴分，水行半岁，风疾时一月到，最与安息安谷城相近，西南诣大秦都不知里数。驴分王属大秦，其治去大秦都二千里。从驴分城西之大秦渡海，飞桥长二百三十里，渡海道西南行，绕海直西行。且兰王属大秦。从思陶国直南渡河，乃直西行之且兰三千里。道出河南，乃西行，从且兰复直西行之汜复国六百里。南道会汜复，乃西南之贤督国。且兰、汜复直南，乃有积石。积石南乃有大海，出珊瑚、真珠。且兰、汜复、斯宾阿蛮北有一山、东西行。大秦、海西东各有一山，皆南北行。贤督王属大秦，其治东北去汜复六百里。汜复王属大秦，其治东北去于罗三百四十里渡海也。于罗属大秦，其治在汜复东北，渡河，从于罗东北又渡河，斯罗东北又渡河。斯罗国属安息，与大秦接也。大秦西有海水，海水西有河水，河水西南北行有大山，西有赤水，赤水西有白玉山，白玉山有西王母，西王母西有脩流沙，流沙西有大夏国、坚沙国、属繇国、月氏国，四国西有黑水，所传闻西之极矣。

北新道西行，至东且弥国、西且弥国、单桓国、毕陆国、蒲陆国、乌贪国，皆并属车师后部王。王治于赖城，魏赐其王壹多杂守魏侍中，号大都尉，受魏王印。转西北则乌孙、康居，本国无增损也。北乌伊别国在康居北，又有柳国，又有岩国，又有奄蔡国一名阿兰，皆与康居同俗。西与大秦东南与康居接。其国多名貂，畜牧逐水草，临大泽，故时羁属康居，今不属也。

呼得国在葱岭北，乌孙西北，康居东北，胜兵万余人，随畜牧，出好马，有貂。坚昆国在康居西北，胜兵三万人，随畜牧，亦多貂，有好马。丁令国在康居北，胜兵六万人，随畜牧，出名鼠皮，白昆子、青昆子皮。此上三国，坚昆中央，俱去匈奴单于庭安习水七千里，南去车师六国五千里，西南去康居界三千里，西去康居王治八千里。或以为此丁令即匈奴北丁令也，而北丁令在乌孙西，似其种别也。又匈奴北有浑窳国，有屈射国，有丁令国，有隔昆国，有新梨国，明北海之南自复有丁令，非此乌孙之西丁令也。乌孙长老言北丁令有马胫国，其人音声似雁鹜，从膝以上身头，人也，膝以下生毛，马胫马蹄，不骑马而走疾马，其为人勇健敢战也。短人国在康居西北，男女皆长三尺，人众甚多，去奄蔡诸国甚远。康居长老传闻常有商度此国，去康居可万余里。

鱼豢议曰：俗以为营廷之鱼不知江海之大，浮游之物不知四时之气，是何也？以其所在者小与其生之短也。余今泛览外夷大秦诸国，犹尚旷若发蒙矣，况夫邹衍之所推出，《大易》《太玄》之所测度乎！徒限处牛蹄之涔，又无彭祖之年，无缘托景风以迅游，载骈袅以遐观，但劳眺乎三辰，而飞思乎八荒耳。

（文献源自［晋］陈寿撰：《三国志·魏书》卷三十乌桓鲜卑东夷传，［宋］裴松之注，中华书局，2011年）

范晔《后汉书·西域传》

东汉时期，尤其是73年至127年，随着班超、班勇父子等人在西域长时间地经营以及域外使节多次来华，人们对西域的情况有了新的、更准确的了解和认识。范晔（398—445）撰写《后汉书·西域传》时，利用相关信息，对乌弋山离、条支、安息和大秦等地进行了更加具体、准确的描述。班超派遣甘英出使大秦，抵条支，临大海欲渡，后为安息西界船人所阻，未能抵大秦，不过从安息西界船人那里第一次获得了有关大秦方面的众多信息。范晔还提供了这一时期关于海路方面交通的情况，尤其值得注意的是，他提到："至桓帝延熹九年，大秦王安敦遣使自日南徼外献象牙、犀角、玳瑁，始乃一通焉。其所表贡，并无珍异，疑传者过焉。"尽管这条信息的真实性值得怀疑，但它是中国正史首次记载的中国和大秦之间的交往，有重要意义。

武帝时，西域内属，有三十六国。汉为置使者、校尉领护之。① 宣帝改曰都护。② 元帝又置戊己二校尉，屯田于车师前王庭。③ 哀平间，自相分割为五十五国。王莽篡位，贬易侯王，由是西域怨叛，④ 与中国遂绝，并复役属匈

---

① 《前书》曰，自李广利征讨大宛之后，屯田渠犁，置使者领护营田，以供使外国也。

② 宣帝时，郑吉以侍郎田渠犁，发兵攻车师，迁卫司马，使护鄯善以西南道。其后匈奴日逐王降吉，汉以吉前破车师，后降日逐，遂并令护车师以西北道，号曰都护。都护之置，始自于吉也。

③ 《汉官仪》曰："戊己中央，镇覆四方，又开渠播种，以为厌胜，故称戊己焉。"车师有前王、后王国也。

④ 《前书》曰，莽即位，改匈奴单于印玺为章，和亲遂绝，西域亦瓦解焉。

奴。匈奴敛税重刻，诸国不堪命，建武中，皆遣使求内属，愿请都护。光武以天下初定，未遑外事，竟不许之。会匈奴衰弱，莎车王贤诛灭诸国，贤死之后，遂更相攻伐。小宛、精绝、戎卢、且末为鄯善所并。① 渠勒、皮山为于寘所统，悉有其地。郁立、单桓、孤胡、乌贪訾离为车师所灭。后其国并复立。永平中，北虏乃胁诸国共寇河西郡县，城门昼闭。十六年，明帝乃命将帅，北征匈奴，取伊吾卢地，② 置宜禾都尉以屯田，遂通西域，于寘诸国皆遣子入侍。西域自绝六十五载，乃复通焉。明年，始置都护、戊己校尉。及明帝崩，焉耆、龟兹③攻没都护陈睦，悉覆其众，匈奴、车师围戊己校尉。建初元年春，酒泉太守段彭大破车师于交河城。章帝不欲疲敝中国以事夷狄，乃迎还戊己校尉，不复遣都护。二年，复罢屯田伊吾，匈奴因遣兵守伊吾地。时军司马班超留于寘，绥集诸国。和帝永元元年，大将军窦宪大破匈奴。二年，宪因遣副校尉阎槃将二千余骑掩击伊吾，破之。三年，班超遂定西域，因以超为都护，居龟兹。复置戊己校尉，领兵五百人，居车师前部高昌壁，又置戊部候，居车师后部候城，相去五百里。六年，班超复击破焉耆，于是五十余国悉纳质内属。其条支、安息诸国至于海濒四万里外，皆重译贡献。九年，班超遣掾甘英穷临西海而还。④ 皆前世所不至，《山经》所未详，莫不备其风土，传其珍怪焉。于是远国蒙奇、兜勒皆来归服，遣使贡献。

及孝和晏驾，西域背畔。安帝永初元年，频攻围都护任尚、段禧等，⑤ 朝廷以其险远，难相应赴，诏罢都护。自此遂弃西域。北匈奴即复收属诸国，共为边寇十余岁。敦煌太守曹宗患其暴害，元初六年，乃上遣行长史索班，将千余人屯伊吾以招抚之，于是车师前王及鄯善王来降。数月，北匈奴复率车师后部王共攻没班等，遂击走其前王。鄯善逼急，求救于曹宗，宗因此请出兵击匈奴，报索班之耻，复欲进取西域。邓太后不许，但令置护西域副校尉，居敦

---

① 且音子余反。
② 在今伊州伊吾县也。
③ 龟兹读曰丘慈，下并同。
④ 《续汉书》"甘英"作"甘莫"。
⑤ 禧音喜基反。

煌，复部营兵三百人，羁縻而已。其后北虏连与车师入寇河西，朝廷不能禁，议者因欲闭玉门、阳关，以绝其患。①

延光二年，敦煌太守张珰上书陈三策，以为"北虏呼衍王常展转蒲类、秦海之间，②专制西域，共为寇钞。今以酒泉属国吏士二千余人集昆仑塞，③先击呼衍王，绝其根本，因发鄯善兵五千人胁车师后部，此上计也。若不能出兵，可置军司马，将士五百人，四郡供其犁牛、谷食，出据柳中，此中计也。④如又不能，则宜弃交河城，收鄯善等悉使入塞，此下计也"。朝廷下其议。尚书陈忠上疏曰："臣闻八蛮之寇，莫甚北虏。汉兴，高祖窘平城之围，太宗屈供奉之耻。⑤故孝武愤怒，深惟久长之计，命遣虎臣，浮河绝漠，穷破虏庭。⑥当斯之役，黔首陨于狼望之北，财币糜于卢山之壑，⑦府库单竭，杼柚空虚，笇至舟车，赁及六畜。⑧夫岂不怀，虑久故也。⑨遂开河西四郡，以隔绝南羌，⑩收三十六国，断匈奴右臂。是以单于孤特，鼠窜远藏。至于宣、元之世，遂备蕃臣，⑪关徼不闭，羽檄不行。由此察之，戎狄可以威服，难以化狎。西域内附日久，区区东望扣关者数矣，此其不乐匈奴慕汉之效也。今北虏已破车师，势必南攻鄯善，弃而不救，则诸国从矣。若然，则虏财贿益增，胆势益殖，⑫威临南

---

① 玉门、阳关，二关名也，在敦煌西界。
② 大秦国在西海西，故曰秦海也。
③ 《前书》敦煌郡广至县有昆仑障也，宜禾都尉居也。广至故城在今瓜州常乐县东。
④ 武帝初置酒泉、武威、张掖、敦煌，列四郡，据两关焉。柳中，今西州县也。
⑤ 窘，困也。高帝自击匈奴至平城，为冒顿单于围于白登，七日乃得解。太宗，文帝也。贾谊上疏曰："匈奴嫚侮侵掠，而汉岁致金絮缯彩以奉之。夷狄征令，[是] 人主之操。天子供贡，是臣下之礼。"故云耻也。
⑥ 沙土曰漠，直度曰绝也。
⑦ 狼望，匈奴中地名也。《前书》杨雄曰："前代岂乐无量之费，快心于狼望之北，填卢山之壑，而不悔也。"
⑧ 武帝时国用不足，笇至车舟，租及六畜，言皆计其所得以出笇。轺车一笇，商贾车二笇，船五丈以上一笇。六畜无文。以此言之，无物不笇。
⑨ 怀，思也。
⑩ 《前书》云起敦煌、酒泉、张掖，以隔婼羌，裂匈奴之右臂也。
⑪ 宣帝、元帝时，呼韩邪单于数入朝，称臣奉贡。
⑫ 殖，生也。

羌，与之交连。如此，河西四郡危矣。河西既危，不得不救，则百倍之役兴，不訾之费发矣。议者但念西域绝远，恤之烦费，不见先世苦心勤劳之意也。方今边境守御之具不精，内郡武卫之备不修，敦煌孤危，远来告急，复不辅助，内无以慰劳吏民，外无以威示百蛮。蹙国减土，经有明诫。①臣以为敦煌宜置校尉，案旧增四郡屯兵，以西抚诸国。庶足折冲万里，震怖匈奴。"②帝纳之，乃以班勇③为西域长史，将弛刑士五百人，西屯柳中。勇遂破平车师。自建武至于延光，西域三绝三通。顺帝永建二年，勇复击降焉耆。于是龟兹、疏勒、于寘、莎车等十七国皆来服从，而乌孙、葱领已西遂绝。六年，帝以伊吾旧膏腴之地，傍近西域，匈奴资之，以为钞暴，复令开设屯田如永元时事，置伊吾司马一人。自阳嘉以后，朝威稍损，诸国骄放，转相陵伐。元嘉二年，长史王敬为于寘所没。永兴元年，车师后王复反攻屯营。虽有降首，④曾莫惩革，自此浸以疏慢矣。班固记诸国风土人俗，皆已详备《前书》。今撰建武以后其事异于先者，以为《西域传》，皆安帝末班勇所记云。

西域内属诸国，东西六千余里，南北千余里，东极玉门、阳关，西至葱领。其东北与匈奴、乌孙相接。南北有大山，中央有河。其南山东出金城，与汉南山属焉。其河有两源，一出葱领东流，⑤一出于寘南山下北流，与葱领河合，东注蒲昌海。蒲昌海一名盐泽，去玉门三百余里。

自敦煌西出玉门、阳关，涉鄯善，北通伊吾千余里，自伊吾北通车师前部高昌壁千二百里，自高昌壁北通后部金满城五百里。此其西域之门户也，故戊己校尉更互屯焉。伊吾地宜五谷、桑麻、蒲萄。其北又有柳中，皆膏腴之地。故汉常与匈奴争车师、伊吾，以制西域焉。

自鄯善逾葱领出西诸国，有两道。傍南山北，陂河西行⑥至莎车，为南道。

① 《毛诗》曰"昔先王受命，有如邵公，日辟国百里，今也日蹙国百里"也。
② 《淮南子》曰"修政于庙堂之上，而折冲千里之外"也。
③ 班勇，班超之子。
④ 首犹服也，音式救反。
⑤ 葱领，山名也。《西河旧事》云："其山高大，生葱，故名。"
⑥ 循河曰陂，音彼义反。次下亦同。《史记》曰："陂山通道。"

南道西逾葱领,则出大月氏、安息之国也。自车师前王庭随北山,陂河西行至疏勒,为北道。北道西逾葱领,出大宛、康居、奄蔡焉(耆)。

出玉门,经鄯善、且末、精绝三千余里至拘弥。

拘弥国居宁弥城,去长史所居柳中四千九百里,[①]去洛阳万二千八百里。领户二千一百七十三,口七千二百五十一,胜兵千七百六十人。

顺帝永建四年,于窴王放前杀拘弥王兴,自立其子为拘弥王,而遣使者贡献于汉。敦煌太守徐由上求讨之,帝赦于窴罪,令归拘弥国,放前不肯。阳嘉元年,徐由遣疏勒王臣槃发二万人击于窴,破之,斩首数百级,放兵大掠,更立兴宗人成国为拘弥王而还。至灵帝熹平四年,于窴王安国攻拘弥,大破之,杀其王,死者甚众,戊己校尉、西域长史各发兵辅立拘弥侍子定兴为王。时人众裁有千口。其国西接于窴三百九十里。

于窴国居西城,去长史所居五千三百里,去洛阳万一千七百里。领户三万二千,口八万三千,胜兵三万余人。

建武末,莎车王贤强盛,攻并于窴,徙其王俞林为骊归王。明帝永平中,于窴将休莫霸反莎车,自立为于窴王。休莫霸死,兄子广德立,后遂灭莎车,其国转盛。从精绝西北至疏勒十三国皆服从。而鄯善王亦始强盛。自是南道自葱领以东,唯此二国为大。

顺帝永建六年,于窴王放前遣侍子诣阙贡献。元嘉元年,长史赵评在于窴病痈死,评子迎丧,道经拘弥。拘弥王成国与于窴王建素有隙,乃语评子云:"于窴王令胡医持毒药著创中,故致死耳。"评子信之,还入塞,以告敦煌太守马达。明年,以王敬代为长史,达令敬隐核其事。敬先过拘弥,成国复说云:"于窴国人欲以我为王,今可因此罪诛建,于窴必服矣。"敬贪立功名,且受成国之说,前到于窴,设供具请建,而阴图之。或以敬谋告建,建不信,曰:"我无罪,王长史何为欲杀我?"旦日,建从官属数十人诣敬。坐定,建起行酒,敬叱左右执之,吏士并无杀建意,官属悉得突走。时成国主簿秦牧随敬在会,持刀出曰:"大事已定,何为复疑?"即前斩建。于窴侯将输僰等遂会兵攻

[①] 《续汉书》曰:"宁弥国王本名拘弥。"

敬，敬持建头上楼宣告曰："天子使我诛建耳。"于窴侯将遂焚营舍，烧杀吏士，上楼斩敬，悬首于市。输棇欲自立为王，国人杀之，而立建子安国焉。马达闻之，欲将诸郡兵出塞击于窴，桓帝不听，征达还，而以宋亮代为敦煌太守。亮到，开募于窴，令自斩输棇。时输棇死已经月，乃断死人头送敦煌，而不言其状。亮后知其诈，而竟不能出兵。于窴恃此遂骄。

自于窴经皮山，至西夜、子合、德若焉。

西夜国一名漂沙，去洛阳万四千四百里。户二千五百，口万余，胜兵三千人。地生白草，有毒，国人煎以为药，傅箭镞，所中即死。《汉书》中误云西夜、子合是一国，今各自有王。①

子合国居呼鞬谷。②去疏勒千里。领户三百五十，口四千，胜兵千人。

德若国领户百余，口六百七十，胜兵三百五十人。东去长史居三千五百三十里，去洛阳万二千一百五十里，与子合相接。其俗皆同。

自皮山西南经乌秅，③涉悬度，历罽宾，六十余日行至乌弋山离国，地方数千里，时改名排持。

复西南马行百余日至条支。

条支国城在山上，周回四十余里。临西海，海水曲环其南及东北，三面路绝，唯西北隅通陆道。土地暑湿，出师子、犀牛、封牛、孔雀、大雀。大雀其卵如瓮。

转北而东，复马行六十余日至安息。后役属条支，为置大将，监领诸小城焉。

安息国居和椟城，去洛阳二万五千里。北与康居接，南与乌弋山离接。地方数千里，小城数百，户口胜兵最为殷盛。其东界木鹿城，号为小安息，去洛阳二万里。

章帝章和元年，遣使献师子、符拔。符拔形似麟而无角。和帝永元九年，都护班超遣甘英使大秦，抵条支。临大海欲度，而安息西界船人谓英曰："海水

---

① 《前书》云西夜国王号子合王。
② 鞬音九言反。
③ 《前书音义》音鹦拏。又云："乌音一加反，秅音直加反，急言之如鹦拏（反）[也]。"

广大，往来者逢善风三月乃得度，若遇迟风，亦有二岁者，故入海人皆赍三岁粮。海中善使人思土恋慕，数有死亡者。"英闻之乃止。十三年，安息王满屈复献师子及条支大鸟，时谓之安息雀。

自安息西行三千四百里至阿蛮国。从阿蛮西行三千六百里至斯宾国。从斯宾南行度河，又西南至于罗国九百六十里，安息西界极矣。自此南乘海，乃通大秦。其土多海西珍奇异物焉。

大秦国一名犁鞬，以在海西，亦云海西国。地方数千里，有四百余城。小国役属者数十。以石为城郭。列置邮亭，皆垩墍之。① 有松柏诸木百草。人俗力田作，多种树蚕桑。皆髡头而衣文绣，乘辎軿白盖小车，出入击鼓，建旌旗幡帜。

所居城邑，周圜百余里。城中有五宫，相去各十里。宫室皆以水精为柱，食器亦然。其王日游一宫，听事五日而后遍。常使一人持囊随王车，人有言事者，即以书投囊中，王至宫发省，理其枉直。各有官曹文书。置三十六将，皆会议国事。其王无有常人，皆简立贤者。国中灾异及风雨不时，辄废而更立，受放者甘黜不怨。其人民皆长大平正，有类中国，故谓之大秦。

土多金银奇宝，有夜光璧、明月珠、骇鸡犀、② 珊瑚、虎魄、琉璃、琅玕、朱丹、青碧。刺金缕绣，织成金缕罽、杂色绫。作黄金涂、火浣布。又有细布，或言水羊毳，野蚕茧所作也。合会诸香，煎其汁以为苏合。凡外国诸珍异皆出焉。

以金银为钱，银钱十当金钱一。与安息、天竺交市于海中，利有十倍。其人质直，市无二价。谷食常贱，国用富饶。邻国使到其界首者，乘驿诣王都，至则给以金钱。其王常欲通使于汉，而安息欲以汉缯彩与之交市，故遮阂不得自达。③ 至桓帝延熹九年，大秦王安敦遣使自日南徼外献象牙、犀角、玳瑁，始乃一通焉。其所表贡，并无珍异，疑传者过焉。

或云其国西有弱水、流沙，近西王母所居处，几于日所入也。《汉书》云

---

① 墍，饰也，音火既反。郭璞曰："垩，白土也，音恶。"

② 《抱朴子》曰："通天犀有一白理如縆者，以盛米，置群鸡中，鸡欲往啄米，至辄惊却，故南人名为'骇鸡'。"

③ 阂音五代反。

"从条支西行二百余日，近日所入"，则与今书异矣。前世汉使皆自乌弋以还，莫有至条支者也。又云"从安息陆道绕海北行出海西至大秦，人庶连属，十里一亭，三十里一置，①终无盗贼寇警。而道多猛虎、师子，遮害行旅，不百余人，赍兵器，辄为所食"。又言"有飞桥数百里可度海北"。诸国所生奇异玉石诸物，谲怪多不经，故不记云。②

大月氏国③居蓝氏城，④西接安息，四十九日行，东去长史所居六千五百三十七里，去洛阳万六千三百七十里。户十万，口四十万，胜兵十余万人。

初，月氏为匈奴所灭，遂迁于大夏，分其国为休密、双靡、贵霜、肸顿、都密，凡五部翎侯。后百余岁，贵霜翎侯丘就却攻灭四翎侯，自立为王，国号贵霜（王）。侵安息，取高附地。又灭濮达、罽宾，悉有其国。丘就却年八十余死，子阎膏珍代为王。复灭天竺，置将一人监领之。月氏自此之后，最为富盛，诸国称之皆曰贵霜王。汉本其故号，言大月氏云。

高附国在大月氏西南，亦大国也。其俗似天竺，而弱，易服。善贾贩，内富于财。所属无常，天竺、罽宾、安息三国强则得之，弱则失之，而未尝属月氏。《汉书》以为五翎侯数，非其实也。后属安息。及月氏破安息，始得高附。

天竺国一名身毒，在月氏之东南数千里。俗与月氏同，而卑湿暑热。其国临大水。乘象而战。其人弱于月氏，修浮图道，不杀伐，遂以成俗。⑤从月氏、高附国以西，南至西海，东至磐起国，皆身毒之地。身毒有别城数百，城置长。别国数十，国置王。虽各小异，而俱以身毒为名，其时皆属月氏。月氏杀其王而置将，令统其人。土出象、犀、玳瑁、金、银、铜、铁、铅、锡，西与大秦通，有大秦珍物。又有细布、好毾㲪、⑥诸香、石蜜、胡椒、姜、黑盐。

和帝时，数遣使贡献，后西域反畔，乃绝。至桓帝延熹二年、四年，频从

---

① 置，驿也。
② 鱼豢《魏略》曰："大秦国俗多奇幻，口中出火，自缚自解，跳十二丸，巧妙非常。"
③ 氏音支。下并同。
④ 《前书》"蓝氏"作"监氏"。
⑤ 浮图即佛也。
⑥ 毾音它阖反。㲪音登。《埤苍》曰："毛席也。"《释名》曰："施之承大床前小榻上，登以上床也。"

日南徼外来献。

世传明帝梦见金人，长大，顶有光明，以问群臣。或曰："西方有神，名曰佛，其形长丈六尺而黄金色。"帝于是遣使天竺问佛道法，遂于中国图画形像焉。楚王英始信其术，中国因此颇有奉其道者。后桓帝好神，数祀浮图、老子，百姓稍有奉者，后遂转盛。

东离国居沙奇城，在天竺东南三千余里，大国也。其土气、物类与天竺同。列城数十，皆称王。大月氏伐之，遂臣服焉。男女皆长八尺，而怯弱。乘象、骆驼，往来邻国。有寇，乘象以战。

栗弋国属康居。出名马牛羊、蒲萄众果，其土水美，故蒲萄酒特有名焉。

严国在奄蔡北，属康居，出鼠皮以输之。

奄蔡国改名阿兰聊国，居地城，属康居。土气温和，多桢松、白草。① 民俗衣服与康居同。

莎车国西经蒲犁、无雷至大月氏，东去洛阳万九百五十里。

匈奴单于因王莽之乱，略有西域，唯莎车王延最强，不肯附属。元帝时，尝为侍子，长于京师，慕乐中国，亦复参其典法。常劝诸子，当世奉汉家，不可负也。天凤五年，延死，谥忠武王，子康代立。

光武初，康率傍国拒匈奴，拥卫故都护吏士妻子千余口，檄书河西，问中国动静，自陈思慕汉家。建武五年，河西大将军窦融乃承制立康为汉莎车建功怀德王、西域大都尉，五十五国皆属焉。

九年，康死，谥宣成王。弟贤代立，攻破拘弥、西夜国，皆杀其王，而立其兄康两子为拘弥、西夜王。十四年，贤与鄯善王安并遣使诣阙贡献，于是西域始通。葱领以东诸国皆属贤。十七年，贤复遣使奉献，请都护。天子以问大司空窦融，以为贤父子兄弟相约事汉，款诚又至，宜加号位以镇安之。帝乃因其使，赐贤西域都护印绶，及车旗黄金锦绣。敦煌太守裴遵上言："夷狄不可假以大权，又令诸国失望。"诏书收还都护印绶，更赐贤以汉大将军印绶。其使不肯易，遵迫夺之，贤由是始恨。而犹诈称大都护，移书诸国，诸国悉服属

---

① 《前书音义》曰："白草，草之白者。"又云："似莠而细，熟时正白，牛马所食焉。"

焉，号贤为单于。贤浸以骄横，重求赋税，数攻龟兹诸国，诸国愁惧。

二十一年冬，车师前王、鄯善、焉耆等十八国俱遣子入侍，献其珍宝。及得见，皆流涕稽首，愿得都护。天子以中国初定，北边未服，皆还其侍子，厚赏赐之。是时贤自负兵强，欲并兼西域，攻击益甚。诸国闻都护不出，而侍子皆还，大忧恐，乃与敦煌太守檄，愿留侍子以示莎车，言侍子见留，都护寻出，冀且息其兵。裴遵以状闻，天子许之。二十二年，贤知都护不至，遂遗鄯善王安书，令绝通汉道。安不纳而杀其使。贤大怒，发兵攻鄯善。安迎战，兵败，亡入山中。贤杀略千余人而去。其冬，贤复攻杀龟兹王，遂兼其国。鄯善、焉耆诸国侍子久留敦煌，愁思，皆亡归。鄯善王上书，愿复遣子入侍，更请都护。都护不出，诚迫于匈奴。天子报曰："今使者大兵未能得出，如诸国力不从心，东西南北自在也。"于是鄯善、车师复附匈奴，而贤益横。

妫塞王自以国远，遂杀贤使者，贤击灭之，立其国贵人驷鞬为妫塞王。贤又自立其子则罗为龟兹王。贤以则罗年少，乃分龟兹为乌垒国，徙驷鞬为乌垒王，又更以贵人为妫塞王。数岁，龟兹国人共杀则罗、驷鞬，而遣使匈奴，更请立王。匈奴立龟兹贵人身毒为龟兹王，龟兹由是属匈奴。

贤以大宛贡税减少，自将诸国兵数万人攻大宛，大宛王延留迎降，贤因将还国，徙拘弥王桥塞提为大宛王。而康居数攻之，桥塞提在国岁余，亡归，贤复以为拘弥王，而遣延留还大宛，使贡献如常。贤又徙寘王俞林为骊归王，立其弟位侍为于寘王。岁余，贤疑诸国欲畔，召位侍及拘弥、姑墨、子合王，尽杀之，不复置王，但遣将镇守其国。位侍子戎亡降汉，封为守节侯。

莎车将君得在于寘暴虐，百姓患之。明帝永平三年，其大人都末出城，见野豕，欲射之。豕乃言曰："无射我，我乃为汝杀君得。"都末因此即与兄弟共杀君得。而大人休莫霸复与汉人韩融等杀都末兄弟，自立为于寘王，复与拘弥国人攻杀莎车将在皮山者，引兵归。于是贤遣其太子、国相，将诸国兵二万人击休莫霸，霸迎与战，莎车兵败走，杀万余人。贤复发诸国数万人，自将击休莫霸，霸复破之，斩杀过半，贤脱身走归国。休莫霸进围莎车，中流矢死，兵乃退。

于寘国相苏榆勒等共立休莫霸兄子广德为王。匈奴与龟兹诸国共攻莎车，不能下。广德承莎车之敝，使弟辅国侯仁将兵攻贤。贤连被兵革，乃遣使与广德和。先是广德父拘在莎车数岁，于是贤归其父，而以女妻之，结为昆弟，广德引兵去。明年，莎车相且运等①患贤骄暴，密谋反城降于寘。②于寘王广德乃将诸国兵三万人攻莎车。贤城守，使使谓广德曰："我还汝父，与汝妇，汝来击我何为？"广德曰："王，我妇父也，久不相见，愿各从两人会城外结盟。"贤以问且运，且运曰："广德女婿至亲，宜出见之。"贤乃轻出，广德遂执贤。而且运等因内于寘兵，房贤妻子而并其国。锁贤将归，岁余杀之。

匈奴闻广德灭莎车，遣五将发焉耆、尉黎、龟兹十五国兵三万余人围于寘，广德乞降，以其太子为质，约岁给罽絮。冬，匈奴复遣兵将贤质子不居征立为莎车王，广德又攻杀之，更立其弟齐黎为莎车王，章帝元和三年[也]。时长史班超发诸国兵击莎车，大破之，由是遂降汉。事已具《班超传》。

莎车东北至疏勒。

疏勒国去长史所居五千里，去洛阳万三百里。领户二万一千，胜兵三万余人。

明帝永平十六年，龟兹王建攻杀疏勒王成，自以龟兹左侯兜题为疏勒王。冬，汉遣军司马班超劫缚兜题，而立成之兄子忠为疏勒王。忠后反畔，超击斩之。事已具《超传》。

安帝元初中，疏勒王安国以舅臣磐有罪，徙于月氏，月氏王亲爱之。后安国死，无子，母持国政，与国人共立臣磐同产弟子遗腹为疏勒王。臣磐闻之，请月氏王曰："安国无子，种人微弱，若立母氏，我乃遗腹叔父也，我当为王。"月氏乃遣兵送还疏勒。国人素敬爱臣磐，又畏惮月氏，即共夺遗腹印绶，迎臣磐立为王，更以遗腹为磐稿城侯。后莎车[连]畔于寘，属疏勒，疏勒以强，故得与龟兹、于寘为敌国焉。

顺帝永建二年，臣磐遣使奉献，帝拜臣磐为汉大都尉，兄子臣勋为守国司马。五年，臣磐遣侍子与大宛、莎车使俱诣阙贡献。阳嘉二年，臣磐复献师子、封牛。至灵帝建宁元年，疏勒王汉大都尉于猎中为其季父和得所射杀，和得自

---

① 且音子余反。下同。
② 反音番。

立为王。(五)[三]年,凉州刺史孟佗遣从事任涉将敦煌兵五百人,与戊(己)司马曹宽、西域长史张晏,将焉耆、龟兹、车师前后部,合三万余人,讨疏勒,攻桢中城,四十余日不能下,引去。其后疏勒王连相杀害,朝廷亦不能禁。

东北经尉头、温宿、姑墨、龟兹至焉耆。

焉耆国王居南河城,北去长史所居八百里,东去洛阳八千二百里。户万五千,口五万二千,胜兵二万余人。其国四面有大山,与龟兹相连,道险厄易守。有海水曲入四山之内,周匝其城三十余里。

永平末,焉耆与龟兹共攻没都护陈睦、副校尉郭恂,杀吏士二千余人。至永元六年,都护班超发诸国兵讨焉耆、危须、尉黎、山国,遂斩焉耆、尉黎二王首,传送京师,县蛮夷邸。① 超乃立焉耆左(侯)[候]元孟为王,尉黎、危须、山国皆更立其王。至安帝时,西域背畔。延光中,超子勇为西域长史,复讨定诸国。元孟与尉黎、危须不降。永建二年,勇与敦煌太守张朗击破之,元孟乃遣子诣阙贡献。

蒲类国居天山西疏榆谷,东南去长史所居千二百九十里,去洛阳万四百九十里。户八百余,口二千余,胜兵七百余人。庐帐而居,逐水草,颇知田作。有牛、马、骆驼、羊畜。能作弓矢。国出好马。

蒲类本大国也,前西域属匈奴,而其王得罪单于,单于怒,徙蒲类人六千余口,内之匈奴右部阿恶地,因号曰阿恶国。南去车师后部马行九十余日。人口贫羸,逃亡山谷间,故留为国云。

移支国居蒲类地。户千余,口三千余,胜兵千余人。其人勇猛敢战,以寇钞为事。皆被发,随畜逐水草,不知田作。所出皆与蒲类同。

东且弥国东去长史所居八百里,去洛阳九千二百五十里。户三千余,口五千余,胜兵二千余人。庐帐居,逐水草,颇田作。其所出有亦与蒲类同。所居无常。

车师前王居交河城。河水分流绕城,故号交河。去长史所居柳中八十里,东去洛阳九千一百二十里。领户千五百余,口四千余,胜兵二千人。

---

① 蛮夷皆置邸以居之,若今鸿胪寺也。

后王居务涂谷，去长史所居五百里，去洛阳九千六百二十里。领户四千余，口万五千余，胜兵三千余人。

前后部及东且弥、卑陆、蒲类、移支，是为车师六国，北与匈奴接。前部西通焉耆北道，后部西通乌孙。

建武二十一年，与鄯善、焉耆遣子入侍，光武遣还之，乃附属匈奴。明帝永平十六年，汉取伊吾卢，通西域，车师始复内属。匈奴遣兵击之，复降北虏。和帝永元二年，大将军窦宪破北匈奴，车师震慑，前后王各遣子奉贡入侍，并赐印绶金帛。八年，戊己校尉索頵欲废后部王涿鞮，立破虏侯细致。涿鞮忿前王尉卑大卖己，因反击尉卑大，获其妻子。明年，汉遣将兵长史王林，发凉州六郡兵及羌（虏）胡二万余人，以讨涿鞮，获首虏千余人。涿鞮入北匈奴，汉军追击，斩之，立涿鞮弟农奇为王。至永宁元年，后王军就及母沙麻反畔，杀后部司马及敦煌行事。① 至安帝延光四年，长史班勇击军就，大破，斩之。

顺帝永建元年，勇率后王农奇子加特奴及八滑等，发精兵击北虏呼衍王，破之。勇于是上立加特奴为后王，八滑为后部亲汉侯。阳嘉三年夏，车师后部司马率加特奴等千五百人，掩击北匈奴于阊吾陆谷，坏其庐落，斩数百级，获单于母、季母及妇女数百人，② 牛羊十余万头，车千余两，兵器什物甚众。四年春，北匈奴呼衍王率兵侵后部，帝以车师六国接近北虏，为西域蔽扞，乃令敦煌太守发诸国兵，及玉门关候、伊吾司马，合六千三百骑救之，掩击北虏于勒山，汉军不利。秋，呼衍王复将二千人攻后部，破之。桓帝元嘉元年，呼衍王将三千余骑寇伊吾，伊吾司马毛恺遣吏兵五百人于蒲类海东与呼衍王战，悉为所没，呼衍王遂攻伊吾屯城。夏，遣敦煌太守司马达将敦煌、酒泉、张掖属国吏士四千余人救之，出塞至蒲类海，呼衍王闻而引去，汉军无功而还。

永兴元年，车师后部王阿罗多与戊部候严皓不相得，遂忿戾反畔，攻围汉屯田且固城，杀伤吏士。后部候炭遮领余人畔阿罗多诣汉吏降。阿罗多迫急，将其母妻子从百余骑亡走北匈奴中，敦煌太守宋亮上立后部故王军就质子卑君

---

① 司马即属戊校尉所统也。和帝时，置戊己校尉，镇车师后部。行事谓前行长史索班。

② 季母，叔母也。

为后部王。后阿罗多复从匈奴中还，与卑君争国，颇收其国人。戊校尉阎详虑其招引北虏，将乱西域，乃开信告示，许复为王，阿罗多乃诣详降。于是收夺所赐卑君印绶，更立阿罗多为王，仍将卑君还敦煌，以后部人三百帐别属役之，食其税。帐者，犹中国之户数也。

论曰：西域风土之载，前古未闻也。汉世张骞怀致远之略，① 班超奋封侯之志，② 终能立功西遐，羁服外域。自兵威之所肃服，财赂之所怀诱，莫不献方奇，纳爱质，露顶肘行，东向而朝天子。故设戊己之官，分任其事；建都护之帅，总领其权。先驯则赏籯金而赐龟绶，③ 后服则系头颡而衅北阙。立屯田于膏腴之野，列邮置于要害之路。驰命走驿，不绝于时月；商胡贩客，日款于塞下。其后甘英乃抵条支而历安息，临西海以望大秦，拒玉门、阳关者四万余里，靡不周尽焉。若其境俗性智之优薄，产载物类之区品，川河领障之基源，气节凉暑之通隔，梯山栈谷绳行沙度之道，身热首痛风灾鬼难之域，④ 莫不备写情形，审求根实。至于佛道神化，兴自身毒，而二汉方志莫有称焉。张骞但著地多暑湿，乘象而战，班勇虽列其奉浮图，不杀伐，而精文善法导达之功靡所传述。余闻之后说也，其国则殷乎中土，玉烛和气，⑤ 灵圣之所［降］集，贤懿之所挺生，⑥

---

① 《前书》张骞，汉中人，为博望侯。武帝时，上言大夏及安息、大宛之属，大国奇物，诚得而以义属之，则地广万里。帝从之。

② 超少时家贫，投笔叹曰："丈夫当如傅介子、张骞，立功西域，以取封侯，安能久事笔砚乎！"语见《超传》。

③ 龟谓印文也。《汉旧仪》曰："银印皆龟纽，其文刻曰'某官之章'。"

④ 《前书》杜钦曰："罽宾本汉所立，杀汉使者，今悔过来顺，使者送至悬度，历大头痛、小头痛之山，赤土身热之阪，临峥嵘不测之深，行者骑步相持，绳索相引。"释法显《游天竺记》云："西度流沙，屡有热风恶鬼，过之必死。葱领冬夏有雪。有毒龙，若犯之，则风雨晦冥，飞砂扬砾。（过）［遇］此难者，万无一全也。"

⑤ 《天竺国记》云："中天竺人殷乐无户籍，耕王地者输地利。又其土和适，无冬夏之异，草木常茂，种田无时节。"《尔雅》曰："四时和谓之玉烛。"

⑥ 《本行经》曰："释迦菩萨在兜率陁天，为诸天无量无边诸众说法。又观我今何处成道，利益众生。乃观见宜于南阎浮提生有大利益。"又云"谁中与我为父母者。观见宜于天竺刹利种迦毗罗城白净王摩邪夫人，可为父母。"又云"四生之中，何生利益。观见同众生、胎生、我若化生，诸外道等即诽谤我是幻术也。尔时菩萨观已，示同诸天五衰相现。命诸同侣，波斯匿王等诸王中生，皆作国王，与我为檀越。命阿难及诸人等，同生为弟子。命舍利弗等，外道中生我，成道时当受我化，回邪入正。又有无量众生，同随菩萨于天竺受生，多所利益"也。

神迹诡怪，则理绝人区，①感验明显，则事出天外。②而骞、超无闻者，岂其道闭往运，数开叔叶乎？不然，何诬异之甚也！汉自楚英始盛斋戒之祀，桓帝又修华盖之饰。将微义未译，而但神明之邪？详其清心释累之训，空有兼遣之宗，道书之流也。③且好仁恶杀，蠲敝崇善，所以贤达君子多爱其法焉。然好大不经，奇谲无已，④虽邹衍谈天之辩，庄周蜗角之论，⑤尚未足以概其万一。又精灵起灭，因报相寻，若晓而昧者，故通人多惑焉。⑥盖导俗无方，适物异会，取诸同归，措夫疑说，则大道通矣。

赞曰：遐矣西胡，天之外区。⑦土物琛丽，人性淫虚。不率华礼，莫有典书。若微神道，何恤何拘。⑧

（文献源自［南宋］范晔撰：《后汉书》，［唐］李贤等注，中华书局，1962年）

---

① 《维摩经》曰："以四大海水入一毛孔，不挠鱼鳖等，而彼大海本相如故。又舍利弗住不思议菩萨，断取三千大千国界，如陶家轮着右掌中，掷过恒河沙国界之外，其中众生不觉不知，又复还本处，都不使人有往来相。"

② 《涅槃经》曰："阿阇王令醉象蹋佛，佛以慈善根力，舒其五指，遂为五师子见，尔时醉象惶惧而退。又五百群贼劫夺人庶，波斯匿王收捉，剜其两目，弃入坑中。尔时群贼苦痛不已，同时发声念南无佛。陁达摩佛以慈善根力，雪山吹药，令入贼眼，皆悉平复如本。"

③ 清心谓忘思虑也。释累谓去贪欲也。不执着为空，执着为有。兼遣谓不空不有，虚实两忘也。维摩诘云："我及涅槃，此二皆空。"《老子》云："常无，欲观其妙；常有，欲观其徼。"故曰道书之流也。

④ 《维摩经》曰："尔时毗邪离有长者子名曰宝积。与五百长者子，俱持七宝盖来诣佛所，头面礼足，各以其盖共供养佛。佛威神力令诸宝盖合成一盖，遍覆三千大千国界诸须弥山，乃至日月星宿，并十方诸佛说法，皆现于宝盖中。"又维摩诘三万二千师子坐，高八万四千由旬，高广严净，来入维摩方丈室，包容无所妨碍。又大海水入毛孔，须弥山入芥子等也。

⑤ 《史记》曰："谈天衍。"刘向《别录》曰："邹衍之所言五德终始，天地广大，其书言天事，故曰谈天。"《庄子》曰："有国于蜗之左角者曰触氏，有国于蜗之右角者曰蛮氏，相与争地而战，伏尸数万，逐北旬有五日而后反。"郭璞注《尔雅》云："蜗牛，音瓜。"谈天言大，蜗角喻小也。

⑥ 精灵起灭谓生死轮回无穷已。因报相寻谓行有善恶，各缘业报也。

⑦ 遐，远也，音它狄反。《尚书》曰："遐矣西土之人。"

⑧ 言无神道以制胡人，则匈猛之性，何所忧惧，何所拘忌也。

魏收《魏书·西域传》

魏收（506—572）字伯起，钜鹿郡下曲阳县（现在河北平乡一带）人。他所撰《魏书》，计一百一十四卷，记述自道武帝拓跋珪开始至东魏、西魏相继灭亡的历史，时间跨度一百七十余年。对于《魏书》的评价，向来毁誉皆有。从实际来看，它是现存叙述北魏历史最原始和较为完备的资料。作者所记述的时代，中国同域外的交往继续发展。395年，罗马帝国分为东西两部。帝国东部拜占庭多次遣使北魏，同北魏建立了友好关系。罗马帝国和中国、印度海上贸易停滞后，它加强了与中国的陆上贸易联系。魏收在《魏书·西域传》中记述了西出西域的四条道路，并提供了养蚕和丝织技术西传的信息。这些内容对于我们研究此时期中西交流与丝绸之路的发展有重要的参考价值。

《夏书》称"西戎即序"，班固云：就而序之，非盛威武，致其贡物也。汉氏初开西域，有三十六国。其后分立五十五王，置校尉、都护以抚纳之。王莽篡位，西域遂绝。至于后汉，班超所通者五十余国，西至西海，东西万里，皆来朝贡，复置都护、校尉以相统摄。其后或绝或通，汉朝以为劳弊中国，其官时置时废。暨魏晋之后，互相吞灭，不可复详记焉。

太祖初，经营中原，未暇及于四表。既而西戎之贡不至，有司奏依汉氏故事，请通西域，可以振威德于荒外，又可致奇货于天府。太祖曰："汉氏不保境安人，乃远开西域，使海内虚耗，何利之有？今若通之，前弊复加百姓矣。"遂不从。历太宗世，竟不招纳。

太延中，魏德益以远闻，西域龟兹、疏勒、乌孙、悦般、渴槃陀、鄯善、焉耆、车师、粟特诸国王始遣使来献。世祖以西域汉世虽通,有求则卑辞而来,无欲则骄慢王命,此其自知绝远,大兵不可至故也。若报使往来,终无所益,欲不遣使。有司奏九国不惮遐崄,远贡方物,当与其进,安可豫抑后来,乃从之。于是始遣行人王恩生、许纲等西使,恩生出流沙,为蠕蠕所执,竟不果达。又遣散骑侍郎董琬、高明等多赍锦帛,出鄯善,招抚九国,厚赐之。初,琬等受诏,便道之国可往赴之。琬过九国,北行至乌孙国,其王得朝廷所赐,拜受甚悦,谓琬曰:"传闻破洛那、者舌皆思魏德,欲称臣致贡,但患其路无由耳。今使君等既到此,可往二国,副其慕仰之诚。"琬于是自向破洛那,遣明使者舌。乌孙王为发导译达二国,琬等宣诏慰赐之。已而琬、明东还,乌孙、破洛那之属遣使与琬俱来贡献者十有六国。自后相继而来,不间于岁,国使亦数十辈矣。

初,世祖每遣使西域,常诏河西王沮渠牧犍令护送,至姑臧,牧犍恒发使导路出于流沙。后使者自西域还,至武威,牧犍左右谓使者曰:"我君承蠕蠕吴提妄说,云:'去岁魏天子自来伐我,士马疫死,大败而还,我禽其长弟乐平王丕。'我君大喜,宣言国中。"又闻吴提遣使告西域诸国,称:"魏已削弱,今天下唯我为强,若更有魏使,勿复恭奉。"西域诸国亦有贰者。牧犍事主稍以慢惰。使还,具以状闻,世祖遂议讨牧犍。凉州既平,鄯善国以为"唇亡齿寒,自然之道也,今武威为魏所灭,次及我也。若通其使人,知我国事,取亡必近,不如绝之,可以支久",乃断塞行路,西域贡献,历年不入。后平鄯善,行人复通。

始琬等使还京师,具言凡所经见及传闻傍国,云:西域自汉武时五十余国,后稍相并。至太延中,为十六国,分其地为四域。自葱岭以东,流沙以西为一域;葱岭以西,海曲以东为一域;者舌以南,月氏以北为一域;两海之间,水泽以南为一域。内诸小渠长盖以百数。其出西域本有二道,后更为四:出自玉门,渡流沙,西行二千里至鄯善为一道;自玉门渡流沙,北行二千二百里至车师为一道;从莎车西行一百里至葱岭,葱岭西一千三百里至伽倍为一道;自莎车西南五百里葱岭,西南一千三百里至波路为一道焉。自琬所不传而更有朝贡者,纪其名,不能具国俗也。其与前使所异者录之。

鄯善国，都扞泥城，古楼兰国也。去代七千六百里，所都城方一里。地多沙卤，少水草，北即白龙堆路。至太延初，始遣使来献。四年，遣其弟素延耆入侍。及世祖平凉州，沮渠牧犍弟无讳走保敦煌。无讳后谋渡流沙，遣其弟安周击鄯善，王比龙恐惧欲降。会魏使者自天竺、罽宾还，俱会鄯善，劝比龙拒之，遂与连战，安周不能克，退保东城。后比龙惧，率众西奔且末，其世子乃应安周。鄯善人颇剽劫之，令不得通。世祖诏散骑常侍、成周公万度归乘传发凉州兵讨之，度归到敦煌，留辎重，以轻骑五千渡流沙，至其境。时鄯善人众布野，度归敕吏卒不得有所侵掠，边守感之，皆望旗稽服。其王真达面缚出降，度归释其缚，留军屯守，与真达诣京都。世祖大悦，厚待之。是岁，拜交趾公韩拔为假节、征西将军、领护西戎校尉、鄯善王以镇之，赋役其人，比之郡县。

且末国，都且末城，在鄯善西，去代八千三百二十里。真君三年，鄯善王比龙避沮渠安周之难，率国人之半奔且末，后役属鄯善。且末西北方流沙数百里，夏日有热风为行旅之患。风之所至，唯老驼豫知之，即鸣而聚立，埋其口鼻于沙中，人每以为候，亦即将毡拥蔽鼻口。其风迅驶，斯须过尽，若不防者，必至危毙。

于阗国，在且末西北，葱岭之北二百余里。东去鄯善千五百里，南去女国二千里，西去朱俱波千里，北去龟兹千四百里，去代九千八百里。其地方亘千里，连山相次。所都城方八九里，部内有大城五，小城数十，于阗城东三十里有首拔河，中出玉石。土宜五谷并桑麻，山多美玉，有好马、驼、骡。其刑法，杀人者死，余罪各随轻重惩罚之。自外风俗物产与龟兹略同。俗重佛法，寺塔僧尼甚众，王尤信尚，每设斋日，必亲自洒扫馈食焉。城南五十里有赞摩寺，即昔罗汉比丘卢旃为其王造覆盆浮图之所，石上有辟支佛跣处，双迹犹存。于阗西五百里有比摩寺，云是老子化胡成佛之所。俗无礼义，多盗贼，淫纵。自高昌以西，诸国人等深目高鼻，唯此一国，貌不甚胡，颇类华夏。城东二十里有大水北流，号树枝水，即黄河也，一名计式水。城西五十五里亦有大水，名达利水，与树枝水会，俱北流。

真君中，世祖诏高凉王那击吐谷浑慕利延，慕利延惧，驱其部落渡流沙。

那进军急追之，慕利延遂西入于阗，杀其王，死者甚众。显祖末，蠕蠕寇于阗，于阗患之，遣使素目伽上表曰："西方诸国，今皆已属蠕蠕，奴世奉大国，至今无异。今蠕蠕军马到城下，奴聚兵自固，故遣使奉献，延望救援。"显祖诏公卿议之，公卿奏曰："于阗去京师几万里，蠕蠕之性，惟习野掠，不能攻城，若为所拒，当已旋矣。虽欲遣师，势无所及。"显祖以公卿议示其使者，亦以为然。于是诏之曰："朕承天理物，欲令万方各安其所，应敕诸军以拯汝难。但去汝遐阻，虽复遣援，不救当时之急，已停师不行，汝宜知之。朕今练甲养卒，一二岁间当躬率猛将，为汝除患，汝其谨警候以待大举。"先是，朝廷遣使者韩羊皮使波斯，波斯王遣使献驯象及珍物。经于阗，于阗中于王秋仁辄留之，假言虑有寇不达。羊皮言状，显祖怒，又遣羊皮奉诏责让之，自后每使朝献。

蒲山国，故皮山国也。居皮城，在于阗南，去代一万二千里。其国西南三里，有冻凌山。后役属于阗。

悉居半国，故西夜国也，一名子合。其王号子，治呼犍。在于阗西，去代万二千九百七十里。太延初，遣使来献，自后贡使不绝。

权于摩国，故乌秅国也。其王居乌秅城，在悉居半西南，去代一万二千九百七十里。

渠莎国，居故莎车城，在子合西北，去代一万二千九百八十里。

车师国，一名前部。其王居交河城。去代万五十里，其地北接蠕蠕。本通使交易，世祖初，始遣使朝献，诏行人王恩生、许纲等出使。恩生等始度流沙，为蠕蠕所执。恩生见蠕蠕吴提，持魏节不为之屈。后世祖切让吴提，吴提惧，乃遣恩生等归。许纲到敦煌，病死，朝廷壮其节，赐谥曰贞。初，沮渠无讳兄弟之渡流沙也，鸠集遗人，破车师国。真君十一年，车师王车夷落遣使琢进、薛直上书曰："臣亡父僻处塞外，仰慕天子威德，遣使表献，不空于岁。天子降念，赐遗甚厚。及臣继立，亦不缺常贡，天子垂矜，亦不异前世。敢缘至恩，辄陈私艰。臣国自无讳所攻击，经今八岁，人民饥荒，无以存活。贼今攻臣甚急，臣不能自全，遂舍国东奔，三分免一，即日已到焉耆东界。思归天阙，幸垂赈救。"于是下诏抚慰之，开焉耆仓给之。正平初，遣子入侍，自后每使朝贡。

且弥国，都天山东于大谷，在车师北，去代一万五百七十里。本役属车师。

焉耆国，在车师南，都员渠城，白山南七十里，汉时旧国也。去代一万二百里。其王姓龙，名鸠尸卑那，即前凉张轨所讨龙熙之胤。所都城方二里，国内凡有九城。国小人贫，无纲纪法令。兵有弓刀甲矟。婚姻略同华夏。死亡者皆焚而后葬，其服制满七日则除之。丈夫并剪发以为首饰。文字与婆罗门同。俗事天神，并崇信佛法。尤重二月八日、四月八日，是日也，其国咸依释教，斋戒行道焉。气候寒，土田良沃，谷有稻粟菽麦，畜有驼马。养蚕不以为丝，唯充绵纩。俗尚蒲萄酒，兼爱音乐。南去海十余里，有鱼盐蒲苇之饶。东去高昌九百里；西去龟兹九百里，皆沙碛；东南去瓜州二千二百里。

恃地多险，颇剽劫中国使。世祖怒之，诏成周公万度归讨之，约赍轻粮，取食路次。度归入焉耆东界，击其边守左回、尉犁二城拔之，进军向员渠。鸠尸卑那以四五万人出城守险以拒。度归募壮勇，短兵直往冲，鸠尸卑那众大溃，尽虏之，单骑走入山中。度归进屠其城，四鄙诸戎皆降服。焉耆为国，斗绝一隅，不乱日久，获其珍奇异玩殊方谲诡不识之物，橐驼马牛杂畜巨万。时世祖幸阴山北宫，度归破焉耆露板至，世祖省讫，赐司徒崔浩书曰："万度归以五千骑经万余里，拔焉耆三城，获其珍奇异物及诸委积不可胜数。自古帝王虽云即序西戎，有如指注，不能控引也。朕今手把而有之，如何？"浩上书称美，遂命度归镇抚其人。初鸠尸卑那走山中，犹觊城不拔，得还其国。既见尽为度归所克，乃奔龟兹，龟兹以其婿，厚待之。

龟兹国，在尉犁西北，白山之南一百七十里，都延城，汉时旧国也。去代一万二百八十里。其王姓白，即后凉吕光所立白震之后。其王头系彩带，垂之于后，坐金师子床，所居城方五六里。其刑法，杀人者死，劫贼则断其一臂并刖一足。税赋准地征租，无田者则税银钱。风俗、婚姻、丧葬、物产与焉耆略同，唯气候少温为异。又出细毡，饶铜、铁、铅、麖皮、氍毹、铙沙、盐绿、雌黄、胡粉、安息香、良马、犎牛等。东有轮台，即汉贰师将军李广利所屠者。其南三百里有大河东流，号计式水，即黄河也。东去焉耆九百里，南去于阗一千四百里，西去疏勒一千五百里，北去突厥牙帐六百余里,东南去瓜州三千一百里。其东阙城戍。寇窃非一。世祖诏万度归率骑一千以击之,龟兹遣乌羯目提等领兵三千距战,度归击走之,斩二百余级,大获驼马而还。俗性多淫,置女市,收男子钱入官。土多孔雀,群飞山谷间,人取养而食之,孳乳如鸡鹜,其王家恒有千余只云。其国西北大山中有如膏者流出成川,行数里入地,如饧糊,甚臭,服之发齿已落者能令更生,病人服之皆愈。自后每使朝贡。

姑默国,居南城,在龟兹西,去代一万五百里。役属龟兹。

温宿国,居温宿城,在姑默西北,去代一万五百五十里。役属龟兹。

尉头国,居尉头城,在温宿北,去代一万六百五十里。役属龟兹。

乌孙国,居赤谷城,在龟兹西北,去代一万八百里。其国数为蠕蠕所侵,西徙葱岭山中,无城郭,随畜牧逐水草。太延三年遣使者董琬等使其国,后每使朝贡。

疏勒国,在姑默西,白山南百余里,汉时旧国也。去代一万一千二百五十里。高宗末,其王遣使送释迦牟尼佛袈裟一,长二丈余。高宗以审是佛衣,应有灵异,遂烧之以验虚实,置于猛火之上,经日不然,观者莫不悚骇,心形俱肃。其王戴金师子冠。土多稻、粟、麻、麦、铜、铁、锡、雌黄、锦、绵,每岁常供送于突厥。其都城方五里,国内有大城十二,小城数十。人手足皆六指,产子非六指者即不育,胜兵二千人。南有黄河,西带葱岭,东去龟兹千五百里,西去𨱇汗国千里,南去朱俱波八九百里,东北至突厥牙帐千余里,东南去瓜州四千六百里。

悦般国,在乌孙西北,去代一万九百三十里。其先,匈奴北单于之部落也。为汉车骑将军窦宪所逐,北单于度金微山,西走康居,其羸弱不能去者住龟兹北。地方数千里,众可二十余万。凉州人犹谓之"单于王"。其风俗言语与高车同,而其人清洁于胡。俗剪发齐眉,以醍醐涂之,昱昱然光泽,日三澡漱,然后饮食。其国南界有火山,山傍石皆燋镕,流地数十里乃凝坚,人取为药,即石流黄也。

与蠕蠕结好,其王尝将数千人入蠕蠕国,欲与大檀相见。入其界百余里,见其部人不浣衣,不绊发,不洗手,妇人舌舐器物,王谓其从臣曰:"汝曹诳我入此狗国中！"乃驰还。大檀遣骑追之不及，自是相仇雠，数相征讨。真君九年，遣使朝献。并送幻人，称能割人喉脉令断，击人头令骨陷，皆血出或数升或盈斗，以草药内其口中，令嚼咽之，须臾血止，养疮一月复常，又无痕瘢。世祖疑其虚，乃取死罪囚试之，皆验。云中国诸名山皆有此草，乃使人受其术而厚遇之。又言其国有大术者，蠕蠕来抄掠，术人能作霖雨狂风大雪及行潦，蠕蠕冻死漂亡者十二三。是岁再遣使朝贡，求与官军东西齐契讨蠕蠕。世祖嘉其意，命中外诸军戒严，以淮南王他为前锋，袭蠕蠕。仍诏有司以其鼓舞之节施于乐府。自后每使贡献。

者至拔国，都者至拔城，在疏勒西，去代一万一千六百二十里。其国东有潘贺那山，出美铁及师子。

迷密国，都迷密城，在者至拔西，去代一万二千六百里。正平元年，遣使献一峰黑橐驼。其国东有山，名郁悉满，山出金玉，亦多铁。

悉万斤国，都悉万斤城，在迷密西，去代一万二千七百二十里。其国南有山，名伽色那，山出师子。每使朝贡。

忸密国，都忸密城，在悉万斤西，去代二万二千八百二十八里。

洛那国，故大宛国也。都贵山城，在疏勒西北，去代万四千四百五十里。太和三年，遣使献汗血马，自此每使朝贡。

粟特国，在葱岭之西，古之奄蔡，一名温那沙。居于大泽，在康居西北，去代一万六千里。先是，匈奴杀其王而有其国，至王忽倪已三世矣。其国商人先多诣凉土贩货，及克姑臧，悉见虏。高宗初，粟特王遣使请赎之，诏听焉。自后无使朝献。

波斯国，都宿利城，在忸密西，古条支国也。去代二万四千二百二十八里。城方十里，户十余万，河经其城中南流。土地平正，出金、银、鍮石、珊瑚、琥珀、车渠、马脑，多大真珠、颇梨、琉璃、水精、瑟瑟、金刚、火齐、镔铁、铜、锡、朱砂、水银、绫、锦、叠、毼、氍毹、毾㲪、赤獐皮、及薰陆、郁金、苏合、青木等香，胡椒、毕拨、石蜜、千年枣、香附子、诃梨勒、无食子、盐绿、雌黄等物。气候暑热，家自藏冰。地多沙碛，引水溉灌。其五谷及鸟兽等与中夏略同，唯无稻及黍、稷。土出名马、大驴及驼，往往有日行七百里者。富室至有数千头。又出白象、师子、大鸟卵。有鸟形如橐驼,有两翼,飞而不能高,食草与肉,亦能啖火。

其王姓波氏,名斯。坐金羊床,戴金花冠,衣锦袍、织成帔,饰以真珠宝物。其俗:丈夫剪发,戴白皮帽,贯头衫,两厢近下开之,亦有巾帔,缘以织成;妇女服大衫,披大帔,其发前为髻,后披之,饰以金银花,仍贯五色珠,络之于膊。王于其国内,别有小牙十余所,犹中国之离宫也。每年四月出游处之,十月乃还。王即位以后,择诸子内贤者,密书其名,封之于库,诸子及大臣皆莫之知也。王死,众乃发书视之,其封内有名者,即立以为王,余子出各就边任,兄弟更不相见也。国人号王曰"医嘈",妃曰"防步率",王之诸子曰"杀野"。大官有摸胡坛,掌国内狱讼;泥忽汗,掌库藏开禁;地卑,掌文书及众务;次有遏罗诃地,掌王之内事;薛波勃,掌四方兵马。其下皆有属官,分统其事。兵有甲稍圆排剑弩弓箭,战兼乘象,百人随之。其刑法:重罪悬诸竿上,射杀之;次则系狱,新王立乃释之;轻罪则劓刖若髡,或剪半鬓,及系牌于项,以为耻辱;犯强盗者,系之终身;奸贵人妻者,男子流,妇人割其耳鼻。赋税则准地输银钱。

俗事火神、天神。文字与胡书异。多以姊妹为妻妾,自余婚合,亦不择尊卑,诸夷之中最为丑秽矣。百姓女年十岁以上有姿貌者,王收养之,有功勋人即以分赐。死者多弃尸于山,一月著服。城外有人别居,唯知丧葬之事,号为不净人,若入城市,摇铃自别。以六月为岁首,尤重七月七日、十二月一日,其日人庶以上各相命召,设会作乐,以极欢娱。又每年正月二十日,各祭其先死者。

神龟中,其国遣使上书贡物,云:"大国天子,天之所生,愿日出处常为汉中天子。波斯国王居和多千万敬拜。"朝廷嘉纳之。自此每使朝献。

伏卢尼国,都伏卢尼城,在波斯国北,去代二万七千三百二十里。累石为城。东有大河南流,中有鸟,其形似人,亦有如橐驼、马者,皆有翼,常居水中,出水便死。城北有云尼山,出银、珊瑚、琥珀,多师子。

色知显国,都色知显城,在悉万斤西北,去代一万二千九百四十里,土平,多五果。

伽色尼国，都伽色尼城，在悉万斤南，去代一万二千九百里。土出赤盐，多五果。

薄知国，都薄知城，在伽色尼南，去代一万三千三百二十里。多五果。

牟知国，都牟知城，在忸密西南，去代二万二千九百二十里。土平，禽兽草木类中国。

阿弗太汗国，都阿弗太汗城，在忸密西，去代二万三千七百二十里。土平，多五果。

呼似密国，都呼似密城，在阿弗太汗西，去代二万四千七百里。土平，出银、琥珀，有师子，多五果。

诺色波罗国，都波罗城，在忸密南，去代二万三千四百二十八里。土平，宜稻麦，多五果。

早伽至国，都早伽至城，在忸密西，去代二万三千七百二十八里。土平，少田植，取稻麦于邻国，有五果。

伽不单国，都伽不单城，在悉万斤西北，去代一万二千七百八十里。土平，宜稻麦，有五果。

者舌国，故康居国，在破洛那西北，去代一万五千四百五十里。太延三年，遣使朝贡，自是不绝。

伽倍国，故休密翕侯。都和墨城，在莎车西，去代一万三千里。人居山谷间。

折薛莫孙国，故双靡翕侯。都双靡城，在伽倍西，去代一万三千五百里。人居山谷间。

钳敦国，故贵霜翕侯。都护澡城，在折薛莫孙西，去代一万三千五百六十里。人居山谷间。

弗敌沙国，故肸顿翕侯。都薄茅城，在钳敦西，去代一万三千六百六十里。居山谷间。

阎浮谒国，故高附翕侯。都高附城，在弗敌沙南，去代一万三千七百六十里。居山谷间。

大月氏国，都卢监氏城，在弗敌沙西，去代一万四千五百里。北与蠕蠕接，数为所侵，遂西徙都薄罗城，去弗敌沙二千一百里。其王寄多罗勇武，遂兴师越大山，南侵北天竺，自乾陁罗以北五国尽役属之。世祖时，其国人商贩京师，自云能铸石为五色琉璃，于是采矿山中，于京师铸之。既成，光泽乃美于西方来者。乃诏为行殿，容百余人，光色映彻，观者见之，莫不惊骇，以为神明所作。自此中国琉璃遂贱，人不复珍之。

安息国，在葱领西，都蔚搜城。北与康居，西与波斯相接，在大月氏西北，去代二万一千五百里。

大秦国，一名黎轩，都安都城。从条支西渡海曲一万里，去代三万九千四百里。其海傍出，犹勃海也，而东西与勃海相望，盖自然之理。地方六千里，居两海之间。其地平正，人居星布。其王都城分为五城，各方五里，周六十里。王居中城。城置八臣以主四方，而王城亦置八臣，分主四城。若谋国事及四方有不决者，则四城之臣集议王所，王自听之，然后施行。王三年一出观风化，人有冤枉诣王诉讼者，当方之臣小则让责，大则黜退，令其举贤人以代之。其人端正长大，衣服车旗拟仪中国，故外域谓之大秦。其土宜五谷桑麻，人务蚕田，多璆琳、琅玕、神龟、白马朱鬣、明珠、夜光璧。东南通交趾，又水道通益州永昌郡多出异物。大秦西海水之西有河，河西南流。河西有南、北山，山西有赤水，西有白玉山。玉山西有西王母山，玉为堂云。从安息西界循海曲，亦至大秦，回万余里。于彼国观日月星辰，无异中国，而前史云条支西行百里日入处，失之远矣。

阿钩羌国，在莎车西南，去代一万三千里。国西有县度山，其间四百里中，往往有栈道，下临不测之渊，人行以绳索相持而度，因以名之。土有五谷诸果。市用钱为货。居止立宫室。有兵器。土出金珠。

波路国，在阿钩羌西北，去代一万三千九百里。其地湿热，有蜀马，土平。物产国俗与阿钩羌同。

小月氏国，都富楼沙城。其王本大月氏王寄多罗子也。寄多罗为匈奴所逐，西徙后令其子守此城，因号小月氏焉。在波路西南，去代一万六千六百里。先居西平、张掖之间，被服颇与羌同。其俗以金银钱为货。随畜牧移徙，亦类匈奴。其城东十里有佛塔，周三百五十步，高八十丈。自佛塔初建，计至武定八年，八百四十二年，所谓"百丈佛图"也。

罽宾国，都善见城，在波路西南，去代一万四千二百里。居在四山中。其地东西八百里，南北三百里。地平温和。有苜蓿、杂草、奇木、檀、槐、梓、竹。种五谷，粪园田。地下湿，生稻。冬食生菜。其人工巧，雕文、刻镂、织罽。有金银铜锡以为器物。市用钱。他畜与诸国同。每使朝献。

吐呼罗国，去代一万二千里。东至范阳国，西至悉万斤国，中间相去二千里；南至连山，不知名；北至波斯国，中间相去一万里。国中有薄提城，周匝六十里。城南有西流大水，名汉楼河。土宜五谷，有好马、驼、骡。其王曾遣使朝贡。

副货国，去代一万七千里。东至阿副使且国，西至没谁国，中间相去一千里；南有连山，不知名；北至奇沙国，相去一千五百里。国中有副货城，周匝七十里。宜五谷、萄桃，唯有马、驼、骡。国王有黄金殿，殿下金驼七头，各高三尺。其王遣使朝贡。

南天竺国，去代三万一千五百里。有伏丑城，周匝十里，城中出摩尼珠、珊瑚。城东三百里有拔赖城，城中出黄金、白真檀、石蜜、蒲萄。土宜五谷。世宗时，其国王婆罗化遣使献骏马、金、银，自此每使朝贡。

叠伏罗国，去代三万一千里。国中有勿悉城。城北有盐奇水，西流。有白象，并有阿末黎，木皮中织作布。土宜五谷。世宗时，其国王伏陀末多遣使献方物，自是每使朝贡。

拔豆国，去代五万一千里。东至多勿当国，西至旃那国，中间相去七百五十里；南至罽陵伽国，北至弗那伏且国，中间相去九百里。国中出金、银、杂宝、白象、水牛、牦牛、蒲萄、五果。土宜五谷。

嚈哒国，大月氏之种类也，亦曰高车之别种，其原出于塞北。自金山而南，在于阗之西，都乌许水南二百余里，去长安一万一百里。其王都拔底延城，盖王舍城也。其城方十里余，多寺塔，皆饰以金。风俗与突厥略同。其俗兄弟共一妻，夫无兄弟者其妻戴一角帽，若有兄弟者依其多少之数，更加角焉。衣服类加以缨络。头皆剪发。其语与蠕蠕、高车及诸胡不同。众可十万。无城邑，依随水草，以毡为屋，夏迁凉土，冬逐暖处。分其诸妻，各在别所，相去或二百、三百里。其王巡历而行，每月一处，冬寒之时，三月不徙。王位不必传子，子弟堪任，死便授之。其国无车有舆。多驼马。用刑严急，偷盗无多少皆腰斩，盗一责十。死者，富者累石为藏，贫者掘地而埋，随身诸物，皆置冢内。其人凶悍，能斗战。西域康居、于阗、沙勒、安息及诸小国三十许皆役属之，号为大国。与蠕蠕婚姻。自太安以后，每遣使朝贡。正光末，遣使贡师子一，至高平，遇万俟丑奴反，因留之。丑奴平，送京师。永熙以后，朝献遂绝。其国南去漕国千五百里，东去瓜州六千五百里。

初，熙平中，肃宗遣王伏子统宋云、沙门法力等使西域，访求佛经。时有沙门慧生者亦与俱行，正光中还。慧生所经诸国，不能知其本末及山川里数，盖举其略云。

朱居国，在于阗西。其人山居。有麦，多林果。咸事佛。语与于阗相类。役属嚈哒。

渴槃陁国，在葱岭东，朱驹波西。河经其国，东北流。有高山，夏积霜雪。亦事佛道。附于嚈哒。

钵和国，在渴槃陁西。其土尤寒，人畜同居，穴地而处。又有大雪山，望若银峰。其人唯食饼麨，饮麦酒，服毡裘。有二道，一道西行向嚈哒，一道西南趣乌苌。亦为嚈哒所统。

波知国，在钵和西南。土狭人贫，依托山谷，其王不能总摄。有三池，传云大池有龙王，次者有龙妇，小者有龙子，行人经之，设祭乃得过，不祭多遇风雪之困。

赊弥国，在波知之南。山居。不信佛法，专事诸神。亦附嚈哒。东有钵卢勒国，路崄，缘铁锁而度，下不见底。熙平中，宋云等竟不能达。

乌苌国，在赊弥南。北有葱岭，南至天竺。婆罗门胡为其上族。波罗门多解天文吉凶之数，其王动则访决焉。土多林果，引水灌田，丰稻麦。事佛，多诸寺塔，事极华丽。人有争诉，服之以药，曲者发狂，直者无恙。为法不杀，犯死罪唯徙于灵山。西南有檀特山，山上立寺，以驴数头运食，山下无人控御，自知往来也。

乾陀国，在乌苌西，本名业波，为嚈哒所破，因改焉。其王本是敕勒，临国已二世矣。好征战，与罽宾斗，三年不罢，人怨苦之。有斗象七百头，十人乘一象，皆执兵仗，象鼻缚刀以战。所都城东南七里有佛塔，高七十丈，周三百步，即所谓"雀离佛图"也。

康国者，康居之后也。迁徙无常，不恒故地，自汉以来，相承不绝。其王本姓温，月氏人也。旧居祁连山北昭武城，因被匈奴所破，西逾葱岭，遂有其国。枝庶各分王，故康国左右诸国，并以昭武为姓，示不忘本也。王字世夫毕，为人宽厚，甚得众心。其妻突厥达度可汗女也。都于萨宝水上阿禄迪城，多人居。大臣三人共掌国事。其王索发，冠七宝金花，衣绫、罗、锦、绣、白叠；其妻有髻，幪以皂巾。丈夫剪发，锦袍。名为强国，西域诸国多归之。米国、史国、曹国、何国、安国、小安国、那色波国、乌那曷国、穆国皆归附之。有胡律，置于祆祠，将决罚，则取而断之。重者族，次罪者死，贼盗截其足。人皆深目、高鼻、多髯。善商贾，诸夷交易多凑其国。有大小鼓、琵琶、五弦箜篌。婚姻丧制与突厥同。国立祖庙，以六月祭之，诸国皆助祭。奉佛，为胡书。气候温，宜五谷，勤修园蔬，树木滋茂。出马、驼、驴、犎牛、黄金、硇沙、贶香、阿薛那香、瑟瑟、獐皮、氍毹、锦、叠。多蒲萄酒，富家或致千石，连年不败。太延中，始遣使贡方物，后遂绝焉。

史臣曰：西域虽通魏氏，而中原始平，天子方以混一为心，未遑征伐。其信使往来，深得羁縻勿绝之道耳。

（文献源自［北齐］魏收撰：《魏书·西域传》，中华书局，2011 年）

《大秦景教流行中国碑》

《大秦景教流行中国碑》是景教（基督教聂斯托利派）入华过程中留下的一件重要碑刻，现存于西安碑林。在17世纪以前，人们并不知道基督教在唐代已经传入中国。明熹宗时期发现了这通碑刻，人们才知道基督教聂斯托利派在唐代曾传入中国。景教碑修建于唐德宗建中二年（781年），石碑高236厘米，厚25厘米，宽86厘米。在碑头上刻有"大秦景教流行中国碑"。碑底两侧以叙利亚文镌刻着70位景教僧侣的名字和称谓，其中除8名僧侣外，都有汉文译名。碑文为汉文，内容分为两部分。第一部分是序文。首先简要介绍了景教的基本信仰，而后详细描述自景教僧人阿罗本到长安立足后，受到唐太宗及此后五朝皇帝的优待，以及景教在150年间在中国的发展情况。第二部分是颂词，较短，以韵文写成。《大秦景教流行中国碑》是研究唐代景教在中国流传的不可替代的一手史料，也是唐代中外文化交流繁荣发展的重要见证。

大秦景教流行中国碑并序，大秦寺僧景净述。

粤若常然真寂，先先而无元，窅然灵虚，后后而妙有。总玄枢而造化，妙众圣以元尊者，其唯我三一妙身，无元真主阿罗诃欤？判十字以定四方。鼓元风而生二气。暗空易而天地开，日月运而昼夜作。匠成万物，然立初人。别赐良和，令镇化海。浑元之性，虚而不盈；素荡之心，本无希嗜。洎乎娑殚施妄，钿饰纯精。间平大于此是之中，隳冥同于彼非之内。是以三百六十五种，肩随结辙。竞织法罗，或指物以托宗，或空有以沦二，或祷祀以邀福，或伐善以矫人。智虑营营，思情役役。茫然无得，煎迫转烧。积昧亡途，久迷休复。于是我三一分身，景尊弥施诃戢隐真威，同人出代。神天宣庆，室女诞圣于大秦。景宿告祥，波斯睹耀以来贡。圆廿四圣有说之旧法，理家国于大猷。设三一净风无言之新教，陶良用于正信。制八境之度，炼尘成真。启三常之门，开生灭死。悬景日以破暗府，魔妄于是乎悉摧。棹慈航以登明宫，含灵于是乎既济。能事斯毕，亭午升真。经留廿七部，张元化以发灵关。法浴水风，涤浮华而洁虚白。印持十字，融四照以合无拘。击木震仁惠之音，东礼趣生荣之路。存须所以有外行，削顶所以无内情。不畜臧获，均贵贱于人。不聚货财，示罄遗于我。斋以伏识而成，戒以静慎为固。七时礼赞，大庇存亡。七日一荐，洗心反素。真常之道，妙而难名。功用昭彰，强称景教。惟道非圣不宏，圣非道不大。道圣符契，天下文明。太宗文皇帝光华启运，明圣临人。大秦国有上德，曰阿罗本，占青云而载真经，望风律以驰艰险。贞观九祀，至于长安。帝使宰臣房公玄龄总仗西郊，宾迎入内。翻经书殿，问道禁闱。深知正真，特令传授。贞观十有二年秋七月诏曰：道无常名，圣无常体，随方设教，密济群生。大秦国大德阿罗本远将经像，来献上京。详其教旨，玄妙无为。观其元宗，生成立要。词无繁说，理有忘筌。济物利人，宜行天下。所司即于京义宁坊造大秦寺一所，度僧廿一人。宗周德丧，青驾西升。巨唐道光，景风东扇。旋令有司，将帝写真，转模寺壁。天姿汎彩，英朗景门。圣迹腾祥，永辉法界。按《西域图记》及汉魏史策，大秦国南统珊瑚之海，北极众宝之山，西望仙境花林，东接长风弱水。其土出火绒布、返魂香、明月珠、夜光璧。俗无寇盗，人有乐康。法非景不行，主非德不立。土宇广阔，文物昌明。高宗大帝克恭缵祖，润色真宗。而于诸州各置景寺，仍崇阿罗本为镇国大法主。法流十道，国富元休。寺满百城，家殷景福。圣历年释子用壮，腾口于东周。先天末下士大笑，讪谤于西镐。有若僧首罗含，大德及烈，并金方贵绪，物外高僧，共振玄网，俱维绝纽。玄宗至道皇帝令宁国等五王，亲临福宇，建立坛场。法栋暂桡而更崇，道石时倾而复正。天宝初，令大将军高力士送五圣写真寺内安置。赐绢百匹，奉庆睿图。龙髯虽远，弓剑可攀。日角舒光，天颜咫尺。三载，大秦国有僧佶和，瞻星向化，望日朝尊。诏僧罗含，僧普论等一七人，与大德佶和于兴庆宫修功德。于是天题寺榜，额载龙书。宝装璀翠，灼烁丹霞。睿札宏空，腾凌激日。宠赉比南山峻极，沛泽与东海齐深。道无不可，所可可名。圣无不作，所作可述。肃宗文明皇帝于灵武等五郡，重立景寺。元善资而福祚开，大庆临而皇业建。代宗文武皇帝恢张圣运，从事无为。每于降诞之辰，锡天香以告成功，颁御馔以光景众。且乾以美利，故能广生。圣以体元，故能亭毒。我建中圣神文武皇帝，披八政以黜陟幽明。阐九畴以惟新景命。化通玄理，祝无愧心。至于方大而虚，专静而恕，广慈救众苦，善贷被群生者，我修行之大猷，汲引之阶渐也。若使风雨时，天下静，人能理，物能清，存能昌，殁能乐，念生响应，情发自诚者，我景力能事之功用也。大施主金紫光禄大夫、同朔方节度副使、试殿中监、赐紫袈裟僧伊斯，和而好惠，闻道勤行。远自王舍之城，聿来中夏，术高三代，艺博十全。始效节于丹庭，乃策名于王帐。中书令汾阳郡王郭公子仪初总戎于朔方也，肃宗俾之从迈。虽见亲于卧内，不自异于行间。为公爪牙，作君耳目。能散禄赐，不积于家。献临恩之颇黎，布辞憩之金罽。或仍其旧寺，或重广法堂。崇饰廊宇，如翚斯飞。更效景门，依仁施利。每岁集四寺僧徒，虔事精供，备诸五旬。馁者来而饭之，寒者来而衣之，病者疗而起之，死者葬而安之。清节达娑，未闻斯美。白衣景士，今见其人。愿刻洪碑，以扬休烈。词曰：真主无元，湛寂常然。权舆匠化，起地立天。分身出代，救度无边。日升暗灭，咸证真玄。赫赫文皇，道冠前王。乘时拨乱，乾廓坤张。明明景教，言归我唐。翻经建寺，存殁舟航。百福皆作，万邦之康。高宗纂祖，更筑精宇。和宫敞朗，遍满中土。真道宣明，式封法主。人有乐康，物无灾苦。玄宗启圣，克修真正。御榜扬辉，天书蔚映。皇图璀璨，率土高敬。庶绩咸熙，人赖其庆。肃宗来复，天威引驾。圣日舒晶，祥风扫夜。祚归皇室，祅氛永谢。止沸定尘，造我区夏。代宗孝义，德合天地。开贷生成，物资美利。香以报功，仁以作施，旸谷来威，月窟毕萃。建中统极，聿修明德。武肃四溟，文清万域。烛照人隐，镜观物色。六合昭苏，百蛮取则。道惟广兮应惟密，强名言兮演三一。主能作兮臣能述，建丰碑兮颂元吉。

大唐建中二年岁在作噩太簇月七日大耀森文日建立。时法主僧宁恕知东方之景众也。

朝议郎前行台州司士参军吕秀岩书。

（所录碑文源自《大秦景教流行中国碑》，并参考张星烺：《中西交通史料汇编》（第一册），中华书局，2003年）

《那先比丘经》

《那先比丘经》，佛教经典，产生于公元前1世纪的西北印度，最早所用语种不详，学术界对此有梵语、混合梵语等不同说法。后形成北、南两种流传本。北本于东汉时传入中国，即汉文《大藏经》中的《那先比丘经》；南本约定型于4世纪，即收入南传巴利三藏并流传于南传佛教各国的《弥兰陀王问经》。北本的内容相当于南本的序言及前三部分，篇幅约为南本的四分之一。此经以公元前2世纪入主西北印度的大夏国王弥兰陀与印度佛教僧侣那先进行讨论的形式，论述轮回业报、涅槃解脱、灵魂观、佛身观等一系列佛教理论问题。对于了解印度原始佛教、印度与希腊思想的交流有着重要的意义。它实际上反映了印度佛教文化与希腊文明的初次对话，是印度和希腊文明交流史上重要的历史典籍。

上卷

佛在舍卫国祇树给孤独园时，诸比丘僧、比丘尼、优婆塞、优婆夷、诸天、大臣、长者、人民及事九十六种道者，凡万余人，日于佛前听经。佛自念：人众日多，身不得安。佛意欲舍人众去，至闲避处，坐思念道。佛即舍人众去。入山，至蘘树间，其树大有神。佛坐其下，思念道。

去树不远，有群象五六百头。中有象王贤善，知善恶之事，譬如人状。象辈众，多周匝象王边。诸小象走居前水中，走戏，托捞水，令浊恶。诸小象复走居前食。啖美草，走戏蹈践其上。我众大多患是。

诸象及小象子托捞水，令浊恶，令草不净，而反常饥饮浊恶水，食足践之草。象王自念：我欲弃是诸象，去至一避处快耶。象王即弃诸象而去，转行入山，到头罗蘩树间。象王见佛坐树下，心大欢喜，即前到佛所，伛头屈膝，为佛作礼，却在一面住。佛自念：我弃众人，来在是树间；象王亦弃众象，来到是树间；其义这同！

佛为象王说经，言佛于人中最尊，象王于象中最尊。佛言：我心与象王心这相中，今我与象王俱乐是树间。象王听经，心意即开，解知佛意。象王即视佛所，仿佯经行处，以鼻取水洒地，以鼻捞草扫地，以足蹈地令平好。象王日朝暮承事佛如是。

佛久后般泥洹去。象王不知佛所在，为周旋行。求索佛不得，便啼垂泪，愁忧不乐，不能食饮。时国中有佛寺舍在山上，名迦罗洹寺。中有五百沙门常止其中，皆以得阿罗汉道，常以月八日、十四日、十五日、二十三日、二十九日、三十日，常以是日诵经，至明。

时象王亦在山上，止于寺中。象王知有六日诵经。至其日，当行入寺中，听经。诸沙门知象王意听经，欲诵经时，须象王来，乃诵经。象王听经至明，不睡不卧，不动不摇。

象王数闻经、承事佛故，后象王以寿命尽死，死后便化为人，作子生婆罗门家。

以后，年长大，不闻佛经，亦不见沙门，便弃家去，入深山，学异道，在山上止。近比亦有一婆罗门道人，俱在山上，相与往来，共为知识。其一人自念言：我不能于世间悬忧苦、老、病，死后当入地狱、畜生、饿鬼、贫穷中。用是故，我欲剃头须，披袈裟，欲求罗汉泥洹道。其有一人自念言：我愿欲求作国王得自在，令天下人民随我教令。

如是，久后，二人各命尽。俱生世间作人。其一人前求作国王者，生于海边，为国王太子，字弥兰；其一人前世欲剃头作沙门、求罗汉泥洹者，生于天竺，字陁猎，与肉袈裟俱生其家，有一大象同日生。天竺名象为"那"，父母便字为那先。

年十五六，那先有舅父，字楼汉，学道作沙门，大高才，世间无比。已得阿罗汉道，能出无间，入无孔，自在变化，无所不作。天上天下人民及蠕动之类,心所念,皆豫知之,生所从来,死趣何道。那先至舅父所,自说言:"我喜佛道,欲作沙门,为舅父作弟子,宁可持我作沙门?"楼汉哀之,即听作沙弥,受十戒。日诵经,思维经戒,便得四禅,悉知诸经要。

时国中有佛寺舍,名和战。寺中有五百沙门,皆得罗汉道。其中有第一罗汉,名颇波曰,能知天上、天下,去来现在之事。

那先年至二十,便受大沙门经戒,便到和战寺中,至颇波曰所。时五百罗汉这以十五日说大沙门戒经,在讲堂上坐。大沙门皆入,那先亦在其中。诸沙门悉坐,颇波曰悉视坐中诸沙门,心皆是罗汉,独那先未得罗汉。

颇波曰言:"譬若锡米,米正白,中有黑米,即剔,为不好。今我坐中,皆白清净,独那先黑,未得罗汉耳!"那先闻颇波曰说如是,大忧愁!起,为五百沙门作礼。出去自念:我不宜在是座中坐,譬若众师子中有狐狗。我从今以后,不得道,不入中坐。颇波曰知那先意,以手摩那先头言:"汝得罗汉道不久,莫愁忧。"便止留那先。

那先复有一师,年八九十,字迦维曰。其中有一优婆塞,大贤善,日饭迦维曰。那先主为师持钵,行取饮食具。师今那先口含水行,到优婆塞家,取饮食具。优婆塞见那先年少端正,与人绝异!有名字、智慧,广远有志,能说经道。优婆塞见那先前,为作礼,叉手言:"饭诸沙门日久,未曾为我说经者。今我从那先求哀,愿与我说经,解我心意。"

那先自念:我受师教戒,令我口含水,不得语。我今吐水者,为犯师要,如是当云何?那先知优婆塞亦高才有志,我为其说经,想即当得道。

那先便吐水却坐,为说经言:"人当布施作福善,奉行佛经戒,死后生世间,得富贵。人不犯经戒者,后不复入地狱、饿鬼、畜生中,贫穷中,得生天上。"优婆塞闻那先说经,心大欢喜。那先知优婆塞心欢喜,便复为说经:世间万物皆当过去,无有常。诸所作皆勤苦,万物皆不得自在。泥洹道者,不生不老,不病不死,不愁不恼,诸恶勤苦皆消灭。

那先说经竟,优婆塞得第一须陁洹道,那先亦得须陁洹道。优婆塞大欢喜,便极与那先作美饮具。那先语优婆塞先取饮具置师钵中。那先饭竟,澡漱讫毕,持饮具还与师。师见言:"汝今日持好饮具来,以犯众人,要当逐出汝。"

那先大愁忧，不乐。师教言："会比丘僧。"悉会，皆坐。师言："那先犯我曹众人要，来当逐出，无令在众中止。"颁波曰说经言："譬若人持一箭，射中两准；那先自得道，亦复令优婆塞得道，不应逐出。"师迦维曰："政使一箭射中百准，会为犯众人要，不得止。余人持戒，不能如那先得道，如效那先，当用绝后。"众坐中皆默然。师教即逐出那先。

那先便以头面礼师足。起，遍为比丘僧作礼。讫竟，便出去。入深山，坐树下，昼夜精进，思维道不懈，自成，得罗汉道，能飞行，彻视彻听，知他人心所念善恶，自知前世所更从、来生。得罗汉道已，便来还入和战寺中，诣诸比丘所前，头面悔过，求和解。诸比丘僧即听之。

那先作礼讫竟，便出去。转行入诸郡县，街曲、里巷，为人说经戒，教人为善。中有受五戒者，得须陁洹道者；中有得斯陁含道者；中有得阿那含道者；中有作沙门，得罗汉道者。第二忉利天帝释，第七天王梵，第四天王，皆来到那先所，作礼，以头面着足、却坐。那先便为诸天说经，名字闻四远。那先所行处，诸天、人民、鬼神、龙，见那先，无不欢喜者，皆得其福。

那先便转到天竺舍竭国，止泄坅迦寺中。

有前世故知识一人，在海边作国王子，名弥兰。弥兰少小好读经，学异道，悉知异道经法。异道人无能胧者。弥兰父王寿尽，弥兰立为王。王问左右边臣言："国中道人及人民，谁能与我共难经道者？"边臣白言："有学佛道者，人呼为沙门，其人智慧妙达，能与王共难经道。北方大臣国，名沙竭，古王之宫。其国中外安隐，人民皆善；其城四方皆复道行，诸城门皆刻镂；及余小国，皆多高明。人民被服，五色煜煌，国土高燥，珍宝众多；四方贾客卖买，皆以金钱；五谷丰贱，家有余畜，乐不可言。"

其王弥兰，以正法治国，高才有智谋，明于官事；战斗之术，无不通达；能知九十六种道，所问不穷，人适发言，便豫知其所趣。王语傍臣言："是间宁有明经沙门，能与我共难经说道者不？"王傍臣，名沾弥利望群，白王言："然。有沙门，字野惒罗，明经道，能与王难经道。"

王便敕沾弥利望群即行，往请野惒罗，言大王欲见大师。野惒罗言："王欲相见者，大善。王当自来耳！我不往。"沾弥利望群即还，白王如是。

王即乘车,与五百伎共行到寺中,与野惒罗相见。前相问讯,就坐。五百骑从皆坐。

王问野惒罗:"卿用何等故,弃家捐妻子,剃头须,被袈裟,作沙门?卿所求何等道?"

野惒罗言:"我曹学佛道,行中正,于今世得其福,于后世亦得其福。用是故,我剃头须,被袈裟,作沙门。"

王问野惒罗:"若有白衣居家,有妻子,行中正,于今世得其福,于后世亦得其福不?"野惒罗言:"白衣居家,有妻子,行中正,于今世得其福,于后世亦得其福。"

王言:"卿空弃家,捐妻子,剃头须,被袈裟,作沙门为?"野惒罗默然,无以报王。

王傍臣白言:"是沙门大明达,有智者,迫促不及言耳。"王傍臣皆举手言:"王得胜!"野惒罗默然受负。王左右顾视,优婆塞面亦不惭。王自念:是诸优婆塞面不惭者,复有明健沙门能与我共相难者耳?王语傍臣沾弥利:"宁复有明智沙门能与我共难经道者无?"

那先者,诸沙门师。知诸经要难,巧说十二品经,种种别异章、断句,解知泥洹之道。无有能穷者,无能胜者。智如江海,能伏九十六种道,为佛弟子所敬爱,以经道教授。那先来到舍竭国,其所相随弟子,皆复高明。那先如猛师子。

沾弥利白王:"有沙门,字那先。智慧微妙,诸经道要,能解人所疑,无所不通,能与王难经说道。"王问沾弥利:"审能与我共难经道不?"沾弥利言:"唯然。常与第七梵天共难经说道,何况于人?"王即敕沾弥利,便行请那先来。沾弥利即到那先所,白言大王欲相见。那先言:"大善!"即与弟子相随行,到王所。

王虽未尝见,那先在众人中披服行步,与人有绝异!王遥见,隐知那先。王自说言:"我前后所更见众大多,入大坐中大多,未尝自觉恐怖,如今日见那先。今日那先定胜我。我心惶惶不安。"

沾弥利居前,白王言:"那先以发,且到。"王即问沾弥利,何所是那先者？沾弥利白，因指示王。王即大欢喜："正我所隐意是。"

那先即到。王因前，相问讯语言，王便大欢喜。因共对坐。

那先语王言："佛经说言：'人安隐，最大利；人知足，最为大富；人有所信，最为大厚。泥洹道，最为大快。'"王便问那先："卿字何等？"那先言："父母字我为那先，人呼我为那先，有时父母呼我为首罗先，有时父母呼我为维迦先。用是故，人皆识知我，世间人皆有是耳。"

王问那先："谁为那先者？"王复问言："头为那先耶？""不为那先。"王复言："耳、鼻、口为那先耶？""不为那先。"王复言："颈项、肩臂、手足为那先耶？""不为那先。"王复言："胜脚为那先耶？""不为那先。"王复言："颜色为那先耶？""不为那先。"王复言："苦乐为那先耶？""不为那先。"王复言："善恶为那先耶？""不为那先。"王复言："身为那先耶？""不为那先。"王复言："肝肺、心脾、肠胃为那先耶？""不为那先。"王复言："颜色为那先耶？""不为那先。""苦乐、善恶、身心合是事，宁为那先耶？"言："不为那先。"王复言："无有苦乐，无有颜色，无有善恶，无有身心，无是五事，宁为那先耶？"那先言："不为那先。"王复言："声向、喘息，宁为那先耶？"言："不为那先。""何等为那先者？"

那先问王："何所为车者？轴为车耶？""不为车。"那先言："辇为车耶？"王言："辇不为车。"那先言："辐为车耶？""不为车。"那先言："辋为车耶？""不为车。"那先言："辕为车耶？""不为车。""轭为车耶？""不为车。"那先言："舆为车耶？""不为车。"那先言："盖为车耶？""不为车。"那先言："合聚是材木着一面，宁为车耶？""不为车。"那先言："音声为车耶？""不为车。"那先言："何等为车耶？"王默然不语。

那先言："佛经说：'合聚是诸材木用作车，因得车。'人亦如是，合聚头、面、目、耳、鼻、口、颈项、肩臂、骨肉、手足、肺、肝、心、脾、肾、肠胃、颜色、声向、喘息、苦乐、善恶、合为一人。"王言："善哉！善哉！"

王复问言："那先能与我难经说道不？"那先言："如使王作智者问，能相答；王作王者问、愚者问，不能相答。"王言："智者问、王者问、愚者问，何等类？"那先言："智者语，对相诘，相上语，相下语，语有胜负，则自知，是为智者语；王者语，自放恣，敢有违戾不如王言者，王即强诛罚之，是为王者语；愚者语，语长不能自知，语短不能自知，怵戾自用，得胜而已，是为愚者语。"王言："愿用智者言，不用王者、愚者言。莫持王者意与我语，当如与诸沙门语，当如与诸弟子语，如与优婆塞语，当如与给使者语，当以相开悟。"那先言："大善！"

王言："我欲有所问。"那先言："王便问。"王言："我已问。"那先言："我已答。"王言："答我何等语？"那先言："王问我何等语？"王言："我无所问。"那先言："我亦无所答。"

王即知那先大明慧。王言："我甫始当多所问，日反欲冥，当云何？明日当请那先于宫中善相难问。"沾弥利望群即白那先言："日暮，王当还宫。明日，王当请那先。"那先言："大善！"王即为那先作礼，骑还归宫。于马上续念那先至。

明日，沾弥利望群及傍臣白王言："当请那先不？"王言："当请。"沾弥利望群言："请者，当使与几沙门俱来？"王言："自在那先与几沙门俱来。"主藏者，名悭，悭白王言："令那先与十沙门共来可。"如是至三。王嗔恚，言："何故齐令那先与十沙门共来？"王言："汝字悭，不妄。强惜王物。自汝物，当云何？汝逆我意，当有诛罚之罪。可。言可哀，赦汝过。今我作国王，不堪饲沙门耶？"悭大恐怖，不敢复语。

沾弥利望群到那先所，为作礼，白言大王请。那先言："王当令我几沙门共行？"沾弥利望群言："自在那先与几沙门共行。"那先便与野恕罗八十沙门共行。沾弥利望群且欲入城时，于道中，并问那先："往日对王言'无有那先'何以？"那先问沾弥利望群："卿意何所为那先者？"沾弥利望群言："我以为喘息、出入、命气为那先。"那先问言："人气一出，不复还入；其人宁复生不？"沾弥利望群言："气出不复还入者，定为死。"那先言："如人吹笳，气出不复还入。如人持锻金箬吹火，气一出时，宁得复还入不？"沾弥利望群言："不复还。"那先言："同气出不复入，人何故犹不死？"沾弥利望群言："喘息之间，我不知。愿那先为我曹解之。"那先言："喘息之气，皆身中事，如人心有所念者。舌为之言，是为舌事；意有所疑，心念之，是为心事。各有所主，视之虚

111

空无有那先。"沾弥利望群心即开解,便作优婆塞,受五戒。

那先便前入宫,到王所,上殿。王即前,为那先作礼而却。那先即坐,八十沙门皆共坐。王手自持美饭食,着那先前。饭食已竟,澡手(水)毕讫。王即赐诸沙门,人一张叠袈裟,草屣各一量;赐那先、野恕罗各三领袈裟,各一量草屣。王语那先、野恕罗言:"留十人共止,遣余人,皆令去。"那先即遣余沙门去,与十人共止留。王敕:"后宫诸贵人、伎女悉出,于殿上帐中听我与那先共难经道。"时贵人、伎女悉出,于殿上帐中听那先说经。

时王持座坐于那先前。王问那先言:"当道说何等?"那先言:"王欲听要言者,当说要言。"

王言:"卿曹道何等最为善者,用何故作沙门?"那先言:"我曹辈欲弃世间苦恼,不复更后世苦恼,故作沙门。"王言:"沙门者,悉尔不?"那先言:"不悉用是故作沙门。中有负债作沙门者,中有畏县官作沙门者,中有贫穷作沙门者。"那先言:"我但说欲脱爱欲、苦恼,灭今世勤苦,至心求道作沙门者耳。"王言:"今卿用是故作沙门耶?"那先言:"少少作沙门。有佛经道是故:'欲弃今世、后世苦恼,作沙门。'"王言:"善哉!善哉!"

王问言:"宁有人死后复生不?"那先言:"人有恩爱、贪欲者,后世便复生为人。无恩爱、贪欲者,后世便不复生。"

王言:"人以一心念正法,后世不复生耶?"那先言:"人一心念正法,智慧及余善事,后世不复生。"

王言:"人以善心念正法,与黠慧者,是二事,其义宁同不?"那先言:"其义各异不同。"王言:"牛马六畜各自有智谋,其心不同?"那先言:"王曾见获麦者不?左手持麦,右手刈之。"那先言:"黠慧之人,断绝爱欲,譬如获麦者。"王言:"善哉!善哉!"

王复问那先:"何等为余善事者?"那先言:"诚信、孝顺、精进、念善、一心、智慧,是为善事。"

王言:"何等为诚信者?"那先言:"诚信,解人疑。信有佛,信经法,信有比丘僧,信有罗汉道;信有今世,信有后世;信孝父母,信作善得善,信作恶得恶;信有是,以后心便清净,去离五恶。"

"何等五？""一者淫妷，二者嗔怒，三者嗜卧，四者歌乐，五者疑人。不去是五恶，心意不定；去是五恶，心便清净。"那先言："譬如遮迦越王，车马人从濿度，令水浊恶。过度以去，王渴，欲得水饮。王有清水珠置水中，水即为清，王便得清水饮之。"那先言："人心有五恶，如浊水。佛诸弟子度脱生死之道，人心清净，如珠清水。人却诸恶，诚信清净，如明月珠。"王言："善哉！善哉！"

王复问那先："精进诚信者，云何？"那先言："佛诸弟子自相见辈中说诸清净，中有得须陁洹道者，中有得斯陁含道者，中有得阿那含道者，中有得阿罗汉道者。因欲相效行诚信，便得度世道。"那先言："譬如山上大雨，其水下流广大。两边人俱不知水浅深，畏不敢前。若有远方人来视水，隐知水广狭、深浅，自知力势能入水，便得过度去。两边人众便随后度去。佛诸弟子如是。人心清净，便为须陁洹道，得斯陁含道，得阿那含道，得阿罗汉道，善心精进，得道如是。佛经说言：'人有诚信之心，可自得度世。'人能自制，止却五所欲。人自知身苦恼，能自度脱。人皆以智慧成其道德。"王言："善哉！善哉！"

王复问那先："何等为孝顺者？"那先言："诸善者皆为孝顺。"那先言："有四善事，心意所止。"言："何等四心意所止者？"那先言："一者自观其身中外内，二者知意苦乐，三者知心善恶，四者知正法，是为四。"

那先言："复有四事。""何等四？""一者制其意；二者诸有恶事不听入心中；三者心中有恶事即出之，索诸善；四者其心中有善，制持不放；是为四。"那先言："复有四事，自在欲所作。""何等为四？""一者却欲，二者精进，三者制心，四者思惟，是为四。"

那先言："复有五效事。""何等为五？""一者诚信，二者孝顺，三者精进，四者尽心念善，五者智慧，是为五。"

那先言："复有七事，弃除诸恶，名为七善，亦名七觉意。复有八种道行，亦名为阿姤者。是凡三十七品经，皆是孝顺为本。"

那先言："凡人负金致远，有所成立，皆由地成；世间五谷、树木、仰天之中，皆由地生。"那先言："譬若师匠，图作大城，先度量作基趾已，乃起城。"

那先言："譬若倡伎欲作先净,扫地乃作。佛弟子求道,先行经戒,作善因,知勤苦,弃诸爱欲,便思念八种道行。"王言："善哉!善哉!"

王复问那先："何等为精进者?"那先言："助善是为精进。"那先言："譬若垣墙欲倒,从傍柱之;舍欲倾坏,亦复柱之。"那先言："譬若国王遣兵,有所攻击。兵少弱,欲不如。王复遣兵往助之,便得胜。人有诸恶,如兵弱;人持善心,消恶心,譬如国王增兵得胜。人持五戒,譬如战斗得胜。是为精进,助善如是。"

那先说："经言:'精进所助,致人善道;所致善者,无有逮斯。'"王言："善哉!善哉!"

王复问那先："何等为意当念诸善事?"那先言："譬若取香华,以缕合连系,风不能吹散。"那先复言："譬王守藏者,知中金银、珠玉、琉璃珍宝有几所。"那先言："道人欲得道,时念三十七品经。佛道:'意念当如是正,所谓脱人。'道人有意,因知善恶,知当所行,别知白黑;思惟以后,便弃恶就善。"

那先言："譬如王有守门者,知王有所敬者,有所不敬者,知有不利王者。所敬利王者,便内之。王所不敬者,不利王者,即不内。人持意若是,诸善者当内之,诸不善者不内。意制人善恶如是。"那先说："经言:'人当自坚守其意及身六爱欲。持意甚坚,自当有度世时。'"王言："善哉!善哉!"

王复问那先："何等为一其心者?"那先言："诸善独有'一心'最第一。一其心者,诸善皆随之。"那先言："譬若楼陛,当有所倚。诸善道者,皆着'一心'。"

那先言："譬若王持四种兵,行战斗,象兵、马兵、车兵、步兵。王行出,诸兵皆随引前后。佛经善事,皆随'一心',如是。"那先说："经言:'诸善一心为主,学道人众多,皆当归一心。'人身死生过去,如流水前后相从。"王言："善哉!善哉!"

王复问那先："何等为智?"那先言："前已对王说是。人智断诸疑,明诸善。"那先言："譬如持灯火入冥中,室便亡其冥。自明人智,如是。"那先言："譬若人持利刀截木,人以智截诸恶,如是。"那先言："人于世间,智最为第一度脱人生死之道。"王言："善哉!善哉!前后所说经种种,智善也!"

王复问那先："佛经但为趣欲却诸恶事耶?"那先言："然。是所说种种诸善者，但欲却一切恶。"那先言："譬若王发四种兵：象、马、车、步兵，行战斗。初发行时，意但欲攻敌耳。佛经说种种诸善，如是，但欲共攻去诸恶耳。"王言："善哉！善哉！说经甚快也。"

王复问那先言："人心趣善恶道，续持身故神行生乎，更贸他神行生耶？"那先言："亦非故身神，亦不离故身神。"那先问王："王小时哺乳时，身至长大时，续故身非？"王言："小时身异。"

那先言："人在母腹中，始为精时，至浊。时，故精耶？异？坚为肌骨，时，故精耶？异？初生时，至年数岁时，故精耶？异？如人学书，傍人宁代其工不？"王言："不能代其工。"那先言："如人法有罪，语王。"王不能解知。王言："如人问那先解之云何？"

那先言："我故小时，从小儿至大，续故身耳。大与小时合为一身，是命所养。"那先问王："如人然灯，火至天晓时不？"王言："人然灯，火油至晓时。"那先言："灯中炷一夜时，续故炷火光不？至夜半，至明时，故火光不？"王言："非故火光。"那先言："然灯火从一夜至半夜，顺更然灯火耶？向晨时复更然灯火耶？"王言："不中夜，更然火，续故一炷火，至明。"那先言："人精神展转相续，如是。一者去，二者来。从精神至老死后，精神趣所生，展转相续，是非故精神，亦不离故精神。人死以后，精神乃有所趣向生。"

那先言："譬如乳湩作酪，取上肥作醍醐与酪苏。上肥还复名作乳湩。其人宁可用不？"王言："其人语不可用。"那先言："人神如乳湩。从乳湩成酪，从酪成肥，从肥成醍醐。人如是，从精沫至生，至中年，从中年至老至死，死后精神更受身生。人身死，当复更生受一身，譬若两炷更相然。"王言："善哉！善哉！"

王复问那先："人不复生后世，其人宁能自知不复生不？"那先言："然。有能自知不复于后世生。"王言："何用知之？"那先言："其人自知。无有恩爱，无有贪欲，无有诸恶，用是自知不复生后世。"

那先问王："譬若田家种谷，大得收敛，盛箪箪中，至于后年，不复耕种，宁复望得谷不？"王言："不复望得谷。"那先言："道人亦如是。弃捐苦乐、恩爱，无所复贪，是故自知后世不复生。"王言："善哉！善哉！"

王复问："其人于后世不复生者，于今宁有智异于人不？"那先言："然。

异于人。"王言:"明与智为同不?"那先言:"明与智等耳。"王言:"人有明智,宁能悉知众事,作一事,成五事耶?"那先言:"作众事,所成非一,譬若一地种谷,当其生时,各各自生种类。人身五事,皆用众事,各有所成。"王言:"善哉!善哉!"

王复问那先:"世间人头、面目、身体、四支皆完具,何故有长命者,有短命者?有多病少病者?有贫者富者?有长者有卑者?有端正者,有丑恶者?有为人所信者,为人所疑者?有明者,有暗者?何以故不同?"

那先言:"譬若众树木生果,有酢者,有苦者,有辛者,有甜者。"那先问王:"此等树木,何故不同?"王言:"不同者,本栽各异。"那先言:"人所作,各各异不同。故有长命,有短命;有多病,有少病;有富,有贫;有贵,有贱;有端正,有丑恶;有语用者,有语不用者;有明者,有暗者。"那先言:"佛经说豪贵、贫穷、好丑,皆自宿命。所作善恶,自随行得之。"王言:"善哉!善哉!"

下卷

王复问那先言:"人欲作善,当前作之,须后作之?"那先言:"当居前作之,在后作者不益人。"那先言:"王渴时乃掘地作井,能趣渴不?"王言:"不能趣渴。当居前作井耳。"那先言:"以是故,所作当居前。"那先问:"王饥时乃使人耕种,须谷熟乃食耶?"王言:"不。当先储偫。"那先言:"人如是,当先作善。有急乃作善者,无益于身。"

那先问王:"譬若王有怨,当临时出战斗具?"王言:"不。当宿有储偫。"那先言:"佛说经言:'人当先自念作善,于后作善无益。莫弃大道就邪道,勿效愚人弃善作恶,后坐啼哭无益。'人弃捐中正,就于不正,临死时乃悔耳。"

王言:"善哉!善哉!"

王复问那先:"卿曹诸沙门说言,世间火不如泥犁中火热。复言,持小石着世间火中,至暮不消。取大石着泥犁火中,即消。是故,我不信。复言,人作恶,死在泥犁中,数千万岁,其人不消死。是故,我重不信是语。"

那先问:"王宁闻见水中大蟒、蛟龙、鱼鳖以沙石为食不?"王言:"然,实以此为食。"那先问王:"沙石宁消不?"王言:"皆消。"那先言:"其腹中怀子宁复消不?"王言:"不消。"那先问王:"何故不消?"王言:"相禄独当然,故使不消。"那先言:"泥犁中人,数千万岁,不消死者何?所作过恶未尽,故不消死。"

那先问王言:"师子、虎狼皆肉食、啖骨,入腹中时宁消尽不?"王言:"消。"那先问王:"其腹中怀子宁复消不?"王言:"不消。"那先言:"用何故不消?"王言:"独相禄,故不消死。"那先问王言:"牛马、麋鹿皆以苢草为食不?"王言:"然。"那先言:"其苢草宁于腹中消不?"王言:"皆消。"那先言:"其腹中怀子宁消不?"王言:"不消。"那先言:"何以故不消?"王言:"独以相禄当然,故使不消。"那先言:"泥犁中人亦如是,过恶未尽,故不消死。"

那先问王言:"世间女人,饮食皆美,恣意食,食于腹中,宁消不?"王言:"皆消。"那先言:"腹中怀子,宁消不?"王言:"子不消。"那先言:"何以故不消?"王言:"独相禄当然,故使不消。"那先言:"泥犁中人亦如是。所以数千万岁不消死者,用先作恶未解,故不消死。"那先言:"人在泥犁中生,在泥犁中长,在泥犁中老,过尽乃当死。"王言:"善哉!善哉!"

王复问那先:"卿曹诸沙门言,天下地皆在水上,水在风上,风在空上,我不信是。"那先前,取王书水,适以指撮之,问王言:"风持水,若此。"王言:"善哉!"

王复问那先言:"泥洹道皆过去,无所复有耶?"那先言:"泥洹道无所复有。"那先言:"愚痴之人,贪身爱惜,坐是故,不能得度脱生、老、病、死者。"那先言:"智者学道,内外身不爱惜,便无有恩爱;无有恩爱者,无贪欲;无贪欲者,无胞胎;无胞胎者,不生;不生者,不老;不老者,不病;不病者,不死;不死者,不忧;不忧者,不哭;不哭者,不痛;便得泥洹道。"

王复问那先："诸学道者，悉能得泥洹道不？"那先言："不能悉得泥洹道，正向善道者。学知正事，当所奉行者，奉行之；不当奉行者，弃远之；当所念者，念；不当所念，弃之；如是，能得泥洹道。"

王复问那先言："其不得泥洹道者，宁知泥洹道为快不？"那先言："然。虽未得泥洹道，由知泥洹道为快。"王言："人未得泥洹道何以故知快耶？"那先问王言："人生未尝截手足，宁知截手足为痛剧不？"王言："虽未曾更截手足，犹知为痛。"那先言："何用知为痛？"王言："见其人截手足呻呼，用是故，知为痛。"那先言："人前有得泥洹道者，转相语泥洹道快，用是故，信之。"王言："善哉！善哉！"

王复问那先："宁曾见佛不？"那先言："未曾见。"王言那先："诸师宁见佛不？"那先言："诸师亦未曾见佛。"王言："如使那先及诸师不见佛者，定为无有佛。"

那先言："王宁见五百溪水所合聚处不？"王言："我不见。""王父及太父皆见水不？"王言："皆不见。"那先言："王父及太父皆不见此水，天下定为无此五百溪水所聚处不？"王言："虽我不见，父及太父皆不见此水者，实有此水。"那先言："虽我及诸师不见佛者，其实有佛。"

王复问言："无有复胜佛者耶？"那先言："然，无有胜佛者。"王复问："何以为无能胜佛者？"那先问王言："如人未曾入大海中，宁知海水为大不？""有五河，河有五百小河，流入大河。河一者名恒，二名信他，三名私他，四名愽叉，五名施披夷尔。五河水昼夜流入海，海水亦不增减。"那先言："王宁能闻知不？"王言："实知。""那先语以得道人共道说有能胜佛者，是故，我信之。"王言："善哉！善哉！"

王复问那先言："当何用知无有胜佛者？"那先问王："造书师者为谁？"王言："造书师者，名质。"那先言："王宁曾见质不？"王言："质已死。久远，未曾见。"那先言："王未见质，何用知质为造书师？"王言："持古时书字，转相教告，用是故，我知名为质。"那先言："用是故，我曹见佛经戒，如见佛无异。佛所说经道甚深，快人，知佛经戒以后便相效，用是效，我知为有不能胜佛者。"

王复问那先:"自觉佛经道可久行之?"那先言:"佛所施教禁戒经,甚快!当奉行之,至老。"王言:"善哉!善哉!"

王复问那先:"人死已后,身不随后世生耶?"那先言:"人死已后,更受新身,故身不随。"那先言:"譬若灯中炷,更相然故炷,续在新炷更然。人身如是,故身不行,更受新身。"

那先问王:"王小时从师学书、读经不?"王言:"然。我续念之。"那先问王:"王所从师受经书,师宁知本经书耶?王悉夺得其本经书。"王言:"不也。师续自知本经书耳。"那先言:"人身若此,置故身,更受新身。"王言:"善哉!善哉!"

王复问:"那先审为有智无?"那先言:"无有智。""譬若人盗他人果蓏,盗者宁有过无?"王言:"有过。"那先言:"初种树栽时,上无有果,何缘盗者当有过?"王言:"设不种栽,何缘有果?是故盗者无状。"

那先言:"人亦如是。用今世身作善恶,生于后世,更受新身。"王言:"人用是故身行,作善恶所在。"那先言:"人诸所作,善恶随人,如影随身。人死但亡其身,不亡其行。譬如然火夜书,火灭其字续在,火至复更成之。今世所作,行后世成,如受之,如是。"王言:"善哉!善哉!"

王言:"那先宁能分别指视善恶所在不耶?"那先言:"不可得知善恶所在。"那先问王:"树木未有果时,王宁能分别指视言,某枝间有某果,某枝间无有果,宁可豫知之不耶?"王言:"不可知。"那先言:"人未得道,不能豫知善恶所在。"王言:"善哉!善哉!"

王复问:"人当于后世生者,宁能自知不?"那先言:"其当生者自知。"王言:"何用知之?"那先言:"譬如田家耕种,天雨时节,其人宁豫知当得谷不?"王言:"然。知知田当得谷多。"那先言:"人如是,人当于后世生豫自知。"王言:"善哉!善哉!"

王复问那先:"审有泥洹无?"那先言:"审有。"王言:"那先宁能指示我佛在某处不?"那先言:"不能指示佛处。佛已泥曰却不可得指示见处。"那先言:"譬若人然大火,已即灭,其火焱宁可复指示,知光所在不?"王言:"不可知处。"那先言:"佛已泥曰去,不可复知处。"王言:"善哉!善哉!"

王又问那先:"沙门宁能自爱其身不?"那先言:"沙门不自爱其身。"王言:"如令沙门不自爱其身者,何以故自消息?卧欲得安温濡,饮食欲得美善,自护视,何以故?"

那先言:"王宁曾入战斗中不?"王言:"然。曾入战斗中。"那先言:"在战斗中时,曾为刀刃、矛箭疮所中不?"王言:"我颇为刀刃所中。"那先问王:"奈刀刃、矛箭疮何?王言:"我以膏药绵裹耳。"那先问王言:"为爱疮故,以膏药绵絮裹耶?"王言:"我不爱疮。"那先言:"殊不爱疮者,何以持膏药绵絮裹而护之?"王言:"我欲使疮早愈。"

那先言:"沙门亦如是,不爱其身。虽饮食,心不乐用作美,不用作好,不用作肌色趣,欲支身体,奉行佛经戒耳。佛经说言:'人有九孔,为九弓疮。诸孔皆臭处不净。'"王言:"善哉!善哉!"

王复问那先:"佛为有三十二相、八十种好,身皆金色有光影耶?"那先言:"佛审有三十二相、八十种好,身皆有金色光影。"王言:"佛父母宁有三十二相、八十种好,身皆有金色有光影耶?"那先言:"佛父母无是相。"王言:"如是相、好,是父母无是相,佛亦无是相。"王复言:"人生子,像其种类。父母无是相者,佛定无是相。"那先言:"佛父母虽无是三十二相、八十种好,身金光色者,佛审有是相。"

那先言:"王曾见莲花不?"王言:"我见之。"那先言:"此莲花生于地,长于泥水,其色甚好,宁复类泥水色不?"王言:"不类地泥水色。"那先言:"虽佛父母无是相者,佛审有是相。佛生于世间,长于世间,而不像世间之事。"王言:"善哉!善哉!"

王复问那先:"佛审如第七天王梵所行,不与妇女交会不?"那先言:"然。审离于女人,净洁无瑕秽。"王言:"假令佛如第七天王所行者,佛为第七天王梵弟子。"那先问王:"第七天王者,有念无念?"王言:"第七天王梵有念。"那先言:"是故,第七天王梵及上诸天,皆为佛弟子。"那先问:"王言象鸣声何等类?"王言:"象鸣声如雁声。"那先言:"如是,象为是雁弟子?各自异类,佛亦如是,非第七天王梵弟子。"王言:"善哉!善哉!"

王复问那先:"佛宁悉学知经戒不?"那先言:"佛悉学知,奉行经戒。"王言:"佛从谁师受经戒?"那先言:"佛无师。佛得道时,便悉自知诸经道。佛不如诸弟子学知。佛所教诸弟子,皆当奉行至老。"

王又问那先:"人父母死时,悲啼哭泪出;人有闻佛经,亦复悲啼泪出。俱尔宁别异不?"那先言:"人为父母啼泣,皆感恩爱、恩念,愁忧苦痛。此曹忧者,愚痴忧。其有闻佛经道泪出者,皆有慈哀之心,念世间勤苦,是故泪出。其得福甚大。"王言:"善哉!"

王又问那先:"以得度脱者,有何等别异?"那先言:"人未得脱者,有贪欲心;人得脱者,无有贪欲之心。但欲趣得飰食支命耳。"王言:"我见世间人,皆欲快身,欲得美食,无有猒足。"那先言:"人未得度脱,饮食者,用作荣乐好美;得度脱者,虽饮食,不以为乐,不以为甘趣,欲支命。"王言:"善哉!善哉!"

王复问那先:"人家有所作,能念久远之事不?"那先言:"人愁忧时,皆念久远之事。"王:"用何等念之?用志念耶?用念念耶?"那先问王言:"宁曾有所学知,以后念之不?"王言:"然我曾有所学知,以后忽忘之。"那先言:"王是时无志耶,而忘之乎?"王言:"我时忘念。"那先言:"可,差王为有象。"

王复问那先:"人有作,皆念耶?若甫始有所作,念见在所作,皆用念知耶?"那先言:"已去之事,皆用念知之;念见在之事,亦用念知之。"王言:"如是,人但念去事,不能复念新事。"那先言:"假新者有所作不可念者,亦如是。"王言:"人新学书伎巧为唐捐耶?"那先言:"人新学书画者,有念,故令弟子学者;有知,是故有念耳。"王言:"善哉!善哉!"。

王复问那先:"人用几事生念念耶?"那先言:"人凡有十六事生念:一者,久远所作,生念;二者,新有所学,生念;三者,若有大事,生念;四者,思善,生念;五者,曾所更苦,生念;六者,自思维,生念;七者,曾杂所作,生念;八者,教人,生念;九者,象,生念;十者,曾有所忘,生念;十一者,因识,生念;十二者,教计,生念;十三者,负债,生念;十四者,一心,生念;十五者,读书,生念;十六者,曾有所寄更见,生念;是为十六事生念。"

王复问那先:"何等为念久者?"那先言:"佛弟子阿难女弟子优婆夷鸠仇单罢,念十亿世宿命之事;及余道人,皆能念去世之事;如阿难女弟子辈甚众多,念此,已便生念。"

王又问："何等新所学生念者？"那先言："如人曾学知挍计，后复忘之，见人挍计，便更生念。"

王又问那先："何等为大事生念？"那先言："譬若太子立为王，自念为豪贵，是大事生念。"

王复问那先："何等为思善生念者？"那先言："譬若人为人所请呼，极善意宾延遇待之。其人自念言：昔日为某所请呼，善意待人。是为思善生念。"

王又问那先："何等为更苦生念者？"那先言："譬若人曾为人所挞捶，闭系牢狱，是为更苦生念。"

王复问那先言："何等为自惟生念者？"那先言："譬若人曾有所见家室、宗亲及畜生，是为自惟生念。"

王又问那先言："何等为曾杂所作生念者？"那先言："譬若人万物字颜色、香臭、酢苦，念此诸事，是为曾杂生念。"

王复问那先言："何等为教人生念者？"那先言："人自喜，忘边人，或有念者，或有忘者，是教人生念。"

王又问那先言："何等为象生念者？"那先言："人、牛、马各自有象类，是为象生念。"

王又问那先言："何等为曾所忘生念者？"那先言："譬若人卒有所忘数数独念得之，是为曾所忘生念。"

王复问那先："何等为因识生念者？"那先言："学书者，能次其字，是为因识生念。"

王复问那先："何等为挍计生念者？"那先言："如人共挍计成就，悉知策术分明，是为挍计生念。"

王又问那先："何者为负债生念者？"那先言："如人所当债，所当归，是为负债生念。"

王又问那先："何等为一心生念者？"那先言："沙门一其心，自念所从来，生千亿世时事，是我为一其心生念。"

王又问那先："何等为读书生念者？"那先言："帝有久古之书，念言某帝、某吏时书也，是为读书生念。"

"何等为曾有所寄,更见生念者?"那先言:"若人有所寄,更眼见之,便生念,是为'所寄'生念。"王言:"善哉!善哉!"

王复问那先言:"佛宁悉知去事甫始,当来事耶?"那先言:"然,佛悉知之。"王言:"假令佛悉知诸事者,何故不一时教弟子?何故稍稍教之?"那先问王:"国中宁有医师无?"王言:"有医师。"那先言:"其医师宁能悉知天下诸药不?"王言:"能悉知诸药。"

那先问王:"其药师治人病,为一时与药,为稍稍与之?"王言:"未病,不可豫与药;应病,乃与药耳。"那先言:"佛虽悉知去、来、现在之事,亦不可一时教天下人。当稍稍授经戒,令奉行之耳。"王言:"善哉!善哉!"

王又问那先:"卿曹沙门言:'人在世间作恶至百岁,临欲死时念佛,死后者皆生天上。'我不信是语。复言:'煞一生,死即入泥犁中。'我不信是也。"那先问王:"如人持小石置水上,石浮耶,没耶?"王言:"其石没。"那先言:"如令持百牧大石置船上,其船宁没不?"王言:"不没。"

那先言:"船中百牧大石,因船故,不得没;人虽有本恶,一时念佛,用是不入泥犁中,便生天上。其小石没者,如人作恶,不知佛经,死后便入泥犁。"王言:"善哉!善哉!"

王复问那先:"卿曹用何等故,行学道,作沙门?"那先言:"我今以过去苦、现在苦、当来苦,欲弃是诸苦,不欲复受更,故行学道作沙门。"王复问那先:"苦乃在后世,可为豫学道,作沙门?"

那先问王:"王宁有敌国、怨家,欲相攻击不?"王言:"然,有敌国、怨家,常欲相攻击也。"那先问王:"敌主临来时,王乃作斗具,备守、掘堑耶?当豫作之乎?"王言:"当豫有储偫。"那先问王:"何等故先作储偫?"王言:"备敌来,无时故。"那先问王:"敌尚未来,何故豫备之?"那先又问王:"饥乃田种,渴何故豫作备度?"王言:"善哉!善哉!"

王又问那先:"第七梵天去是几所?"那先言:"甚远。令大如王殿石从第七梵天上堕之,六日乃堕此间地耳。"王言:"卿曹诸沙门言:'得罗汉道,如人屈申臂,顷以飞上第七梵天上。'"王言:"我不信是。行数千万亿里,何以疾乃尔?"

那先问王:"王本生何国?"王言:"我本生大秦国,国名阿荔散。"那先问王:"阿荔散去是间几里?"王言:"去是二千由旬,合八万里。"那先问王:"曾颇于此遥念本国中事不?"王言:"然,恒念本国中事耳。"那先言:"王试复更念本国中事,曾有所作为者。"王言:"我即念已。"那先言:"王行八万里反覆何以疾?"王言:"善哉!善哉!"

王复问那先:"若有两人于此俱死,一人上生第七梵天,一人生罽宾。罽宾去七百二十里,谁为先到者?"那先言:"试念阿荔国。"王言:"我已念之。"那先复言:"王试复念罽宾。"王言:"我已念之。"那先问王:"念是两国,何所疾者?"王言:"俱等耳。"那先言:"两人俱死,一人生第七梵天上,一人生罽宾,亦等耳。"

那先问王:"若有一双飞鸟,一于一高树上止,一鸟于卑树上止,两鸟俱飞,谁影先在地者?"王言:"其影俱倒地耳。"那先言:"两人俱死,一人生第七天上,一人生罽宾,亦俱时至耳。"王言:"善哉!善哉!"

王复问那先:"人用几事,学知道?"那先言:"用七事,学知道。""何等为七?""一者,念善恶之事;二者,精进;三者,乐道;四者,伏意为善;五者,念道;六者,一心;七者,适无所憎爱。"

王又问那先:"人用此七事,学知道耶?"那先言:"不悉用七事,学知道。知者持知善恶,用是一事,别知耳。"王又问那先:"假令用一事知者,何为说七言?"那先问王:"如人持刀着鞘中,倚壁,刀宁能自有所割截不?"王言:"不能有所割截。"那先言:"人心虽明,会当得是六事,共成智耳。"王言:"善哉!善哉!"

王复问那先:"人家作善,得福大耶?作恶,得殃大耶?"那先言:"人作善,得福大;作恶,得殃小。人家作恶,日日自悔过,是故其过日小。人家作善,日夜自念欢喜,是故得福大。"

那先言:"昔者,佛在时,其国中有人,掘无手足而取莲花持上佛。佛即告诸比丘言:'此掘足手儿,却后九十一劫,不复入泥犁中,畜生、劈荔道中,得生天上。天上寿终,复还作人。'是故,我知人作小善,得福大。作其恶,人自悔过,日消灭而尽。是故,我知人作过,其殃小。"王言:"善哉!善哉!"

王复问那先:"智者作恶,愚人作恶,此两人殃咎,谁得多者?"那先言:

"愚人作恶，得殃大；智人作恶，得殃小。"王言："不知那先言。"王言："我国治法，大臣有过，则罪之重；小民有过，罪之轻。是故，我知智者作过恶，得殃大；愚者作恶，得殃小。"

那先问王："譬如烧铁在地，一人知为烧铁，一人不知，两人俱前取烧铁，谁烂手大者耶？"王言："不知者手烂大。"那先言："愚者作恶，不能自悔，故其殃大；智者作恶，知不当所为，日自悔过，故其殃少。"王言："善哉！善哉！"

王复问那先："人有能持此身，飞行上至第七梵天上及至郁单曰地，及所欲至处者不耶？"那先言："能。"王言："奈何持此身，上第七梵天及郁单曰地及所欲至处乎？"那先问王："王宁自念少小时跳戏一丈地不？"王言："我年少时意念欲跳，便跳一丈余地。"那先言："得道之人，意欲跳至第七天上及至郁单曰地者，亦尔。"王言："善哉！善哉！"

王复问那先："卿曹诸沙门言：'有骨长四千里。'何等身，骨长四千里？"那先问王："曾闻大海中有大鱼，名质，身长二万八千里者不？"王言："然，有是，我曹闻之。"那先言："如是二万八千里鱼，其胁骨长四千里，王怪之为？"王复问那先："卿曹诸沙门说言：'我能断喘息之事。'"王言："奈何可断喘息气耶？"

那先问王："宁曾闻志不？"王言："我闻之。"那先言："王以为志在人身中耶？"王言："我以为志在人身中。"那先言："王以为愚人不能制其身口者，不能持经戒，如此曹人，亦不乐其身？"那先言："其学道人者能制其身，能制口，能持经戒，能一其心，得四禅，便能不复喘息耳。"王言："善哉！善哉！"

王复问那先："为呼言海？海为是水名为海耶，用他事故言海？"那先言："人所以呼为海者，水与盐参各半，是故为海耳。"王复问那先："何以故海悉醎如盐味？"那先言："所以海水醎者，唊畜以来久远，及鱼鳖虫多共清水中，是故令醎耳。"王言："善哉！善哉！"

王复问那先："人得道已，宁能悉思维深奥众事不？"那先言："然。人得道已，能悉思维深奥之事。佛经最深奥，知众事，不可称量，众事皆以智评之。"王言："善哉！善哉！"

王复问那先："人神、智、自然，此三事，宁同不？各异？"那先言："人神者，生觉；智者，晓道；自然者，虚空，无有人也。"王又问那先："人言得人。何等为得人者？今眼视色，耳听声，鼻闻香臭，口知味，身知软粗，志知善恶之事。何所为得人者？"

那先问王："如今合解，用目视，脱瞳子，去之，视宁广远不？裂大其耳，听声宁广远不？决鼻令大，其闻香宁多不？刜口令大，知味宁多不？剥割肌肤，宁令信知粗软不？拔去其意，盛念宁多不？"王言："不也。"

那先言："佛所作甚难，佛所知甚妙。"王复问那先："所作何等甚难？何等甚妙？"那先言："佛能知人腹中，目所不见事，悉能解之。能解目事，能解耳事，能解鼻事，能解口事，能解身事，能解贩事，能解所念事，能解神事。"

那先言："人取海水含之，宁能别知口中水是某泉水，是某流水，是某河水不？"王言："众水皆合为一，难各别知。"那先言："佛所作为甚难，皆能别知。今人神不见人身中有六事不可见。"那先言："是故，佛解之。从心念至目所见，从心念至耳所听，从心念至鼻所嗅，从心念至口知味，从心念至身知苦乐、寒温、粗坚，从心念有所向，佛悉知分别解之。"王言："善哉！善哉！"

那先言："夜已半，我欲去。"王即敕傍臣："取四端叠布，揾置油麻中，持以为炬，当送那先归。恭事那先，如事我身。"傍臣皆言："受教。"王言："得师如那先，作弟子，如我，可得道疾。"王诸所问，那先辄事事答之，王大欢喜。王即出中藏好衣，直十万以上那先。王语那先："从今以去，愿那先日与八百沙门，共于宫中饮食，及所欲，皆从王取之。"

那先报王："我为道人，略无所欲。"王言："那先当自护，亦当护我身。"那先言："何等当自护，护王身？"王报言："恐人论议，呼王为悭，那先为解诸狐疑而不能赐与。或恐人言：'那先不能解王疑，故王不赏赐。'"王言："那先受者，令我得其福；那先亦当护其名。"王言："譬若师子在金槛中，由为拘闭，常有欲望去心。今我虽为国宫省中，其意不乐，欲弃国去而行学道。"王语竟，那先便归佛寺。

那先适去，王窃自念：我问那先为何等事？那先为我解何等事？王自念：

我所问，那先莫不解我意者。那先归佛寺，亦自念：王问我何等事？我亦报王何等事？那先自念：王所问者，我亦悉解之。念此事至天明。

明日，那先被袈裟，持钵，直入宫，上殿坐。王前为那先作礼已，乃却坐。王白那先："那先这去，我自念：问那先何等语？那先报我何等语？我又自念：所问那先，那先莫不解我意者。念是语，欢喜安卧，至明。"那先言："我行归舍，亦自念：王为问我何等事？我亦为王解何等事？我复自念：王所问，我辄为解之。用是故，欢喜至明。"语竟，那先欲去，王便起，为那先作礼。

（文献源自《那先比丘经》，吴根友释译，星云大师总监修，北京：东方出版社，2019年；并参考中华大藏经编辑局编：《中华大藏经》，北京：中华书局，2004年）

法显《法显传》

《法显传》（又称《佛国记》《历游天竺记传》《佛游天竺记》等）系东晋僧人法显所撰。法显（约342—423）原姓龚，平阳郡平阳（今山西临汾）人。为寻求中国佛教徒迫切需要的戒律，他于399年3月，从长安出发，西度流沙，遍游印度北部，寻求律藏，后经斯里兰卡、苏门答腊等地沿海路回国，前后耗时十三年又四个月，游历三十余国。法显不仅带回了丰富的佛教经律，而且还将自己长途而艰巨的旅行记录下来形成《法显传》。《法显传》书中所记，范围广泛，除中国本国外，还包括中亚、南亚和东南亚的国家和地区，内容涉及这些地区的地理状况、物产、风俗、交通、宗教等诸多方面。它是我们了解和研究当时印度社会与宗教状况、中印间文化交流、中印间陆路与海路交通的重要史料。

一　自发迹长安至度葱岭

西行之始

法显昔在长安，慨律藏残缺，于是遂以弘始元年岁在己亥，与慧景、道整、慧应、慧嵬等同契，至天竺寻求戒律。

乾归国　　耨檀国　　张掖镇　　燉煌

初发迹长安，度陇，至乾归国夏坐。
夏坐讫，前行至耨檀国。

度养楼山，至张掖镇。张掖大乱，道路不通。张掖王段业，遂留为作檀越。于是与智严、慧简、僧绍、宝云、僧景等相遇，欣于同志，便共夏坐。

夏坐讫，复进到燉煌。有塞，东西可八十里，南北四十里，共停一月余日。法显等五人随使先发，复与宝云等别。燉煌太守李暠供给度沙河。

沙河

沙河中多有恶鬼、热风，遇则皆死，无一全者。上无飞鸟，下无走兽。遍望极目，欲求度处，则莫知所拟，唯以死人枯骨为标识耳。

鄯善国

行十七日，计可千五百里，得至鄯善国。其地崎岖薄瘠，俗人衣服粗与汉地同，但以毡褐为异。其国王奉法，可有四千余僧，悉小乘学，诸国俗人及沙门尽行天竺法，但有精粗。从此西行，所经诸国类皆如是，唯国国胡语不同，然出家人皆习天竺书、天竺语。住此一月日。

焉夷国

复西北行十五日，到焉夷国。焉夷国僧亦有四千余人，皆小乘学，法则齐整。秦土沙门至彼都，不预其僧例。法显得苻行堂公孙经理，住二月余日。于是还与宝云等共。

为焉夷国人不修礼义，遇客甚薄，智严、慧简、慧嵬遂返向高昌，欲求行资。

沙行

法显等蒙苻公孙供给，遂得直进。西南行，路中无居民，沙行艰难，所经之苦，人理莫比。

于阗国

在道一月五日，得到于阗。其国丰乐，人民殷盛，尽皆奉法，以法乐相娱。众僧乃数万人，多大乘学，皆有众食。彼国人民星居，家家门前皆起小塔，最小者可高二丈许。作四方僧房，供给客僧及余所须。国主安堵法显等于僧伽蓝。僧伽蓝名瞿摩帝，是大乘寺，三千僧共犍槌食。入食堂时，威仪齐肃，次第而坐，一切寂然，器钵无声。净人益食不得相唤，但以手指麾。

慧景、道整、慧达先发，向竭叉国。法显等欲观行像，停三月日。

其国中十四大僧伽蓝，不数小者。从四月一日，城里便扫洒道路，庄严巷陌。其城门上张大帏幕，事事严饰。王及夫人、采女皆住其中。瞿摩帝僧是大乘学，王所敬重，最先行像。离城三四里，作四轮像车，高三丈余，状如行殿，七宝庄校，悬缯幡盖。像立车中，二菩萨侍，作诸天侍从，皆金银雕莹，悬于虚空。像去门百步，王脱天冠，易著新衣，徒跣持华香，翼从出城迎像，头面礼足，散华烧香。像入城时，门楼上夫人、采女遥散众华，纷纷而下。如是庄严供具，车车各异。一僧伽蓝则一日行像。白月一日为始，至十四日行像乃讫。行像讫，王及夫人乃还宫耳。

其城西七八里有僧伽蓝，名王新寺。作来八十年，经三王方成。可高二十五丈，雕文刻镂，金银覆上，众宝合成。塔后作佛堂，庄严妙好，梁柱、户扇、窗牖，皆以金薄。别作僧房，亦严丽整饬，非言可尽。

岭东六国诸王，所有上价宝物，多作供养，人用者少。

子合国　　於麾国

既过四月行像，僧韶一人，随胡道人向罽宾。

法显等进向子合国。在道二十五日，便到其国。国王精进。有千余僧，多大乘学。

住此十五日已，于是南行四日，入葱岭山，到於麾国安居。

竭叉国

安居已止，行二十五日，到竭叉国，与慧景等合。

值其国王作般遮越师。般遮越师，汉言五年大会也。会时请四方沙门，皆来云集，集已，庄严众僧坐处，悬缯幡盖，作金银莲华，著缯座后，铺净坐具。王及群臣如法供养，或一月、二月，或三月，多在春时。王作会已，复劝诸群臣设供供养，或一日、二日、三日、五日。供养都毕，王以所乘马，鞍勒自副，使国中贵重臣骑之，并诸白氎、种种珍宝、沙门所须之物，共诸群臣，发愿布施。布施已，还从僧赎。

其地山寒，不生余谷，唯熟麦耳。众僧受岁已，其晨辄霜。故其王每赞众僧，令麦熟然后受岁。

其国中有佛唾壶，以石作，色似佛钵。又有佛一齿，国人为佛齿起塔。有千余僧，尽小乘学。

自山以东，俗人被服粗类秦土，亦以毡褐为异。沙门法用转转胜，不可具记。其国当葱岭之中。自葱岭已前，草木果实皆异，唯竹及安石留、甘蔗三物，与汉地同耳。

度葱岭

从此西行向北天竺。在道一月，得度葱岭。葱岭冬夏有雪，又有毒龙，若失其意，则吐毒风，雨雪，飞沙砾石。遇此难者，万无一全。彼土人人即名为雪山人也。

二　北天竺、西天竺记游

陀历国

度岭已，到北天竺。始入其境，有一小国名陀历，亦有众僧，皆小乘学。

其国昔有罗汉，以神足力，将一巧匠上兜术天，观弥勒菩萨长短、色貌，还下，刻木作像。前后三上观，然后乃成。像长八丈，足跌八尺，斋日常有光明,诸国王竞兴供养。今故现在。

于此顺岭西南行十五日。其道艰岨,崖岸崄绝,其山唯石,壁立千仞,临之目眩,欲进则投足无所。下有水,名新头河。昔人有凿石通路施傍梯者,凡度七百,度梯已,蹑悬缅过河,河两岸相去减八十步。九译所绝,汉之张骞、甘英皆不至。

众僧问法显:"佛法东过,其始可知耶?"显云:"访问彼土人,皆云古老相传,自立弥勒菩萨像后,便有天竺沙门赍经、律过此河者。像立在佛泥洹后三百许年,计于周氏平王时。由兹而言,大教宣流,始自此像。非夫弥勒大士继轨释迦,孰能令三宝宣通,边人识法。固知冥运之开,本非人事,则汉明之梦,有由而然矣。"

乌苌国

度河便到乌苌国。乌苌国是正北天竺也。尽作中天竺语,中天竺所谓中国。俗人衣服、饮食,亦与中国同。佛法甚盛。名众僧住止处为僧伽蓝,凡有五百僧伽蓝,皆小乘学。若有客比丘到,悉供养三日,三日过已,乃令自求所安常。

传言佛至北天竺,即到此国已,佛遗足迹于此。迹或长或短,在人心念,至今犹尔。及晒衣石、度恶龙处,亦悉现在。石高丈四,阔二丈许,一边平。

慧景、道整、慧达三人先发,向佛影那揭国。法显等住此国夏坐。

宿呵多国

坐讫,南下,到宿呵多国。其国佛法亦盛。昔天帝释试菩萨,化作鹰、鸽,割肉贸鸽处。佛即成道,与诸弟子游行,语云:"此本是吾割肉贸鸽处。"国人由是得知,于此处起塔,金银校饰。

犍陀卫国

从此东下五日行,到犍陀卫国,是阿育王子法益所治处。佛为菩萨时,亦于此国以眼施人。其处亦起大塔，金银校饰，此国人多小乘学。

竺刹尸罗国

自此东行七日，有国名竺刹尸罗。竺刹尸罗，汉言截头也。佛为菩萨时，于此处以头施人，故因以为名。复东行二日，至投身喂饿虎处。此二处亦起大塔，皆众宝校饰。诸国王、臣民，竞兴供养，散华然灯，相继不绝。通上二塔，彼方人亦名为四大塔也。

弗楼沙国

从犍陀卫国南行四日，到弗楼沙国。佛昔将诸弟子游行此国，语阿难云："吾般泥洹后，当有国王名罽腻伽于此处起塔。"后腻伽王出世，出行游观，时天帝释欲开发其意，化作牧牛小儿，当道起塔。王问言："汝作何等？"答曰："作佛塔。"王言："大善。"于是王即于小儿塔上起塔，高四十余丈，众宝校饰。凡所经见塔庙，壮丽威严都无此比。传云："阎浮提塔，唯此为上。"王作塔成已，小塔即自傍出大塔南，高三尺许。

佛钵即在此国。昔月氏王大兴兵众，来伐此国，欲取佛钵。既伏此国已，月氏王笃信佛法，欲持钵去，故兴供养。供养三宝毕，乃校饰大象，置钵其上，象便伏地不能得前。更作四轮车载钵，八象共牵，复不能进。王知与钵缘未至，深自愧叹。即于此处起塔及僧伽蓝，并留镇守，种种供养。可有七百余僧，日将中，众僧则出钵，与白衣等种种供养，然后中食。至暮烧香时复尔。可容二斗许，杂色而黑多，四际分明，厚可二分，甚光泽。贫人以少华投中便满；有大富者，欲以多华而供养，正复百千万斛，终不能满。

宝云、僧景只供养佛钵便还。慧景、慧达、道整先向那揭国，供养佛影、佛齿及顶骨。慧景病，道整住看。慧达一人还，于弗楼沙国相见，而慧达、宝云、僧景遂还秦土。慧应在佛钵寺无常。由是，法显独进，向佛顶骨所。

那竭国

西行十六由延，便至那竭国界醯罗城。中有佛顶骨精舍，尽以金薄、七宝校饬。国王敬重顶骨，虑人抄夺，乃取国中豪姓八人，人持一印，印封守护。清晨，八人俱到，各视其印，然后开户。开户已，以香汁洗手，出佛顶骨，置精舍外高座上，以七宝圆椹椹下，琉璃钟覆上，皆珠玑校饬。骨黄白色，方圆四寸，其上隆起。每日出后，精舍人则登高楼，击大鼓，吹螺，敲铜钹。王闻已，则诣精舍，以华香供养。供养已，次第顶戴而去。从东门入，西门出。王朝朝如是供养、礼拜，然后听国政。居士、长者亦先供养，乃修家事。日日如是，初无懈倦。供养都讫，乃还顶骨于精舍。中有七宝解脱塔，或开或闭，高五尺许，以盛之。精舍门前，朝朝恒有卖华香人，凡欲供养者，种种买焉。诸国王亦恒遣使供养。精舍处方四十步，虽复天震地裂，此处不动。

从此北行一由延，到那揭国城。是菩萨本以银钱贸五茎华，供养定光佛处。城中亦有佛齿塔，供养如顶骨法。

城东北一由延，到一谷口。有佛锡杖，亦起精舍供养，杖以牛头栴檀作，长丈六七许，以木筒盛之，正复百千人，举不能移。入谷口四日西行，有佛僧伽梨精舍供养。彼国土亢旱时，国人相率出衣，礼拜供养，天即大雨。

那竭城南半由延，有石室，搏山西南向，佛留影此中。去十余步观之，如佛真形，金色相好，光明炳著，转近转微，仿佛如有。诸方国王遣工画师模写，莫能及。彼国人传云，千佛尽当于此留影。影西百步许，佛在时剃发剪爪。佛自与诸弟子共造塔，高七八丈，以为将来塔法，今犹在。边有寺，寺中有七百余僧。此处有诸罗汉、辟支佛塔乃千数。

度小雪山

住此冬三月，法显等三人南度小雪山。雪山冬夏积雪。山北阴中遇寒风暴起，人皆噤战。慧景一人不堪复进，口出白沫，语法显云："我亦不复活，便可时去，勿得俱死。"于是遂终。法显抚之悲号："本图不果，命也奈何！"复自力前，得过岭。

罗夷国　跋那国　毗荼国

南到罗夷国。近有三千僧，兼大小乘学。住此夏坐。

坐讫，南下，行十日，到跋那国。亦有三千许僧，皆小乘学。

从此东行三日，复渡新头河，两岸皆平地。过河有国，名毗荼。佛法兴盛，兼大小乘学。见秦道人往，乃大怜愍，作是言："如何边地人，能知出家为道，远求佛法？"悉供给所须，待之如法。

从此东南行减八十由延，经历诸寺甚多，僧众万数。

三　中天竺、东天竺记游

摩头罗国

过是诸处已，到一国，国名摩头罗。有遥捕那河，河边左右有二十僧伽蓝，可有三千僧，佛法转盛。

凡沙河已西，天竺诸国，国王皆笃信佛法。供养众僧时，则脱天冠，共诸宗亲、群臣手自行食。行食已，铺毡于地，对上座前坐，于众僧前不敢坐床。佛在世时诸王供养法式，相传至今。

从是以南，名为中国。中国寒暑调和，无霜、雪。人民殷乐，无户籍官法，唯耕王地者乃输地利，欲去便去，欲住便住。王治不用刑罔，有罪者但罚其钱，随事轻重，虽复谋为恶逆，不过截右手而已。王之侍卫、左右皆有供禄。举国人民悉不杀生，不饮酒，不食葱蒜，唯除旃荼罗。旃荼罗名为恶人，与人别居，若入城市则击木以自异，人则识而避之，不相唐突。国中不养猪、鸡，不卖生口，市无屠、酤及沽酒者，货易则用贝齿，唯旃荼罗、猎师卖肉耳。

自佛般泥洹后，诸国王、长者、居士为众僧起精舍供养，供给田宅、园圃、民户、牛犊，铁券书录，后王王相传，无敢废者，至今不绝。众僧住止房舍、床褥、饮食、衣服，都无缺乏，处处皆尔。众僧常以作功德为业，及诵经、坐禅。客僧往到，旧僧迎逆，代檐衣钵，给洗足水，涂足油，与非时浆。须臾，息已，复间其腊数，次第得房舍、卧具，种种如法。众僧住处，作舍利弗塔、目连、阿难塔，并阿毗昙、律、经塔。安居后一月，诸希福之家劝化供养僧，作非时浆。众僧大会说法。说法已，供养舍利弗塔，种种香华，通夜然灯。使彼人作舍利弗本婆罗门时诣佛求出家。大目连、大迦叶亦如是。诸比丘尼多供养阿难塔，以阿难请世尊听女人出家故。诸沙弥多供养罗云。阿毗昙师者，供养阿毗昙。律师者，供养律。年年一供养，各自有日。摩诃衍人则供养般若婆罗蜜、文殊师利、观世音等。众僧受岁竟，长者、居士、婆罗门等各持种种衣物、沙门所须，以布施僧，众僧亦自各各布施。佛泥洹已来，圣众所行威仪法则，相承不绝。

自渡新头河，至南天竺，迄于南海，四五万里，皆平坦，无大山川，正有河水。

僧伽施国

从此东南行十八由延，有国名僧伽施。佛上忉利天三月为母说法来下处。佛上忉利天，以神通力，都不使诸弟子知。未满七日，乃放神足。阿那律以天眼遥见世尊，即语尊者大目连，汝可往问讯世尊。目连即往，头面礼足，共相问讯。问讯已，佛语目连："吾却后七日，当下阎浮提。"目连既还，于时八国大王及诸臣民，不见佛久，咸皆渴仰，云集此国以待世尊。时优钵罗比丘尼即自心念："今日国王、臣民皆当奉迎佛，我是女人，何由得先见佛？"即以神足，化作转轮圣王，最前礼佛。佛从忉利天上东向下。下时，化作三道宝阶：佛在中道七宝阶上行；梵天王亦化作白银阶，在右边执白拂而侍；天帝释化作紫金阶，在左边执七宝盖而侍。诸天无数从佛下。佛既下，三阶俱没于地，余有七级现。后阿育王欲知其根际，遣人掘看，下至黄泉，根犹不尽。王益信敬，即于阶上起精舍，当中阶作丈六立像，精舍后立石柱，高三十肘，上作师子，柱内四边有佛像，内外映彻，净若琉璃。有外道论师与沙门诤此住处，时沙门理屈，于是共立誓言："此处若是沙门住处者，今当有灵验。"作是言已，柱头师子乃大鸣吼见证，于是外道惧怖，心伏而退。佛以受天食三月故，身作天香，不同世人。即便浴身，后人于此处起浴室，浴室犹在。优钵罗比丘尼初礼佛处今亦起塔。佛在世时，有剪发、爪作塔，及过去三佛并释迦文佛坐处、经行处，及作诸佛形象处，尽有塔，今悉在。天帝释、梵天王从佛下处亦起塔。

此处僧及尼可有千人，皆同众食，杂大、小乘学。

住处一白耳龙，与此众僧作檀越，令国内丰熟，雨泽以时，无诸灾害，使众僧得安。众僧感其惠，故为作龙舍，敷置坐处，又为龙设福食供养。众僧日日众中别差三人，到龙舍中食。每至夏坐讫，龙辄化形作一小蛇，两耳边白。众僧识之，铜杅盛酪，以龙置中。从上座至下座行之，似若问讯，遍便化去，年年一出。

其国丰饶，人民炽盛，最乐无比。诸国人来，无不经理，供给所须。

寺北五十由延，有一寺名火境。火境者，恶鬼名也。佛本化是恶鬼。后人于此处起精舍，以精舍布施阿罗汉，以水灌手，水沥滴地，其处故在。正复扫除，常现不灭。此处别有佛塔，善鬼神常扫洒，初不须人工。有邪见国王言："汝能如是者，我当多将兵众住此，益积粪秽，汝复能除不？"鬼神即起大风，吹之令净。此处有百枚小塔，人终日数之，不能得知。若至意欲知者，便一塔边置一人已，复计数人，人或多或少，其不可得知。有一僧伽蓝，可六七百僧。此中有辟支佛食处、泥洹地，大如车轮。余处生草，此处独不生。及晒衣地处，亦不生草。衣条著地迹，今故现在。

法显住龙精舍夏坐。

罽饶夷城

坐讫，东南行七由延，到罽饶夷城。城接恒水，有二僧伽蓝，尽小乘学。

去城西六七里，恒水北岸，佛为诸弟子说法处。传云：说无常、苦，说身如泡沫等。此处起塔犹在。

度恒水，南行三由延，到一村，名呵梨。佛于此中说法、经行、坐处，尽起塔。

沙祇大国

从此东南行十由延，到沙祇大国。

出沙祇城南门，道东，佛本在此嚼杨枝，刺土中，即生长七尺，不增不减。诸外道婆罗门嫉妒，或斫或拔，远弃之，其处续生如故。此中亦有四佛经行、坐处，起塔故在。

拘萨罗国舍卫城

从此北行八由延，到拘萨罗国舍卫城。城内人民希旷，都有二百余家。即波斯匿王所治城也。大爱道故精舍处，须达长者井壁，及鸯掘魔得道、般泥洹、烧身处，后人起塔，皆在此城中。诸外道婆罗门生嫉妒心，欲毁坏之，天即雷电霹雳，终不能得坏。

出城南门千二百步，道西，长者须达起精舍。精舍东向开门，门户两厢有二石柱，左柱上作轮形，右柱上作牛形。池流清净，林木尚茂，众华异色，蔚然可观，即所谓祇洹精舍也。

佛上忉利天为母说法九十日，波斯匿王思见佛，即刻牛头栴檀作佛像，置佛坐处。佛后还入精舍，像即避出迎佛。佛言："还坐。吾般泥洹后，可为四部众作法式。"像即还坐。此像最是众像之始，后人所法者也。佛于是移住南边小精舍，与像异处，相去二十步。祇洹精舍本有七层，诸国王、人民竞兴供养，悬缯幡盖，散华、烧香，然灯续明，日日不绝。鼠衔灯炷，烧花幡盖，遂及精舍，七重都尽。诸国王、人民皆大悲恼，谓栴檀像已烧。却后四五日，开东小精舍户，忽见本像，皆大欢喜，共治精舍，得作两重，远移像本处。

法显、道整初到祇洹精舍，念昔世尊住此二十五年，自伤生在边地，共诸同志游历诸国，而或有还者，或有无常者，今日乃见佛空处，怆然心悲。彼众僧出，问显等言："汝从何国来？"答云："从汉地来。"彼众僧叹曰："奇哉！边地之人乃能求法至此！"自相谓言：我等诸师和上相承已来，未见汉道人来到此也。

精舍西北四里有榛，名曰得眼。本有五百盲人，依精舍住此。佛为说法，尽还得眼。盲人欢喜，刺杖著地，头面作礼。杖遂生长大，世人重之，无敢伐者，遂成为榛，是故以得眼为名。祇洹众僧中食后，多往彼榛中坐禅。

祇洹精舍东北六七里，毗舍佉母作精舍，请佛及僧，此处故在。

祇洹精舍大援落有二门，一门东向，一门北向。此园即须达长者布金钱买地处也。精舍当中央,佛住此处最久。说法、度人、经行、坐处亦尽起塔,皆有名字。乃孙陀利杀身谤佛处。

出祇洹东门,北行七十步,道西,佛昔共九十六种外道论议,国王、大臣、居士、人民皆云集而听。时外道女名旃柘摩那,起嫉妒心,及怀衣著腹前,似若妊身,于众会中谤佛以非法,于是天帝释即化作白鼠,啮其腰带断,所怀衣堕地,地即劈裂,生入地狱。及调达毒爪欲害佛,生入地狱处。后人皆标识之。又于论议处起精舍,精舍高六丈许,里有坐佛。

其道东有外道天寺,名曰影覆,与论议处精舍夹道相对,亦高六丈许。所以名影覆者,日在西时,世尊精舍影则映外道天寺;日在东时,外道天寺影则北映,终不得映佛精舍也。外道常遣人守其天寺,扫洒、烧香、燃灯供养。至明旦,其灯辄移在佛精舍中。婆罗门恚言:"诸沙门取我灯,自供养佛。"为尔不止。婆罗门于是夜自伺候,见其所事天神持灯绕佛精舍三匝,供养佛已,忽然不见。婆罗门乃知佛神大,即舍家入道。传云:近有此事。

绕祇洹精舍有九十八僧伽蓝,尽有僧住处,唯一处空。

此中国有九十六种外道,皆知今世、后世,各有徒众。亦皆乞食,但不持钵。亦复求福,于旷路侧立福德舍,屋宇、床卧、饮食,供给行路人及出家人、来去客,但所期异耳。调达亦有众在,供养过去三佛,唯不供养释迦文佛。

舍卫城东南四里,瑠璃王欲伐舍夷国,世尊当道侧立,立处起塔。

都维、那毗伽等三邑

城西五十里,到一邑,名都维,是迦叶佛本生处。父子相见处、般泥洹处,皆悉起塔。迦叶如来全身舍利亦起大塔。

从舍卫城东南行十二由延,到一邑,名那毗伽,是拘楼秦佛所生处。父子相见处、般泥洹处,亦有僧伽蓝,起塔。

从此北行,减一由延,到一邑,是拘那含牟尼佛所生处。父子相见处、般泥洹处,亦皆起塔。

迦维罗卫城

从此东行,减一由延,到迦维罗卫城。城中都无王民,甚如丘荒,只有众僧、民户数十家而已。白净王故宫处，作太子母形像，乃太子乘白象入母胎时。太子出城东门，见病人回车还处，皆起塔。阿夷相太子处，与难陀等扑象、掷、射处，箭东南去三十里入地，今泉水出，后世人治作井，令行人饮之。佛得道，还见父王处。五百释子出家，向优波离作礼，地六种震动处。佛为诸天说法，四天王守四门，父王不得入处。佛在尼拘律树下，东向坐，大爱道布施佛僧伽梨处，此树犹在。瑠璃王杀释种子，释种子先尽得须陀洹，立塔，今亦在。城东北数里有王田，太子树下观耕者处。

城东五十里有王园，园名论民。夫人入池洗浴，出池北岸二十步，举手攀树枝，东向生太子。太子堕地行七步，二龙王浴太子身，浴处遂作井。及上洗浴池，今众僧常取饮之。

凡诸佛有四处常定：一者成道处；二者转法轮处；三者说法论议伏外道处；四者上忉利天为母说法来下处。余则随时示现焉。

迦维罗卫国大空荒，人民希疏。道路怖畏白象、师子，不可妄行。

蓝莫国

从佛生处东行五由延，有国名蓝莫。此国王得佛一分舍利，还归起塔，即名蓝莫塔。塔边有池，池中有龙，常守护此塔，昼夜供养。阿育王出世，欲破八塔作八万四千塔，破七塔已，次欲破此塔，龙便现身，持阿育王入其宫中，观诸供养具已，语王言："汝供若能胜是，便可坏之持去，吾不与汝争。"阿育王知其供养具非世之有，于是便还。

此中荒芜，无人洒扫。常有群象以鼻取水洒地，取杂华香而供养塔。诸国有道人来，欲礼拜塔，遇象大怖，依树自翳，见象如法供养。道人大自悲感：此中无有僧伽蓝可供养此塔，乃令象洒扫。道人即舍大戒，还作沙弥，自挽草木，平治处所，使得净洁，劝化国王作僧住处，己为寺主。今现有僧住。此事在近。自尔相承至今，恒以沙弥为寺主。

从此东行三由延，太子遣车匿、白马还处，亦起塔。

从此东行四由延，到炭塔，亦有僧伽蓝。

拘夷那竭城

复东行十二由延,到拘夷那竭城。城北双树间希连河边,世尊于此北首而般泥洹,及须跋最后得道处,以金棺供养世尊七日处,金刚力士放金杵处,八王分舍利处。诸处皆起塔,有僧伽蓝,今悉现在。

其城中人民亦稀旷,止有众僧民户。

诸梨车欲逐佛般泥洹处

从此东南行十二由延,到诸梨车欲逐佛般泥洹处。而佛不听,恋佛不肯去。佛化作大深堑,不得渡。佛与钵作信遣还。其处立石柱,上有铭题。

毗舍离国

自此东行五由延,到毗舍离国。毗舍离城北,大林重阁精舍,佛住处,及阿难半身塔。其城里本菴婆罗女家,为佛起塔,今故现在。城南三里,道西,菴婆罗女以园施佛,作佛住处。佛将般泥洹,与诸弟子出毗舍离城西门,回身右转,顾看毗舍离城,告诸弟子:"是吾最后所行处。"后人于此处起塔。

城西北三里,有塔,名放弓仗。以名此者,恒水上流有一国王,王小夫人生一肉胎,大夫人妒之,言:"汝生不祥之征。"即盛以木函,掷恒水中。下流有国王游观,见水上木函,开看,见千小儿端正殊特,王即取养之。遂使长大,甚勇健,所往征伐,无不摧伏。次伐父王本国,王大愁忧。小夫人问王:"何故愁忧?"王曰:"彼国王有千子,勇健无比,欲来伐吾国,是以愁耳。"小夫人言:"王勿愁忧!但于城东作高楼,贼来时,置我楼上,则我能却之。"王如其言。至贼到时,小夫人于楼上语贼言:"汝是我子,何故作反逆事?"贼曰:"汝是何人,云是我母?"小夫人曰:"汝等若不信者,尽仰向张口。"小夫人即以两手构两乳,乳各作五百道,堕千子口中。贼知是我母,即放弓仗。二父王于是思惟,皆得辟支佛。二辟支佛塔犹在。后世尊成道,告诸弟子:"是吾昔时放弓仗处。"后人得知,于此立塔,故以名焉。千小儿者,即贤劫千佛是也。佛于放弓仗塔边告阿难言："我却后三月，当般泥洹。"魔王娆固阿难，使不得请佛住世。

从此东行三四里，有塔。佛般泥洹后百年，有毗舍离比丘错行戒律，十事证言佛说如是。尔时诸罗汉及持戒律比丘凡夫者有七百僧，更检校律藏。后人于此处起塔，今亦在。

五河合口

从此东行四由延，到五河合口。阿难从摩竭国向毗舍离，欲般涅槃，诸天告阿阇世王，阿阇世王即自严驾，将士众追到河上。毗舍离诸梨车闻阿难来，亦复来迎，俱到河上。阿难思惟："前则阿阇世王致恨，还则梨车复怨。"则于河中央入火光三昧，烧身而般泥洹，分身作二分，一分在一岸边。于是二王各得半身舍利，还归起塔。

摩竭提国巴连弗邑

度河南下一由延，到摩竭提国巴连弗邑。巴连弗邑是阿育王所治，城中王宫殿皆使鬼神作，累石起墙阙，雕文刻镂，非世所造。今故现在。

阿育王弟得罗汉道，常住耆阇崛山，志乐闲静。王敬心请于家供养。以乐山静，不肯受请。王语弟言："但受我请，当为汝于城里作山。"王乃具饮食，召诸鬼神而告之曰："明日悉受我请，无坐席，各自赍来。"明日诸大鬼神各持大石来，辟方四五步，坐讫，即使鬼神累作大石山。又于山底以五大方石作一石室，可长三丈，广二丈，高丈余。

有一大乘婆罗门子，名罗沃私婆迷，住此城里。爽悟多智，事无不达，以清净自居。国王宗敬师事，若往问讯，不敢并坐。王设以爱敬心执手，执手已，婆罗门辄自灌洗。年可五十余，举国瞻仰。赖此一人，弘宣佛法，外道不能得加陵众僧。

于阿育王塔边，造摩诃衍僧伽蓝，甚严丽。亦有小乘寺，都合六七百僧众。威仪庠序可观。四方高德沙门及学问人，欲求义理，皆诣此寺。婆罗门子师亦名文殊师利，国内大德沙门、诸大乘比丘，皆宗仰焉，亦住此僧伽蓝。

凡诸中国，唯此国城邑为大。民人富盛，竞行仁义。年年常以建卯月八日行像。作四轮车，缚竹作五层，有承栌、揠戟，高二匹余许，其状如塔。以白氎缠上，然后彩画，作诸天形像。以金、银、琉璃庄校其上，悬缯幡盖。四边作龛，皆有坐佛，菩萨立侍。可有二十车，车车庄严各异。当此日，境内道俗皆集，作倡伎乐，华香供养。婆罗门子来请佛，佛次第入城，入城内再宿。通夜然灯，伎乐供养。国国皆尔。其国长者、居士各于城中立福德医药舍，凡国中贫穷、孤独、残跛、一切病人，皆诣此舍，种种供给。医师看病随宜，饮食及汤药皆令得安，差者自去。

阿育王坏七塔，作八万四千塔。最初所作大塔在城南三里余。此塔前有佛脚迹，起精舍，户北向塔。塔南有一石柱，围丈四、五，高三丈余。上有铭题，云："阿育王以阎浮提布施四方僧，还以钱赎，如是三反。"

塔北三四百步，阿育王本于此作泥梨城。中央有石柱，亦高三丈余，上有师子。柱上有铭，记作泥梨城因缘及年数、日月。

小孤石山　　那罗聚落

从此东南行九由延，至一小孤石山。山头有石室，石室南向。佛坐其中，天帝释将天乐般遮弹琴乐佛处。帝释以四十二事问佛，佛一一以指画石，画迹故在。此中亦有僧伽蓝。

从此西南行一由延，到那罗聚落。是舍利弗本生村。舍利弗还于此村中般泥洹。即此处起塔，今亦现在。

王舍新城　　萍沙王旧城

从此西行一由延，到王舍新城。新城者，是阿阇世王所造，中有二僧伽蓝。出城西门三百步，阿阇世王得佛一分舍利起塔，高大严丽。

出城南四里，南向入谷，至五山里。五山周围，状若城郭，即是萍沙王旧城。城东西可五六里，南北七八里。舍利弗、目连初见颊鞞处，尼犍子作火坑、毒饭请佛处，阿阇世王酒饮黑象欲害佛处，城东北角曲中，耆旧于菴婆罗园中起精舍请佛及千二百五十弟子供养处，今故在。其城中空荒，无人住。

入谷，搏山东南上十五里，到耆阇崛山。未至头三里，有石窟南向，佛本于此坐禅。西北三十步，复有一石窟，阿难于中坐禅，天魔波旬化作雕鹫，住窟前恐阿难，佛以神足力隔石舒手摩阿难肩，怖即得止。鸟迹、手孔，今悉存，故曰雕鹫窟山。窟前有四佛坐处。又诸罗汉各各有石窟坐禅处，动有数百。佛在石室前，东西经行。调达于山北崄巇间横掷石伤佛足指处，石犹在。佛说法堂已毁坏，止有砖壁基在。其山峰秀端严，是五山中最高。

法显于新城中买香、华、油、灯，倩二旧比丘送法显上耆阇崛山。华、香供养，然灯续明。慨然悲伤，收泪而言："佛昔于此住，说《首楞严》。法显生不值佛，但见遗迹处所而已。"即于石窟前诵《首楞严》。停止一宿，还向新城。

出旧城北行三百余步，道西，迦兰陀竹园精舍今现在，众僧扫洒。精舍北二三里有尸摩赊那。尸摩赊那者，汉言弃死人墓田。搏南山西行三百步，有一石室，名宾波罗窟，佛食后常于此坐禅。又西行五六里，山北阴中有一石室，名车帝。佛泥洹后，五百阿罗汉结集经处。出经时，铺三空座，庄严校饬，舍利弗在左，目连在右。五百数中少一阿罗汉。大迦叶为上座。时阿难在门外不得入。其处起塔，今亦在。搏山亦有诸罗汉坐禅石窟甚多。

出旧城北，东下三里，有调达石窟。离此五十步，有大方黑石。昔有比丘在上经行，思惟是身无常、苦，空，不得净观，厌患是身，即捉刀欲自杀。复念世尊制戒，不得自杀。又念虽尔，我今但欲杀三毒贼。便以刀自刎。始伤，再得须陀洹，既半得阿那含，断已成阿罗汉果，般泥洹。

伽耶城　　贝多树下

从此西行四由延，到伽耶城，城内亦空荒。

复南行二十里，到菩萨本苦行六年处，处有林木。从此西行三里，到佛入水洗浴，天按树枝得攀出池处。又北行二里，得弥家女奉佛乳糜处。从此北行二里，佛于一大树下石上，东向坐食糜。树、石今悉在，石可广、长六尺，高二尺许。中国寒暑均调，树木或数千岁，乃至万岁。

从此东北行半由延，到一石窟。菩萨入中，西向结跏趺坐，心念："若我成道，当有神验。"石壁上即有佛影现，长三尺许，今犹明亮。时天地大动，诸天在空中白言："此非过去、当来诸佛成道处，去此西南行，减半由延，贝多树下，是过去、当来诸佛成道处。"诸天说是语已，即便在前唱导，导引而去。菩萨起行，离树三十步，天授吉祥草，菩萨受之。复行十五步，五百青雀飞来，绕菩萨三匝而去。

菩萨前到贝多树下，敷吉祥草，东向而坐。时魔王遣三玉女从北来试，魔王自从南来试，菩萨以足指按地，魔兵退散，三女变老。自上苦行六年处，及此诸处，后人皆于中起塔立像，今皆在。佛成道已，七日观树受解脱乐处。佛于贝多树下东西经行七日处。诸天化作七宝台供养佛七日处。文鳞盲龙七日绕佛处。佛于尼拘律树下方石上东向坐，梵天来请佛处。四天王奉钵处。五百贾客授麨蜜处。度迦叶兄弟师徒千人处。此诸处亦起塔。佛得道处有三僧伽蓝，皆有僧住。众僧民户供给饶足，无所乏少。戒律严峻，威仪、坐起、入众之法，佛在世时圣众所行，以至于今。

佛泥洹以来，四大塔处相承不绝。四大塔者：佛生处，得道处，转法轮处，般泥洹处。

阿育王昔作小儿时，当道戏。遇释迦佛行乞食，小儿欢喜，即以一掬土施佛。佛持还，泥经行地。因此果报，作铁轮王，王阎浮提。乘铁轮案行阎浮提，见铁围两山间地狱治罪人。即问群臣："此是何等？"答言："是鬼王阎罗治罪人。"王自念言："鬼王尚能作地狱治罪人，我是人主，何不作地狱治罪人耶？"即问臣等："谁能为我作地狱主治罪人者？"臣答言："唯有极恶人能作耳。"王即遣臣遍求恶人。见池水边有一人，长壮、黑色、发黄、眼青，以脚钩兼鱼，口呼禽兽，禽兽来便射杀，无得脱者。得此人已，将来与王。王密敕之："汝作四方高墙，内殖种种华果，并好浴池，庄严校饰，令人渴仰。牢作门户，有人入者辄捉，种种治罪，莫使得出。设使我入，亦治罪莫放。今拜汝作地狱王。"有比丘，次第乞食入其门。狱卒见之，便欲治罪。比丘惶怖，求请须臾，听我中食。俄顷，复有人入，狱卒内置碓臼中捣之，赤沫出。比丘见已，思惟此身无常、苦、空，如泡如沫，即得阿罗汉。既而狱卒捉内镬汤中，比丘心颜欣悦，火灭，汤冷，中生莲华，比丘坐上。狱卒即往白王，狱中奇怪，愿王往看。王言："我前有要，今不敢往。"狱卒言："此非小事，王宜疾往。"更改先要，王即随入。比丘为说法，王得信解，即坏地狱，悔前所作众恶。由是信重三宝，常至贝多树下，悔过自责，受八斋。王夫人问："王常游何处？"群臣答言："恒在贝多树下。"夫人伺王不在时，遣人伐其树倒。王来见之，迷闷躄地。诸臣以水洒面，良久乃苏。王即以砖累四边，以百罂牛乳灌树根。身四布地，作是誓言："若树不生，我终不起。"誓已，树便即根上而生，以至于今。今高减十丈。

鸡足山

从此南三里行，到一山，名鸡足。大迦叶今在此山中。劈山下入，入处不容人，下入极远有旁孔，迦叶全身在此中住。孔外有迦叶本洗手土，彼方人若头痛者，以此土涂之即差。此山中即日故有诸罗汉住，彼方诸国道人年年往供养迦叶，心浓至者，夜即有罗汉来，其言论，释其疑已，忽然不现。此山榛木茂盛，又多师子、虎、狼，不可妄行。

旷野

法显还向巴连弗邑。顺恒水西下十由延，得一精舍，名旷野，佛所住处，今现有僧。

迦尸国波罗㮈城

复顺恒水西行十二由延，到迦尸国波罗㮈城。城东北十里许，得仙人鹿野苑精舍。此苑本有辟支佛住，常有野鹿栖宿。世尊将成道，诸天于空中唱言："白净王子出家学道，却后七日当成佛。"辟支佛闻已，即取泥洹，故名此处为仙人鹿野苑。世尊成道已，后人于此处起精舍。佛欲度拘驎等五人，五人相谓言："此瞿昙沙门本六年苦行，日食一麻、一米，尚不得道，况入人间，恣身、口、意，何道之有！今日来者，慎勿与语。"佛到，五人皆起作礼处。复北行六十步，佛于此东向坐，始转法轮度拘驎等五人处。其北二十步，佛为弥勒受记处。其南五十步，翳罗钵龙问佛："我何时当得免此龙身？"此处皆起塔，见在。中有二僧伽蓝，悉有僧住。

拘睒弥国

自鹿野苑精舍西北行十三由延，有国，名拘睒弥。其精舍名瞿师罗园，佛昔住处。今故有众僧，多小乘学。从东行八由延，佛本于此度恶鬼处。亦尝在此住，经行、坐处皆起塔。亦有僧伽蓝，可百余僧。

达嚫国

从此南行二百由延，有国名达嚫。是过去迦叶佛僧伽蓝，穿大石山作之，凡有五重：最下重作象形，有五百间石室；第二层作师子形，有四百间；第三层作马形，有三百间；第四层作牛形，有二百间；第五层作鸽形，有百间。最上有泉水，循石室前绕房而流，周围回曲，如是乃至下重，顺房流，从户而出。诸层室中处处穿石，作窗牖通明。室中朗然，都无幽暗。其室四角头穿石作梯蹬上处。今人形小，缘梯上，正得至昔人一脚所蹑处。因名此寺为波罗越，波罗越者，天竺名鸽也。其寺中常有罗汉住。此土丘荒，无人民居。去山极远方有村。皆是邪见，不识佛法、沙门、婆罗门及诸异学。彼国人民常见人飞来入此寺。于时诸国道人欲来礼此寺者，彼村人则言："汝何以不飞耶？我见此间道人皆飞。"道人方便答言："翅未成耳。"

达嚫国幽岭，道路艰难，而知处。欲往者，要当赍钱货施彼国王，王然后遣人送，展转相付，示其径路。法显竟不得往，承彼土人言，故说之耳。

还巴连弗邑写律

从波罗㮈国东行，还到巴连弗邑。法显本求戒律，而北天竺诸国皆师师口传，无本可写，是以远步，乃至中天竺。于此摩诃衍僧伽蓝得一部律，是《摩诃僧祇众律》，佛在世时最初大众所行也，于祇洹精舍传其本。自余十八部各有师资，大归不异，于小小不同，或用开塞。但此最是广说备悉者。复得一部抄律,可七千偈,是《萨婆多众律》,即此秦地众僧所行者也。亦皆师师口相传授,不书之于文字。复于此众中得《杂阿毗昙心》,可六千偈。又得一部《綖经》,二千五百偈。又得一部《方等般泥洹经》,可五千偈。又得《摩诃僧祇阿毗昙》。故法显住此三年,学梵书、梵语,写律。

道整既到中国,见沙门法则,众僧威仪,触事可观,乃追叹秦土边地,众僧戒律残缺。誓言:"自今已去至得佛,愿不生边地。"故遂停不归。

法显本心欲令戒律流通汉地,于是独还。

瞻波大国

顺恒水东下十八由延,其南岸有瞻波大国。佛精舍、经行处及四佛坐处,悉起塔,现有僧住。

多摩梨帝国

从此东行近五十由延,到多摩梨帝国,即是海口。其国有二十四僧伽蓝,尽有僧住,佛法亦兴。法显住此二年,写经及画像。

四　师子国记游

师子国概述

于是载商人大舶,泛海西南行,得冬初信风,昼夜十四日,到师子国。彼国人云,相去可七百由延。

其国本在洲上,东西五十由延,南北三十由延。左右小洲乃有百数,其间相去或十里、二十里,或二百里,皆统属大洲。

多出珍宝珠玑。有出摩尼珠地,方可十里。王使人守护,若有采者,十分取三。

其国本无人民,正有鬼神及龙居之。诸国商人共市易,市易时鬼神不自现身,但出宝物,题其价直,商人则依价置直取物。因商人来、往、住故,诸国人闻其土乐,悉亦复来,于是遂成大国。

其国和适,无冬夏之异,草木常茂,田种随人,无所时节。

大塔

佛至其国,欲化恶龙。以神足力,一足蹑王城北,一足蹑山顶,两迹相去十五由延。于王城北迹上起大塔,高四十丈,金银庄校,众宝合成。

无畏山僧伽蓝

塔边复起一僧伽蓝,名无畏山,有五千僧。起一佛殿,金银刻镂,悉以众宝。中有一青玉像,高二丈许,通身七宝炎光,威相严显,非言所载。右掌中有一无价宝珠。法显去汉地积年,所与交接悉异域人,山川草木,举目无旧,又同行分披,或留或亡,顾影唯己,心常怀悲。忽于此玉像边见商人以晋地一白绢扇供养,不觉凄然,泪下满目。

贝多树

其国前王遣使中国,取贝多树子,于佛殿旁种之。高可二十丈,其树东南倾,王恐倒,故以八九围柱拄树。树当拄处心生,遂穿柱而下,入地成根。大可四围许,柱虽中裂,犹裹其外,人亦不去。树下起精舍,中有坐像,道俗敬仰无倦。

王城及佛齿供养

城中又起佛齿精舍,皆七宝作。王净修梵行,城内人信敬之情亦笃。其国立治已来,无有饥荒丧乱。众僧库藏多有珍宝、无价摩尼,其王入僧库游观,见摩尼珠,即生贪心,欲夺取之。三日乃悟,即诣僧中,稽首悔前罪心。因白僧言，愿僧立制，自今已后，勿听王入其库看，比丘满四十腊，然后得入。

其城中多居士、长者、萨薄商人。屋宇严丽，巷陌平整。四衢道头皆作说法堂，月八日、十四日、十五日，铺施高座，道俗四众皆集听法。其国人云，都可六万僧，悉有众食，王别于城内供五六千人众食，须者则持本钵往取，随器所容，皆满而还。

佛齿常以三月中出之。未出十日，王庄校大象，使一辩说人，著王衣服，骑象上，击鼓唱言："菩萨从三阿僧祇劫，苦行不惜身命，以国、妻、子及挑眼与人，割肉贸鸽，截头布施，投身饿虎，不吝髓脑，如是种种苦行，为众生故。成佛在世四十五年，说法教化，令不安者安，不度者度，众生缘尽，乃般泥洹。泥洹已来一千四百九十七年，世间眼灭，众生长悲。却后十日，佛齿当出至无畏山精舍。国内道俗欲殖福者，各各平治道路，严饬巷陌，办众华香、供养之具！"如是唱已，王便夹道两边，作菩萨五百身已来种种变现，或作须大拏，或作睒变，或作象王，或作鹿、马。如是形像，皆彩画庄校，状若生人。然后佛齿乃出，中道而行，随路供养，到无畏精舍佛堂上。道俗云集，烧香、然灯、种种法事，昼夜不息。满九十日乃还城内精舍。城内精舍至斋日则开门户，礼敬如法。

跋提精舍

无畏精舍东四十里，有一山。山中有精舍，名跋提，可有二千僧。僧中有一大德沙门，名达摩瞿谛，其国人民皆共宗仰。住一石室中四十许年，常行，慈心，能感蛇鼠，使同止一室而不相害。

摩诃毗诃罗精舍

城南七里有一精舍，名摩诃毗诃罗，有三千僧住。

有一高德沙门，戒行清洁，国人咸疑是罗汉。临终之时，王来省视，依法集僧而问："比丘得道耶？"其便以实答言："是罗汉。"既终，王即案经律，以罗汉法葬之。于精舍东四、五里，积好大薪，纵、广可三丈余，高亦尔，近上著栴檀、沉水诸香木，四边作阶上，持净好白氎周匝蒙积上，作大舆床，似此间轮车，但无龙鱼耳。当阇维时，王及国人、四众咸集，以华香供养。从舆至墓所，王自华香供养。供养讫，舆著积上，酥油遍灌，然后烧之。火然之时，人人敬心，各脱上服，及羽仪、伞盖，遥掷火中，以助阇维。阇维已，收检取骨，即以起塔。法显至，不及其生存，唯见葬时。

王笃信佛法，欲为众僧作新精舍。先设大会，饭食僧。供养已，乃选好上牛一双，金银、宝物庄校角上。作好金犁，王自耕顷四边，然后割给民户、田宅，书以铁券。自是已后，代代相承，无敢废易。

天竺道人诵经

法显在此国，闻天竺道人于高座上诵经，云："佛钵本在毗舍离，今在揵陁卫。竟若干百年（法显闻诵之时有定岁数，但今忘耳），当复至西月氏国。若干百年，当至于阗国。住若干百年，当至屈茨国若干百年，当复来到汉地。住若干百年，当复至师子国。若干百年，当还中天竺。到中天已，当上兜术天上。弥勒菩萨见而叹曰：'释迦文佛钵至。'即共诸天华香供养七日。七日已，还阎浮提，海龙王持入龙宫。至弥勒将成道时，钵还分为四，复本频那山上。弥勒成道已，四天王，当复应念佛如先佛法。贤劫千佛共用此钵。钵去已，佛法渐灭。佛法灭后，人寿转短，乃至五岁。五岁之时，糯米、酥油皆悉化灭，人民极恶，捉木则变成刀、杖，共相伤割杀。其中有福者，逃避入山，恶人相杀尽已，还复来出，共相谓言：'昔人寿极长，但为恶甚，作诸非法故，我等寿命遂尔短促，乃至五岁。我今共行诸善，起慈悲心，修行仁义。'如是各行信义，展转寿倍，乃至八万岁。弥勒出世，初转法轮时，先度释迦遗法弟子、出家人及受三归、五戒、斋法，供养三宝者，第二、第三次度有缘者。"法显尔时欲写此经，其人云："此无经本，我止口诵耳。"

更得经本

法显住此国二年，更求得《弥沙塞律》藏本，得《长阿含》《杂阿含》，复得一部《杂藏》。此悉汉土所无者。

五　浮海东还

自师子国到耶婆提国

得此梵本已,即载商人大船,上可有二百余人。后系一小船,海行艰崄,以备大船毁坏。得好信风,东下二日,便值大风。船漏水入。商人欲趣小船,小船上人恐人来多,即斫缅断,商人大怖,命在须臾,恐船水漏,即取粗财货掷著水中。法显亦以君墀及澡罐并余物弃掷海中,但恐商人掷去经像,唯一心念观世音及归命汉地众僧:"我远行求法,愿威神归流,得到所止。"如是大风昼夜十三日,到一岛边。潮退之后,见船漏处,即补塞之。于是复前。

海中多有抄贼,遇辄无全。大海弥漫无边,不识东西,唯望日、月、星宿而进。若阴雨时,为逐风去,亦无准。当夜暗时,但见大浪相搏,晃然火色,鼋、鼍水性怪异之属,商人荒遽,不知那向。海深无底,又无下石住处。至天晴已,乃知东西,还复望正而进。若值伏石,则无活路。

如是九十日许,乃到一国,名耶婆提。

自耶婆提归长广郡界

其国外道、婆罗门兴盛,佛法不足言。

停此国五月日,复随他商人大船,上亦二百许人,赍五十日粮,以四月十六日发。法显于船上安居。东北行,趣广州。

一月余日,夜鼓二时,遇黑风暴雨。商人、贾客皆悉惶怖,法显尔时亦一心念观世音及汉地众僧。蒙威神祐,得至天晓。晓已,诸婆罗门议言:"坐载此沙门,使我不利,遭此大苦。当下比丘置海岛边,不可为一人令我等危崄。"法显本檀越言:"汝若下此比丘,亦并下我!不尔,便当杀我!汝其下此沙门,吾到汉地,当向国王言汝也。汉地王亦敬信佛法,重比丘僧。"诸商人踌躇,不敢便下。

于时天多连阴,海师相望僻误,遂经七十余日。粮食、水浆欲尽,取海咸水作食。分好水,人可得二升,遂便欲尽。商人议言:"常行时正可五十日便到广州，尔今已过期多日，将无僻耶？"即便西北行求岸，昼夜十二日，到长广郡界牢山南岸，便得好水、菜。但经涉险难，忧惧积日，忽得至此岸，见藜藿依然，知是汉地。

南下向都

然不见人民及形迹，未知是何许。或言未至广州，或言已过，莫知所定。即乘小船，入浦觅人，欲问其处。得两猎人，即将归，令法显译语问之。法显先安慰之，徐问："汝是何人？"答言："我是佛弟子。"又问："汝入山何所求？"其便诡言："明当七月十五日，欲取桃腊佛。"又问："此是何国？"答言："此青州长广郡界，统属晋家。"闻已，商人欢喜，即乞其财物，遣人往长广。

太守李嶷敬信佛法，闻有沙门持经像乘船泛海而至，即将人从至海边，迎接经像，归至郡治。商人于是还向杨州。刘沇青州请法显一冬、一夏。夏坐讫，法显远离诸师久，欲趣长安。但所营事重，遂便南下向都，就禅师出经律。

结语

法显发长安，六年到中国，停六年，还三年达青州。凡所游历，减三十国。沙河已西，迄于天竺，众僧威仪法化之美，不可详说。窃惟诸师来得备闻，是以不顾微命，浮海而还，艰难具更，幸蒙三尊威灵，危而得济，故竹帛疏所经历，欲令贤者同其闻见。是岁甲寅。

跋

晋义熙十二年，岁在寿星，夏安居末，慧远迎法显道人。既至，留共冬斋。因讲集之际，重问游历。其人恭顺，言辄依实。由是先所略者，劝令详载。显复具叙始末。自云："顾寻所经，不觉心动汗流。所以乘危履岭，不惜此形者，盖是志有所存，专其愚直，故投命于不必全之地，以达万一之冀。"于是感叹斯人，以为古今罕有。自大教东流，未有忘身求法如显之比。然后知诚之所感，无穷否而不通；志之所奖，无功业而不成。成夫功业者，岂不由忘失所重，重夫所忘者哉！

（文献源自东晋沙门释法显撰：《法显传校注》，章巽校注，中华书局，2008年）

杜环《经行记》

杜环是杜佑（735—812）的族子。他曾随镇西节度使高仙芝西征。公元751年，高仙芝在与大食的交战中兵败于怛逻斯，他的军队有两万人被俘，其中就包括杜环。杜环被俘后在西域居留十二年之久，于公元762年乘贾商船舶在广州登陆回国，并著《经行记》一书。不过，此书已经佚失，仅在杜佑《通典》中留存了一千五百十一字。杜环的《经行记》能够比较准确地反映当时中亚、大食、拂菻、苫国等地区与国家的情况，是我们了解和研究伊斯兰教文化，中国造纸、纺织等先进技术西传，中西经济文化交流的重要史料。它受到张星烺、冯承钧、向达、白寿彝、岑仲勉以及桑原骘藏、白鸟库吉等国内外学者的高度重视。

拔汗那国

拔汗那国在怛逻斯南千里，东隔山。去疏勒二千余里，西去石国千余里。城有数十，兵有数万。大唐天宝十年，嫁和义公主于此。国主有波罗林，林下有球场。又有野鼠，遍于山谷。偏宜蒲陶、醋罗果、香枣、桃、李。从此国至西海，尽居土室，衣羊皮、叠布，男子妇人皆著靴。妇人不饰铅粉，以青黛涂眼而已。

康国

康国在米国西南三百余里，一名萨末建。土沃，人富，国小。有神祠名拔。诸国事者，本出于此。

师子国

师子国亦曰新檀，又曰婆罗门，即南天竺也。国之北，人尽胡貌，秋夏炎旱。国之南，人尽獠面，四时霖雨。从此始有佛法寺舍，人皆儋耳，布裹腰。

拂菻国

拂菻国在苫国西，隔山数千里，亦曰大秦。其人颜色红白，男子悉著素衣，妇人皆服珠锦。好饮酒，尚干饼，多淫巧，善织络。或有俘在诸国，守死不改乡风。琉璃妙者，天下莫比。王城方八十里，四面境土各数千里。胜兵约有百万，常与大食相御。西枕西海，南枕南海，北接可萨、突厥。西海中有市，客主同和，我往则彼去，彼来则我归。卖者陈之于前，买者酬之于后，皆以其直置诸物傍，待领直然后收物，名曰"鬼市"。又闻西有女国，感水而生。

摩邻国

摩邻国，在教萨罗国西南，渡大碛行二千里至其国。其人黑，其俗犷，少米麦，无草木，马食干鱼，人餐鹘莽。鹘莽，即波斯枣也。瘴疠特甚。

大食法、大秦法、寻寻法

诸国陆行之所经也，胡则一种，法有数般。有大食法，有大秦法，有寻寻法。其寻寻蒸报，于诸夷狄中最甚，当食不语。其大食法者，以弟子亲戚而作判典，纵有微过，不至相累。不食猪、狗、驴、马等肉，不拜国王、父母之尊，不信鬼神，祀天而已。其俗每七日一假，不买卖，不出纳，唯饮酒谑浪终日。其大秦善医眼及痢，或未病先见，或开脑出虫。

波斯国

（波斯）自被大食灭，至天宝末已百余年矣。

石国

其国城一名赭支,一名大宛。天宝中,镇西节度使高仙芝擒其王及妻子归京师。国中有二水,一名真珠河,一名质河,并西北流。土地平敞,多果实,出好犬良马。

碎叶国

碎叶国,从安西西北千余里有敕达岭。岭南是大唐北界,岭北是突骑施南界。西南至葱岭二千余里。其水岭南流者尽过中国,而归东海;岭北流者尽经胡境,而入北海。又北行数日,度雪海。其海在山中,春夏常雨雪,故曰雪海。中有细道,道傍往往有水孔,嵌空万仞,辄堕者莫知所在。敕达岭北行千余里至碎叶川。其川东头有热海,兹地寒而不冻,故曰热海。又有碎叶城。天宝七年,北庭节度使王正见薄伐,城壁摧毁,邑居零落。昔交河公主所居止之处,建大云寺,犹存。其川西接石国,约长千余里。川中有异姓部落,有异姓突厥,各有兵马数万。城堡闲杂,日寻干戈,凡是农人皆擐甲胄,专相虏掠以为奴婢。其川西头有城,名曰怛逻斯,石国人镇,即天宝十年高仙芝军败之地。从此至西海以来,自三月至九月,天无云雨,皆以雪水种田。宜大麦、小麦、稻禾、豌豆、毕豆。饮蒲萄酒、糜酒、醋乳。

大食国

(大食)一名亚俱罗,其大食王号暮门,都此处。其士女瑰伟长大,衣裳鲜洁,容止闲丽。女子出门,必拥蔽其面。无问贵贱,一日五时礼天。食肉作斋,以杀生为功德。系银带,佩银刀。断饮酒,禁音乐。人相争者,不至殴击。又有礼堂,容数万人。每七日,王出礼拜,登高座为众说法,曰:"人生甚难,天道不易,奸非劫窃,细行谩言,安己危人,欺贫虐贱,有一于此,罪莫大焉。凡有征战,为敌所戮,必得生天,杀其敌人,获福无量。"率土禀化,从之如流。法唯从宽,葬唯从俭。郛郭之内,鏖闾之中,土地所生,无物不有。四方辐凑，万货丰贱，锦绣珠贝，满于市肆。驼马驴骡，充于街巷。刻石蜜为庐舍，有似中国宝舆。每至节日，将献贵人琉璃器皿、鍮石瓶钵，盖不可算数。粳米白面，不异中华。其果有偏桃人、千年枣。其蔓菁，根大如斗而圆，味甚美。余菜亦与诸国同。蒲陶大者如鸡子。香油贵者有二：一名耶塞漫，一名没回师。香草贵者有二：一名查塞莑，一名黎芦苃。绫绢机杼，金银匠、画匠、汉匠起作画者，京兆人樊淑、刘泚，织络者，河东人乐隈、吕礼。又以橐驼驾车。其马，俗云西海滨龙与马交所产也。腹肚小，脚腕长，善者日走千里。其驼小而紧，背有孤峰，良者日驰千里。又有驼鸟，高四尺以上，脚似驼蹄，颈项胜得人骑行五六里，其卵大如二升。又有莽树。实如夏枣，堪作油，食除瘴。其气候温，土地无冰雪。人多疟痢，一年之内，十中五死。今吞灭四五十国，皆为所役属，多分其兵镇守，其境尽于西海焉。

末禄国

末禄国在亚梅国西南七百余里。胡姓末者，兹土人也。其城方十五里，用铁为城门。城中有盐池，又有两所佛寺。其境东西百四十里，南北百八十里，村栅连接，树木交映，四面合匝，总是流沙。南有大河，流入其境，分渠数百，溉灌一州。其土沃饶，其人净洁。墙宇高厚，市廛平正。木既雕刻，土亦绘画。又有细软叠布，羔羊皮裘，估其上者值银钱数百。果有红桃、白㮈、遏白、黄李。瓜大者名寻支，十余人餐一颗辄足。越瓜长四尺以上。菜有蔓菁、萝卜、长葱、颗葱、芸苔、胡芹、葛蓝、军达、茴香、茇薐、瓠芦，尤多蒲陶。又有黄牛、野马、水鸭、石鸡。其俗以五月为岁，每岁以画缸相献。有打球节、秋千节。其大食东道使镇于此。从此至西海以来，大食、波斯参杂居止。其俗礼天，不食自死肉及宿肉，以香油涂发。

苫国

苫国在大食西界，周回数千里。造屋兼瓦，垒石为壁。米谷殊贱，有大川东流入亚俱罗。商客众此枭彼，往来相继。人多魁梧，衣裳宽大，有似儒服。

其苫国有五节度，有兵马一万以上，北接可萨突厥。可萨北又有突厥。足似牛蹄，好啖人肉。

（文献源自［唐］杜佑《通典》（校点本）五，第一百九十三卷，中华书局，1988年。康国（第5243页）；师子国（第5250页）；拂菻国、摩邻国，大食法、大秦法、寻寻法（第5252—5253页）；波斯国（第5271页）；石国、碎叶国（第5261页）；大食国、末禄国、苫国（第5264—5266页）。编者在核对文献的过程中，还参考了张一纯先生的笺注，见［唐］杜环：《经行记笺注》，张一纯笺注，中华书局，2000年）

斯特拉波《地理学》(选译)

斯特拉波（约公元前64—公元23），古罗马时代著名的希腊地理学家，是描述地理学派的杰出代表，在世界古代地理学史上占有重要地位。他出身于本都地区阿玛西亚（Amasia）的一个贵族家庭，兼具希腊与亚细亚血统。斯特拉波家境殷富，受过良好的文化教育，进行过广泛的旅行和实地考察。这为他后来创作《地理学》打下了坚实基础。他的《地理学》，描述了当时西方人已知的"人类居住的世界"，是一部经典地理学作品。全书共十七卷，前两卷为绪论；第三至第十卷论述欧洲的地理，其中主要是西班牙、高卢、不列颠、意大利、日耳曼、西徐亚、巴尔干等地区的地理状况；第十一至第十六卷讲述了小亚细亚、印度、波斯、两河流域、叙利亚、阿拉伯的地理状况；第十七卷论述了埃及、埃塞俄比亚和利比亚的地理状况。本译文主要节选了《地理学》中有关意大利、罗马城、亚历山大里亚以及叙利亚的相关描述。这些城市或地区在古代东西方交往中发挥着独特的作用。

意大利

1. 事实上，这就是意大利的大小和特性。我已经谈到许多使罗马人在今天达到如此尊贵地位的事情，现在我将指出最为重要的因素。其一就是，除了一小部分地区之外，意大利就像一座岛屿一样，四面环海，具有天然屏障，即使在那一小部分地区，也有难以逾越的高山作屏障。其二，在它的大部分海岸线上没有海港，而它所具有的海港都是巨大且优良的海港。前者可以有效抵御来自外部的攻击，而后者则有利于发动反击和发展繁荣的商业。第三，它具有气候和温度差异大的特点，无论是好是坏，这一特点促成了动物、植物，简而言之，其他一切有利于人们生计事物的多样性。① 总体而言，由北向南延伸构成了它的长度，而西西里被看作是其长度的延伸，这又大大增加了它的长度。既然炎热、寒冷和温度适中决定了不同的温度带，② 那么由此得出结论，介于两个极端之间、延伸如此之远的意大利是什么区域呢？它的大部分地区位于温带，具有各种各样的状况。意大利的大部分地区还具有以下优越条件。亚平宁山脉纵贯全境，两侧形成出产优质水果的众多平原和小山，意大利享受着平原与山脉带来的恩泽。此外，还有为数众多、面积广阔的湖泊与河流。除了上述种种优越条件之外，许多地方的天然冷暖泉水也都有利于人们的健康。再者，它还有储量丰富的各种矿藏。有谁能够说尽意大利丰富的燃料、上乘的人畜食物和优质的水果呢？更进一步说，它位于拥有最庞大民族的地区③ 和希腊与利比亚最优良的地区之间，很自然的，这不仅有利于它的霸权，因为无论在人民勇敢方面，还是在国土面积方面，它都超越周围的国家，而且因为与它们接近很容易从那里获得供给。

2. 如果我必须对意大利以及控制意大利并把它作为普遍霸权基地的罗马人，做一总结性描述的话，那么它们有如下述：罗马人建城之后，在诸王的领导下，智慧地发展了许多代。此后，由于最后的塔尔奎尼乌斯（Tarquinius）是一个贪婪残暴的统治者，于是他们驱逐了他，创建了融合君主制与贵族制因素的政府，并把萨宾人和拉丁人吸纳为联盟者。但是，既然他们发现这些人和与他们相邻的其他民族并不总是心怀善意，在某种程度上可以说，他们被迫分割其他民族的领土来扩大自己的领土。依靠这种方式，他们一步一步地发展壮大，然而出人意料的是，他们突然失去了自己的城市，④ 不过他们后来也出人意料地夺回了城市。波利比乌斯⑤ 说，这发生在阿格斯波塔

---

① 这是一般陈述，不仅仅适用于意大利（比较 Strabo, *Geography*, 2.3.1 和 Strabo, *Geography*, 2.3.7）。
② 比较 Strabo, *Geography*, 2.3.1。
③ 伊比利亚人、凯尔特人和日耳曼人。
④ 在布伦努斯（Brennus）时期，被高卢人夺取。
⑤ Polybius, *Histories*, 1.6.

米（Aegospotami）海战之后的第十九年，正值安塔西达和平时期（Peace of Antalcidas）。① 在清除这些敌人之后，罗马人第一次使所有的拉丁人成为自己的属民；然后阻止了伊特鲁里亚人和居住在帕杜斯河附近的凯尔特人的进犯，并实行特许政策；然后击垮了萨姆尼特人，在此之后，又打败了塔兰提尼人和皮洛士（Pyrhus）；最后，除了帕杜斯周围地区之外，他们征服了现在意大利的剩余地区。然而这一部分仍然处于战争状态，罗马人越过大海进攻西西里，从迦太基手中夺取西西里之后，又回师进攻居住在帕杜斯周围的民族。就在这场战争进行之时，汉尼拔入侵意大利，从而爆发了第二次对迦太基人的战争。不久之后又爆发了第三次迦太基战争，在这场战争中，迦太基被彻底摧毁。与此同时，罗马人不仅获得了利比亚，而且得到了伊比利亚的一部分地区（其面积同他们从迦太基人手中夺取的领土一样大）。但是在革命中，希腊人、马其顿人和居住在亚细亚哈里斯河（Halys River）和陶鲁斯山这一侧的居民与迦太基人联合起来，因此罗马人又同时征服了这些民族，他们的国王分别是安条克（Antiochus）、菲利普（Philip）和珀尔修斯（Perseus）。并且与希腊人和马其顿人相邻的那些伊利里亚人和色雷斯人，开始对罗马人发动战争，战争一直持续到罗马人征服了伊斯特河和哈里斯河这一侧的所有部落。并且伊比利亚人、凯尔特人和现在听命于罗马人的所有其余民族都有相同的经历。至于伊比利亚，罗马人依靠武力不断削弱它，直到征服了所有地区。首先驱逐了诺曼提尼人（Nomantini），② 后来摧毁了维里亚图斯（Viriathus）③ 和塞尔托里乌斯（Sertorius），最后由奥古斯都·恺撒征服了坎塔布里人（Cantabri）。至于凯尔特地区（我指的是整体上的凯尔特，既包括山南凯尔特和山北凯尔特，也包括利古里亚④），罗马人时常一步步地夺取他们的领土，但是随后的神圣恺撒和在他之后的恺撒·奥古斯都，通过一次决战一劳永逸地征服了所有的领土。但是目前罗马人正在与日耳曼人作战，他们已经从最合适的军事基地凯尔特地区出发，并且已取得的对敌胜利足以为祖国增光添彩。至于利比

---

① 在公元前386年春天，缔结于斯巴达。
② 公元前134—前133年，在西庇阿·阿米里亚努斯（Scipio Aemilianus）的领导下。
③ 比较 Strabo, *Geography*, 3. 4. 5。
④ 字面意思"Ligystica"（cp. Strabo, *Geography*, 4. 6. 3 和 Strabo, *Geography*, 5.2. 1）。

亚，那些不属于迦太基的地区，已经交给臣服于罗马人的国王管理，如果他们发生叛乱，那必将被免职。不过目前，朱巴已经接受委任，不仅统治玛鲁西亚，而且还要统治利比亚其余的许多地区，之所以如此，是因为他对罗马人的忠诚和友谊。亚细亚的情况与利比亚的情况相似。在外围地区，通过臣服于罗马人的国王代理，进行统治，不过从那时开始，如果他们的世系断绝，那么就如阿塔里克（Attalic）、叙利亚、帕夫拉高尼亚、卡帕多西亚和埃及国王们的状况一样，或者他们因发生反叛而被免职，正如米特里达梯·攸帕托尔和埃及的克利奥帕特拉的情况一样，除了阿拉伯的一些地区之外，幼发拉底河与发西斯河（Phasis）这一侧，它的所有地区都由罗马人支配，其统治者由罗马人指派。至于亚美尼亚人，居住在俯瞰考尔契斯地区的民族，其中包括阿尔巴尼亚人（Albanians）[①]和伊比利亚人[②]，是非常优秀的属民，他们需要合适的人选去领导，但由于罗马人分心于其他事务，他们就试图发动起义——居住在伊斯特河之外与攸克赛因海相邻地区的所有民族同样如此，然而居住在博斯普鲁斯海峡地区[③]和游牧地区[④]的民族则是例外，因为博斯普鲁斯海峡地区的居民已经被征服；而游牧民族，由于缺乏与其他民族的交流，毫无用处，仅需要监视而已。亚细亚的其余地区同样如此，一般而言，它们由帐篷居住者和游牧民族占据，这些居民都是非常遥远的民族。至于帕提亚人，尽管他们与罗马人有共同的边界，并且非常强大，不过迄今为止，他们已臣服于优秀的罗马人和我们时代卓越的统治者，并把自己因对罗马人的胜利而建造的纪念物送往罗马，更为重要的是，弗拉特斯（Phraates）已经把他的儿子和孙子交托给奥古斯都，通过抵押人质来确保与奥古斯都的友谊；并且当今的帕提亚人经常前往罗马，请求派一位罗马人担任他们的国王，[⑤]不止如此，他们现

---

① 他们的地区被确定为现在的寄尔万（Chirwan）和达吉斯坦（Daghestan）（cp. Strabo, *Geography*, 11.1.6）。
② 他们的地区被确定为现在的格鲁吉亚（Georgia）（cp. Strabo, *Geography*, 11.1.6）。
③ 比较 Strabo, *Geography*, 7.4.4。
④ 比较 Strabo, *Geography*, 7.3.17。
⑤ 例如，沃洛尼斯（Vonones）。

在还准备把自己的整个主权都交到罗马人手中。至于意大利自身，尽管它经常因派系而四分五裂，但至少它处在罗马的统治之下。至于罗马自身，优秀的政府模式和卓越的统治者使他们不会在错误和腐败的道路上走得太远。但是管理如此庞大的帝国，除了把它交给一个人比如"父亲"之外，确实非常困难。无论如何，罗马人和他们的联盟者从来没有生活于奥古斯都·恺撒自获得绝对权威后给他们创造的这种和平、富饶的繁荣之中，现在，他的儿子兼继承者提比略，正以奥古斯都的管理和政令为榜样，为他们继续创造这种繁荣，正在辅佐他们父亲的日耳曼尼库斯（Germanicus）和德鲁苏斯（Drusus）同样如此。（Strabo, *Geography*, 6.4.1-2）

……

24. 那么，这就是我们人类居住世界不同部分的分布状况。不过既然罗马人占据着最优良、最著名的部分，超越有史以来所有的统治者，虽然简要，但很值得对他们补充以下描述。我已经说过，[①] 罗马人仅从一座罗马城起家，通过战争和政治家般的睿智管理，获得了整个意大利。在占据意大利之后，他们以同样卓越的才华得到了意大利周围的地区。在三个大陆中，除了在伊斯特河[②]之外的地区和位于勒努斯河（Rhenus）[③]与塔奈斯河[④]之间的沿海地带，他们几乎控制了整个欧罗巴。至于利比亚，沿着我们大海的整个沿岸地带都属于他们，其余的地区，要么杳无人迹，要么那里的人们过着悲惨和游牧的生活。至于亚细亚，与此相似，沿着我们大海的整个沿岸地带，都在他们的控制之下，当然其中不包括阿凯奥斯人（Achaei）、祖吉人（Zugi）和赫尼奥克人（Heniochi）[⑤]所在的地区，他们在狭窄而贫瘠的地区过着抢劫和游牧的生活。至于内陆和内陆深处的地区，其中一部分由罗马人自己占据着，另一部分则被帕提亚人以及在他们之外的蛮族人占据着。在东部和北部，生活着印度

---

① Strabo, *Geography*, 6.4.2.
② 多瑙河（Danube）。
③ 莱茵河（Rhine）。
④ 顿河（Don）。
⑤ 见 Strabo, *Geography*, 11.2.12。

人、巴克特里亚人和西徐亚人;之后①,则生活着阿拉伯人和埃塞俄比亚人。罗马人不断从这些民族手中夺取更多的土地以扩展自己的版图。在臣属于罗马人的整个区域内,一些地区实际上由国王们进行统治,不过,罗马人自己保留了其他地区,称它们为行省,向那里派遣长官和税务官。还存在一些自由城市,其中,一些从一开始就投靠了罗马人,成为他们的朋友;另一些则是罗马人自己作为荣誉的象征而解放的城市。还存在臣属于罗马人的君主、菲拉克斯(phylarchs)②和祭司。这些人生活在他们祖辈的法律之下。

25. 不过,(罗马人)在不同时期以不同方式划分行省,但现在行省是由奥古斯都·恺撒安排的。当他的祖国把最高权威③交给他时,他成为终身的战争与和平的主宰。他把整个帝国分成两部分,一部分划归自己管辖,另一部分划归罗马人民管辖。他把所有需要军事防御的部分(也即蛮族地区、与还未被征服的部落相邻的地区,或者贫瘠和难以耕作的地区,结果,这里除了林立的要塞之外,缺乏其他一切东西,它们试图摆脱控制,拒不服从)划归自己管辖;把其余的部分——只要那里不需动武就能够和平安宁、易于治理——划归罗马人民管辖。他把两者中的每一个部分分成一些行省,其中一些被称为"恺撒行省",另一些被称作"人民行省"。恺撒向"恺撒行省"派遣勒加提(legati)④和代理人(procurators),在不同时期以不同方式划分这些地区,根据需要进行治理。然而,人们向"人民行省"派驻行政长官(praetors)或地方总督(proconsuls),无论何时需要,就会对这些行省进行不同的划分。不过,首先,恺撒通过创建两个执政官行省(consular province)来组织人民行省。我指的是:(1)利比亚行省,它包括除了先前臣属于朱巴和现在臣属于托勒密之子的地区之外归属罗马人的部分;(2)位于哈里斯河与陶鲁斯山这一侧亚细亚的部分,其中不包括加拉提亚人地区、臣属于阿明塔斯(Amyntas)的部落所在的地区、比提尼亚地区和普罗彭提斯(Propontis)。第二,他先在欧罗巴及其附

---

① 也即在南部。
② 也即"部落首领"。
③ 拉丁文是"Principatus"。
④ 在官职中被称为"地方长官"(During office called "propraetors")。

近的岛屿上创建了十个行政长官行省(praetorial provinces),我指的是:(1)所谓的伊比利亚·攸特利奥(Iberia Ulterior)行省,它同巴埃提斯河(Baetis)与阿纳斯河(Anas)[①]相邻;(2)凯尔特的那尔旁提斯(Narbonitis)行省;(3)萨尔多[②]和库尔努斯(Cyrnus)[③]行省;(4)西西里行省;(5和6)马其顿和伊利里亚境内与伊庇鲁斯(Epeirotic)相接的地区构成的行省;(7)亚该亚远至瑟萨利、埃托利亚、阿卡纳尼亚和某些与马其顿接壤的伊庇鲁斯部落的地区形成的行省;(8)克里特与塞勒纳亚(Cyrenaea)行省;(9)塞浦路斯行省;(10)比提尼亚与普罗彭提斯和本都的某些部分构成的行省。但其余的行省由恺撒掌控。他向一些行省派遣执政官(consular)级的长官(curators),向一些行省派遣行政长官(Praetorian)级的长官,向另一些行省派遣骑士级的长官。现在,国王、君主(potentates)和寡头(decarchies)也总是在恺撒管辖的区域内。(Strabo, *Geography*, 17. 3. 24-25)

罗马城

7. 在腹地,奥斯提亚以上的第一座城市是罗马城,它是唯一一座位于台伯河畔的城市。关于这座城市,我已经说过,在那里建城是出于必须,而不是一种选择。[④]我还要补充的是,即使为居住地增加了某些区域的那些人,他们也无法像主人那样采取更有效的措施,而只能像奴隶那样在已经开辟的土地上生活。第一批创建者在卡皮托里乌姆(Capitolium)、帕拉提乌姆(Palatium)和

[①] "Anas"是对"Atax"的修正,阿塔克斯河(Atax)是现在法国境内的奥德河(Aude)。
[②] 撒丁岛(Sardinia)。
[③] 科西嘉(Corsica)。
[④] 见 Strabo, *Geography*, 5. 3. 2。

奎里纳尔山（Quirinal Hill）周围修筑了城墙。然而，对于外来入侵者而言，城墙很容易攀爬。提图斯·塔提乌斯派军报复罗马人抢劫女子的暴行时，[1]第一次进攻就攻破了城池。此后，安库斯·玛尔契乌斯（Ancus Marcius）将卡里乌姆山（Mt. Caelium）、阿文提纳山（Mt. Aventine）以及它们之间的平原，也纳入城中。（不过），它们彼此之间以及与已经修筑城墙的部分相互分离。他这样做是出于迫不得已。因为首先，对于任何希望用要塞拱卫城市的人来说，离开城墙之外天然险要的小山，实属下策。第二，他无法填补小山周围远至奎里纳尔的整个地区。然而，塞尔维乌斯（Servius）发现缺口后，通过将埃斯奎利纳山（Esquiline Hill）和维米纳尔山（Viminal Hill）圈入城中，填补了缺口。不过，这些地区同样容易受到外来者的攻击。因此，他们挖掘了一道深沟，并将土堆积在壕沟的内侧，在沟的内侧形成了长约6斯塔迪亚的土丘，还在从科林纳之门（Colline Gate）到埃斯奎利纳的土丘上修筑城墙，建造塔楼。在土丘中心的下方是第三座门[2]，其名字与维米纳尔山的名字相同。那么这就是城市的防御工事，不过，他们还需要第二道防御工事。在我看来，第一批建造者采取了既为自己着想，也为后继者考虑的措施，也即罗马人为捍卫自己的安全与公共幸福，采取以下战略是合适的，他们不靠防御工事，而靠军队和勇气，坚信不是城墙保卫民众，而是民众保护城墙。起初，由于他们周围广阔而肥沃的土地属于他人，[3]城市所在的地形很容易受到攻击，他们地处的位置并不值得庆贺。不过，当他们依靠英勇和辛劳使这一地区变成自己的财产时，可以说，神佑的民众胜过了所有天然的优势。正是由于神佑的民众，罗马城尽管扩展至如此程度，但仍然以自己的方式存在，这不仅表现在食物方面，而且也表现在修建房屋所需的木材和石料方面。由于倒塌、火灾和不断地转手买卖（后者也不会停止），这种状况还会继续发展。事实上，出售是有意为之的倒塌，购买者为了满足自己的欲望，不断地拆旧房，建新居。[4]为了满足这些需求，罗马

---

[1] 见 Strabo, *Geography*, 5.3.2。
[2] 即波尔塔·维米纳利斯（Porta Viminalis）。
[3] 比较 Strabo, *Geography*, 5.3.2。
[4] 比较 Horace's "diruit, aedificat, mutat"（*Erist*. 1.100）。

人通过大量的矿山、木材以及运输它们的河流取得了丰富的原料。在这些河流中，有从阿尔巴［与玛尔西（Marsi）①相邻的拉丁城市］奔流而来的阿尼奥河（Anio），它穿过阿尔巴下方的平原，一直到达与台伯河的交汇处。之后是纳尔河（Nar）与提尼亚斯河（Teneas），②它们穿过翁布里卡（Ombrica）之后，也与台伯河相交汇。还有克拉尼斯河（Clanis），它穿越伊特鲁利亚和克鲁西乌姆（Clusium）地区之后，汇入台伯河中。现在，奥古斯都·恺撒关注城市的这类不足之处，组建由自由民构成的消防队，其职责在于提供帮助，③防止建筑倒塌，削减新建筑物的高度，禁止公共街道两旁的建筑高度超过 70 罗马尺。不过，若不是矿山、木材和便利的水路交通依然发挥作用的话，他的建设措施不会取得今天这样的成就。

8. 关于这座城市天然的赐福就谈这么多。然而，罗马人依靠远见卓识，还增添了其他优越的品性。如果在建设城市中，希腊人以追求最幸福之事——他们追求城市的美观、优越的地理位置、港口和肥沃的土地——而著名，那么罗马人则在希腊人较少关注的方面——诸如道路与水渠建设，把城市的污秽冲入台伯河的下水道建设——最具远见卓识。并且，他们穿山越谷架设桥梁，修建了许多贯穿整个地区的大道，载重马车可以畅通无阻。下水道由打磨精细的石块砌成，顶部呈拱状，满载干草的马车可以顺利通行。④大量的水通过沟渠输往城中，仿佛河流穿越城市和下水道一样。在城中，几乎每座住宅都有蓄水池、给水管和丰富的水源，尽管玛尔库斯·阿格里巴（Marcus Agrippa）也修建了许多其他建筑装点城市，但他对供水系统最为关

---

① 阿尔巴·弗肯斯（Alba Fucens）。
② 拉丁语形式为"Tinia"。
③ "Cohorts vigilum"由夜间巡警和消防旅组成，有7000人，或者7个营。他们遍布于城中，在十四个"区域"中，每两个区域配有一个营。见 Suetonius, *Augustus* 25 和 Cassius Dio, 55. 26。
④ 普林尼（Pliny, *Natural History*, 36. 24）在描述塔尔奎尼乌斯·普里斯库斯（Tarquinius Priscus）修建的下水道时，使用了同样的数据：(Tarquinius Priscus) amplitudinem cavis eam fecisse proditur ut vehme faeni large onustam transmitteret。

切。①总之，早期的罗马人很少关注罗马城的美观，因为他们忙于其他更重大、更急需的事务。然而，后来的罗马人，特别是生活于现在，生活于我的时代的罗马人，在这方面也毫不逊色——事实上，他们在城中到处修建优美的建筑。②实际上，庞培、神圣恺撒、奥古斯都以及奥古斯都的儿子与朋友们、③他的妻子和姊妹，在热衷于斥资营造建筑方面，是其他人无法企及的。马尔提乌斯广场（Martius Campus）上布满了他们所修的建筑，由于罗马人的远见卓识，它不但自然美观，而且还得到了进一步的装点。事实上，广场规模巨大，不仅可以进行战车竞赛和各种骑马训练，而且为数众多的群众可以同时在广场上打球、推铁环、摔跤，他们互不相扰。马尔提乌斯广场周围布满了艺术品；④终年绿草如茵；河畔小山的山冠，向河床延伸，仿佛一座绘画的舞台——所有这一切，构成了一幅美景，让人流连忘返。在这座广场附近，有另一座广场⑤。它由众多的柱廊环绕，圣地，三座剧院，一座圆形剧场，华贵的庙宇，彼此紧密相接，它们似乎在努力向你宣告，城市其余的部分仅仅是陪衬而已。因此，罗马人认为这里最为神圣，于是，把他们中最杰出男女的坟墓修建于此。其中，最著名的是陵墓（Mausoleum）⑥。它是一个巨大的土堆，位于河畔高耸的白色大理石基座上，直至土堆顶部都覆盖着浓郁的常青树。现在，它的顶部有一尊奥古斯都·恺撒的青铜雕像。在土堆之下，是他及他的亲属与挚友的坟墓。⑦在土堆之后，有一块面积广大的圣地，其间有怡人的散步场所。在广场中央，白色大理石围墙环绕着他的火葬地，⑧围墙由环形铁栅栏护

---

① 从更古老的观点来看，因为这里的希腊语词被翻译为"建筑物"（structures），它表明，这些建筑物或许都是奉献给神的圣物。不过，在后来的时代中，这一单词似乎失去了这种内涵（比较 W. H. D. Rouse, *Votive Offerings*, p. 273）。

② 见以上对 "structures" 的注释。

③ 奥古斯都这些朋友的部分清单以及他们所建的建筑物，可见 Suetonius, *Augustus* 29。

④ 比较 "艺术品" Strabo, *Geography*, 5. 2. 5 和脚注。

⑤ 根据 Hulsen（*Pauly-Wissowa, s.v.* "Agrippae campus"），斯特拉波指的是阿格里巴广场（Campus of Agrippa）。但托泽（Tozer）（*Selections* p. 154）怀疑斯特拉波究竟指的是这个广场，还是弗拉米尼乌斯广场（Campus Flaminius）。当然，这两个广场都是马尔提乌斯广场的组成部分。

⑥ 在 Via de Pontefici 中，我们仍能看到这个陵墓（Mausoleum）的残余部分。

⑦ Cassius Dio（69. 23）说，陵墓中葬有许多哈德良时期的人物（公元 138 年）。

⑧ 比较 Suetonius, *Augustus* 100。

卫；在围墙以内，种植着黑杨树。再者，如果前往旧广场，你会看到沿着它有一个个彼此相接的讲坛，长方形会堂①和神庙；还会看到卡皮托里乌姆神殿及其中的艺术品；同样能欣赏到帕拉提乌姆山（Palatium）上的艺术品和利维亚（Livia）的长廊。面对如此景象，你很容易沉浸其中，忘记周围的一切。②这就是罗马。（Strabo, *Geography*, 5. 3. 7-8）

埃及的亚历山大里亚

6. 既然亚历山大里亚③和它附近的地区构成了这一主题最大、最重要的部分，那么，我就以它们为开端进行描述。当你向西航行时，从贝鲁西乌姆（Pelusium）到卡诺比克的海岸长约1300斯塔迪亚——正如我所说，它构成了德尔塔地区的"底边"④。从那里到法罗斯岛（Pharos）有150多斯塔迪亚。法罗斯是一座椭圆形的小岛，非常靠近大陆。它与大陆和两个河口构成了一座海港。大陆海岸的两座海岬伸入开阔的大海，形成了一座海湾。在两座海岬之间，有一座靠近海湾的海岛，与海岸纵向平行相对。在法罗斯岛的两端中，东端距离大陆和与它相对的海岬［罗契亚斯（Lochias）海岬］较近，因此，这使海港入口狭窄。除了入口狭窄之外，其间的航道上还有岩石，有的隐藏在水下，有的凸出水面，无论何时来自外海的波浪撞击岩石，都会使海水变得汹涌起来。与此相同，小岛的末端也是一块岩石，它四面环海。岩石上有一座塔。

---

① 托泽（*Selections*, p. 155）说，ἄλλην ἐξ ἄλλης 指的是 βασιλικὰς στοὰς 翻译为："Should see, ranged one after another on either side of this, both basilicas and temples。"不过，他的解释很难与希腊语的意思相符。

② 对于罗马公共作品和建筑更详细的描述，可见 Pliny, *Natural History*, 36. 24。

③ 见罗马古典丛书，Strabo, *Geography*, Vol. 8 末尾的亚历山大里亚地图。

④ Strabo, *Geography*, 17. 1. 4.

塔与岛同名,有许多层,由白色大理石筑成,建造优美。①它由国王们的一位朋友科尼都斯的索斯特拉图斯(Sostratus)为保证水手的安全而建,如铭文上所说②:因为海岸没有海港,两侧较低,并且还有暗礁与浅滩,从外海航行至那里的人需要高耸的显著标志,以使他们能沿着正确的航线驶入港口。尽管进入港口的西部入口不需要像穿过另一个入口时那样谨慎小心,但也并不容易。它还形成了第二座海港,即所谓的攸诺斯图斯(Eunostus)港③。这座港口位于人工挖掘的闭合的海港前方。④大海港(Great Harbour)的入口在上述法罗斯塔的一侧,然而这两座海港,与位于海湾最里侧凹陷处的海港相连,它们之间仅隔着一道所谓的赫普塔斯塔狄乌姆(Heptastadium)筑堤⑤。这道筑堤形成了从大陆到海岛西部的一座跨桥,仅有两条通道(通道上架有桥梁)通向攸诺斯图

---

① 这座塔是"世界奇迹"之一,耗费了800塔兰特(Pliny 6.18)。根据尤西比乌斯(Eusebius)(Chron. ad Olymp. 124.1),它是在托勒密·菲拉德尔弗斯时期建造的,但根据苏伊达斯(Suidas)它是在皮洛士统治伊始(公元前299年),也即在托勒密·索特(Ptolemy Soter)时期建造的。根据约瑟夫(Josephus)(Bell. Jud. 4.10.5,或者 L. C. L edition, Vol. III,第181页、第251页)的说法,从300斯塔迪亚远的大海上就可以看到它。根据埃皮法纳斯(Epiphanes)(Steph. Byz., s.v. Φάρος),它有306发图姆高;Schol. Lucian ad Icaromenippum,第12说,从300罗马里远的地方就可以看到它。见 A. M. de Zogheb, Études sur L' Ancienne Alexandrie,巴黎,1910年。罗斯托夫采夫(Rostovtzeff)的《世界古代史》(A History of the Ancient World)Vol. I, p. 369。

② 一些 MSS.(见分析注释,洛布古典丛书,Strabo, Geography, Vol. 8. p. 24)记载了这一铭文,它被保存在琉善(Lucian)的《怎样撰写历史》(How to Write History)第62中(但显然是斯特拉波作品中的一个注释):"科尼都斯的索斯特拉图斯是德克西发涅斯(Dexiphanes)的儿子,他代表水手前往神圣的拯救者那里。""神圣的拯救者"也许指托勒密·索特和贝勒尼塞(Berenicê)(见 the Corais-Letronne edition,它征引了 Spannheim, De Praestantia et Usu Numismat. I, p. 415 和 Visconti, Iconographie Grecque II, 18, p. 564),但是大家都知晓,正是狄奥斯库利(Dioscuri)(Castor 和 Pollux)是"大海的护卫者"和"水手的拯救者"(Strabo, Geography, 1.3.2 和 Strabo, Geography, 5.3.5)。

③ 也即"幸福回归之港"(Harbour of the happy return),这座港口也许因攸诺斯图斯而得名,他是塞浦路斯境内索里的国王、托勒密·索特的女婿(C. Wachsmuth, Göttinger Festrede 1876, 4),这种想法也许来自以下事实,即与东部的港口相比,攸诺斯图斯是非常优良的港口。

④ 得到加固的这座港口[被称为"Cibotus",也即"柜子"(Chest)或"箱子"(Box)]通过运河与玛里奥忒斯湖相连。它的形状和规模现在存有疑问,因为它已被填塞,其地址位于现在的赫普塔斯塔狄乌姆(Heptastadium)。

⑤ 它之所以有这样的名字,是因为它有7斯塔迪亚长。来自旧城的冲积物和垃圾大大增加了它的宽度,一般而言,现在有1英里宽;今天的城市,有一大部分区域就坐落在它上面。

斯海港。然而，这道筑堤不仅形成了通向海岛的桥梁，而且还形成了一道水渠，至少在法罗斯岛上有人居住的时候是这样。不过，在现代，神圣恺撒①在对亚历山大里亚人的战争中摧毁了法罗斯岛，因为它站在了国王们的一方。有少数水手生活在塔附近。至于大海港，除了被筑堤和大自然完美环卫外，它不仅在靠近海岸的地方水深港阔，台阶附近能够停泊最大的船只，而且本身还被分成了几座港口。埃及早期的国王们满足于自己拥有的一切，根本不需要进口外国商品，对所有从事航海的人都持有偏见，对于希腊人尤甚（因为希腊人自己缺少土地，就觊觎和掠夺别人的土地）。他们在这一地区布设警卫，防范任何人靠近；把所谓的拉科提斯（Rhacotis）给予警卫作为居住之地，现在它是亚历山大里亚城的一部分，位于船坞以上的地区，但那时它是一座村庄。国王们还把村庄周围的地区交给牧民，他们同样能阻止外来者靠近。亚历山大视察这里时，看到它的地理条件优越，就决定对海港附近的城市筑防加固。作家们记述了在划定地基时发生的一件事情，把它作为这座城市好运的征兆。当建筑师用白垩②圈定城市的范围时，白垩耗尽。此时国王到了这里，他的随从提供了为工人准备的一部分大麦粉。建筑师用这些大麦粉划出了街道（数量比以前更多的街道）。据说他们把发生的这件事解释为好征兆。③

7. 这座城市地理位置优越。首先，它两面临海，北濒所谓的埃及海，南临玛莱亚湖（Mareia）（又称玛里奥提斯湖）。湖水由与尼罗河相连的众多运河供给。这些运河，既有来自上部地区的，也有来自两侧地区的。通过这些运河输入的货物远远多于从大海上输入的货物，结果，位于湖畔的港口事实上比位于海滨的港口更为富有。从亚历山大里亚出口的货物也要多于从那里进口的货物。如果你在亚历山大里亚或是狄卡亚契亚（Dicaearchia）④，既看到商船进港，

---

① 朱利乌斯·恺撒。
② 字面意思"白土"。
③ 根据普鲁塔克（*Alexander*, 26）的说法，各种鸟仿佛云一样落在那里，吃光了所有用以划定范围的大麦粉，结果，亚历山大对这一征兆深感不安。但是预言家向他保证说，这是好征兆，大麦粉预示着食物充裕（Ammianus Marcellinus 22. 16. 7）。
④ 现在的 Puteoli。

又看到它们离开，就会作出判断，它们运抵那里或从那里运走的货物是更重或是更轻。除了从两个方向上运抵海滨和湖畔港口货物的巨大价值外，还应提到那里有益健康的空气。这同样源于以下情况：该地两侧濒临大海及尼罗河切合时宜的涨水。位于湖畔的其他城市，在炎热的夏季，空气沉闷，令人窒息，因为湖泊的边缘被阳光照射导致蒸发而变得像沼泽一样，所以，当承载着众多污秽的湿气升腾时，人们吸入了有害的空气，瘟疫、疾病接踵而至。然而，在亚历山大里亚，初夏时尼罗河河水涨满，从而也使湖泊充溢，它不会产生沼泽一样的物质污染升腾的蒸汽。那时，还从北方和广阔的大海上吹来季风①，因此亚历山大里亚的居民在夏季度过最令人心旷神怡的时光。

8. 这座城市的形状像一件斗篷。②它的两条长边临水，直径约30斯塔迪亚③。它的较短的两边是地峡，每一边有七八斯塔迪亚宽，其中一边以大海为界，另一边以湖泊为界。④整座城中，街道纵横，道路可以容下骑马或驾战车通过；两条宽度超过一普勒特鲁姆（Plethrum）的大道垂直相交。⑤城中有许

---

① 埃及季风，这里被称为"Etesian"（也即"一年一度的"）风，整个夏季它都从西北方向吹来。

② 根据普鲁塔克（5.11）的说法，其形状像马其顿斗篷或军用斗篷；图样由狄奥卡勒斯（Diochares）设计［也许是"戴诺克拉特斯（Deinocrates）的讹误］。同样"人类居住的世界也是斗篷形状"（见 Vol. I, 第435页和脚注3）。关于这一段中斗篷形状的讨论，见 Tarbell, *Classical Philology*. I, p. 283。

③ 显然，斯特拉波指的是从圆形斗篷的边缘的中央，到领口中央的距离。

④ 根据菲罗（Philo）（*In Flaccum* 973A）的说法，这座城市被分为5个部分，它们被命名为 Alpha、Beta、Gamma、Delta 和 Epsilon。显然，Beta 中包含宫殿，其中有博物馆、塞玛（Sema）和许多其他建筑物；Delta 是犹太人居住的区域（Josephus, *Bell. Jud.* 2.8）；但其他三部分的地址无法确定。关于城市面积的大小，比较 Josephus, *Bell. Jud.* 2.16.4（30×10斯塔迪亚）；菲罗，（*In Flaccum* 757）（宽度为10斯塔迪亚）；Stephanus Byzantinus, *s.v.* Ἀλεξάνδρεια（34×8，周长为110）；普林尼（Pliny, *Natural History*, 5.10）（周长为15罗马里）；狄奥多罗斯·西库鲁斯（Diodorus Siculus）17.59（宽度为40），很明显，他所指的"宽度"是别人所说的"长度"，且似乎包括位于东西部的郊区。

⑤ 纵向主干道从东部的"卡诺比克之门"或"太阳之门"起始，径直通向西部的"月亮之门"。它的一部分在现在的罗塞塔街（Rosetta Street）（见 A. M. de Zogher, *Études sur L'Ancienne Alexandrie*, P. 11）；但波提博士（Dr. Botti）（被 Zogher 征引）对此持不同观点。"最为重要的纵向大街是塞玛街，它的右侧是亚历山大大帝的陵墓，左侧很可能是博物馆。之后，它与卡诺比克大街相交，此后它的右侧是亚得里亚努姆（Adrianum）和恺撒鲁姆（Caesareum），左侧是伊西斯·普罗西亚（Isis-Plousia）神庙和商业中心，它的尽头在两座方尖石塔附近巨大港的码头和装载货物的地方。"（见 Neroutsos–Bey, Zogher, p. 15 征引）。见本册末尾的地图（指洛布古典丛书 Strabo, *Geography*, Vol. 8 末尾的地图）。

多优美的公共区域和王宫。它们占据了整座城市四分之一甚或三分之一的区域。正如每一位国王因钟情于金碧辉煌的建筑，习惯于对公共纪念碑增添装饰一样，除了那些已有的居所之外，他们还以私人资财增建住处，因此，用诗人的话说就是"这里房屋鳞次栉比"。① 然而，所有这些建筑都彼此相接，并与港口甚至是港口以外② 的建筑相连。博物馆也是王宫的一部分。它有一个公共的行道，一个带有座位的对话间（Exedra）和一所巨大的房子③。房中有一座博学者的公共饭堂，他们共用博物馆。这个团体不仅共有财富，而且还有一位祭司负责博物馆。先前，他由国王任命，而现在则由恺撒指定。所谓的塞玛（Sema）④ 同样也是王宫的一部分。这一区域有国王们和亚历山大的墓地。佩尔狄卡斯（Perdiccas）在把埃及据为己有的贪欲刺激下，将亚历山大的遗体运出巴比伦，并折向埃及。此时，拉古斯（Lagus）的儿子托勒密⑤ 先发制人，从那里夺走了遗体。⑥ 并且佩尔狄卡斯丢了性命。当托勒密进攻他，把他困在

---

① Homer, *Odyssey*, 17.266（关于奥德修斯的宫殿）。
② 也即在罗契亚斯（Lochias）海岬上的建筑（见下文第9）。
③ 维特鲁威乌斯（Vitruvius）在 *De Architectura*（5.11 2）中描述了它的结构，"在三座柱廊中，有宽敞的对话间，其中布置有座位，在这里，哲学家、修辞学家和所有其他热爱研究的人都可以参加辩论。" 苏伊达斯（Suidas）(*s.v.* ἐζέδρα) 似乎认为 "Exedra" 与博物馆是不同的建筑："他们生活在博物馆和对话间附近。"
④ 也即"陵墓"。然而，MSS.（见分析注释，洛布古典丛书 Strabo, *Geography*, Vol. 8, p. 33）写作 *Soma*，也即 "body"（尸体、身体）。Pseudo-Callisthenes（C. Müller, Didot Edition, *Scriptores Rerum Alexandri Magni* III, 3. 4）的希腊译文也是这样的说法："托勒密在圣殿中建造了一座名为'亚历山大之躯'的坟墓，把亚历山大的遗体和遗物安置在那里。"但是叙利亚（Syrian）(*Alexander the Great*, trans. By E. A. W. Budge, p. 142) 译文写为"直到今天，他们还称那里为'亚历山大之墓'"。但更为重要的是齐诺比厄斯（Zenobius）的论述（*Proverbia* III, 94）："托勒密（Philopator）在城市中部建立了一个 mnema（μνῆμα οικοδομήσας），现在它被称为 Sema，他把他的所有先人，其中包括他的母亲，葬在那里，当然还包括马其顿的亚历山大。"
⑤ 托勒密·索特。
⑥ 存在不同的描述。根据狄奥多罗斯·西库鲁斯（18.26-28），阿里达乌斯（Arrhidaeus）花费了两年的时间精心准备转移亚历山大遗体的事务。托勒密一世前往叙利亚与他会面，从那里将亚历山大的遗体运往埃及埋葬。波桑尼亚斯（Pausanias）(1.6.3, 1.7.1) 说，托勒密一世把亚历山大葬在孟菲斯，托勒密二世把他的墓地迁往亚历山大里亚。加卡利塞内（Pseudo-Callisthenes）(*l.c.*) 说，起初，马其顿人决定把他的遗体运回马其顿，但后来，在询问了巴比伦尼亚·宙斯（Babylonian Zeus）的神谕之后，他们一致同意，腓力·托勒密［可以肯定是亚历山大的直接接任者腓力·阿里达乌斯（Philip Arrhidaeus）或托勒密一世的

一座荒岛上时，他为自己的士兵所杀。① 佩尔狄卡斯的士兵们攻击他时用萨里莎（sarissae）② 将他刺死。与佩尔狄卡斯在一起的国王——其中包括阿里达乌斯（Aridaeus）③ 和亚历山大的孩子们，亚历山大的妻子罗克珊娜（Rhoxanê），则前往马其顿。托勒密夺得了亚历山大的遗体，并把它葬于亚历山大里亚，现在它依然在那里——但它所在的棺材与以前的并不相同，现在的棺材由玻璃制成，④ 然而托勒密用以放置他的遗体的棺材则由黄金制成。后者遭到来自叙利亚的托勒密（绰号为"Cocces"⑤ 和"Pareisactus"⑥）的劫掠，但他很快⑦ 被驱逐，结果，事实证明，他的劫掠并没有给自己带来利益。

9. 在大海港的入口处，右侧是海岛和法罗斯塔，另一侧则是暗礁和罗契亚斯海岬，海岬上有一座王宫。你驶入海港时，左侧是内部的王宫，它们与罗契亚斯海岬上的那些王宫相连，周围是树林，有众多被漆成各种颜色的小屋。在这些地区以下，是人工开挖的一座隐蔽的海港⑧，它是国王们的私人财产，位于人造海港附近的小岛安提罗多斯（Antirrhodos）也是他们的私人财

讹误] 应把他的遗体从巴比伦运往埃及并葬于孟菲斯。他把遗体运到了孟菲斯，但是遵照那里的神庙主祭司的指示，很快又把遗体运到了亚历山大里亚。根据狄奥多罗斯·西库鲁斯（*l.c.*），托勒密在那里划定了一个圣区（τέμενος），其无论在规模上，还是在建设上都与亚历山大的荣誉相匹配。奥古斯都前往亚历山大里亚时，看到了亚历山大的遗体，他命人把棺材和遗体从神庙内殿（Penclrali）挪移出来。（Suetonius, *Augustus* 218）；"他不仅看到了亚历山大的遗体，而且还触摸了他，据说他的鼻子的一部分因此脱落下来。"（Dio Cassius 51. 16）。

① 佩尔狄卡斯首先在尼罗河支流贝鲁西亚克的岸边进攻托勒密;那里"距离名为'骆驼之墙'的要塞不远"，但他并没有成功。后来，在孟菲斯附近，他的士兵发生了兵变（Diodorus Siculus 18. 33 及以下内容）。

② 马其顿长矛。

③ 也拼写为 Arrhidaeus。

④ 或者也许是"雪花石膏"（alabaster）。比较在西顿发现的所谓的"石棺"（Sarcophagus）。现在藏于君士坦丁堡（Constantinople）的土耳其国家博物馆。

⑤ 也即"猩红的，鲜红的"。

⑥ "Pareisaetus"的字面意思是"被暗中带来的人（也即登上王位）"，也即"篡位者"。学者们认为在这一段中，它的意思是"非法的"（Illegitimate）（也即"冒充者"），并认定这个托勒密就是托勒密十一世（托泽 *Selections*, P. 350）。

⑦ 这一定指在劫掠坟墓之后"很快"。因为托勒密十一世公元前80年登上王位，就目前所知，他直到公元前58年才被驱逐。

⑧ 比较上文第6。

产，岛上有一座王宫和一座小港口。人们这样称它以使其能与罗德斯岛相媲美。在人造海港的上方，有一座剧院。之后则是波塞狄乌姆，它仿佛是从所谓的安波里乌姆（Emporium）伸出的肘部，那里有一座波塞冬神庙。安敦尼在肘部地区增筑了一道延伸得更远的防波堤，它一直伸入海港的中部。他在防波堤的末端修建了一座行宫，并将之称为提摩尼乌姆（Timonium）。这是安敦尼的最后一项行动。在阿克提乌姆①失败后，他被自己的朋友们遗弃，乘船逃往亚历山大里亚。安敦尼以泰门（Timon）②的生活方式度过了剩余的日子。期间，他离开了所有朋友，过着孤独的生活。③在此之后，你就到了恺撒里乌姆（Caesarium）、安波里乌姆和一些仓库。在它们之后，到达一些船坞，它们一直延伸到赫普塔斯塔狄乌姆。对于大海港及其周围的状况就谈这么多。

10. 接下去，在赫普塔斯塔狄乌姆之后，你就到了攸诺斯图斯港口；继续上行，就会到达人工开挖的港口，它又被称为科波图斯（Cibotus）；它还有一些船坞。在那里更远的地方，有一条可以通航的运河，它与玛里奥提斯湖相连。城市在运河的外侧仍有一小部分区域。接下去，你就到了郊区的尼克罗波里斯（Necropolis），那里有许多花园、坟墓和用于对尸体进行防腐处理的场所。在运河的内侧，你会到达萨拉比乌姆（Sarapium）和其他一些古代的圣区，由于在尼科波里斯（Nicopolis）不断修建新建筑，那些地方现在几乎完全被遗弃了。例如，在尼科波里斯有一座圆形露天大剧场和一座运动场，五年一度的运动会在那里举行。④但是古代的建筑已被人们淡忘。总之，这座城市中到处是公共和神圣的建筑。不过，最优美的是体育馆，它有长度超过一个运动场的柱廊。在（城市的）中央⑤，是一座法庭和一片树林。这里还有潘尼乌姆

---

① 公元前31年。
② 雅典人泰门（Timon），又称"Misanthrope"（遁世者）。像泰门一样，安敦尼认为自己遇到了忘恩负义之徒，受到了不公正的对待，因此，他痛恨所有人（Plutarch, *Antony* 69）。
③ 公元前30年，安敦尼自杀而死。
④ 比较阿克提乌姆附近的尼科波里斯，它的圣区和它的五年一度的运动会（见Strabo, *Geography*, 7. 7. 6和脚注1）。
⑤ 城市的中央，而不是体育馆的中央。

（Paneium），①它宛如一块"高地"，由人工建造而成。它有冷杉球果的外形，与一座多岩石的小山相似。有一条盘旋的道路通向它的顶部，从那里可俯瞰位于它下方的整座城市。宽阔的道路从尼克罗波里斯沿纵向②经过体育馆到达卡诺比克之门。继续前行，你就到了所谓的希波德罗姆（Hippodrome）和与之平行并延伸至卡诺比克运河的其他一些（街道）③。穿过希波德罗姆之后，你就会到达尼科波里斯。在海滨有一块居住地，其规模不小于一座城市。它距离亚历山大里亚 30④ 斯塔迪亚。奥古斯都·恺撒敬重这一地区，因为正是在这里，他在战争中击败了与安敦尼一起反对他的那些人。当他在第一次进攻就夺取这座城市时，他迫使安敦尼自杀，并俘虏了克利奥帕特拉。但是不久之后，她也在狱中通过蝰蛇咬伤或者（存在两种描述）使用毒药膏秘密地自杀而死⑤。其结果就是，拉古斯子孙延续多年的帝国瓦解了。（Strabo, *Geography*, 17.1.6-10）

叙利亚

1. 在北方，叙利亚与西里西亚和阿玛努斯山（Mt. Amanus）相邻。从大海到幼发拉底河上的桥梁［从伊苏斯湾到科玛吉纳（Commagenê）的渡桥］一线

---

① 潘神的圣所。
② 见上文第 8。
③ 正文与翻译都存在疑问。在MSS.中并没有找到街道（ὁδοί）。不过，尽管它是一个自然"使用的单词，正如 ὁδος"必须与 πλατεῖα（宽阔）以上使用一样，但它很难与上下文相符合，正如克雷墨（Kramer）所坚持的那样，他推测为 κατοικίαι（居住地），伏戈尔（Vogel）（见分析注释，洛布古典丛书，Strabo, *Geography*, Vol. 8, p. 40）仅把 ἄλλαι（另一个）修改为 ἅλαι（盐场）。
④ Josephus（*Bell. Jud.* 4.11.5）说是 20 斯塔迪亚。
⑤ 比较 Plutarch, *Antony* 86。

构成了那一侧的边界线，其长度不小于1400斯塔迪亚。在东方，它以幼发拉底河与它的这一侧阿拉伯·斯塞尼塔人（Arabian Scenitae）所在的地区为界。在南方，它与阿拉伯·菲利克斯和埃及接壤。在西方，它濒临埃及海、叙利亚海以及远至伊苏斯（Issus）的大海。

2. 我们把以下地区看作是叙利亚的组成部分。首先是西里西亚和阿玛努斯山，既包括科玛吉纳，也包括所谓的叙利亚的塞琉西斯（Seleucis）。然后是科勒—叙利亚（Coelê-Syria）。最后是位于海滨的腓尼基和位于内陆的犹太地区（Judaea）。有些作家从整体上把叙利亚划分为科罗—叙利亚人（Coelo-Syrians）所在的地区、叙利亚人所在的地区和腓尼基人所在的地区。他们说其他的四个部落，也即犹太人（Judaeans）、伊都玛亚人（Idumaeans）、加扎亚人（Gazaeans）和阿佐提亚人（Azotians），与这居民杂居在一起。他们部分是农民，如叙利亚人和科罗—叙利亚人；部分是商人，如腓尼基人。

3. 对于叙利亚的整体状况就谈这么多。其详细情况是：科玛吉纳是一个相当小的地区。它有一座天然险峻的城市萨摩萨塔（Samosata），那里过去是王宫所在地，现在它变成了一个行省①。城市周围的地区尽管很小，但极为肥沃。现在，这里有一座横跨幼发拉底河的桥梁。在渡桥附近是美索不达米亚平原上的要塞塞琉西亚，庞培将其划入科玛吉纳境内。塞勒纳（Selenê）（又名克利奥帕特拉）从叙利亚流放时，被监禁一段时间后，正是在这里遭到提格拉涅斯的斩杀。

4. 塞琉西斯不仅是上述叙利亚部分中最优良的地区，而且由于在它境内有几座名城而被称为一座特特拉波里斯（Tetrapolis）。其中最大的城市有四座：达弗尼（Daphnê）附近的安提奥卡亚（Antiocheia），皮里亚（Pieria）的塞琉西亚（Seleuceia），阿帕梅亚（Apameia）和拉奥狄塞亚（Laodiceia）。这些城市都由塞琉库斯·尼卡特（Seleucus Nicator）创建，由于它们彼此一致，过去常常被称为姊妹城市。在这些城市中，最大的城市②以他父亲的名字命名；天

---

① 也即罗马行省。
② 安提奥卡亚。

然最坚固的城市以他自己的名字命名。在其余的两座城市中，阿帕梅亚以他妻子阿帕玛（Apama）的名字命名；另一座城市以他母亲的名字命名。波塞冬尼乌斯说，与特特拉波里斯相对应，塞琉西斯被分为四个总督辖区，科勒—叙利亚也被分为四个总督辖区，然而美索不达米亚形成了单独的总督辖区。① 安提奥卡亚② 同样是一座特特拉波里斯，因为它包含四个部分。在四块居住地中，每一块居住地都由公共围墙和它自己的围墙护卫。尼卡特创建了第一块居住地，并把此前不久腓力的儿子安提贡纳斯（Antigonus）在它附近创建的安提戈尼亚（Antigonia）的居民迁移至那里。第二块居住地由众多的移民创建。第三块居住地由塞琉库斯·卡林尼库斯（Seleucus Callinicus）创建。第四块居住地由安提奥库斯·埃皮发涅斯（Antiochus Epiphanes）创建。

5. 并且，安提奥卡亚是叙利亚的首府。这一地区统治者的王宫就建在这里。无论在实力还是在规模方面，它都与底格里斯河畔的塞琉西亚或埃及的亚历山大里亚相差无几。尼卡特还把我此前不久曾提到过的特里普托勒姆斯（Triptolemus）的后裔迁居至此③。正因如此，安提奥卡亚人把他当作英雄敬拜，并在塞琉西亚附近的卡西乌斯（Casius）山上为他庆祝节日。据说阿尔戈斯人（Argives）派他去寻找最初在推罗（Tyre）失踪的爱我（Io），他漫游穿过西里西亚。在那里，他的一些阿尔戈斯同伴离开了他，创建了塔尔苏斯（Tarsus）；而另一些人则陪伴他到达下一部分海岸地带，他们绝望地放弃了搜寻，与他一起留在了奥隆特斯河（Orontes）的滨河地区。特里普托勒姆斯的儿子高尔戴斯（Gordys）和追随他父亲的一些民族迁居至高尔戴亚，然而，其余民族的后裔则与安提奥卡亚人成了共居者。

6. 达弗尼位于安提奥卡亚以上 40 斯塔迪亚的地方，它是一块中等规模的

---

① 原文似乎出现了错误。格罗斯库尔德（Groskurd）推断，斯特拉波要么写作"就像美索不达米亚一样，科玛吉纳形成了一个总督区，"或者"像帕拉波塔米亚（Parapotamia）一样，科玛吉纳形成了一个总督区"。

② 格兰维尔·多尼研究了斯特拉波对安提奥卡亚城的创建与发展的描述。参见 Glanville Dwoney, "Strabo on Antioch: Notes on His Method", *Transactions and Proceedings of the American Philological Association*. Vol. 72（1941）, pp. 85-95.（译者注）

③ Strabo, *Geography*, 16.1.25.

居住地。这里还有一片广大而树荫浓密的树林，泉水从林中横穿而过。在树林中央有一座庇护所和一座阿波罗与阿尔忒弥斯的神庙。安提奥卡亚人和附近的民族按照习俗在这里庆祝共同的节日。树林的周长为80斯塔迪亚。

7. 奥隆特斯河（Orontes）从城市的附近流过。这条河发源于科勒—叙利亚，在地下奔流一段距离之后又冲出地面。之后，它穿过阿帕梅亚人所在的地区，进入安提奥卡亚境内。从距离安提奥卡亚城不远处流过，在塞琉西亚附近奔流至大海。尽管先前它被称为提丰（Typhon），然而后来，它的名字变成了奥隆特斯。奥隆特斯曾在这条河上建了一座渡桥。这里的某一地方是提丰遭闪电袭击的神话故事和阿里米（Arimi）（我已经谈到过他[①]）神话故事的发生地。他们说提丰是一条巨蟒，当受到雷电袭击时，他逃入地下。他不仅用犁掘地形成了河床，而且潜入地下促使水泉喷出水面。这条河的名字就来源于这则故事。在西部，安提奥卡亚和塞琉西亚俯瞰着广阔的大海。奥隆特斯河的河口在塞琉西亚城附近。这座城市距离河口40斯塔迪亚，距离安提奥卡亚120斯塔迪亚。从大海向内陆航行至安提奥卡亚需要一天的时间。在安提奥卡亚以东是幼发拉底河，班比塞（Banbycê），贝罗亚（Beroea），赫拉克莱亚（Heracleia）以及赫拉克莱昂（Heracleon）的儿子、专制君主狄俄尼索斯曾统治过的几座小镇。赫拉克莱亚距离雅典娜·科里斯提斯（Athena Cyrrhestis）神庙20斯塔迪亚。

8. 之后，你就会到达科里斯提塞（Cyrrhesticê），它一直延伸到安提奥卡亚地区。在北方，是阿玛努斯山和科玛吉纳，它们就位于它的附近，科里斯提塞延伸至那里并与它们相接。这里有一座城市名叫吉达努斯（Gindarus），它是科里斯提塞的卫城，也是强盗们的天然要塞。在它附近有一个名为赫拉克莱乌姆（Heracleium）[②]的地方。帕提亚国王的长子帕科鲁斯（Pacorus）远征叙利亚时，正是在这个地方附近被文提狄乌斯（Ventidius）所杀。[③] 帕格拉（Pagrae）位于吉达努斯的边界地区，在安提奥卡亚境内，是位于阿玛努斯山山顶通道（由阿

---

① Strabo, *Geography*, 12. 8. 19; 13. 4. 6.
② "赫拉克莱乌姆"（Heracleium）暗指赫拉克里斯神庙。
③ 见 Strabo, *Geography*, 16. 1. 28。

玛努斯山门户通向叙利亚）附近的一座天然要塞。在帕格拉以下是安提奥卡亚人的平原。阿库图斯河（Arceuthus）、奥隆特斯河与拉波塔斯河（Labotas）从平原上流过。在这座平原上还有梅利亚格（Meleagrus）的围栏与欧诺帕拉斯河（Oenoparas），在这条河的两岸，托勒密·菲罗米特（Philometor）击败了亚历山大·巴拉斯（Balas），但却因受伤而死。① 有一座小山俯瞰这些地区。山因其相似性② 而被称为塔拉培宗（Trapezon）。文提狄乌斯曾在山上与帕提亚将军弗拉尼卡提斯（Phranicates）③ 作战。塞琉西亚、皮埃里亚山和罗苏斯（Rhosus）位于这一地区的大海附近。皮埃里亚山与阿玛努斯山相连；罗苏斯居于伊苏斯和塞琉西亚之间。在早期时代，塞琉西亚又被称为希达托斯—波塔摩伊（Hydatos-Potamoi）④。这座城市是一个著名的要塞，它非常坚固，难以用武力攻克。因此，庞培把提格拉涅斯拒之城外后⑤ 宣布它为一座自由城市。阿帕梅亚地区地处内陆，位于安提奥卡亚人所在的地区以南，是位于内陆的阿帕美亚；卡西乌斯山和安提卡西乌斯山（Anticasius）则位于塞琉西亚人所在的地区以南。在塞琉西亚之后更远的地方，你会到达奥隆特斯河河口；继续前行就到了神圣的洞穴奈姆法乌姆（Nymphaeum）；然后会到达卡西乌姆（Casium）；接着就到了小镇波塞狄尼乌姆与赫拉克莱亚。

9. 之后，你会到达海滨城市拉奥狄塞亚。它建设得最为优美，拥有一座良港；所领属的地区除了其他方面的物产外，还盛产葡萄酒。现在这座城市供应亚历山大里亚人所需要的大部分葡萄酒。它所领有的、俯瞰它的整座山，种植着一直绵延到山顶的葡萄树。山顶到拉奥狄塞亚有相当远的距离，它们之间形成了缓缓的斜坡。山顶远高于阿帕梅亚，甚至形成了垂直高度。多拉贝拉（Dolabella）逃到拉奥狄塞亚避难时，使这座城市深受折磨。他被卡西乌斯

---

① 公元前146年，他从战马上跌落下来。
② 也即源于它的桌子一样的形状。
③ 正确的拼写方式可能是"Pharnapates"，正如在狄奥·卡西乌斯（Dio Cassius）（48.41）和普鲁塔克（*Antony*, 33）中所写的那样。
④ Rivers-of-Water.
⑤ 提格拉涅斯曾用十四年的时间（公元前84—公元前70年）试图攻下这座城市。

（Cassius）围困至死，然而他不仅毁灭了自己，还破坏了城市的许多区域。①

10. 阿帕梅亚也有一座城市，②总体而言它防守坚固。它是山谷平原上的一座防守完美的小山。奥隆特斯河与附近一座巨大的湖泊使小山形成了一座半岛，湖泊扩展成广阔的沼泽和巨大的牛马牧场。③因此，这座城市防守安全。由于这一事实，它也被称为科罗尼苏斯（Cherronesus）④。奥隆特斯河流经的广阔而肥沃的地区为城市提供了充足的供应。在这一地区还有许多依附于它的小镇。塞琉库斯·尼卡特在这里部署了500头战象和大批军队，后来的国王们同样如此。它也曾被第一批马其顿人称为培拉（Pella），因为参加远征的大部分马其顿人都居住在那里，而腓力和亚历山大的故乡城市培拉是马其顿人的首都。这里是作战指挥部，有皇家马群。皇家马群包括3万多匹母马和300匹公马。这里有驯马师和指导用重武器作战的教师，所有教师都获取报酬，教授战争技术。特里弗恩（Tryphon）⑤［又名狄奥多图斯（Diodotus）］以这座城市为军事基地发动对叙利亚王国的进攻，并在战争中占据优势，这充分证明了这座城市的力量。他出生于阿帕梅亚地区的一座要塞卡西亚纳（Casiana），在阿帕梅亚被抚养长大，与国王和朝廷关系紧密。他开始发动革命时，从这座城市和它的附属地——我指的是拉里萨（Larisa）、卡西亚纳、墨伽拉（Megara）、阿波罗尼亚（Apollonia）和其他与它们相似的地区，它们都是阿帕梅亚的附庸国——获得了资源。特里弗恩被任命为这一地区的国王，并统治了很长一段时期。科西里乌斯·巴苏斯（Cecilius⑥Bassus）率两个军团策动阿帕梅亚反叛，尽管被两支庞大的罗马军队包围，他仍进行了长期顽强的抵抗，没有屈服于他们，在他们同意了自己提出的条件之后，科西里乌斯·巴苏斯主动归降。因为这一地区为他的军队提供了给养，并且他有众多的盟友——我指

---

① 为了避免被卡西乌斯俘虏，多拉贝拉命令他的一个士兵杀死了自己（公元前43年）。
② 至于"城市"，格罗斯库尔德推测为"卫城"。
③ 原文有讹误（见分析注释，洛布古典丛书，Strabo, *Geography*, vol. 7. p. 250）。
④ 半岛。
⑤ 叙利亚王位的篡夺者，公元前142至公元前139年在位。
⑥ 显然是"Caecilius"的讹误。

的是附近的酋长——他们占据着要塞。在这些要塞中，有吕西亚斯（Lysias），它俯瞰阿帕梅亚附近的湖泊；有阿瑞图萨（Arethusa），它归属埃美塞尼人（Emeseni）部落的首领萨姆普西塞拉姆斯（Sampsiceramus）和他的儿子伊姆布里库斯（Iamblichus）。在不远处，还有赫里乌波里斯（Heliupolis）和卡尔基斯（Chalcis），后者由占据着玛塞亚斯（Massyas）和伊图拉亚人（Ituraeans）的山区的梅纳乌斯（Mennaeus）之子托勒密（Ptolemaeus）控制。在巴苏斯的盟友中，还有幼发拉底河这一侧的游牧民族拉姆巴亚人（Rhambaeans）的国王阿尔卡达姆努斯（Alchaedamnus）。他曾是罗马人的朋友，但他认为自己受到了罗马统治者不公正的对待，于是退回到美索不达米亚，之后，作为一名雇佣军在巴苏斯手下服务。斯多葛派学者波塞冬尼乌斯（Poseidonius）是阿帕梅亚当地人，在我所生活时代的哲学家中，他最为博学。

11. 在东部，与阿帕梅亚人所在的地区接壤的是，阿拉伯酋长们控制的所谓的帕罗波塔米亚（Paropotamia），从玛西亚斯开始延伸的卡尔西狄塞（Chalcidicê）以及阿帕梅亚人以南的所有地区。阿帕梅亚人以南的这部分地区多半属于斯塞尼塔人（Scenitae）。这些斯塞尼塔人与美索不达米亚地区的游牧民相似。总是会有下面这种情形，与叙利亚人越靠近的民族，其文明程度越高。然而，阿拉伯人与斯塞尼塔人却并非如此，前者的政府组织得非常有序。例如，萨姆普西塞拉姆斯统治下的阿瑞图萨（Arethusa）政府，加巴鲁斯（Gambarus）政府、提米拉斯（Themellas）[①]政府以及与它们相似的其他酋长控制的政府。

12. 这就是塞琉西亚内陆地区的状况。始于拉奥狄塞亚的剩余的海岸地带，其状况如下：在拉奥狄塞亚附近是三座市镇，即波塞狄乌姆（Poseidium）、赫拉克莱乌姆（Heracleium）和加巴拉（Gabala）。此后，你很快会到达阿拉狄亚人（Aradians）[②]的沿海地区，那里有帕尔图斯（Paltus）、巴拉纳亚（Balanaea）和卡尔努斯（Carnus）。卡尔努斯拥有一座海港，是阿拉都斯（Aradus）的海

---

① 见分析注释，洛布古典丛书，Strabo, *Geography*, Vol. 7. p. 254。
② 也即属于阿拉狄亚人的大陆上的海岸地区，这些阿拉狄亚人居住在阿拉都斯岛上。

军基地。接着就到了埃尼德拉（Enydra）和玛拉图斯（Marathus），后者是腓尼基人的一座古老的城市，但现在已变成废墟。阿拉狄亚人把这一地区以及接下去的西米拉（Simyra）在他们中间进行了划分。与这些地方相连的是欧尔图西亚（Orthosia）和附近的埃鲁提卢斯河（Eleutherus），有些作家把它作为塞琉西亚地区朝向腓尼基和科勒—叙利亚一侧的边界。

13. 阿拉都斯面对的海岸波涛汹涌，没有海港。它大致位于它的海军基地和玛拉图斯之间，距离大陆20斯塔迪亚。它由一座四面环海的岩石构成，其周长约7斯塔迪亚，上面到处是居民的房屋。即使到了现在，那里仍然有庞大的人口，其居民不得不居住在多层的房屋中。他们说，它是由西顿城的流放者创建的。他们的供水，部分来自雨水和蓄水池，部分来自他们在大陆上的地区。在战争时期，他们从城市前方不远处的水渠获得供水。这条水渠有一口水量丰富的水泉。人们从取水船上把铅制广口漏斗倒置入水泉中，广口漏斗的上端收缩成粗细适中的导管。他们在导管上绑上皮管（若非如此，我应该称它为风箱），水通过漏斗被压入皮管中。最先被压上来的水是海水，船夫们等待流出纯净而适合饮用的水，把它们全部装入事先准备好的容器中带回城去。

14. 在古代，阿拉狄亚人由国王独立统治，其他每座腓尼基城的情形与此相同。但后来，波斯人，再后来的马其顿人以及今天的罗马人，使他们处于目前的统治秩序之下。然而，阿拉狄亚人和其他的腓尼基人自愿作为朋友臣属于叙利亚的国王们。后来，当卡林尼库斯·塞琉库斯（Callinicus Seleucus）与所谓的安提奥库斯·希拉克斯（Antiochus Hierax）两兄弟之间反目时，阿拉狄亚人站在了卡林尼库斯的一边，并与他达成协议。以此，他们可以收留来自王国的流亡者，而不是无可奈何地把他们交出来。不过，没有国王的许可，他们禁止这些流亡者离开这座岛。他们从这一协议中获得了巨大的利益。因为前往他们这里避难的并非普通民众，而是最受信任、担心最可怕结果的那些人。因受到宾客礼遇，他们把主人看作是恩人和拯救者，并报答其救助之恩。在返回故乡后，他们尤其如此。正是因此，阿拉狄亚人控制着大陆上相当大的一部分地区，甚至直到现在，他们还控制着其中的大部分区域，其他各项事业也很繁荣。除了这种好运之外，他们在海上事务中既节俭又勤奋。当看到与之毗邻的西里西亚人组织海盗冒险时，他们甚至没有参加过一次邻人的这种活动。

15. 在欧尔图西亚和埃鲁提卢斯河之后，你会到达特里波利斯（Tripolis）[①]，它的名字源于实际情况，因为它由三座城市——推罗、西顿和阿拉都斯组成。与特里波利斯相连的是特普罗索旁（Theuprosopon）[②]，那里是里巴努斯山（Libanus）的尽头。特里勒斯（Trieres）要塞就位于两地之间。

16. 这里有两座山，即里巴努斯山与安提里巴努斯山。它们大体上互相平行，构成了所谓的科勒—叙利亚。它们的起点都略在大海以上的地区——里巴努斯山的起点俯瞰大海，在特里波利斯附近，距离特普罗索旁最近；安提里巴努斯山则发端于西顿附近俯瞰大海的地区。这两座山与多丘陵但丰产的其他山交汇，交汇处位于阿拉伯山附近，俯瞰达玛斯塞纳（Damascenê）和所谓的特拉科尼斯（Trachones）[③]。在它们之间有一座山谷平原，它的宽度在大海附近为200斯塔迪亚，长度从大海到内陆约是上述宽度的两倍。平原上河流纵横，其中约旦河（Jordan）是最大的河流；它所灌溉的地区肥沃而丰产。平原上，还有一座湖泊和许多沼泽。湖泊被称为格涅萨里提斯（Gennesaritis），出产芳香的灯芯草[④]和芦苇。平原上还产出香脂树。在平原上的河流中，有一条河名为克里索劳斯（Chrysorrhoas），它发源于城市和达玛斯塞尼人的地区，其河水几乎耗尽于流程之中，因为它灌溉了土壤深厚的广阔地区。主要是阿拉伯人用船载着物品沿吕库斯河（Lycus）与约旦河向内陆航行。

17. 至于平原，首先是以大海为起点的平原，它被称为玛克拉斯（Macras）或玛克拉平原（Macra-Plain）。依据波塞冬尼乌斯的报道，在这里可以见到已死的巨蟒，其尸体长约一普勒特鲁姆（Plethrum）[⑤]。它的形体庞大，站在它两

---

① 三座城市（Tri-city）。
② 神之面（Face-of-God）。
③ Trachones 意指崎岖、牢固的地区（见 Strabo, *Geography*, 16. 2. 20）。
④ 见分析注释，洛布古典丛书，Strabo, *Geography*, Vol. 7, p. 260。
⑤ 大约100英尺。

侧的骑兵无法看到对方。它的口部巨大，足以容下一人骑马站在其中。它的每一块角质鳞片其长度都要超过椭圆形的盾牌。

18. 在玛克拉斯之后，你就到了玛西亚斯（Massyas）平原。平原上也有一些山区，其中就有卡尔基斯，它可以说是玛西亚斯的卫城。这座平原的起点在里巴努斯山附近的拉奥狄塞亚。现在所有山区都被伊图拉亚人和阿拉伯人占据着，他们都是强盗；不过平原上的居民都是农民。后者在不同时期受到强盗的侵扰时，需要各种不同的帮助。这些强盗把要塞作为抢劫活动的据点。例如，控制着里巴努斯山的那些人拥有山上的辛纳（Sinna）、波拉玛（Borrama）和其他与它们相似的要塞；控制着山下的波特里斯（Botrys）、吉加图斯（Gigartus）、靠海的洞穴和建于特普罗索旁之上的城堡。庞培摧毁了这些地方。强盗正是从这些地方出发，蹂躏比布鲁斯（Byblus）和在它之后的城市，我指的是位于西顿和特普罗索旁之间的贝里图斯（Berytus）城[1]。现在比布鲁斯是辛尼拉斯（Cinyras）的王宫所在地，它被奉献给了阿多尼斯（Adonis）。庞培斩杀了它的暴君，把它从暴政中解放出来。比布鲁斯位于距离大海不远的一块高地上。

19. 在比布鲁斯之后，你就到了阿多尼斯河、克莱玛克斯山（Mt. Climax）和帕拉比布鲁斯（Palaebyblus）；继续前行就到了吕库斯河与贝里图斯。尽管贝里图斯被特里弗恩夷为平地，但现在已经被罗马人重建起来。阿格里巴向这里派驻了两个军团，并且还把远至奥隆特斯河源头的玛西亚斯的大片地区划归于它。这些源头在里巴努斯山、帕拉戴苏斯（Paradeisus）和位于距离阿帕梅亚人所在地区不远处的埃及要塞附近。

20. 所谓的皇家峡谷（Royal Valley）俯瞰玛西亚斯，享有盛誉、名副其实的大马斯塞纳（Damascene）地区同样如此。大马士革（Damascus）也是一座著名的城市，我甚至可以说，在波斯帝国时代，它是世界上那一部分地区最为著名的城市。在它以上的地区，有两个所谓的特拉科尼斯（Trachones）[2]之

---

[1] 现在的贝鲁特（Beyrout），在黎巴嫩境内。
[2] 见 Strabo, *Geography*, 16. 2. 16 和脚注。

后，在朝向阿拉伯人与伊图拉亚人混住地区的方向上，是难以逾越的大山。在大山中，有很深的洞穴。在遇到袭击时，其中一个洞穴能容纳4000人；大马斯塞尼人（Damasceni）会受到来自许多地方的攻击。事实上，蛮族人在很大程度上从阿拉伯·菲利克斯抢劫商人，但现在这种情况已很少发生，因为罗马人建立的良好的政府，驻扎在叙利亚的罗马士兵构筑的安全保障，使芝诺多鲁斯（Zenodorus）控制下的匪帮土崩瓦解了。

21. 现在，俯瞰塞琉西亚地区、大体延伸至埃及和阿拉伯的整个区域被称为科勒—叙利亚。不过，由里巴努斯山和安提里巴努斯山所形成的地区，是特殊意义上的科勒—叙利亚。在剩余的部分[①]中，从欧尔图西亚到贝鲁西乌姆的滨海地区被称为腓尼基。它是一个沿着大海延伸的狭窄地区，地势平坦。然而，俯瞰腓尼基延伸远至阿拉伯人、介于加沙（Gaza）和安提里巴努斯山之间的内陆地区被称为犹太地区。

22. 既然我已经描述了特殊意义上的科勒—叙利亚，那么，现在我将转到对腓尼基的描述上来。这一地区中，我已经描述过欧尔图西亚至贝里图斯的部分。在贝里图斯之后，继续行进约400[②]斯塔迪亚，你就到了西顿。在两地之间是塔米拉斯河（Tamyras）、阿斯克勒庇俄斯（Asclepius）树林和列奥尼斯（Leones）[③]的一座城市。在西顿之后，你就到了推罗。它是腓尼基人最大、最古老的城市，无论在规模，还是在名声和历史悠久方面，它都可以与西顿城相媲美；我们在许多神话传说中都能见到这方面的信息。尽管诗人反复提到西顿而并非推罗（荷马甚至没有提到推罗），然而，迁入利比亚、伊比利亚[④]甚至是远至石柱以外地区的殖民者对推罗赞颂有加。无论如何，不论在早期时代还是在当今，两座城市都非常著名而杰出。在两座城市中，你不管称哪座城市为首府，在它们之间都会存在争论。西顿位于大陆上一座天然良港附近。

---

① 也即宽泛意义上科勒—叙利亚剩余的部分。
② 显然是"200"的讹误。
③ 也即"狮子的一座城市"。参见埃及的"列奥托波里斯"（Leontopolis）（Strabo, *Geography*, 17. 1. 19），那里的居民敬拜一头狮子（Strabo, *Geography*, 17. 1. 40）。
④ 例如，迦太基和加戴拉（Gadeira）。

23. 推罗完全是一座岛屿，它几乎以与阿拉都斯相同的方式建造起来。亚历山大围攻它时修建了一道防波堤，就通过这道防波堤与大陆相连。推罗有两座海港，其中一座可以闭合，另一座则是敞开的，被称为埃及港。据说这里的房子有许多层，其层数甚至比罗马的房子还多，[1]因此，当发生地震时，全城几乎被摧毁。当亚历山大围攻并夺取这座城市时，它也遭遇了不幸。但它利用居民的航海技能（总体而言，腓尼基人的航海技能超越任何时代的任何民族）和他们的紫色染坊，战胜不幸，得以恢复。推罗紫已被证明是最美丽的紫色。在海岸附近可以捡到海贝，染色所需要的原料也很容易获得。尽管大量的染色工坊使城市并非为怡人的居住之地，然而，它却通过居民们高超的技艺让城市变得富有起来。不仅国王们允许推罗人实行自治，而且推罗人以很小的代价使罗马人在批准国王们的法令之后，也允许他们（推罗人，译者注）实行自治。赫拉克里斯[2]深受他们的尊敬。他们的殖民城市的数量和规模，是其在海上事务中力量强大的明证。这就是推罗人（的状况）。

24. 根据传说，西顿人精通许多高超的技艺，诗人也曾这样说过。[3]除此之外，他们精于天文学与算学，以实际运算和夜间航行为起点，开始了自己的研究。这些学科中的每一门分支学科都与商人和船东相关。例如，几何学的发明据说源于丈量土地，尼罗河泛滥时混淆了土地的边界，这就使得丈量土地非常必要。[4]人们认为希腊人的这一科学来自埃及人，他们的天文学与算学则来自腓尼基人。到目前为止，哲学的各个分支学科最大的知识储备都来自这些城市。如果我们相信波塞冬尼乌斯的话，有关原子的学说起源于出生在特洛伊时代（Trojan times）之前的西顿人摩库斯（Mochus）。不过，对于古代的事情，我们姑且置于一边。我所生活的时代，西顿有著名的哲学家。其中有波埃图斯（Boethus）和他的弟弟狄奥多图斯（Diodotus）。我曾与波埃图斯一起研究亚里

---

[1] 见 Strabo, *Geography*, 5.3.7。

[2] The Phoenician Melcharth.

[3] "精于漂亮工艺的西顿人，做工完美（在碗上镀银）。"(*Iliad* 23.743)。

[4] 参见 Strabo, *Geography*, 17.1.3。

士多德哲学①。推罗的哲学家有安提帕特（Antipater）和在我所生活时代之前不久的阿波罗尼乌斯（Apollonius）。阿波罗尼乌斯曾出版了芝诺派哲学家及其著述的图表。推罗与西顿相距不超过200斯塔迪亚。在它们之间有一座被称为欧尼提斯之城（City of Ornithes）的市镇。②之后，你会到达一条河流，它在推罗附近注入大海。在推罗之后，继续行进30斯塔迪亚，你就到了帕拉—推罗（Palae-Tyre）。③

25. 之后，你就到了托勒迈斯城（Ptolemais）。它是一座大城市，在早期被称为阿科（Acê）。波斯人把这座城市用作对付埃及的基地。在阿科和推罗之间是沙质海滩。这里的沙子可以用于制造玻璃。据说沙子并不在这里熔化，而是被带到西顿，在那里熔化、浇铸。有人说，除了别的以外，西顿人还拥有适于熔化的玻璃沙。然而，也有一些人说，任何地方的任何沙子都可以熔化。在亚历山大里亚，我从一个玻璃工人那里听说，在埃及有一种玻璃质的土，如果不用这种土，五光十色和华丽的设计都无法完成，正如在其他地方那样，不同的地区需要不同的混合物。在罗马，据说许多发明既用于生成颜色，又用于提升制造能力，例如，关于玻璃器皿，在那里，你可以用一个铜币买到玻璃杯或酒杯。

26. 在推罗和托勒迈斯之间的海岸上，发生了极罕见的奇事：托勒玛亚人（Ptolemaeans）与大将萨耳珀冬（Sarpedon）作战之后，被留在了这一地区；在一次溃败后，大海就像涨潮一样起了一道波浪，淹没了逃跑者。④这些逃跑者有的丧命于大海，有的被遗尸洼地。波浪退去后海岸重新显现，在死鱼中间横七竖八地躺着死者的尸体。与埃及附近卡西乌斯山相邻的地区也发生了类似的

---

① 斯特拉波与波埃图斯一起在罗德岛人安德罗尼库斯（Andronicus）（见 Strabo, *Geography*, 14.2.13），或者在西里西亚塞琉西亚的科塞纳库斯（Xenarchus）（见 Strabo, *Geography*, 14.5.4），或者在他们两人的指导下学习，我们无法确定。

② 欧尼图波里斯（Ornithopolis），即"鸟之城"。

③ 老推罗。

④ 雅典那乌斯（Athenaeus）的描述（8.2, p.333）（征引自波塞冬尼乌斯）更为清晰：敌对双方的将领是阿帕美亚人特里弗昂（Tryphon）（见 Strabo, *Geography*, 16.2.10）和德米特里乌斯的将领萨耳珀冬。正是特里弗昂赢得了胜利，也正是他的士兵遭到了淹没。

情况。大地经历了一次迅速的震动，突然上升或下沉，结果，尽管升高的部分使海水退却，下陷的部分则被海水淹没，然而，大地则发生了相反的变化，地点又恢复到原来的位置，地面的完全互换有时会发生，有时则不会。也许这种变化受我们所不知道的周期规律的支配，人们认为尼罗河的泛滥同样如此，已经证实，它变化不定，但却遵循某种我们所不知道的规则。

27. 在阿科之后，你就到了斯特拉图之塔（Tower of Strato）[1]，那里有一座码头。在两地之间是卡梅尔山（Mt. Carmel）以及一些仅剩下名字的小镇——我指的是塞卡米诺波里斯（Sycaminopolis）[2]、布科罗波里斯（Bucolopolis）[3]、克罗科戴罗波里斯（Crocodeilopolis）[4]和其他与它们类似的市镇。继续前行，你会遇到一大片森林。[5]

28. 在此之后，你就到了伊奥贝（Iopê）。[6]从埃及开始延伸的海岸起初朝向东方，不过在这里陡然折向北方。根据某些神话作家的说法，安德罗墨达（Andromeda）正是在这里遭遇了海怪。这个地方海拔很高，据说在这里可以看到犹太的首都耶路撒冷（Jerusalem）。事实上，当犹太人推进至大海时，他们就把这里用作自己的海港。但是强盗的海港显然仅仅是他们的巢穴[7]。这里的人们不仅拥有卡梅尔山（Carmel），而且还占据着森林地带。事实上，这个地方人口充裕，可以从邻近的伊姆奈亚村（Iamneia）和周围的居住地征召40000人的军队。从那里到贝鲁西乌姆附近的卡西乌斯山的距离略多于1000斯塔迪亚。在卡西乌斯山之后，继续行进300斯塔迪亚，就到了贝鲁西乌姆。

29. 在这一行程中间，你会经过加达里斯（Gadaris），犹太人将之据为己有；此后，就到了阿佐图斯（Azotus）和阿斯卡隆（Ascalon）。从伊姆

---

[1] 希律王（Herod）把这里建设得十分宏伟，为了向奥古斯都表达敬意，把这里称为恺撒亚（Caesarea）。
[2] "桑树之城"（Mulberry City）。
[3] "牧人之城"（Herdsman City）。
[4] "鳄鱼之城"（Crocodile City）。
[5] 约瑟夫（Josephus）（Strabo, *Geography*, 14.13.3）说，靠近卡梅尔山的一个地区是一片森林（"Forests"，Δρύμοι）。
[6] 现在的雅法（Jaffa）。
[7] 见下文的第37。

奈亚到阿佐图斯和阿斯卡隆的距离约为 200 斯塔迪亚。尽管阿斯卡隆尼塔（Ascalonitae）是一座小镇，但却是一个优良的洋葱市场。哲学家安提奥库斯出生于我所生活的时代之前不久，他就是这里的当地人。伊壁鸠鲁学派的菲罗德姆斯（Philodemus）、讽刺作家梅利埃格（Meleager）和梅尼普斯（Menippus）以及我所生活时代的修辞学家提奥多鲁斯（Theodorus），则是加达里斯当地人。

30. 接下去，你就到了阿斯卡隆附近加沙亚人（Gazaeans）的港口。加沙亚人的城市位于内陆，与港口相距 7 斯塔迪亚。它曾经非常著名，但被亚历山大夷为了平地，现在仍然杳无人迹。据说从那里经陆路前往位于阿拉伯湾顶端附近的埃拉城（Aela），其行程为 1260 斯塔迪亚。海湾的顶端有两个凹陷：其中一个伸入阿拉伯和加沙附近的地区，它以凹陷之畔的城市的名字被命名为埃拉尼提斯（Aelanites）。另一个凹陷则延伸至埃及附近、与英雄之城①相邻的地区。从贝鲁西乌姆经陆路到那里的距离会更短。陆上行程要依靠骆驼穿越沙漠，在这些行程中也会见到许多爬行动物。

31. 在加沙之后，你就到了拉菲亚（Rhaphia），托勒密四世与伟大的安提奥库斯，曾在这里交兵。继续前行，就到了里诺科鲁拉（Rhinocolura）②，它这样的称谓源于早期时代迁居于此的居民，他们的鼻子都受到伤害。因为一些埃塞俄比亚人侵入埃及，他们并不处决作恶者，而是割去他们的鼻子，将其迁居至那里，认为他们由于不光彩的面庞，而不敢再为非作歹。

32. 从加沙开始的整个地区贫瘠而多沙，接下去俯瞰它的地区更是如此。那里有一座湖泊，名为西尔波尼斯湖（Sirbonis）③，它基本上与大海平行。在它与大海之间有一条通道通向所谓的埃克利格玛（Ecregma）④。这座湖长约 200 斯塔迪亚，最大宽度约为 60 斯塔迪亚。不过现在埃克利格玛已被土填塞。接下去是另一个这样的地区，它一直延伸到卡西乌斯山。继续前行，你就到了贝鲁西乌姆。

---

① 赫罗奥波里斯（Heröonpolis）。
② "Docked-nose-ville"。
③ 见 Strabo, *Geography*, 1.3.4 和 Strabo, *Geography*, 17.1.35。
④ 也即"注入"大海（"Outbreak" to the sea）。

33. 卡西乌斯是一座无水的沙丘，它形成了一座海岬。伟大的庞培就葬在那里。在沙丘上有一座宙斯·卡西乌斯（Zeus Casius）的神庙。在这个地方附近，背信弃义的埃及人谋杀了伟大的庞培。此后，是通向贝鲁西乌姆的道路，格拉（Gerrha）、所谓的卡布里亚斯（Chabrias）的帕利撒德（Palisade）和贝鲁西乌姆附近的深坑就位于道路沿途。这些深坑由尼罗河的侧流形成。这个地区天然多洞穴和沼泽。这就是腓尼基（的状况）。阿尔特米多鲁斯说，从欧尔图西亚到贝鲁西乌姆的距离为3650斯塔迪亚，其中包括海湾的曲折。从西里西亚境内科利德利斯（Celenderis）附近的梅拉埃纳（Melaenae）或梅拉尼亚（Melaniae）到西里西亚与叙利亚的公共边界，其距离为1900斯塔迪亚。从那里到奥隆特斯河的距离为520斯塔迪亚。由此到欧尔图西亚的距离为1130斯塔迪亚[1]。

34. 至于犹太，它的西端朝向卡西乌斯，那里是伊都玛亚人（Idumaeans）所在的地区和一座湖泊。伊都玛亚人是纳巴塔亚人（Nabataeans）[2]，但由于发生叛乱而被从那里[3]流放。之后，他们与犹太人生活在一起，与其形成了共同的习俗。在大海附近，西尔波尼斯湖及此后延伸至耶路撒冷的地区构成了这一区域的绝大部分。耶路撒冷也位于大海附近，我已经说过[4]从伊奥贝的海港可以看到它。这一地区朝向北方。总体来说，来自埃及、阿拉伯和腓尼基部落的混合血统的人就居住在这里，每一个地方的情况都是如此。这就是占据着加利利（Galilee）、希利库斯（Hiericus）、菲拉德尔菲亚（Philadelphia）和希律王称之为塞巴斯特（Sebastê）[5]的撒玛利亚（Samaria）的那些居民。尽管居民这样混居在一起，但是关于耶路撒冷神庙的可以接受而又流传最广的报道认为，现在所谓的犹太人的祖先是埃及人。

35. 摩西（Moses），也即埃及的一位祭司，他控制着所谓的下埃及（Lower

---

[1] 见 Strabo, *Geography*, 14.5.3 及脚注。
[2] 一个阿拉伯民族（见 Strabo, *Geography*, 16.4.21）。
[3] 阿拉伯·佩特拉（Arabia Petraea）（见 Strabo, *Geography*, 16.4.21）。
[4] Strabo, *Geography*, 16.2.28.
[5] 它的拉丁语为"Augusta"，是为纪念奥古斯都·恺撒。

Aegypt）的一部分地区。但由于对事务不满，他离开了那里前往犹太，有许多拜神者追随他前往那里。摩西教导人们说，埃及人用野兽和牛①的形象来描述神的形象是不正确的，利比亚人也犯了这样的错误。希腊人把神的形象描绘成人的形象同样是错误的。根据他的说法，神唯独是这种事物，它存在于我们所有人的周围，存在于陆地和海洋周围，我们将其称为天，或宇宙，或所有存在物的本性。如果有自知之明的话，有谁敢大胆地以我们中的任何创造物来构造神的形象呢？不仅如此，人们应当停止雕刻所有雕像，辟出圣区和配得上神的庇护所，不用偶像来拜神。有美好梦想的人应该睡在庇护所中，不仅为了自己利益的人，而且为了他人利益的人，都应睡在其中。那些过着克制与正直生活的人，应当总是期望着从神那里获得赐福，或赠礼，或征兆，而其他人则不应当期望获得它们。

36. 摩西讲述这类事情之后，说服了许多经过认真考虑的人，并把他们带到现在耶路撒冷所在的地方。他轻而易举地占据了那里，因为它既非受人觊觎的地方，又非大家的必争之地。这里多岩石；尽管水供应充足，但在它周围的地区贫瘠且无水。这一地区在半径为60斯塔迪亚的范围之内，地表以下也遍布岩石。② 与此同时，摩西提出不以武器而以他的献祭和神来作为防护，下决心寻找一块崇拜他的场所③，许诺传给人们一种崇拜仪式，这种仪式不会让采用它的人承受花费的负担，或遭受神的困扰，或遭遇其他荒谬的困难。摩西和这些人拥有公正的名声，他并没有组建平常意义上的政府，周围的所有民族，由于他对待他们的方式及给他们指明了美好的未来，都来到他的周围。

37. 摩西的继承者曾一度遵守相同的路线，正直、虔诚地待神。不过后来，先是迷信的人被委任为教士，随后专制的人也被指定为教士。迷信使他们禁吃肉食，甚至现在禁吃肉食成为他们的习俗；还从迷信中产生了割礼、切除

---

① 在其他的崇拜形式中，斯特拉波很显然指的是埃及人的公牛崇拜，他们把公牛敬为神的强大与父性的象征。
② 托泽这样解释。希腊语的意思可能是城市"以内的地区"，"60斯塔迪亚"范围之内"地表以下也遍布岩石"。
③ 用以崇拜他的城市和神庙。

(excisions)① 和其他这类仪式。从专制中产生了匪帮。② 因为一些人发动叛乱，危害这一地区，不仅祸害他们自己的国家，还殃及邻邦。而一些人则与统治者勾结，抢夺他人财富，征服叙利亚和腓尼基的大片土地。然而，他们仍然崇敬他们的卫城，不憎恶它，不把它作为专制的场所，而将它敬为圣地。

38. 这是自然之事。对于希腊人和蛮族人来说，都是相同的。因为作为国家的成员，他们生活在共同的授权之下。否则，对于任何国家的大众来说，在彼此和谐的情况下做同样一件事情（这恰好是自由之邦中生活的意义所在），或者以任何其他方式过共同的生活，都是不可能的。授权是双重的，因为它既来自神，也来自人。至少，古人对于众神的授权极其尊敬与崇拜。因此，那时请求神谕的人很多。人们前往多多纳（Dodona），"对着高大的橡树，聆听宙斯的意旨"。③ 因此，他们把宙斯当作自己的顾问。他们还前往德尔斐，"试图问询他们濒临死亡的孩子，能否继续存活下来"。④ 不过，孩子自己"正在前往弗布斯（Phoebus，日神，译者注）的家的途中，希望能够找到他们的父母"。⑤ 在克里特人中，米诺斯"作为国王进行统治，他每隔八年与伟大的宙斯交流一次"。⑥ 柏拉图说，米诺斯每隔九年就前往宙斯的洞穴中，接受他的法令，然后带回去昭告民众。他的效仿者吕库古同样如此。吕库古似乎时常前往国外，询问皮提亚（Pythian）的女祭司，他应该向拉斯第蒙人颁布哪些合适的法令。

39. 无论这些事情的事实如何，它们至少在人们中间赢得了信任与认可。因此之故，预言者也深受尊敬，人们认为他们配得上担任国王，因为他们向我们颁布神的法令及修正条款，不仅他们活着时是这样，去世后同样如此。例如，提瑞西阿斯（Teiresias），"即使他已经去世，珀尔塞福涅（Persephone）

---

① 也即女性的切除（见 Strabo, *Geography*, 16.4.9）。
② 见 Strabo, *Geography*, 16.2.28。
③ Homer, *Odyssey*,14.328.
④ Euripides, *Phoen*. 36.
⑤ *Ibid*. 34.
⑥ 见 Strabo, *Geography*, 10.4.8 和脚注。

也赋予他智慧,唯独他具有理解力,而其他人则成为飘忽的魂影"。① 安菲亚拉奥斯(Amphiaräus)、特罗弗尼乌斯(Trophonius)、俄耳甫斯(Orpheus)、穆萨乌斯(Musaeus)和格塔(Getae)人中的神[在古代是扎摩尔克西斯②(Zamolxis),他是一位毕达哥拉斯学派的学者;在我生活的时代是拜勒比斯塔斯(Byrebistas)的占卜者狄卡努斯(Decaeneus)]都是这样。在波斯珀勒尼人(Bosporeni)中,是阿卡卡鲁斯(Achaecarus);在印度人中,是修行者(Gymnosophists);在波斯人中,是玛古斯(Magi)、巫师和所谓的盘碟占卜者与水占卜者;在亚述人中,是迦勒底人;在罗马人中,则是伊特鲁里亚的出生施法者。③ 摩西也是这类人中的一位,他的继承者同样如此,不过,虽然他的继承者有好的开端,但却每况愈下。

40. 无论如何,当犹太处在专制君主的统治之下时,亚历山大首先宣布自己为国王而并非祭司。赫尔卡努斯(Hyrcanus)和阿里斯托布鲁斯(Aristobulus)都是他的儿子。当他们对帝国产生分歧时,庞培来了,推翻了他们,摧毁了他们的要塞,并且用武力攻克了耶路撒冷。耶路撒冷是一座由围墙环绕的坚固要塞。尽管它的内部水供应充足,但它的外部地区完全无水。它有一道在岩石上开凿的壕沟,深60罗马尺,宽260罗马尺。他们用凿出的石头修建塔楼,防护神庙的围墙。据说庞培等到斋戒日时占领了那座城市。在那一天,犹太人不做任何事务。庞培填塞壕沟,横跨壕沟放上梯子。并且,他下令破坏所有城墙。他还竭尽所能地摧毁匪徒的巢穴和专制君主的财库。其中的两座巢穴位于通向希里库斯(Hiericus)的通道上,我指的是特勒克斯(Threx)和陶鲁斯(Taurus),其他的如下:亚历山大里乌姆(Alexandrium)、赫尔卡尼乌姆(Hyrcanium)、玛卡鲁斯(Machaerus)、吕西亚斯(Lysias)、菲拉德尔菲亚附近的那些巢穴,以及加里拉亚(Galilaea)附近的斯塞图波里斯(Scythopolis)。

---

① Homer, *Odyssey*, 10.494,该句的翻译参阅了王焕生先生的译文。[古希腊]荷马:《荷马史诗·奥德赛》,王焕生译,人民文学出版社,1997年版,第190页。(译者注)

② 见 Strabo, *Geography*, 7.3.5。

③ 见 Strabo, *Geography*, 17.1.43。

41. 希里库斯是一座由山区环绕的平原。从某种程度上说，山区与平原之间形成了斜坡，它们宛如一座剧场。这里有一个弗埃尼孔（Phoenicon），① 尽管它主要由棕榈树构成，但其中也有其他种类栽培的树木和多产的果树。它长100斯塔迪亚，其间溪流纵横，到处是住所。这里还有一座宫殿② 和一座香脂树公园。香脂树是一种灌木，有似cytisus③ 和terminthus④，有一种芳香的气味。人们割开树皮，把汁液装入容器。汁液是乳白色黏性物质。当少量这种物质被贮存时，它会凝固。这种汁液对医治头痛、初期白内障和夜间视力微弱有很好的疗效。因此，它非常昂贵。当然，它的昂贵还由于其他地方不出产这种物质。弗埃尼孔的情况同样如此，除了巴比伦尼亚及其以外朝向东方的地区，唯独这里产出鱼尾葵（caryotic）棕榈树⑤。因此，每年可以从中获得巨额的税收。他们以香树脂（xylo-balsam）⑥ 作香料。

42. 西尔波尼斯湖（Sirbonis）⑦ 非常巨大。事实上，有人说，它的周长有1000斯塔迪亚。然而，它沿着海岸平行延伸，其距离略多于200斯塔迪亚。它的湖岸处很深，湖水的密度很大，对于潜水者无用。步入湖中的人，湖水到达肚脐时，就会漂浮起来。湖水中充满了沥青。沥青不定期地被从湖水深处吹至湖面。湖水伴随着沥青，泛起了泡沫，仿佛沸腾了一样。湖泊表面向外凸起，外形呈小丘状。伴随着沥青，还升起许多烟灰，尽管多烟，但眼睛却感觉不到。它使铜、银、任何发光的物体，甚至包括黄金，都失去了光泽。当生活在湖泊周围的居民，发现他们的器皿失去光泽时，他们知道沥青快要升起来了。他们就准备用芦苇编制的筏子去搜集沥青。沥青是块状的，起初，它因高温而融化，被吹至湖面，并扩展开来。之后，由于湖中的冷水（我们所讨论的

---

① 也即棕榈树林。
② 由伟大的希律王所建。
③ 木本苜蓿（Medicago Arborea）。
④ 笃耨香树（Pistacia terebinthus）（参见 Strabo, *Geography*, 15.2.10）。
⑤ Palma caryota，有胡桃一样的果实。
⑥ 显然，树枝被砍断时得到了这种汁液。
⑦ 显然，斯特拉波混淆了沥青矿湖（Asphaltites Lacus）（死海）与西尔波尼斯湖，后者"流入地中海"（见 Strabo, *Geography*, 1.3.4 和 Strabo, *Geography*, 1.4.7）。

湖泊中的冷水），它变成了坚硬的固体物质，因此，还需要切割。由于水的特性（我已经说过，由于这种特性，它对潜水者无用），它漂浮于湖面上。步入湖中的人，没有谁能使自己沉入水中，（相反）却总会漂浮起来。① 他们把沥青拖到芦苇筏上，进行切割，带回家中。

43. 这就是实际情况。但是根据波塞冬尼乌斯的说法，那里的人们是巫师，他们假装使用咒语、尿液和其他有恶臭的液体（他们首先把这些液体倒在固体物质上），来挤出沥青，使其变硬，然后，切成块状。除非在尿中含有这种合适的元素，（否则，不会这样）。例如，其中含有 chrysocollla②，它在患有膀胱结石者的膀胱中形成，源于童子尿中。这种活动发生在湖泊的中部是有道理的，因为火源和大部分沥青都位于湖泊中部。但沸腾是不规则的，因为火的运动，如其他许多地下的震动一样，遵循着我们并不知道的规律。埃培罗提斯（Epeirotis）境内，阿波罗尼亚发生的现象，同样如此。③

44. 其他许多证据可以证明，这一地区非常炎热。在摩萨达（Moasada）附近，可以见到许多表面被晒焦的凸凹不平的岩石。在许多地方还能见到裂缝、灰色的土；树脂从光滑的峭壁上滴下；滚烫的河水散发着难闻的气味，传播至很远的地方；到处是荒芜的居住地。因此，人们坚信当地人再三重复的传说，这一地区曾经有十三座城市，索多姆（Sodom）是其首府。这座城市方圆约60斯塔迪亚范围之内未受到破坏。由于地震，火山喷发，混着沥青和硫黄的热水，湖泊决堤了，岩石被大火层层围住。至于城市，其中的一些被吞噬，一些被逃走的人遗弃。但与此相反，埃拉托色尼说，这一地区是一座湖泊，它的绝大部分区域因决堤外流而裸露出来，与大海的情况相似。④

---

① 在最近一次游览死海时（1929年12月），译者发现，斯特拉波的整个描述完全正确。至于漂浮，一个非常胖的人步入湖中，湖水到肚脐处，就会漂浮起来，但对于一个瘦人，他可以使湖水淹没至肩膀处。

② 字面意思是"gold-solder"，译者并不知道上述文段中这个单词的意思，是孔雀石（碳酸铜），或硼酸钠（borate of soda），或者其他物质。

③ 见 Strabo, Geography, 7.5.8。

④ 如果原文正确的话，也即湖泊在许多地方决堤，就如石柱处的地中海那样（见 Strabo, Geography, 1.2.31）。但科莱斯（Corais）和克雷默（Kramer）认为，最为可能的情况是，斯特拉波这样写道"与瑟萨利的情况相似"（见 Strabo, Geography, 9.5.2 和 Herodotus 7.129）。

45. 在加达里斯（Gadaris），还存在有害的湖水。动物饮用湖水后会失去毛发、蹄子和犄角。在塔里克亚（Taricheae），湖中产出优良的可用于腌制的鱼。在湖岸上生长着果树，与苹果树相似。埃及人用沥青对死者的尸体作防腐处理。

46. 现在庞培夺取了被犹太人强行侵吞的地区，任命希律[①]担任祭司。但后来，某一个希律（上面提到的希律的后裔，是这一地区的当地人）攫取了祭司之职，但他超越自己的所有前任，在与罗马人交往和管理国家事务方面尤其如此，他因此获得了国王的头衔；先是安敦尼，后来是奥古斯都·恺撒，授予了他这样的权力。至于他的儿子们，他亲自处死了一些，因为他们阴谋反对他。他去世时，让其余的儿子作继承者，并把王国分给他们。恺撒也授予希律的儿子们、他的妹妹萨罗梅（Salomê）和他的女儿贝勒妮塞（Berenicê）荣誉。然而，他的儿子们并不成功，反而还遭到指控。其中的一个[②]定居于阿罗布罗吉亚·高卢人（Allobroges Galatae）中，在流放中度过余生。其余的儿子[③]，通过竭力地阿谀奉承才艰难地返回故乡，[④]每人获得了四分之一的统治区域。（Strabo, *Geography*, 16. 2. 1-46）

（本文根据哈佛大学出版社洛布古典丛书本译出。Strabo, *Geography*, with an English translation by Horace Leonard Jones, Harvard University Press, 1917—1932 年。武晓阳译）

---

① 显然是赫尔卡努斯（Hyrcanus）。
② 阿科劳斯（Archeläus）。
③ 安提帕斯（Antipas）和腓力（Philip）。
④ 这涉及腓力和安提帕斯前往罗马。希律王死后，阿科劳斯于公元 2 年到罗马恳求确认他父亲的遗嘱。在遗嘱中，他被确定为国王。安提帕斯和腓力两兄弟也前往罗马，如上所述，希律王的王国被分割。阿科劳斯遭到流放后，其统治区域由他的两个兄弟管理。斯特拉波似乎对这两兄弟回到犹太后的历史并不熟悉，否则他不会不提到安提帕斯的流放。人们知道，这位四分之一统治区域的长官，于公元 38 年到罗马，密谋反对他所妒忌的兄弟。不过，阿格里巴指控他与帕提亚人串通一气，并于公元 39 年把他流放至里昂（Lyons）。该条注释据 *The Geography of Strabo*, literally translated, with notes. The first six books by H. C. Hamilton, ESQ. The remainder by W. Falconer, M. A., late fellow of Exeter college, Oxford. In Three Volumes. London: Henry G. Bohn, York Street, Covent Garden, 1854，Vol. III. p. 185，注释 1。（译者注）

《厄立特里亚航海记》

《厄立特里亚航海记》是一部佚名著作，约成书于公元1世纪中期。一般认为，他的作者是一位埃及的希腊人，从事同印度的定期贸易。作者记述了他的航行经历。他首先从埃及穆塞尔港（Mussel Harbor）开始，沿着非洲海岸行进，出曼德海峡，绕过瓜尔达菲尼角，一直到达拉普塔。此后，作者开始描述阿拉伯海岸。经过波斯湾入口处后，继续描述向东行进的航线，途经奥玛纳、印度河口、巴里伽扎港、马拉巴尔海岸、斯里兰卡，直到恒河河口。从那里出发，作者还描述了有关克里塞岛（马六甲半岛）的情况。书中详细记载了印度洋沿岸的红海、东非、阿拉伯和印度东海岸的港口、商业市场、抛锚地点、潮汐、信风、地方民族部落及统治者、进出口货物、贸易管理及地方法规等。对商业贸易的关注是这部书的突出特点。《厄立特里亚航海记》反映了罗马人、阿拉伯人和印度人之间繁荣的海上商业贸易。它对我们认识和了解"海上丝绸之路"西段的形成，具有重要的参考价值。

　　1. 在厄立特里亚海滨标明的港口和附近的集镇中，第一个便是埃及的穆塞尔港。对从那里出发的人而言，继续航行1800斯塔迪亚后，在右侧就是贝雷尼塞港（Berenice）。两座港口都位于埃及的边境，都坐落在厄立特里亚海的海湾中。

　　2. 从贝雷尼塞出发，继续航行，右侧海岸是柏柏尔人（Berbers）所在的地区。沿岸生活着食鱼族（Fish-Eaters）。他们居住在散布于狭窄山谷中的洞穴中。在更远的内陆，则生活着柏柏尔人。在柏柏尔人之后，是以野兽肉为食的部落（Wild-flesh-Eaters）和以牛犊为食的部落（Calf-Eaters），每个部落都有自己的酋长进行统治。在他们之后更远的内陆，在朝向西方的地区，有一座城市，名为麦罗埃（Meroe）。

3. 在以牛犊为食的部落下方的海岸上，有一座小集镇，被称作猎人的托勒迈斯（Ptolemais of the Hunts）。从贝雷尼塞航行至此约有 4000 斯塔迪亚。在托勒密王朝统治时期，猎人们从这里开始前往内陆。在这座集镇中，有少量真正的陆龟。它们呈白色，龟壳较小。此地还有少量的象牙，就如阿都里斯（Adulis）的象牙一样。不过，这里没有海港，只有小船才能航行至此。

4. 在猎人的托勒迈斯以下约 3000 斯塔迪亚的地方，就是阿都里斯港。它依照法律修建，位于向南方延伸的海湾内侧末端。在港口的前方，有一座所谓的山岛（Mountain Island），它距离朝向大海的海湾最顶端约有 200 斯塔迪亚，其两侧都靠近大陆海岸。驶往这座港口的船只，现在因来自陆上的攻击，都停泊于此。先前，它们常常在海湾最顶端、靠近海岸的狄奥多罗斯岛（Diodorus）附近抛锚。阿都里斯在山岛对面，位于距离海岸 20 斯塔迪亚的陆地上，是一座规模相当大的村庄。科罗埃（Coloe）是一座内陆市镇，也是第一座象牙市场。从阿都里斯到达科罗埃有三天的行程。从那里（考罗伊，译者注）到人们称之为奥克苏米特斯（Auxumites）的城市，有五天多的行程。所有的象牙，都从尼罗河以外的地区，经由库纳乌姆（Cyeneum）运往那里（科罗埃，译者注），再从那里运往阿都里斯。几乎所有被猎杀的大象和犀牛，都栖息于内陆地区，不过，人们偶尔会在阿都里斯附近的海岸地带捕获大象。在市镇港口前方右侧的大海上，有许多小沙岛，人们称之为阿拉拉伊（Alalaei）。这里出产龟贝。食鱼族将它们从那里运到市场上。

5. 在那里（阿都里斯，译者注）以后约 800 斯塔迪亚的地方，有另一座很深的海湾，在海湾入口的右侧，淤积起了一大堆泥沙。海湾底部产出奥普西亚石（opsian），这里是奥普西亚石的唯一产地。从以牛犊为食的部落，到另一个柏柏尔人所在的地区，都由左斯卡勒斯（Zoscales）统治着。他行事吝啬，总是对过路者榨取尽可能多的利益。不过，在其他方面，他却诚实正直，并且熟悉希腊文学。

6. 这些地区进口的货物有：柏柏尔人所需要的未加工的埃及衣料；阿尔西诺埃（Arsinoe）长袍；染色低劣的外衣；双沿儿的亚麻斗篷；狄奥斯波利斯（Diospolis）制造的众多无色玻璃制品和其他萤石制品；黄铜、软铜片和铁，其中黄铜用作饰物，或被切割成碎块代替货币，软铜片用于制作厨具，制成妇女的手镯和脚镯，铁被制成长矛，用以对付大象和其他野兽，也用作他们在战争中的武器。除了这些商品外，它们还进口小斧头、扁斧和剑；圆形的大铜酒杯；前往市场进行交易的人所需的少量货币；数量不大的意大利和拉奥狄塞亚（Laodicea）葡萄酒；少量的橄榄油；国王所需的依照本地式样制造的金银器，衣服方面则有军用斗篷，价值不高的薄皮外套。这些地区还跨海从阿里亚卡（Ariaca）输入印度铁、钢和印度棉布，被称作莫纳克（monachê）和萨格玛托戈纳（sagmatogênê）的宽幅布料、腰带、皮外套、锦葵色布料、少量的平纹细布和用于染色的紫胶。这些地区出口的货物有象牙、龟贝和犀牛角。来自埃及的大部分货物，从一月到九月，也即从 Tybi 到 Thoth，运抵这一市场；他们大约在九月份应时地扬帆起航。

7. 从这个地方开始，阿拉伯湾折向东方，其宽度恰好在阿瓦里特斯（Avalites）湾的前方达到最窄。在航行大约 4000 斯塔迪亚之后（向东的航行都沿着同一海岸前进），有另一些柏柏尔人的集镇，也即人们熟知的"远侧"口岸。它们彼此相继，口岸之间隔有一定的距离。它们没有海港，但有碇泊处，天气好时，船只可以在这里抛锚停泊。第一个口岸名叫阿瓦里特斯，在从阿拉伯海岸到远侧海岸的航行中，到这里的航程最短。这里有一座名为阿瓦里特斯的小集镇，小船和筏子可以到达此地。这个地方进口各类无色玻璃、狄奥斯波利斯的酸葡萄汁、柏柏尔人所需要的各种加工好的衣料、小麦、葡萄酒和少量的锡。该地出口香料、少量的象牙、玳瑁、非常少的没药，不过，他们的没药比其他地区的没药更为优良。有时柏柏尔人会亲自乘筏横渡海湾，到对岸的奥塞里斯（Ocelis）和穆扎（Muza）出售这些商品。生活在此地的柏柏尔人桀骜不驯。

8. 在阿瓦里特斯之后，继续航行约 800 斯塔迪亚，就会到达另一座集镇玛劳（Malao），它比阿瓦里特斯更为优良。这里有开阔的碇泊处，并且它受到自东方凸出来的海岬的护卫。这里的当地人更加温和。该地区输入的货物，我们已经提到过，许多束腰上衣，已经加工并染色的阿尔西诺埃的斗篷、酒杯、少量的软铜片、铁及少量的金银币。这些地方出口没药、少量的乳香（是对岸知名的货物）、坚硬的肉桂、杜亚卡（duaca），印度的柯巴脂（copal）和玛契尔（macir），它们都出口阿拉伯。这里还输出奴隶，不过，比较罕见。

9. 在玛劳之后，继续航行二或三天，就到了芒杜斯（Mundus）集镇，船只可以在海岸附近一座凸出的岛屿后面安全地抛锚停泊。这里输入的货物，此前我们已经列出；它出口的商品，我们也已经提及。此外，这里输出被称为mocrotu 的香料。生活在此地的商人更善于讨价还价。

10. 自芒杜斯之后，向东行进，再经过二或三天的航行，你就会到达摩西鲁姆（Mosyllum）。它位于海滨，其锚地的停泊条件恶劣。这里进口的商品与上面已经提到的货物相同，此外，还输入银器，数量极少的铁以及玻璃等。它大量输出肉桂（因此，这座集镇需要更大载重量的船只）、香树脂、香料、少量的玳瑁、mocrotu（质量不如芒杜斯的 mocrotu）、乳香（远侧）、象牙以及少量的没药。

11. 沿着摩西鲁姆之后的海岸航行，两天后，你会到达所谓的小尼罗河（Little Nile River）、一眼优良的水泉，一小片月桂树林，大象海角（Cape Elephant）。此后，海岸退缩形成一座海湾。岸上有一条名为大象（Elephant）的河流和一大片名为阿卡纳埃（Acannæ）的月桂树林。唯独这里产出远侧（farside）乳香，不仅数量大，而且质量最优。

12. 在这个地方之后，海岸折向南方。这里有一座市场和一座陡峭的海岬——香料之家。这座海岬位于柏柏尔人海岸的最东端。由于这个地方朝向北方，停泊处时常因汹涌的海浪而非常危险。极深的海水改变颜色，变得更加浑浊，则是这里暴风雨即将来临的独有征兆。当这一现象发生时，当地人都跑到巨大的塔巴埃（Tabæ）海角上躲避灾难。这座市镇进口的货物，与上面已经提到的货物相同。这里出产肉桂（它的种类丰富，有 gizir、asypha、areho、magla、moto）和乳香。

13. 在塔巴埃之后，航行 400 斯塔迪亚，就到了帕诺（Pano）村。此后，沿着一座海岬顺流而下继续航行400斯塔迪亚，就会到达另一座市镇欧波纳（Opone）。它进口的货物与上述已经提到的商品相同。这里出产肉桂，并且产量最大（arebo、moto）。它还向外输出优质的奴隶，输往埃及的奴隶数量不断增加。这里也大量出产玳瑁，其质量优于其他任何地方的玳瑁。

14. 到所有这些远侧市镇的航行，都大约在七月份（也即 Epiphi）从埃及出发。商船也常常从大海对面的地方，从阿里亚卡（Ariaca）和巴里伽扎（Barygaza）[①]装货，把它们当地的商品运到这些远侧的市镇。其中有小麦、稻米、精炼的黄油、芝麻油、棉布、（monachê sagmatogênê）、腰带和从名叫 sacchari 的芦苇中提取的蜂蜜。一些船只特地航行至这些市镇从事贸易，一些船只则在沿岸航行时，与当地人交易货物。这一地区不受国王治理，每座市镇都有独立的酋长进行统治。

15. 在欧波纳之后，海岸在更大程度上向南倾斜，首先会到达阿扎尼亚（Azania）的大大小小的峭壁；这段海岸陡峭，沿途没有港口，不过，船只可以在一些地方抛锚停泊；这段航程需要向西南方航行六天时间。在接下去六天的航行中，会经过大大小小的海滩。此后，就进入了阿扎尼亚航线（Courses of Azania）。首先会到达萨拉皮昂（Sarapion），接着会到达尼康（Nicon）。在此之后，是几条河流和其他一些停泊的地点。这些碇泊处彼此相接，每天会到达一个碇泊处，这段航程共需七天时间。这种状况，一直持续到航行至皮拉拉克斯群岛（Pyralæ）和被称为海峡的地方时为止。在此之后，沿着奥萨尼提克（Ausanitic）海岸朝着西南稍偏南的方向航行一天一夜，就会到达米努提亚斯岛（Menuthias）。它距离大陆约300斯塔迪亚。这座海岛地势较低，岛上有河流，森林繁茂，鸟类众多，还出产山龟（mountain tortoise）。除了鳄鱼之外，岛上没有其他野兽。不过，岛上的鳄鱼并不攻击人类。在这里，有缝制的小船和用单一圆木制成的独木舟。当地人用它们来捕鱼和捕捉海龟。在这座岛上，人们还用特殊的方法捕捉它们。他们把柳条编织的篮子固定在两个水桶之间的通道上。

---

① 又译婆卢羯车。

16. 经过两天的航行后，就会到达阿扎尼亚大陆的最后一座市镇拉普塔（Rhapta）。它的名字源于上面已经提到的缝制的小船（rhaptôn ploiariôn）。在这一市场中，有大量的象牙和玳瑁。沿着这一海岸生活的居民，身材高大，习惯从事海盗活动。每一个地方的居民都由独立的酋长进行统治。玛法里提克（Mapharitic）的酋长依据某一古老权力统治着它。这一权力使它在最初就隶属于阿拉伯国家。现在，穆扎人在他的授权下控制着它。他们派往那里许多大船，用阿拉伯人担任船长和代理商。这些阿拉伯人熟悉当地人，并与后者通婚。他们还熟知整个海岸地带，而且懂得当地的语言。

17. 这些市场输入穆扎人专为这一贸易定制的长矛，以及短柄斧、短剑、锥子和各种玻璃制品。他们还从一些地方进口少量的葡萄酒和小麦，不过这些商品并不用于出售，而用以讨好蛮族人（savages）。这些地方大量出口象牙，不过其质量不如阿都里斯的象牙。他们还出口犀牛角、玳瑁（除了来自印度的玳瑁之外，这里的玳瑁销路最好）和少量的棕榈油。

18. 在贝勒尼塞之后沿着右侧延伸的大陆上，阿扎尼亚的这些市场，是最后一批市场。在这些地方之后，渺无人迹的大海大致向西弯曲，沿着埃塞俄比亚、利比亚和阿非利加（Africa）以南的地区延伸，最后，与西部大海交汇。

19. 现在，到了贝勒尼塞的左侧，从穆塞尔港出发，向东航行二至三天，横过毗连的海湾，就到了另一座海港和设防地，人们称之为白村（White Village）。这里有一条道路通向那巴塔亚人（Nabatæans）的国王玛里卡斯（Malichas）治下的培特拉（Petra）。对于由阿拉伯派往那里的小船而言，它就是一座集镇。因此，一名百夫长奉命率领一支武装部队驻守当地，对进口商品征收百分之二十五的进口税。

20. 在这个地方之后，紧接着是与之毗邻的阿拉伯地区，厄立特里亚海岸构成了它漫长的边界。这一地区生活着不同的部落，他们语言各异，有的部分不同，有的则完全相异。与大海相邻的地区，食鱼族的洞穴也星罗棋布。内陆地区则居住着凶狠的部落（rascally men），人们称之为卡尔纳提斯人（Carnaites）。他们使用两种语言，居住在村落或是游牧的帐篷中。他们抢劫航行偏离海湾中央的过客，把失事船只的幸存者俘为奴隶。不过，他们也常常被阿拉伯的国王和酋长掳走。沿着阿拉伯海岸的整个航行，都很危险，因为沿途没有海港，仅有凶险的停泊地点，并且，这些碇泊处因波浪、暗礁和各种恶劣的条件，而难以接近。因此，我们谨慎地沿着海湾中央航行，并尽快通过阿拉伯海岸地区，这种状况一直持续到布尔恩特岛（Burnt Island）为止。接下去的地区，牧民温和，遍布牛、羊、骆驼的牧场。

21. 在这些地区之后，这一海湾左侧的另一个海湾中，有一座依法而建的海滨市镇穆扎。从贝勒尼塞向南航行至此，总航程约 12000 斯塔迪亚。整个地区，阿拉伯船主和水手熙来攘往，商贸繁盛。他们同远侧海岸和巴里伽扎进行商业贸易，并派自己的船队前往那里。

22. 从这座港口出发，向内陆行进三日，就到了萨乌亚城（Saua），它位于玛法里提斯（Mapharitis）地区的中央。附属酋长（vassal-chief）科拉埃布斯（Cholæbus）居住在那座城中。

23. 此后，再行进九日，就到了首府萨法尔（Saphar），卡里巴尔（Charibael）就生活在这里，他是霍梅里特斯人（Homerites）和与之相邻的萨巴特斯人（Sabaites）两个部落的合法首领。通过不断地派遣使节和上贡礼品，他赢得了君主们的友谊。

24. 穆扎这座市镇没有港口，不过有优良的碇泊处。碇泊处及附近都是沙质海底，船只可以安全抛锚。这里输入的商品包括：紫色衣料，质量上乘及低劣者兼而有之；阿拉伯式样的长袖衣服，既有素色的衣服、普通衣服，也有绣花或织有金线的服装；番红花；芳香的灯芯草；平纹细布；斗篷；少量的毯子，既有普通的式样，也有当地的式样；不同色彩的腰带；数量适中的香药膏；为数不多的葡萄酒和小麦。这里出产适量的谷物和数量丰富的葡萄酒。国王和酋长可以得到马、骡子、精美的金银器皿、上乘的织物和铜器。它输出的当地产品有：优质没药、格巴尼特人和米纳亚人（Gebanite-Minæan）的没药，雪花石膏，以及所有已经提到的来自阿瓦里特斯和远侧海岸的商品。大约每年九月份，也即 Thoth 月，驶往这里最为合适，不过，一年之中早些时候，同样可以驶往这里。

25. 从这里出发，继续航行约 300 斯塔迪亚，阿拉伯海岸与阿瓦里提克

（Avalitic）海湾附近的柏柏尔人地区逐渐靠近，形成一条并不宽阔的水道。它沟通两个大海，并形成一座狭窄的海峡。海峡长60斯塔迪亚，狄奥多罗斯岛贯穿其中。海峡激流汹涌，在其中航行时，常会遇到来自附近山脊的强风。就在海峡之滨，有一座阿拉伯村庄奥科里斯（Ocelis），它由同一个酋长管辖。对于驶入海湾的那些人而言，与其说它是一座市镇，不如说它是锚地、供水基地和第一座码头。

26. 在奥科里斯之后，大海再次向东方扩展开来，很快就呈现出宽广的海面。航行大约1200斯塔迪亚之后，就到了海滨乡村攸达蒙·阿拉伯（Eudæmon Arabia），它也位于卡里巴尔王国（Kingdom of Charibael）境内。它有便利的锚地和供水基地，这里的水比奥科里斯的水更为甜美，更为优良。它位于一座海湾的入口，从这里开始，陆地回缩。它被称为攸达蒙，是因为在这座城市的早期，当从印度至埃及的航线还未开通，他们不敢从埃及航行至大洋对面的港口时，都前往这里。正如现在亚历山大里亚汇集了国外和埃及的货物一样，它汇聚了两个地区的货物。不过，在我们生活的时代之前不久，卡里巴尔摧毁了它。

27. 在攸达蒙·阿拉伯之后，是绵延不断的海岸，其中有一座海湾延伸了2000斯塔迪亚或更长的距离。在海湾沿岸的乡村中，生活着牧民和食鱼族。从这座海湾中凸出了一座海角，在海角以远，有另一座海滨市镇加纳（Cana），它位于乳香之国（Frankincense Country）埃里亚祖斯（Eleazus）王国境内。它的对面是两座荒芜的海岛，一座被称为鸟之岛，一座被称为多梅岛（Dome Island）。它们与加纳相距约120斯塔迪亚。从这里前往内陆，便到了首府萨巴塔（Sabbatha），国王就生活在这座城中。该国所生产的乳香，都要由骆驼运往那里，储存起来，然后，用船只或以当地安装有充气皮囊的筏子运往加纳。这里还与远侧的港口、巴里伽扎、西徐亚、奥玛纳（Ommana）以及同波斯相邻的海岸地区进行贸易。

28. 像穆扎一样，这里也从埃及输入少量的小麦和葡萄酒；还输入阿拉伯式样的衣服，不过它们质量普通，多为赝品；还输入铜、珊瑚、苏合香和诸如穆扎进口的其他产品。他们常常为国王进口精美的金银器皿、马匹、雕像

（images）和质量上乘的薄衣服。这里输出的货物有：土特产品、乳香、芦荟以及与另一些港口进行贸易的其他商品。航行至此进行贸易的最佳时节，与前往穆扎进行贸易的最佳时节相同，或者更早一些。

29. 在加纳以远，陆地急剧回缩。之后，有一座极深的海湾，被称为萨卡里特斯（Sachalites），它横向延伸了很远。乳香之国，层峦叠嶂，难以接近，笼罩在浓密的云雾之中。那里的乳香产自树上。产香料的树木，既不高大，也不浓密。它们产出的乳香，呈滴状黏附在树皮上，正像我们埃及的树木流出树脂一样。国王的奴隶和遭受惩罚者负责采集乳香。因为这些地方环境恶劣，即使沿着海岸航行，也会感染瘟疫；在那里工作的人几乎是死路一条，他们也常常因缺乏食物而丧命。

30. 在这个海湾附近，有一座朝向东方的巨大的海岬，人们称之为叙亚格鲁斯（Syagrus）。在海岬上，有一座要塞守卫着国土，还有一座海港和用以储存所收集乳香的仓库。在这座海岬对面的大海上有一座海岛，它位于叙亚格鲁斯海岬和与其相对的香料海角之间，不过它更靠近前者。人们把这座岛称为狄奥斯科里达（Dioscorida）。它面积广大，但荒芜且沼泽遍布。岛上河流纵横，出产鳄鱼、众多的蛇和巨大的蜥蜴。蜥蜴肉可以食用，蜥蜴的脂肪熔化后可以替代橄榄油。岛上不产出果实，既没有葡萄树，也没有谷物。岛上居民很少，他们生活在朝向大陆的北部沿海地带。他们为外来移民，是阿拉伯人、印度人和希腊人的混合居民，为从事商业贸易而迁居那里。这座岛上出产真正的海龟、陆龟和白龟。白龟数量众多，并因其巨大的龟壳而受人青睐。岛上还产出山龟，在各类龟中，山龟个头儿最大，龟壳最厚。其中，被以为无用的山龟，无法从下面切开，因为它们非常坚硬；而那些有用的山龟可以切开，整个龟壳能够制成首饰盒、小盘子、蛋糕碟以及其他这类器皿。岛上还产出印度朱砂，由人们从树上一点点地采集而得。

31. 正如阿扎尼亚从属于卡里巴尔和玛法里提斯的酋长（Chief of Mapharitis）一样，这座岛臣属于乳香之国的国王。来自穆扎的商人和恰巧航行到那里的达米里卡（Damirica）和巴里伽扎商人，在岛上进行贸易。他们运来稻米、小麦、印度布和少量的女奴隶，换取大量的玳瑁。现在，国王们把这座岛出租出去，并派军队戍守。

32. 在叙亚格鲁斯之后，紧接着是奥玛纳湾。它深入海岸地区，宽600斯塔迪亚。在这座海湾之后，是绵延500多斯塔迪亚的大山，这里高峻、陡峭，岩石密布，为穴居者的栖息之地。在此之后，则是一座为接收萨卡里提克（Sachalitic）的乳香而修建的港口，人们称之为摩斯卡（Moscha）。来自加纳的船只定期航行至此；从达米里卡和巴里伽扎返航的船只，如果时节已晚，它们就在那里过冬，并与国王的官员进行贸易，用他们的布匹、小麦和芝麻油，换取乳香。在整个萨卡里提克地区都堆满了乳香，它们四面敞开，不需看守，仿佛这一地区处于神灵的庇护之下。没有国王的许可，无论是公开还是秘密行动，都无法把乳香装载到船上；如若未经国王的许可，有一粒谷物装到船上，那么这艘船就无法离开港口。

33. 在摩斯卡海港以远，一列山脉沿着海岸绵延约1500斯塔迪亚。在山脉的尽头，有七座海岛，它们排成一排，人们称之为泽诺比亚（Zenobian）。在这些岛屿之后，是一片荒凉的区域，它已不再属于同一个王国，现在归波斯管辖。从泽诺比亚群岛沿这一海岸航行2000斯塔迪亚，就会遇到萨拉皮斯岛（Sarapis）。它约有120斯塔迪亚宽，600斯塔迪亚长。岛上有三块食鱼族的聚居地。凶恶的食鱼族使用阿拉伯语，束着由棕榈叶制成的腰带。岛上出产数量可观、质量上乘的玳瑁。有小帆船和货船定期从加纳驶往那里。

34. 海岸向北倾斜，朝波斯海入口延伸。沿着海岸航行约2000斯塔迪亚后，就会遇到许多岛屿，人们称之为卡拉埃（Calæi）。它们沿海岸分布。岛上的居民系奸诈之徒，极不文明。

35. 在卡拉埃群岛最上方的一端，是卡隆（Calon）群山的一列支脉。距此不远处是波斯湾口，许多人在那里潜水寻找珍珠贻贝（pearl-mussel）。海湾左侧是巍峨的阿萨本山（Asabon），右侧是人们尽收眼底的圆形、高耸的塞米拉米斯山（Semiramis）。在两座山之间，横过海峡的航程约为600斯塔迪亚。在此之后，则是巨大而广阔的波斯湾，它一直延伸到内陆深处。在波斯湾最里侧的一端，有一座根据阿伯罗古斯法（Apologus）建造的市镇。它位于查拉克斯·斯巴西尼（Charax Spasini）和幼发拉底河附近。

36. 穿越波斯湾口，经过六天的航行，就到了波斯的另一座市镇奥玛纳（Ommana）。定期有大船满载着铜、檀香木、柚木木材、红木木材和乌木，从巴里伽扎出发，前往这两座市镇。加纳的乳香也运往奥玛纳，然后，由依照当地方式缝制而成的船只，从奥玛纳运抵阿拉伯。这些就是众所周知的玛达拉塔（madarata）。这两座市镇出口巴里伽扎和阿拉伯的货物有：大量的珍珠（不过它们的质量不如印度的珍珠）、当地式样的紫色衣服、葡萄酒、数量丰富的海枣、黄金和奴隶。

37. 在奥玛尼提克（Ommanitic）地区之后，是由另一个王国管辖的帕尔西德人（Parsidæ）的地区和格德罗西亚湾（the bay of Gedrosia）。在海湾中部，有一座海角伸入其中。船只可以通过一条河由此驶入海湾。在河口处，有一座小集镇奥拉亚（Oræa）。由此向内陆行进，就会到达一座内陆城市，它距离大海约有七天的行程。国王的宫殿就坐落在这座城中。它被人们称之为——〔很可能是拉穆巴西亚（Rhambacia）〕。这一地区大量产出小麦、葡萄酒、稻米和海枣；不过，沿岸地区仅产出没药树脂。

38. 在这一地区之后，大陆由东方呈大弧形横过海湾深处。紧接着是西徐亚的海岸地区，它位于上部地区，朝向北方。整个地区沼泽密布。辛图斯河（Sinthus）就发源于这片沼泽，它水量丰富，是注入厄立特里亚海中最大的河流。这条河流程很长，大海因它而具有淡水。从海上来的人，看到自大海深处浮出水面的大毒蛇，就知道已经接近这一地区了。这条河有七个河口，河口处水浅而多沼泽，因此，除了中间的一个河口外，其余的河口都无法通航。在中间河口的岸边，有一座市镇名叫巴巴利库姆（Barbaricum）。在市镇的前方，有一座小岛；在它之后的内陆，则是西徐亚的首府米纳加拉（Minnagara）。帕提亚的小国君主们统治着巴巴利库姆，不过，他们不断地把彼此的势力驱逐出这座市镇。

39. 商船在巴巴利库姆抛锚停泊，但所有的货物都通过河流运到首都，运到国王那里。这座市场输入大量的薄衣、少量的赝品（a little spurious）、华丽的亚麻制品、黄玉、珊瑚、苏合香、乳香、玻璃器皿、金银器以及少量的葡萄酒。它出口的货物有：科斯图斯（costus）、没药树脂、枸杞、甘松香、绿松石、天青石、塞里克毛皮（Seric skins）、棉布、绢丝和靛蓝。大约在每年七月份，也即在 Epiphi，水手们乘印度季风启航前往那里：在那个时节航行更为危险，不过，由于印度季风开辟了直线航线，他们很快会到达那里。

40. 越过辛图斯河之后，就到了另一座海湾埃里农（Eirinon）。它向北延伸，不过，那里不适于航行。它由两部分组成，分别被称为小海湾和大海湾。在两个部分中，海水很浅，并且在距离海岸很远的地方，沙洲不断移动。因此，甚至常常在看不到海岸的情况下，船只也会搁浅。如果他们试图坚持自己的航线，势必遭遇海难。这座海湾中凸出了一座海岬，从埃里农开始，它呈弧形向东延伸，接着向南延伸，而后向西延伸，环绕着巴拉卡（Baraca）海湾。在巴拉卡海湾中，有七座岛屿。人们到达海湾入口处，可以通过稍微改变航向、远离海岸，避开这座海湾；而被吸入巴拉卡海湾的人将在劫难逃。因为这座海湾中，浪高流急，海水汹涌澎湃，漩涡遍布，环境恶劣。在海湾底部，有的地方陡峭险峻，有的地方岩石密布，棱角锋利，结果，抛入水中的锚遭到破坏，有的连锁被迅速割断，有的则触击海岸底部。对于从海上前往这里的人来说，大毒蛇是这些地区的标志，它们又黑又大。因为在这一海岸和巴里伽扎附近的其他地方，毒蛇的体格较小，呈亮绿色，甚至还呈现金色。

41. 过了巴拉卡湾，就到了巴里伽扎湾和阿里亚卡地区的沿海地带。阿里亚卡是纳穆巴努斯王国（Kingdom of Nambanus）和整个印度的起点。它位于内陆并与西徐亚相邻的部分被称为阿比里亚（Abiria），海岸地带被称为叙拉斯特里涅（Syrastrene）。这一地区土地肥沃，出产小麦、稻米、芝麻油、精炼的黄油、棉花，以及由棉花制成的各种质地粗糙的印度布。这里的牧场上遍布牛群。居民体格高大，皮肤黝黑。这一地区的首府是米纳加拉（Minnagara），大量的棉布从那里运往巴里伽扎。甚至时至今日，这些地方仍有亚历山大远征的痕迹，比如古老的圣地、要塞围墙和巨大的水井。从巴巴利库姆出发，沿海岸航行至巴里伽扎对面、阿斯塔卡普拉（Astacampra）前方的帕皮卡（Papica）海岬，其航程为3000斯塔迪亚。

42. 在这一地区之后，是另一座海湾，它受到海浪的侵袭，向北延伸。在海湾入口处，有一座名为巴埃奥涅斯（Bæones）的岛屿；大河迈斯（Mais）由海湾最里侧注入海湾中。驶往巴里伽扎的那些人，穿越300斯塔迪亚宽的海湾，沿着从他们船的顶端向东望见的岛屿的右侧前行，直接航行至巴里伽扎的河口。流经巴里伽扎的河流被人们称之为纳玛都斯（Nammadus）。

43. 通往巴里伽扎的海湾非常狭窄，由海洋驶入这座海湾的船只，在湾中的航行极为困难。左右两侧的通道同样如此，不过左侧通道的状况较好一些。因为在右侧，恰好在海湾入口处有一片沙洲，人们称之为赫罗涅（Herone），它狭长且布满岩石，朝向卡摩尼村（Cammoni）。与此相对，在左侧，有一座凸出的海岬，人们称之为帕皮卡，位于阿斯塔卡普拉的前方。由于四周水流湍急，海湾底部布满岩石，崎岖不平，船只停泊抛锚的锁链常被割断，它是一处环境恶劣的锚地。即使海湾入口处已变得安全，但很难发现巴里伽扎的河口，由于河岸很低，唯有距离它很近时才能辨认清楚。当你发现它时，航道因河口的浅滩而难以通行。

44. 因此，为国王服务的当地渔民，就驻守在海湾入口处装备精良的大船塔帕加（trappaga）和科泰巴（cotymba）上，由于上述原因，他们驾船沿海岸上溯至叙拉斯特里涅（Syrastrene），从那里出发，航行至巴里伽扎。他们和全体船员驾船从沙洲之间的海湾入口径直航行，之后，把船拖至固定的场所。船随着潮起潮落而在停泊处和系船池（basins）中上下起伏。这些系船池散布在远至巴里伽扎的河中，它们的水位很深。巴里伽扎就坐落在河畔，距离河口约300斯塔迪亚。

45. 印度地区河流纵横，潮起潮落蔚为壮观。在新月时潮涨，在满月时持续三天，在介于期间的时间退潮。不过，这种状况在巴里伽扎附近表现得更为显著，甚至能够看见海底；时而"桑田"变成"沧海"，时而船只正航行的"沧海"变成"桑田"。在涨潮涌入河道的情况下，河水会倒流许多斯塔迪亚。

46. 因此，对于没有经验或是第一次前往这座市镇的人来说，他们驾船驶入或驶离河口都非常危险。涨潮时，海水的冲击力不可阻挡，船只的锚无法抵御它的冲击。结果大船因被潮水的力量控制，随波逐流，被推至浅滩上，遭遇海难。较小的船只被海浪打翻。在河道中，被退潮的水流冲到一侧的船只，斜依着它们的一侧，如果不用顶杆支撑以保持船身平稳的话，涨潮会突然袭击它们，一个浪头就会把它们灌满海水。在新月时，尤其是在夜间涨潮时，海水的冲击力如此之大，以至于如果你在海水平静时驶入河口，立刻会在河口陷入困境，先听到仿佛从远处传来的军队的呐喊声，接着，海水咆哮着奔腾而来，淹没了沙洲。

47. 从巴里伽扎开始的内陆地区，分布着众多的部落，比如阿拉提伊人（Atattii）、阿拉科西伊人（Arachosii）、甘达拉伊人（Gandaræi）和波克莱斯（Poclais）人。在这一地区有布克发鲁斯·亚历山大里亚（Bucephalus Alexandria）。在这些部落的上部地区，生活着好战的巴克特里亚人，他们生活在自己国王的治下。亚历山大从这些地区出发后，绕过达米里卡（Damirica）和印度南部地区，侵入恒河流域；直至现在，德拉克马（drachmæ）仍然在巴里伽扎流通，它们源于这一地区。钱币上刻着希腊文字以及亚历山大之后的统治者阿波罗多洛斯（Apollodotus）和米南德（Menander）的头像。

48. 从这个地方向内陆和东方行进，就到了奥泽涅（Ozene）城。先前，它是皇家首府。巴里伽扎周围地区所有的生活用品都来自这个地方；我们进行交易的许多货物，玛瑙和红玉髓，印度棉布和锦葵布，大量的普通织物，同样来自这里。穿过波克莱斯运来的甘松香，从上部地区经过了同一个地方，即穿越了卡斯帕比勒纳（Caspapyrene）、帕罗帕尼塞纳（Paropanisene）、加波里提克（Cabolitic）和与之毗邻的西徐亚地区。科斯图斯和没药树脂同样如此。

49. 这座市镇输入的货物有：意大利人及拉奥狄塞亚人（Laodicean）和阿拉伯人喜欢的葡萄酒、铜、锡、铅、珊瑚和黄玉、薄衣及各种次等的衣服，一腕尺宽的色彩鲜艳的腰带，苏合香、草木樨、无色玻璃、雄黄、锑、金银币（用金银币与当地货币交易可获得利润），数量不大也并不昂贵的油膏。那些地区为国王输入极其昂贵的银器、歌童、充任妻妾的美丽少女、优质的葡萄酒、做工最好的薄衣和上等的油膏。这些地区输出甘松香、科斯图斯、没药树脂、象牙、玛瑙和红玉髓、枸杞、各种棉布、丝绸、锦葵布、纱线、荜茇以及从众多集镇运抵这里的其他货物。人们从埃及驶往这座集镇，大约在七月，也即在Epiphi，航行非常有利。

50. 在巴里伽扎之后，与其相邻的海岸由北向内呈直线延伸，由此，这一地区也被称为达契纳巴德斯（Dachinabades），因为在当地语言中，达查诺斯（dachanos）的意思是"南方"。从海岸地带向东方延伸的内陆地区，有许多沙漠和大山；生活着各类野兽——豹子、老虎、大象、大毒蛇、土狼、各种狒狒；还有许多民族，他们人口众多，分布的地区一直延伸到恒河河畔。

51. 在达契纳巴德斯的市镇中，有两座市镇非常重要。一座是帕塔纳（Pæthana），从巴里伽扎向南行进约20天，就到了这里。从帕塔纳向东行进约10天，就到了另一座城市塔伽拉（Tagara）。人们把这些地区的产品，把帕塔纳出产的大量红玉髓，塔伽拉产出的大量普通织物、各种平纹细布和锦葵布，以及从附近沿岸地区运抵那里的其他商品，通过四轮马车，穿越没有道路的广阔区域，运到巴里伽扎。至达米里卡（Damirica）末端的整个行程有7000斯塔迪亚；不过，到海岸地区的距离会更远。

52. 在巴里伽扎之后，这一地区的市镇依次为：苏帕拉（Suppara），卡里埃纳（Calliena）城，在老萨拉加努斯（Saraganus）时期，后者成为一座合法的市镇。不过，自从散达勒斯（Sandares）统治这座市镇后，港口在很大程度上被阻隔。在那里靠岸的希腊船只，有时会被解往巴里伽扎。

53. 在卡里埃纳之后，是这一地区的其他市镇：塞米拉（Semylla）、曼达高拉（Mandagora）、帕拉帕特摩埃（Palæpatmæ）、米里兹加拉（Melizigara）、拜占庭（Byzantium）、托加鲁姆（Togarum）和奥兰诺波亚斯（Aurannoboas）。接着是塞塞克里纳埃群岛（Sesecrienæ）、埃吉吉伊群岛（Aegidii）、卡埃尼塔群岛（Cænitæ），后者位于科尔索涅苏斯（Chersonesus）对面（有海盗在这些地方出没）；之后，则是白岛（White Island）。接下去是达米里卡的第一批市场纳拉（Naura）和泰狄斯（Tyndis）。之后，是穆兹里斯（Muziris）和尼尔辛达（Nelcynda），现在它们发挥着主导作用。

54. 泰狄斯是一座村庄，位于科罗波特拉（Cerobothra）王国境内，地处海滨一个显著的位置。穆兹里斯位于同一王国境内，在那里，来自阿拉伯的商船和希腊人派去的货船熙来攘往。它坐落在一条河附近，到泰狄斯的水路航程为500斯塔迪亚，顺流而下，航行20斯塔迪亚，就到了海滨地区。尼尔辛达地处另一个王国——潘狄亚（Pandian）王国境内，到穆兹里斯的水路航程约为500斯塔迪亚。它也位于一条河的河畔，与大海相距约120斯塔迪亚。

55. 在这条河的河口，有另一座村庄巴卡勒（Bacare），从尼尔辛达出发的船只，可以顺流而下，到达那里；它们在碇泊处抛锚停泊装载货物，因为这条河中浅滩遍布，河道淤塞。这两座市镇的国王都居住在内陆。对于从海上去的人来说，见到浮出水面的大毒蛇，就表明已经接近这些地区。这些大毒蛇体型较短，头部像蛇，长着血红的眼睛。

56. 由于这些市镇出产大量的优质胡椒和三条筋树叶，他们每年都会派大船前往那里。首先，这里输入的货物有：大量的货币、黄玉、少量的薄衣服、华丽的亚麻制品、锑、珊瑚、毛玻璃、铜、锡、铅和少量的葡萄酒，不过，葡萄酒的数量与输往巴里伽扎的数量相当；雄黄和雌黄；足够维持水手生活的小麦，因为那里的商人并不经营这种商品。这里输出胡椒，唯独这些市场附近的科托纳拉（Cottonara）地区出产大量的胡椒。此外，这里还出产数量丰富的优质珍珠、象牙、丝绸、产自恒河地区的甘松香、产自内陆地区的三条筋树叶、各种透明的石头、钻石、蓝宝石和玳瑁。其中，玳瑁产自克里塞岛（Chryse）以及达米里卡沿岸的岛屿。他们大约在七月，也即在 Epiphi，从埃及启航，在最有利的季节航行至此。

57. 上面描述的从加纳到攸达蒙·阿拉伯的整个航程，他们习惯于驾驶小船，沿着海湾的海岸附近航行。领航员希帕鲁斯（Hippalus）通过观测海港的位置和大海的状况，第一次发现了如何沿直线穿越海洋。当我们的地中海季风兴起时，在印度海岸，来自大洋的季风也同时兴起，这种西南风被称为希帕鲁斯，这一名字源于他最早发现了横越大洋的航线。从那时直至现在，有的船只直接从加纳出发，有的则直接从香料海角出发。驶往达米里卡的船只已经摆脱了风向的影响；然而，驶往巴里伽扎和西徐亚的船只，沿岸航行不会超过三天时间；在剩余的时间中，它们乘着季风，从那一地区沿同一航线径直驶入大海，沿着远离大陆的航线航行，因此，它们在外海航行绕过了上述海湾。

58. 在巴卡勒之后，是暗红山脉（Dark Red Mountain）和帕拉里亚（Paralia）地区，后者沿海岸向南延伸。第一个地方被称为巴里塔（Balita），它有一座良港和一座海滨村庄。接着是另一个地方，名叫科玛里（Comari），它有一座科玛里海角和一座海港。希望安度余生的人们前往这里沐浴、定居，过独身的生活；妇女们同样如此。据说，一位女神曾在这里定居、沐浴。

59. 这一地区从科玛里向南延伸至科尔契（Colchi），属于潘狄亚王国。它有采珠业，由被判决的罪犯从事这项工作。在科尔契之后，是所谓的海岸地区（Coast Country），它位于海湾附近，其中有一片内陆区域，人们称之为阿尔加鲁（Argaru）。正是在这里而不是在其他任何地方，可以收购附近海岸地带的珍珠。这里出口一种被称为阿加里提克（Argaritic）的平纹细布。

60. 在这些地区的市镇与来自达米里卡和北方的船只驶入的港口中，最重要的，以地理为序依次是，卡玛拉（Camara）、波都卡（Poduca）和索帕特玛（Sopatma）。在这些港口中，有远至达米里卡沿岸地区的船只。其他由许多原木捆绑而成的大型木筏，人们称之为散加拉（sangara）。驶往克里塞与恒河的船只非常巨大，人们称之为科兰狄亚（colandia）。这些地方输入达米里卡生产的一切商品，无论何时从埃及带来的绝大部分产品，从达米里卡带来的以及经帕拉里亚（Paralia）运来的各种商品。

61. 在接下去的地区，航线折向东方。在朝向西方的大海上，有一座海岛名为帕拉西姆都（Palæsimundu），古人称之为塔普罗巴涅（Taprobane）。北部地区，其长度有一天的行程；南部地区逐渐折向西方，几乎与阿扎尼亚对面的海岸相连。这里出产珍珠、透明的宝石、平纹细布和玳瑁。

62. 在这些地方附近，是玛萨里亚（Masalia）地区。它在内陆地区的前方沿着海岸延伸了很远。那里出产大量的平纹细布。越过这一地区，向东航行，穿过相邻的海湾，就到了多萨勒涅（Dosarene）地区，这里出产著名的多萨勒涅象牙。在这一地区之后，航线折向北方，该地生活着大量的蛮族部落。其中有西拉达人（Cirrhadæ），他们的鼻子被削平，极为野蛮；另一个部落巴尔古西人（Bargysi），生着马面和长着长脸的部落，据说他们是食人族。

63. 在这些地区之后，航线再次折向东方。沿着大洋的左侧、剩余海岸的右侧航行，恒河便映入眼帘。在它附近是朝向东方的最后的陆地克里塞。在距离克里塞不远处有一条河，人们称之为恒河。它的河水像尼罗河一样泛滥、退却。在恒河河畔，有一座与之同名的市镇。它输出三条筋树叶、恒河甘松香（Gangetic spikenard）、珍珠和最为优良的平纹细布，人们将后者称为恒吉提克（Gangetic）。据说这些地区附近存在金矿，这里流通一种被称为卡尔提斯（Caltis）的金币。在海洋中恰好有一座岛与这条河相对。人类居住世界的最后一部分朝向东方，被称之为克里塞，沐浴在冉冉升起的太阳的光辉之中。在厄立特里亚海沿岸的所有地区中，这里出产的玳瑁最为优良。

64. 在这一地区之后的正北方，秦斯（This）地区构成了大海的尽头。这里有一座非常伟大的内陆城市秦那（Thinæ），生丝、绢丝和丝绸从那里通过陆路，途径巴克特里亚，运往巴里伽扎；它们还经恒河出口至达米里卡。不过，秦斯地区很难到达。从那里来的人很少，他们也很少来。这一地区位于小熊座（Lesser Bear）之下，据说，它与本都最遥远的地方及卡斯皮亚海接壤。卡斯皮亚海与玛奥提斯湖相邻，它们都注入大洋中。

65. 每年都会有一群男子聚集于秦斯的边界地区，他们身材短小、宽阔，面部扁平，天生爱好和平，被称为贝萨塔（Besatæ），几乎完全处于未开化状态。他们挈妇将雏，带着大包和由绿葡萄叶状的叶子编成的篓子。他们在自己与秦斯人之间的一个地方相聚，以展开的篮子为席子，举行几天宴会，之后，返回自己在内陆的居所。当地人看到他们进入那一地区，收起席子，他们便从织物中抽出被称为培特里（petri）的纤维。他们把叶子层层压在一起，用席子的纤维把它们穿破，制成叶球。叶球有三种类型：大三条筋树叶叶球，它由最大的叶子制成；中号三条筋树叶叶球，它由较小的叶子制成；小三条筋树叶叶球，它由最小的叶子制成。因此，存在三种三条筋树叶，由采集它的人带到印度。

66. 在这些地方之后的地区，要么因漫长的冬天和严寒而很难到达，要么因众神神力的影响而无法探寻。

（本文根据 W. H. 肖夫整理翻译的版本译出。*The Periplus of the Erythræan Sea, Travel and Trade in the Indian Ocean by A Merchant of the First Century*, translated from the Greek and annotated by Wilfred H. Schoff, A. M. Longmans, Green, And Co., London, Bombay and Calcutta, 1912。武晓阳译）

昆图斯·库尔提乌斯《亚历山大史》(选译)

昆图斯·库尔提乌斯的《亚历山大史》，是有关亚历山大的一部重要古典作品。一般认为，昆图斯·库尔提乌斯生活于帝国早期，曾担任过执政官，在克劳狄元首时期完成了这部著作。他的作品也是流传于世的唯一一部专述亚历山大生平和业绩的拉丁语古典著作。全书共十卷，第一卷和第二卷已完全遗失，第五卷末尾至第六卷开头部分及第十卷中，也有一些内容散佚。这部著作的史料主要源于克里塔尔库斯的作品。但作者显然也阅读过托勒密的著作，广泛使用了其他人的材料。他的撰述风格深受李维、塞涅卡等人的影响，以至于 R. B. 斯蒂尔说，"他给我们提供了一部充满罗马色彩的亚历山大史"。这部作品为我们提供了其他亚历山大史家所没有的信息，有其独特的史料价值。本译文节选了库尔提乌斯作品的第九卷，它主要描述亚历山大在印度的征服活动及从印度返回的经历。其中，尼阿库斯率舰队从印度河口沿海路西返，在某种程度上可以说是探索海上交通的一次尝试，客观上为后来东西方海上交通的形成与发展做了准备。

第九卷目录

亚历山大推进至希帕西斯河（Hypasis）。他征服了许多民族与城市。描述了他们的风俗习惯（i）。

当亚历山大准备渡过希帕西斯河攻击两个强大的民族时，他的士兵们表现出厌倦，不愿继续前进。国王在一场雄辩的演讲中恳求他们的忠诚（ii）。

科埃努斯（Coenus）代表士兵回复国王。亚历山大最终建造了12座祭坛以纪念他的远征，并创建尼卡亚（Nicaea）和布克法拉（Bucephala），之后，撤军。他准备了一支舰队，沿希帕西斯河顺流而下。科埃努斯病逝（iii）。

亚历山大征服了西比人（Sibi）。他在希达斯皮斯河与阿克西涅斯河交汇处遭遇了极大危险，不过还是抵达了玛里人（Malli）所在的地区。士兵们再度表现出不满，但国王的演讲激起了他们的热情。他不顾预言者的警告而攻城，击败了蛮族人（iv）。

他从要塞的城墙上跳入敌人中间，在经过以寡敌众的战斗之后，遭受重伤，不过被他的卫队士兵挽救（v）。

国王在伤口愈合之前公开露面。他的朋友们规劝他更多地考虑自己与大家的安全。他表达了感激，但仍坚持自己的决定，要征服整个世界（vi）。

巴克特里亚的希腊人中发生了骚乱。来自玛里人和苏德拉卡人（Sudracae）的使节表示归降。亚历山大为他们举行宴会。在宴会上，雅典人狄奥克西普斯（Dioxippus）和马其顿人科尔拉塔斯（Corratas）进行决斗。希腊人获得了胜利，但因他的敌人们的诽谤而自杀（vii）。

亚历山大沿着印度河顺流而下抵达帕塔拉（Patala），征服了附近的部落。托勒密被毒箭射伤，但被神奇地治愈（viii）。

亚历山大终于如愿以偿，到达了海洋，但因潮汐和他的水手缺乏经验而遭遇危险（ix）。

亚历山大让尼阿库斯（Nearchus）率领舰队探察海洋，并从海路返回，自己经过广阔的科德罗西亚沙漠返回。在这座沙漠中，军队遭遇了严重的饥饿与疾病。最终，他抵达了卡尔曼尼亚（Carmania），并以狂欢游行的方式穿过那一地区（x）。

第九卷

I 亚历山大对这次重大胜利感到非常高兴,他认为东方的边界向自己敞开了大门,于是向太阳神①奉献牺牲。接着,他为使自己的士兵也欣然迎接剩余的战争,召开了一次会议,在赞扬士兵们之后,告知他们,无论印度人拥有多么强大的力量,他们(印度人,译者注)在最近一次战役中已被击败。从此以后,那里将只剩下丰厚的战利品了。他们正前往的地区,拥有享誉世界的财富。并且,亚历山大说,从波斯人那里夺来的战利品此时显得廉价而低劣,他的听众将不仅使自己的家中,而且使整个马其顿和希腊都充满宝石、珍珠、黄金与象牙。

士兵们不但渴望得到财富,而且也渴望获得荣誉,同时,因为国王的主张从未使他们失望过,于是就允诺效劳。在他们满怀美好的希望被解散后,亚历山大下令建造船只,以使他们在越过整个亚细亚后,能够到达世界的尽头——大海。在附近的山上,有用于造船的丰富的木材②。他们开始砍伐树木时,发现的蛇体型庞大,前所未闻。③在那些山中还有犀牛,这种动物在其他地方很少见到。④不过,是希腊人给这种动物命名,印度人不熟悉那种语言,就使用了自己语言中的一个词语。

国王建造了两座城市⑤,它们分别位于他所渡过河流的两岸。他赠送给每名部队军官一顶金质王冠和 1000 枚金币;对其余的士兵,也按照在与他友谊中的地位或他们的效劳进行相应的奖励。在亚历山大同波鲁斯交战之前,阿比萨勒斯曾向他派出使节。此时,阿比萨勒斯再度遣使来见,允诺将执行国王的一切命令,唯一的条件是,自己不能受迫向亚历山大投降。因为没有王权,他宁

---

① 狄奥多罗斯说(xvii. 89. 3),这是因为,神使他获得了对东方人的胜利。阿里安(v. 20)仅说"向众神献祭"。
② 尤其是雪松,Diod. xvii. 89. 4; Strabo xv. 1. 29。
③ 狄奥多罗斯(Diod. xvii. 90. 1)说,长 16 腕尺,它们是巨蟒。
④ 参见 viii. 9. 17,这一说法的真实性值得怀疑。
⑤ 在 ix. 3. 23 中提到的尼卡亚和布克法拉。

愿死去；作为一名俘虏进行统治，他也不愿生存。亚历山大下令告知阿比萨勒斯，如果他不愿来见自己，那么，他将亲自去找阿比萨勒斯。

接着，亚历山大在渡过一条非常湍急的河流之后，推进至印度的内陆地区。这里有几乎无边无际的森林，①参天大树形成了树荫。它们的绝大部分树枝与粗壮的树干一样庞大，树枝垂至地面，又从它们的弯曲处生长起来，结果它的外形不像树枝再次生长起来，而像一棵树由它的根部生长起来。②当地空气的温度有益健康，水泉涌流，水量丰富。不过，这里也存在大量的蛇，③它们的鳞片闪着夺目的金光。蛇毒危险无比，人一旦被它们咬中，会立刻死亡，除非当地人提供解药。他们从这里出发越过沙漠，④到达希拉奥提斯河（Hyraotis）⑤河畔。在这条河的附近有一片树林，树荫浓密，盛产在其他地方未曾见过的树木，树林中也栖息着大量野生孔雀。亚历山大从这里拔营出发，通过包围，占领了附近的一座市镇，在接收人质后，向它征收贡金。

接下去，亚历山大到达了一座城市。就那一地区而言，它是一座大城市，不仅有一道围墙保护，而且还有一座沼泽护卫。⑥蛮族人将战车连在一起投入战斗。一部分人配备了长矛，一部分人则手持斧头。当蛮族人要帮助自己遭遇困难的士兵时，他们就迅速从一辆战车跳到另一辆战车上。起初，马其顿人在远处遭到创伤时，对这种不同寻常的作战方式感到恐惧。接着，他们便对这种混乱的策略不屑一顾，从两侧包围战车，开始杀死那些抵抗者。为了能更容易地逐个包围战车，亚历山大下令砍断将战车连在一起的纽带。敌人在损失 8000 人之后，逃回市镇中。第二天，城墙四周稳固地架起了梯子，城市因遭受攻击而失守。一小部分人迅速逃脱。当知道城市被毁的那些人游过沼泽时，他们宣称，必定是由众神组成的无敌之师已经到来，这给附近的市镇带来了巨大的

---

① 这表明，他起初向北行军。
② 参见 Strabo xv. 1. 21。
③ 参见 Diod. xvii. 90. 5。
④ 亚历山大转向朝南方行军。
⑤ Hydraotis, Arr. v. 4. 2；现在的拉维（Ravi）。
⑥ 这表明，这座城市可能位于现代的拉哈尔附近。

恐惧。

亚历山大派佩尔狄卡斯率一支轻装部队去摧毁那个地区，将一部分军队交给攸米尼斯（Eumenes）①，以让他也能迫使蛮族人投降。亚历山大自己率其余的部队到达了一座坚固的城市，其他城市的当地居民也在那座城中避难。被围者派使节恳求国王宽恕，但他们也在备战。因发生分歧，这使普通民众形成了持不同意见的派别。一部分人主张任何行动都比投降更为可取，而另一部分人则认为他们自己无力抵抗。不过，当他们无法达成一致时，渴望投降的那些人打开城门，让敌人进入城中。亚历山大尽管对主张战争的人感到愤怒，但他仍赦免了所有人，接收人质后，从那里拔营前往下一座城市。人质走在军队的前方，居民从城墙上认出他们时，因都属于同一个民族，就召集他们参加会议。人质告诉这些居民，他们的国王很仁慈，同时也告诉他们，他们的国王很强大，促使这些居民投降。亚历山大以相似的方式征服了其余的城市，并把它们置于自己的保护之下。

亚历山大从这里进入索皮特斯（Sopithes）②的王国。如蛮族人认为的那样，那个民族智慧超群，依照良好的传统进行管理。他们不是根据父母的判断，认可并养育出生的孩子，而是由受委托负责检查孩子体格的那些人决定。如果这些人注意到孩子有明显缺陷或是他们某部分肢体残疾，就下令把他们处死。他们结婚，不是基于家庭或等级，而是基于个人出众的英俊与美丽，因为它（英俊、美丽。译者注）是评价孩子的依据。索皮特斯亲自控制着这个民族的一座市镇，亚历山大曾调军进攻它。这座市镇城门关闭，城墙及塔楼上没有部署全副武装的士兵。马其顿人无法判定居民们是放弃了城市，还是诡诈地藏了起来。突然一座城门打开，印度人的国王和他的两个已经成年的儿子出现了。国王外表英俊，富有魅力，在蛮族人中无与伦比。③他身着长袍，长袍饰金绣紫；脚穿镶有宝石的金色凉鞋。他的肩膀和手臂上装饰着珍珠；耳朵上佩戴的珍珠，

---

① 参见 Arr. v. 24. 6。
② 参见 Arr. vi. 2. 2。
③ 参见 Diod. xvii. 91. 7; Strabo xv. 1. 30。

硕大而颜色洁白①，引人注目。他的金色权杖上镶嵌着绿宝石。索皮特斯把权杖交给亚历山大，祈祷他接受权杖会带来好运。他自己、他的孩子连同整个民族都臣服于亚历山大。

在那一地区，出产著名的猎犬。据说它们看到野兽时会抑制吠叫，尤其是狮子的敌人。索皮特斯为向亚历山大展示它们的力量，下令把一头体型非常庞大的狮子带入用墙围住的场地中，并将四只犬带入其中。它们迅速攻击狮子。接着，在习惯于做这些服务的人中，有一人开始捉住一只犬的腿将它拉开，它与其余的猎犬正咬着狮子。因为那条犬没有松口，所以，他用刀砍断了犬的那条腿。即便这样也没有制服固执的猎犬，他又砍去猎犬的另一条腿。当那条犬仍然以同样的力量紧紧地咬着狮子时，他开始砍击它的身体。不过，即使那条犬已奄奄一息，它的牙齿仍牢牢地咬着狮子。这就是狩猎的渴望，据说自然界把它"移植"到了那些动物身上。就自己而言，我报道的事情要多于所相信的情况；我无法担保自己感到怀疑的事情，也不能隐瞒我所听到的消息。之后，亚历山大让索皮特斯留在自己的王国中，他推进到希帕西斯河（Hypasis）②河畔，与赫菲斯提昂会合。后者征服了一个不同的地区。菲古斯（Phegeus）③是接下去那个民族的国王。他下令让他的属民像往常那样在田间劳作，自己前去迎接亚历山大，执行他（亚历山大。译者注）的一切命令。

II 国王与菲古斯在一起停留了两天时间。第三天，他决定越过那条河。它很难渡过，这不仅由于它的水面宽阔，而且也因为河中岩石遍布。于是，亚历山大向菲古斯询问自己需要了解的情况。他得知，在这条河以远的地区，有一段穿越沙漠的 12 天的行程。接下去，他们就会到达恒河，它是全印度最大的河流。在恒河对岸，居住着恒加里达人（Gangaridae）和普拉西伊人（Prasii）。他们的国王阿格拉米斯（Aggrammes）④率 2 万骑兵和 20 万步兵阻断了道路。除此之外，他还率领着 2000 辆战车和大象，后者令人恐惧。菲古斯说，阿格

---

① 见 Pliny, *N. H.* ix. 56（113）。
② 这一拼写比 Hyphasis 更权威。这条河在与萨特累季河（Sutlej）交汇之前被称为比亚斯河（Beas）。
③ 参见 Diod. xvii. 93. 1。
④ 这一名字（—Αγγράμμης—Angrammes）值得怀疑。Diod. xvii. 93. 2 写作 Sandrames。

拉米斯拥有的大象多达 3000 头。

对亚历山大而言,所有这些似乎都难以置信。为此,他询问跟随自己的波鲁斯,菲古斯所言是否真实。波鲁斯向他保证,这一民族和这个王国的力量未被夸大。不过,统治者不仅卑微,而且属于最低阶层。事实上,阿格拉米斯的父亲是一名理发师,日常收益勉强使他不致挨饿。他因相貌英俊,为王后所爱。在王后的提携下,他与在位的国王建立了亲密的友谊。他背信弃义地杀死国王,假借国王的孩子监护人的职责篡夺了王位。接着,他谋杀国王的孩子,生育了现在的国王。现任国王遭到臣属的憎恨与鄙视,他更关注父亲而并非自己的命运。波鲁斯的陈述使国王(亚历山大)心中充满了各种担忧。他蔑视敌人及其大象,但却畏惧自然地形与汹涌的河流。追击并驱逐几乎已被赶至人类最远边界的那些人看似一项艰难的任务。在另一方面,他对荣誉的热切渴望,对名声难以满足的渴求,似乎不容许有无法到达的地方存在。他有时也在怀疑,马其顿人在跨过如此广阔的地区,于战争和军营中慢慢变老之后,[1]是否会追随自己越过阻挡他们的河流,跨越自然在他们的征途中设下的重重艰难险阻。他担心,他们满载着战利品,对它们感到满足,宁愿享受他们所得到的东西也不愿因要获取更多的战利品而使自己精疲力竭。他认识到,自己与士兵们的想法并不相同,他胸怀统治整个世界的理想,并仍处在事业的起点上,[2]而士兵们则被辛劳耗尽了精力,认为此时危险已最终结束,正追求他们近在咫尺的劳动果实。

亚历山大的雄心战胜了理智,他把士兵们召集在一起,大致以这样的言辞向他们发表演说:"士兵们,我非常了解,最近这些天中,印度民族蓄意传播使你们深感惊恐的事情。但你们并非不熟悉撒谎者的诡计。波斯人将西里西亚的通道、美索不达米亚平原、底格里斯河与幼发拉底河——其中一条河我们涉水而过,另一条河我们经由桥梁通过——描述得十分可怕,就是如此。名声从不会带着确定性传播,它报告的一切都被夸大了。就连我们的荣誉,尽管建立在

---

[1] 这并不适用于整个军队。
[2] 参见 ix. 3. 9。

坚实的基础之上,其名声也大于实际。但过去,谁会相信我们能够战胜看起来犹如城墙一样的大象,越过希达斯皮斯河与传闻大于真实情况的其他障碍呢?天哪!如果仅仅传说就能征服我们,那我们早就应从亚细亚逃走了。

"大象是稀有动物,不易捕获,更难驯服,你们认为印度成群的大象,比其他任何地方的牛群更多吗?① 并且,他们计算的步兵和骑兵的数量同样不真实。事实上,河面越宽阔,河水流得越平静。因为当河水受到向一起靠拢的河岸的限制,并因此冲入较狭窄的河道时,它们形成了急流;与此相反,当河水流入宽阔的河道时,水流会更加缓慢。除此之外,所有危险都会发生在河岸上,当我们的船只靠岸时,敌人会在那里等待着我们。因此,无论横在我们前面的河流多么宽阔,我们登陆时都会遇到同样的危险。不过,让我们设想所有那些情况都为真实,那么,体型庞大的大象,或者数量众多的敌人会使我们感到恐惧吗?就大象而论,我们最近的经历就在眼前。它们以更大的愤怒冲击自己一方的士兵而不是我们。它们尽管体型庞大,但却被斧头与弯刀严重损伤。当你们看到一两头大象受伤后其余的大象被迫逃窜时,它们有波鲁斯所率大象之众,或者有3000头,这又有何不同呢?此外,他们甚至驾驭少数大象都存在困难与不便,数千头大象聚集在一起时,它们会互相踩踏——大象数量众多,体型庞大而笨重,既无法站立,也无法逃离。就自己而言,我拥有这些动物后,非常蔑视它们,没有用其来对付敌人,深知它们给自己一方造成的伤害比给敌人造成的更大。

"但有人或许会说,正是数量众多的步兵与骑兵让你们感到惊恐!因为你们已经习惯同小规模军队作战,此时,将第一次不得不与一群乌合之众对抗!格拉尼库斯河,波斯人在西里西亚血流成河,阿柏拉平原上遍布着被我们决定性地击败的那些人的尸骨,它们证明了马其顿人在对付数量占优者时,不可战胜。你们通过自己的胜利将亚细亚变成一片荒漠之后,开始点数敌人的军队为时已晚。我们航行越过赫勒斯滂(Hellespont)海峡时,才是你们考虑我们数量很少的时间。此时,西徐亚人追随着我们,我们的巴克特里亚辅助部队即将

---

① 这与斯特拉波(Strabo xv. 1. 42)和普林尼(Pliny, *N.H.* viii. 7. 7 (23))的观点相矛盾。

| 昆图斯·库尔提乌斯《亚历山大史》（选译）

到来，达哈人与索格迪亚人正在我们的队伍中作战。然而，我不信任那群乌合之众。我依靠你们的双手，把你们的英勇当作我即将去完成的事业之保证。我只要与你们一起并肩作战，就不会点数自己的军队，也不会计算敌人军队的数量。你们只需献给我充满热情与自信的心。我们不是站在劳作与劳苦的起点上，而是站在了它们的终点上。我们已到达海洋与太阳升起的地方，如果不是受到懦弱的阻碍，我们在征服整个世界之后，将从那里胜利地回到祖国。

"不要像懒惰的农夫一样，因疏忽让成熟的庄稼从手中溜走。奖赏会超过危险。那个地区不但富庶而且居民并不好战。① 因此，我与其说是带领你们去赢得荣誉，不如说是去获得战利品。你们值得把大海抛到岸边的财富带回祖国，② 值得尝试一切行动，不要因恐惧而遗漏任何东西。依靠你们自己，你们的荣誉——在这方面你们已经超越了凡人，依靠你们对我的效劳和我对你们的服务——我们在这种行动中互相竞争，我请求你们，我恳求你们，不要抛弃自己的养子和战友——而不说是你们的国王——因为他正在接近世界的尽头。我已命令你们去做其余所有一切，应把这件事归功于你们。我请求你们这件事，自己若没有身先士卒，冲锋陷阵，遭遇危险，从不会命令你们去做任何事情；我常常用自己的盾牌保护着部队。如果复仇女神没有干涉，请不要折断我手中的棕榈枝，拥有它，我将与赫拉克勒斯和父神里伯比肩而立。请同意我的祈求吧，最终打破你们持续的沉默。象征你们渴望的呐喊声在哪里呢？我的马其顿人，你们脸上的那种表情在哪里呢？我的士兵们，我无法认出你们，你们也似乎无法认出我了。我很长时间都在叩击充耳不闻的耳朵，都在试图唤起疏远的精神和消沉的意志。"

当士兵们垂下面庞依然保持沉默时，亚历山大继续道："我无意之中，以某种方式让你们失望，这使你们甚至不希望看到我。我自己仿佛置身于一座荒漠中，无人回应，哪怕是拒绝。我正在向谁发表演讲呢？我在请求什么呢？我们正在维护你们自己的荣誉和伟大。不久前，在谁应获得荣誉抬着他们受伤国

---

① 这既与 ix. 2. 3-4 相左，也与 Arr. v. 25. 24 相矛盾。
② 珍珠。见 Amm. xxiii. 6. 85。

239

王身体的问题上,我看到互相竞争的那些将士,在哪里呢?我被丢弃了,我被抛弃了,我被交给了敌人。但即便一个人,我也会坚持前进。① 让我遭遇大河、野兽和仅名字就让你们感到恐惧的民族吧!尽管被你们抛弃,但我会找到追随我的士兵。西徐亚人和巴克特里亚人会追随我。他们不久前是我们的敌人,但现在成了我们的战士。勉强进行指挥,我宁愿死去。你们返回家乡吧!在抛弃自己的国王之后,胜利地离开吧!在这里,我要么创造你们对之感到绝望的胜利,要么找到光荣战死的机会。"

III 即便如此,也未能迫使任何一个士兵发出只言片语。他们等待着自己的将领和高级军官向国王转达信息,创伤与连续不断的服役辛劳,已耗尽了他们的精力。他们不是拒绝自己的职责,而是无法再忍受它们了。但将领们因害怕而不知所措,眼睛一动不动地注视着地面。

接着,首先是一阵不由自主的低声抱怨,之后,是叹息声,渐渐地,他们泪如泉涌,开始更直率地表达自己的悲伤,国王的愤怒变成了同情。他尽管努力控制自己的眼泪,但却不能自已。最后,当所有集会者都泪流满面时,在其余的人都犹豫不决时,科埃努斯冒险走近讲台,表示自己想要发表讲话。当士兵们看到他摘下头盔——这是向国王讲话时的惯例——他们都开始催促他为军队辩护。接着,科埃努斯说道:"众神禁止我们有不忠的想法,无疑,他们确实禁止这样做!你的士兵们的感情始终如一,你命令他们到哪里,他们总会前往那里,去战斗,去遭受危险,去挥洒热血,以使你名垂后世。因此,如果你坚持前进,即使赤手空拳,衣不蔽体,精疲力竭,我们也会追随或为你带路至天涯海角。

"但是,如果你乐意听取士兵们真实但却是被严峻现实逼出来的心声,那么,我请求你倾听那些士兵的想法,他们最忠实地服从你的命令,接受你的领导,无论你到何处,他们都将这样做。我的国王,你通过伟大的功绩,不仅仅征服了敌人,而且也征服了自己的士兵。人类能够忍受的一切,我们已经做到了。我们跨越了海洋与陆地,对所有一切比当地人更为熟悉。我们几乎就站在

---

① 在 Arr. v. 28. 2 中他讲得更为残酷;参见 Curt. x. 2. 25-29。

| 昆图斯·库尔提乌斯《亚历山大史》（选译） |

了世界的尽头。你正准备进入另一个世界，探察一个甚至连印度人都不熟悉的印度。你试图将同野兽与毒蛇生活在一起的那些人从他们的藏身之所和巢穴中搜寻出来，以使自己能够在胜利中探察的地方超过太阳普照的地方。① 这样的理想最配得上你的精神，但远远高出了我们的追求。因为你的勇气总在增加，而我们的力量已经耗干。看看这些鲜血耗尽、遭受无数创伤、布满伤疤已经腐朽的身体。我们的武器已经钝了，我们的盔甲已经破旧了。②

"我们身穿波斯衣服，因为本国的服装无法被运达我们这里。我们已堕落入外邦的生活方式。在我们之中，有多少人拥有胸甲？谁有一匹战马？下令询问，有多少人受到自己奴隶的服侍？每个人的战利品还剩下什么呢？我们战胜了所有人，但却缺乏一切。我们遭受苦难，不是因为奢侈，而是由于我们在战争中耗尽了战争装备。你让这支最高贵的部队毫无防护地面对野兽吗？对于这些野兽，尽管蛮族人故意夸大了它们的数量，然而，即便从虚假的报告中，我也知道它们数量庞大。但如果你仍然决意要进入更遥远的印度，那么那一地区的南部并不广大，你征服它后，可以趁势而下抵达大海，自然之神规定它应当是人世的边界。当荣誉近在咫尺时，③ 你为何要通过远距离迂回去寻求它呢？你在这里同样会遇到海洋。若非你喜欢四处游荡，我们已经抵达你的命运正带你去的地方。我宁可在你面前讲这些事情，也不愿在你背后与人谈论它们，这不是为了赢得在这里集会军队的支持，而是为了你能从我的口中，听到大声说出自己心声那些人的声音，而并非抱怨者的牢骚。"

科埃努斯结束他的演说后，呼喊声混合着悲恸声从四面响起。在这种混合声音中，他们高呼"国王""父亲"和"领袖"。此时，其他的将领，尤其是年长的将领，也表达了同样的请求。就年长的将领而言，他们的年龄不仅使其辩护更令人尊敬，而且使他们拥有更大的权威。亚历山大发现他无法指责他们的固执，也不能平息自己的愤怒，于是，他在不知所措中，从讲席上跳了下来，下令关闭皇家营房，除了平时的侍从之外，拒绝任何人入内。亚历山大在愤怒

---

① 并非完全夸张，因为山中有深且幽暗的峡谷。
② 一些盔甲非常破旧，甚至不得不被烧毁。ix. 3. 22。
③ 这一距离被大大缩小了。亚历山大几乎花了一年时间走完这段路程。参见 Strabo xv. 1. 17。

241

中度过了两天时间①。第三天，他走出营房，下令树立起十二座方石祭坛，作为他远征的纪念碑。他还下令扩建军营的防御工事，在那里留下比普通身材士兵所使用的更大的长榻。他通过扩大一切事物的比例，给后世留下一个具有欺骗性的奇迹。②

亚历山大从这里返回他已经经过的地方，在阿克西涅斯河附近扎营。③ 碰巧，科埃努斯在那里病逝。事实上，国王对他的死感到悲伤，但却无法克制地评论道，科埃努斯因为区区几天④的缘故，就发表长篇大论，仿佛唯独他注定能再次看到马其顿。他下令建造的船队，已经入河下水。⑤期间，门农（Memnon）从色雷斯带来了由5000名骑兵组成的援军。除了这些部队之外，哈尔帕鲁斯（Harpalus）送来了7000名步兵，还送来了供25000名士兵使用的成套盔甲，盔甲上都镶金饰银。亚历山大把它们分给士兵，并下令焚毁旧盔甲。他打算率领1000⑥艘战船向大洋进军。印度国王波鲁斯和塔克西利斯不和，并且旧怨复发。亚历山大让他们通过联姻结盟以加强友好关系，并使其各自成为独立的统治者，因为他在建造自己舰队的过程中，从他们那里得到了最大的效劳。亚历山大还创建了两座城市，⑦称其中的一座为尼卡亚，另一座为布

---

① 也对士兵们改变想法怀有希望。狄奥多罗斯（Diod. xvii. 94. 3-4）说，他给士兵们提供机会劫掠河畔富庶的地区，赠给他们的妻子与孩子礼物。

② 狄奥多罗斯、普鲁塔克和尤斯廷同意这一描述。阿里安（v. 29. 1）并未提到它，但谈到了宏大的祭坛。

③ 奇纳布河（Chenab）。不过，事实上，亚历山大在希帕西斯河河畔返回，行军远达希达斯皮斯河。见 p. 394 注释 a（洛布古典丛书第二册英文书页码）；Strabo xv. 1. 32 和 Strabo xv. 1. 17 中阿里斯托布鲁斯的描述。狄奥多罗斯和尤斯廷也犯了与库尔提乌斯相同的错误。前两位作家大致上采用了与后者相同的资料来源。希帕西斯河（比亚斯河，Beas）与希达斯皮斯河（萨特累季河）不久之后变成了一条河。

④ 库尔提乌斯使用了夸张的手法，并不准确。时间当然多于"区区几天"。

⑤ 是希达斯皮斯河，不是阿克西涅斯河。见 Arr. vi. 1. 1，至于亚历山大在阿克西涅斯河河畔的行动，见 v. 29. 3。

⑥ 根据 Arrian vi. 2. 4，大小船只的数目接近2000，其中的80艘船，每艘船有30只桨。狄奥多罗斯（Diod. xvii. 95. 5）也如是说，在船只的总数上，他与库尔提乌斯给出的数据一致。

⑦ 它们就是在 ix. 1. 6 中提到的城市，见在 ix. 1. 6 中的相关注释。在库尔提乌斯和狄奥多罗斯采用的资料来源中，要么把阿克西涅斯河与希达斯皮斯河相混淆，要么将对从阿克西涅斯河向希达斯皮斯河行军的描述遗漏。

克法拉，他赋予后者这样的名字，以纪念自己失去的战马。之后，他下令让大象和辎重由陆路跟进，① 自己沿河航行，以大约每天40斯塔迪亚的速度前进，只要有便利的地点，他就允许军队不时登陆。

Ⅳ 他们进入希达斯皮斯河与阿克西涅斯河交汇的地区。这条河从那里流入西比人（Sibi）境内。这些人宣称，他们的祖先曾经是赫拉克里斯② 军队的士兵，因病被留下后，就占有了现在所生活的地方。他们以野兽皮为衣，以棍棒为武器。尽管他们的希腊习俗已经消失，但也展示了许多自己起源的痕迹。亚历山大在那里登岸，前行250斯塔迪亚，在破坏那一地区后，通过围攻占领了它的首府市镇。另一个民族在河③ 岸上部署40000名步兵对抗马其顿人。亚历山大渡过阿克西涅斯河，将他们赶至城墙以内，通过进攻夺取他们的市镇。适合服兵役年龄的那些人被处死，其余的人被出售。接着，亚历山大试图攻占第二座城市时，被强大的防守者击退，损失了许多马其顿士兵。不过，当他坚持围攻时，居民感到绝望，就放火烧毁自己的房屋，他们与自己的妻子和孩子一起葬身火海。④ 由于他们自己使火势蔓延，而敌人则尽力扑灭大火，于是一种新奇的战争发生了。居民们竭力摧毁自己的城市，而敌人却在保护它。战争甚至完全颠覆了自然之神的法则。

城市的要塞未遭破坏，亚历山大把伤残者作为守军留在其中。他自己乘船围绕要塞航行。除恒河之外，全印度最大三条河的河水护卫着它的防御工事。它们（防御工事。译者注）北濒印度河，南临交汇的阿克西涅斯河与希达斯皮斯河。此外，河流交汇形成的巨浪犹如大海的波涛，汇流的河水使大量浑浊的泥沙不断移动，这些泥沙把可供船只通航的水路压缩至狭窄的河道内。因此，由于波涛一浪接一浪地袭向他们，时而冲击船首，时而冲击船侧，所以水手开始卷起船帆。但汹涌的波浪和急速的水流使他们受挫。众人眼看着两艘大船沉没。他们尽管也无法驾驭轻舟，但能将它们完好无损地驶到岸边。国王自己遭

---

① 不准确，参见 Diod. xvii. 96. 1; Arr. vi. 2. 2。
② 参见 viii. 14. 11 的注释。
③ 阿克西涅斯河与希达斯皮斯河汇流；amne 很可能指的是前者。
④ 狄奥多罗斯（Diod. xvii. 96. 4 f）给出了不同的描述。

遇了最湍急的涡流，它使国王的航船向一侧倾斜。他的船被推着前进，难以驾驭。国王已脱去衣服，意欲跳入河中，他的朋友们正在附近游泳，准备把他救起。游泳或者坚持继续航行，似乎都同样危险。因此，他们以激烈竞争的精神划桨，做出了人力所能做的一切去突破冲向他们的波浪。你可以想象，他们劈开了巨浪，逼退了波涛。最终，这条船被从波涛中挽救出来，但船无法被带到岸边，只被冲到了最近的浅滩上。你会以为，他们对这条河发动了一场战争。因此，亚历山大建起了与河流的数目一样多的祭坛。他献祭后，继续航行了30斯塔迪亚。

亚历山大从那里出发，进入苏德拉卡人和玛里人境内。平时，苏德拉卡人与玛里人经常兵戎相见，但在面临共同的危险时，联合了起来。他们有90000名青年步兵[1]；除了这些部队外，还有10000名骑兵和900辆战车。马其顿人认为，自己已遭遇了所有危险，不过，当他们得知，还要与印度最好战的民族[2]进行新的战争时，突然恐惧起来，并再次开始以反叛的语言责骂国王：在被逼越过恒河及以外的地区后，他们并没有结束战争，而仅仅是转移了战场。亚历山大把他们暴露在未被征服的民族面前，目的在于，让他们付出血的代价，来为自己打开一条通向海洋之路。他们被拖至群星和太阳的光辉无法照到的地方，[3]不得不接近自然之神使其退到人类视野范围之外的地方。[4]他们不断遇到新的军队，不断遭遇新的敌人，就算自己击溃并赶跑了所有这些对手，他们又能得到什么奖赏呢？黑暗与永久的黑夜，笼罩着深不可测、充满成群凶猛海怪的大海，奄奄一息的自然之神在死一般的水中走到了生命的尽头。

国王感到担心，不是为自己，而是为他的士兵们，于是就召集了一次会议，告诉他们，他们所害怕的那些人并不好战。在这些人之后，别无其他民族阻挡他们跨越剩余的整个空间，到达世界的终端，同时也结束他们的劳作。他已把恒河及其以外的众多民族"献给"了他们的恐惧，把自己的军队调至可以

---

[1] 数目不确定。狄奥多罗斯（Diod. xvii. 98）给出的数字多于8000。
[2] 参见 ix. 4. 24; Arr. vi. 4. 3; Plut. *Alex.* lxiii. 1。
[3] 参见 iv. 8. 3。
[4] 参见 Sen. *Suas.* i. 4。

昆图斯·库尔提乌斯《亚历山大史》（选译）

获得同等荣誉但具有较少危险的地区。他们已望见了海洋，①闻到了它的气息。请不要嫉妒他追求的荣誉。他们将越过赫拉克里斯和父神里伯的界限，这样，以自己很小的代价给国王不朽的名声。请他们允许他从印度返回，而不是从那里逃走。

每一个团体，尤其是士兵团体，受冲动驱使，变化无常。因此，平息叛乱与煽动叛乱一样容易。军队从未发出过这样的欢呼声。他们恳求亚历山大依靠众神的帮助带他们前进，去赢得与他效仿那些人相同的荣誉。②亚历山大对这些拥护感到高兴，立刻拔营去进攻敌人。这些人是印度人中最强大的民族。他们正积极备战，并选择苏德拉卡民族的一位人物担任自己的将领。他被证明勇气非凡。这位将领在一座山的山脚下扎营，到处点燃火把，以增加自身人数众多的印象，并且还不时根据自己民族的方式高声呐喊，去惊吓镇定自若的马其顿人。黎明临近，此时，国王充满信心，他满怀希望地命令热情高涨的士兵武装起来，投入战斗。但是，蛮族人——不知是因为害怕，还是他们之中产生了分歧——无论如何，他们突然逃走并占据了大山。大山地处偏远，障碍重重，国王追击他们的军队徒劳无功，不过夺得了敌方的辎重。

接下去，他们到达了苏德拉卡人③的一座市镇，许多敌人都在其中避难，尽管他们对自己的城墙并不比对他们的军队更有信心。国王已在靠近他们，此时，一名预言家警告国王不要攻城，或者无论如何应该推迟围攻，因为有迹象表明，他会遭遇生命危险。国王盯着德摩弗昂（Demophon）——那名预言者的名字——说道："当你正专注于自己的技艺，观察动物的内脏时，如果有人这样打断你，我肯定，你会认为他是一个粗鲁而令人厌恶的人。"当德摩弗昂答道当然如此时，亚历山大回应说："我正关注这样重要的事情，而并非动物的内脏，你认为，对我而言，受迷信支配的预言家能成为比其他任何东西更大的障碍吗？"未等预言家回答，他就下令架起了云梯。当其余的人犹豫不决时，他

---

① 夸张修辞。见 ix. 9. 3。
② 也即赫拉克里斯和父神里伯，见 ix. 4. 21。
③ 实际上，是玛里人的市镇，见 Arr. vi. 11. 3。

245

自己登上了城墙①。城墙顶部狭窄,并未像通常那样在顶上修建城垛,而是沿着整个城墙修筑了护墙,以阻止进攻者越过它。因此,与其说国王正站在护墙的边沿上,不如说他正攀附在护墙上。国王用盾牌挡住从各个方向朝他投掷的标枪,以保护自己。他正遭到来自塔楼②的远距离进攻,他的士兵们却无法爬上城墙,他们被从上方投下的暴雨般的投射物制服了。不过,最后,羞愧战胜了他们面临的巨大危险。将士们看到,由于自己的拖延,国王正一人面对敌人。但他们被匆忙的行动耽搁了;当每个人都努力第一个登上城墙的顶部时,云梯负载过重,无法承受压在它们上面的重量,折断了,因此国王唯一的希望破灭了。他独自站在这么庞大的一支军队面前,仿佛被完全抛弃了。

V 亚历山大左手持盾牌,来回移动,以挡开投射物。此时,他的左手已经疲惫。亚历山大的朋友们向他高喊,让他跳到他们中间,他们已做好准备接住亚历山大。这时,他竟然做了一件前所未有、令人难以置信的事情。这件事更增加了他鲁莽的名声而并非他的荣誉。亚历山大急速跳入布满敌人的城中,不过,他对自己战死并完成复仇几乎不抱希望,③因为在他能够起身之前,很可能已被制服,成为俘虏。然而,他依靠好运,有效地平衡身体,跳下去时双脚着地。因此,在开始战斗时,他已站立起来。命运也提供了帮助,使他无法被包围。靠近城墙的一棵古树④树枝伸展,叶子茂盛,仿佛就是为了保护国王。亚历山大背靠古树巨大的树干站定,使自己不至于遭到包围,并用盾牌挡开从前方向他投掷的所有武器。尽管亚历山大单枪匹马,遭到众多敌人从远处对他发起的异常猛烈的攻击,但无人敢靠近他,更多的投射物落在了树枝上,并未击中他的盾牌。

国王受到以下因素的保护,首先是他的名望广为流传;其次是他孤注一掷,强烈渴求光荣战死。新的敌人不断涌来,此时他已用盾牌挡住了大量的投射物;头盔被石块击破;他的膝盖因长时间的辛劳而疲惫,他已经跪在地上。

---

① 见 Arr. vi. 9. 2-3。阿里安说,他通过一座城门进入城中,接着,通过梯子登上了要塞。
② 也即要塞的塔楼。
③ 见 Arr. vi. 9. 5 和 Diod. xvii. 99. 1,他们给出了国王更明确的动机。
④ 狄奥多罗斯和尤斯廷也这么说,但阿里安没有提到这棵树。

看到这种情况，站得离他最近的那些敌人开始不顾安危，贸然向他冲去。亚历山大用剑刺穿其中的两人，使他们倒在自己的脚下而亡。此后，无人敢走近他，但他们从远处向他射箭，投掷标枪。尽管每一次射击都会给亚历山大造成创伤，然而他跪在地上能够从容地防护自己，直到最后，一名印度人射出两腕尺的长箭——如我所说，①印度人有那样的长箭——它精准地穿透亚历山大的胸甲，牢固地射入他身体右侧略微靠上的部分。亚历山大遭受这一创伤后，大量的血液从伤口喷涌而出，武器滑落在地，他仿佛即将死去，甚至无力用右手拔出箭矢。击伤他的人看到这一状况，迫不及待、欢欣鼓舞地跑向前去，准备剥光他的身体。我猜想，国王一感到他（击伤他的人。译者注）触碰自己，就被这一最大的侮辱唤醒了，于是重新振作起来，用剑向上刺入敌人裸露的体侧。

国王周围躺着三具尸体，其余的攻击者惊愕地站在远处。他试图依靠盾牌的支撑站起来，无论如何要在生命结束之前战死，但却发现，已无足够的力量去践行这一努力。亚历山大用右手抓住悬着的树枝，尽力站起来，但即便这样也无法控制自己的身体，他再次跪倒在地，挥手挑战任何敢于同他单打独斗的敌人。最后，普科斯特斯（Puecestes）赶跑在城市另一段城墙上的防守者，沿着②国王走过的路线，冲到他身边。亚历山大看到普科斯特斯，认为已经有了牺牲的慰藉，而不是生存的希望，于是他疲惫的身体倒在了自己的盾牌上。接着，提玛乌斯（Timaeus）出现在国王身边；不久之后，利昂纳图斯及在他之后的阿里斯托努斯（Aristonus）③也冲到国王身边。印度人得知亚历山大就在城中，也不顾一切地冲到现场，攻击正在保护他的那些士兵。在他们之中，提玛乌斯④英勇作战，因多处受伤而倒下。普科斯特斯尽管被三支标枪刺中，但依

---

① viii. 9. 28.
② 根据阿里安的说法，普科斯特斯一开始就与国王在一起。见 ix. 4. 32 注释。
③ 参见 Arr. vi. 28. 4。在前去帮助国王的人中，阿里安（Arr. vi. 9. 3）提到了阿布里亚斯（Abreas）。他在其余的地方未被提及。阿里安（Arr. vi. 11. 7）说，关于利昂纳图斯和阿布里亚斯有不同的观点；国王与敌人作战的细节也不相同。
④ 显然与利姆纳乌斯（Limnaeus）相同，Plut. *Alex.* lxiii. 4 注释。

然用他的盾牌保护着国王而不是自己。利昂纳图斯在奋力击退猛烈进攻的蛮族人时，颈部遭受重伤，倒在国王的脚下，奄奄一息①。此时，普科斯特斯也因受伤而精疲力竭，放下了他的盾牌。最后的希望寄托在阿里斯托努斯的身上。他同样遭受重伤，已无法再抵抗数量这么庞大的敌人了。

与此同时，国王已被杀死的消息传到马其顿人那里。使其他人感到恐惧的消息，反而激励了他们。马其顿人奋不顾身，用鹤嘴锄攻破城墙，当他们打开一个缺口，冲入城中，砍杀印度人时，有更多的人（印度人。译者注）逃走而不敢与马其顿人交战。他们对老人、妇女和儿童，一概不予赦免。马其顿人无论遇到谁，都认为是击伤国王的人，最终通过屠杀敌人，才平息了他们理所当然的愤怒。克里塔尔库斯（Clitarchus）和提玛吉尼斯（Timagenes）是我们以下说法的消息来源，即后来成为国王②的托勒密参加了这次战斗。不过，他（托勒密。译者注）写道自己不在那里，因为他被派去进行了一次远征。托勒密当然不会贬低自己的荣誉。这就是编制旧记录那些人的粗心或轻信了③，后者是同样大的缺陷。

亚历山大被抬回自己的营帐中。箭牢固地嵌入他的身体。医生切断箭杆，谨慎地不移动箭头。接着，当脱去他的衣服时，他们发现箭头装有倒钩，除非用刀扩大伤口，否则，拔出箭头时不可能不造成伤害。不过，他们担心进行手术的那些人无法止住流血，因为箭头很长，似乎已刺入致命部位。克里托布鲁斯（Critobulus）④是一名技艺精湛的医生，然而，在面对这样巨大的危险时，他感到恐惧，不敢开始手术，生怕治疗不能成功，自己可能会自食其果。国王看到他正在哭泣，因焦虑与害怕而几近昏厥，说道："你在等待何事，或要等到何时呢？你为什么不尽快使我摆脱痛苦，或者至少让我死去呢？或许，你是害怕因为我遭受不可医治的创伤而受到指责吗？"不过，克里托布鲁斯最后停止

---

① 他未被杀死。见 ix.10.6。
② 也即埃及的国王。见 x.10.1。
③ 见 ix.1.34。
④ 见 Pliny, *N. H.* vii. 37.37(124)，不过，阿里安（Arr. vi. 11.1）给出了与克里托德姆斯（Critodemus）相同的名字。

了恐惧，或者把恐惧掩藏了起来。他开始劝说亚历山大，在拔箭头时，让自己（亚历山大。译者注）被固定起来，这种情况下，即便身体有微小的移动，都将非常危险。此时，国王向克里托布鲁斯保证，完全不需要控制自己，他将按照所吩咐的那样，保持身体一动不动。

当克里托布鲁斯撑大伤口，拔出箭头的倒钩时，伤口涌出了大量的血液。国王眼前一片漆黑，昏厥过去，伸展着身体躺在那里，仿佛已经失去了生命。当他们尽力施药止血却徒劳无功时，亚历山大的朋友们开始喊叫、哭泣，认为亚历山大已经停止了呼吸。最后，当止住流血时，国王逐渐恢复了意识，开始认出站在周围的那些人。一整天及接下来的夜晚，军队都全副武装地站在皇家营帐前，坦承国王一人之安危决定着他们所有人的生死。[①] 他们在得知国王已安静地睡了一段时间后，才肯离开。随后，他们带着国王已经恢复的更确定的希望，返回军营。

VI 国王疗伤七日，但伤口仍未愈合。此时，他听说自己死亡的传闻增加了蛮族人的力量，于是下令将两艘船绑在一起，在它们中央建起营帐——所有人都很容易看到那个营帐——以使他可以在那里向认为他已死去的人展示自己，通过出现在居民面前，终止敌人从虚假传闻中获得的希望。接着，亚历山大沿河[②]航行。他的船在舰队前方，并与它们保持一段距离。他极其虚弱，仍然需要安静的环境，这样使他不至于受到划桨声音的打扰。

亚历山大在启航后的第四天到达了一个地区，事实上，这一地区已被它的居民抛弃，但这里盛产粮食，牲畜数量丰富。这个地方不仅适宜国王休养，而且也适合他的士兵们休整。无论国王何时生病，他的朋友中最重要的人物和他的护卫要在国王的营帐前值守，这是一项惯例。与平常一样，那时也遵守了这一惯例，他们都进入国王的卧室。因他们同时来到国王的卧室，亚历山大感到不安，生怕他们带来一些危急的消息，于是询问道，是否要报告敌人即将到来的消息。克拉特鲁斯受委托向亚历山大表达他的朋友们的请求，回答道："即便

[①] 参见 iii. 6. 10。
[②] 希拉奥提斯河，现在的拉维河。

此时敌人已站在我们的堡垒上，你认为与关心你的安全——你自己似乎很少重视——相比，我们会为敌人的到来感到更加不安吗？无论什么民族联合起来形成一支多么庞大的军队对付我们，即便他们的军队和士兵会充斥整个世界，他们的舰队会布满整个大海，他们用我们从未见过的野兽来对付我们，是你让我们不可战胜。但是，当你如此热切地将自己暴露在显而易见的危险面前，忘记了自己把这么多公民的生命拖入灾难中时，在众神之中，有哪位神明保证，马其顿的这根支柱不会倒下，马其顿的这颗救星不会陨落呢？谁渴望成为你的幸存者呢？谁能成为你的幸存者呢？在你的保护和指挥下，我们来到这样一个地方，如果没有你的领导，我们谁也无法找到返回家园的道路。

"如果你仍然正与大流士争夺波斯的统治权——不过，谁也不希望这样——那么，人们甚至不会对你时刻准备着勇敢地面对各种危险感到惊奇。当危险与回报相当时，倘若成功，收获会更丰厚，如果失败，也会获得更大的安慰。但以你的生命为代价，换取名不见经传的小村庄①，谁能够忍受呢？不用说你自己的士兵，就连蛮族人中任何知道你伟大的人，也无法容忍。我想起不久前我们见证的场景就胆战心惊。我不敢提到，如果不是命运之神的同情为我们挽救你的话，最卑鄙的双手将玷污从你不可战胜的躯体上夺来的战利品。

"我们这么多人都无法跟上你，我们是叛徒，是逃兵。尽管你给你的士兵打上耻辱的印记，然而，谁也不会拒绝接受因自己无法避免的罪行而受到的惩罚。我请求你，允许我们以其他方式，以卑微的方式出现在你的面前。不管你命令我们去哪里，我们都会前往那里。我们要经历微小的危险与没有荣誉的战争，请为配得上你的伟大的人挽救自己吧！对卑微敌人取得的荣誉会很快消退。无法展示荣誉时却要浪费它，没有什么比这更没有价值了。"

托勒密也谈了相同的意图。其余的人发表了相似的言论。此时，哭喊声夹杂着抽泣声，所有人都恳求他最终应限制自己无止境地追求荣誉，请求他为自己的安全着想，也即为国家的安全着想。

国王对他朋友们的感情感到高兴。因此，他以少有的亲切一个接一个地拥

---

① 夸张的贬低。它不是玛里人的首府，但远非小村庄（ignobilis vicus）。

昆图斯·库尔提乌斯《亚历山大史》（选译）

抱自己的朋友们，请他们坐下，搜寻包含更深情感的话语，说道："我的同胞市民和朋友们，我感受到你们无上的忠实与忠诚，我对你们表示感激，这不仅仅因为今天你们视我的安危重于自己的安危，而且也因为从这场战争一开始，你们就一直表达着对我的情感的诺言，提供着明证，我必须承认，我从未像现在这样珍惜自己的生命，以能长久地享受你们的友谊。但希望为我而死的那些人，他们的思想与我自己的想法不同，我认为自己早已通过英勇的事迹赢得了你们的好感。你们希望我长寿，甚或长生不老，然而，我以我荣誉的大小而不是生命的长短来评价自己。我可以满足于我父亲的王国，在马其顿闲散而默默无闻地终老一生。可是，即便懒惰之人也无法控制他们的命运，过早的死亡常常突然降临到视长寿为唯一幸事的那些人身上。不过，我不计算我的年岁，而计算自己的胜利，如果正确地记述命运之神对我的厚爱的话，我已经是长寿了。

"我的统治始于马其顿，我掌控了希腊，征服了色雷斯和伊利里亚人，控制着特利巴里人和玛埃狄人（Maedi）。我拥有自赫勒斯滂海峡之滨到红海沿岸的亚细亚地区。此时，我离世界的终端已经不远。我决定越过那一界限，为自己打开一个自然之神的新王国、一个新世界。我仅用一小时就从亚细亚跨入了欧罗巴。① 我在自己统治的第九年、在我二十八岁之时，已经征服了两座大陆。② 你们似乎认为我会在追求荣誉——我所致力的唯一一项事业——的过程中停止不前吗？我至少会合乎资格，无论将在哪里作战，我都会认为自己正处于整个世界的舞台上。我将使默默无闻的地方负有盛名，要为所有民族打开自然之神将其移至遥远地方的土地。

"如果命运成全的话，在我看来，于这些事业中结束自己的生命，是荣耀之事。我出身于这样的血统，注定要求丰富而不是长寿的人生。我请你们思考，你们已经到达的地区，一位妇女因英勇而享有盛誉。萨米拉米斯（Samiramis）建立了什么城市！她降服了哪些民族！她完成了什么丰功伟绩！③ 在荣誉方面，我们仍然不能与一位妇女相媲美，我们已经满足于拥有的声望了吗？请众神帮

---

① 参见 Livy. v. 7.3。
② 实际上是在他统治的第十年和三十岁时。
③ Diod. ii. 4 ff.，尤其是 ii. 16ff. 中给出了萨米拉米斯的功绩。

251

助我们，更伟大的事业还在等待着我们。我们尚未进行的事业，只要大家重视其间蕴含着光辉荣誉的伟大事业，它们将是我们的功绩。你们所要做的，只需使我免遭内部背叛和阴谋的危害，我将毫无畏惧地面对战争与马尔斯（Mars）的危险。

"腓力在战争中比在剧院中更为安全。① 他常常能躲避敌人的魔掌，但却无法逃脱自己同胞的双手。如果你们再考虑一下其他国王的死，就会发现，死于自己属民之手的国王，比死于敌手的国王更多。不过，既然我有机会陈述自己心中长期以来感到不安的事件，我就告诉大家，如果我母亲去世时被奉为不朽的神明，那么我的劳作与劳苦将得到最大的回报。如果我有幸这样做，我会亲自践行它；如果命运提前降临我身，请记住，我把这一职责托付给你们了。"事实上，随后，他解散了自己的朋友。不过，亚历山大仍在同一座军营中停留了多日。

VII 当这件事情在印度发生时，不久前被国王安置在巴克特拉（Bactra）附近殖民地的希腊士兵，因他们中间产生分歧，发动了叛乱。与其说是由于敌视亚历山大，不如说是因为害怕遭到惩罚。一个较为强大的集团杀死了他们的部分同胞，开始考虑武装行动。他们在占领了疏于守卫的巴克特拉要塞之后，迫使蛮族人也加入叛乱之中。他们的首领阿忒诺多鲁斯（Athenodorus）甚至使用了国王的头衔，这与其说是渴望权力，毋宁说是为了与承认他权威的那些人一起返回自己的祖国。同一民族的某个比敦（Biton）因竞争关系而敌视阿忒诺多鲁斯，设下了对付后者的阴谋。比敦邀请阿忒诺多鲁斯参加宴会，让一位名叫波克苏斯（Boxus）的巴克特拉人将他刺死。第二天，比敦召集会议，使大多数人相信，阿忒诺多鲁斯无缘无故地阴谋危害他的性命。不过，有人怀疑比敦欺诈，并且这种怀疑逐渐开始传布到更多人中间。于是，希腊的士兵们武装起来，如果有机会就准备将比敦杀死。不过，士兵的长官们平息了众人的愤怒。

---

① 他在剧院中被波桑尼亚斯（Pausanias）刺杀。见 Diod. xvi. 94. 1-3。

比敦出乎意料地逃脱了危险，不久之后，却阴谋危害挽救他的那些人。但是，当比敦背信弃义的行为昭然若揭时，他们逮捕了他和波克苏斯，并下令立刻处决后者，对比敦进行拷问后，也要将之处死。他们正准备对比敦用刑，此时，希腊人——无法确定由于何种原因——仿佛发狂了一样拿起武器。奉命拷问比敦的那些人听到骚动声，生怕骚乱的士兵会阻止他们执行命令，就离开了比敦。被剥光衣服的比敦，来到希腊人面前，被判处死刑者令人怜悯的一面突然改变了他们的情感，让他们同情。他们下令将比敦释放。比敦以这种方式，两次免于惩罚，他同其余离开亚历山大所建殖民地的士兵一起回到了自己的故乡。这就是发生在巴克特拉地区和西徐亚边境地带的事情。

与此同时，已经提到的两个民族派出的100名使节，①抵达国王这里。他们都乘着马车，身材魁梧，举止高贵。他们的亚麻②长袍饰金绣紫。他们说，他们把自身、城市和土地交给亚历山大，还第一次将自己保持了许多代未受损害的自由置于他（亚历山大，译者注）的保护和权威之下；向他归降，是因为众神的劝告，而并非出于恐惧。他们在力量未受削弱之前已接受了（他的）统治。国王召集了一次会议后，接受了投诚的民族，把他们置于自己的保护之下，向两个民族征收的贡税与其交给阿拉科西伊人的数量相同。除此之外，他令他们提供2500名骑兵。蛮族人忠实地执行了这些命令。接着，亚历山大邀请使节和两个民族中的小国君主们参加宴会，并下令准备一场盛宴。他摆放了100张金长榻，长榻之间相距很近；在长榻上悬挂起紫色的织锦，织锦闪着金光；在那场宴会上，波斯人的古代奢华或马其顿人采取的新方式将堕落展示得淋漓尽致，于是将两个民族的恶习"融合"在了一起。

希腊人狄奥克西普斯出席了宴会。他是一名著名的拳击手，因力量出众，已为国王所熟知，并且是国王最喜欢的人物之一。一些人因嫉妒与怨恨，严肃而又开玩笑地找碴儿，说道，他们与一个吃得过多，毫无用处的牲畜为伴。当他们投入战斗时，他身上滴着油，正准备参加宴会饱餐一顿。这样，在宴会

---

① 玛里人和苏德拉卡人。见 Arr. vi. 14. 1。
② 实际上是棉长袍。

上，已经醉酒的马其顿人科尔拉塔斯开始责骂狄奥克西普斯，并挑衅道，如果他是一名男子汉，就应当在第二天用刀剑与自己搏斗。国王最终将有机会判断，是科尔拉塔斯鲁莽，还是另一个人懦弱。狄奥克西普斯轻蔑地嘲笑那名士兵逞强，接受了挑战。第二天，由于二者更加急切地要求争斗，国王无法劝阻他们，就允许实施他们的要求。大多数士兵，包括希腊人，都支持狄奥克西普斯。马其顿人使用了惯常的武器，他左手持一个青铜盾牌与一杆长矛——他们称它为萨利萨（Sarisa），右手握一杆标枪，腰间挎着一把剑，仿佛他要同时与几个人作战一样。狄奥克西普斯身上油光闪闪，头戴一顶花环，左手拿一件紫色斗篷，右手持一根结实的多节木棒。这件事让所有人心中都充满了热切的期待，因为一名毫无防护的人同一名全副武装的人交战，似乎不仅鲁莽，而且疯狂。

马其顿人深信他能从远处杀死对手，于是投掷了标枪。狄奥克西普斯略微移动身体，躲过了标枪，在科尔拉塔斯把长矛递至右手以前，他跳到后者跟前，用木棒将长矛击成两段。马其顿人丧失投射物后，开始拔出佩剑。此时，狄奥克西普斯把他抱在怀中，突然从身下猛击他的双脚，并用头把他撞倒在地。接着，狄奥克西普斯夺去马其顿人手中之剑，在后者俯卧地上时，踩住他的颈部，举起木棒攻击他，若不是被国王阻止，狄奥克西普斯已用棍棒将被打败的对手杀死了。

这一事件的结果不仅惹怒了马其顿人，而且也触犯了国王，尤其因为蛮族人见证了这次事件。以英勇著名的马其顿人遭受了嘲弄，亚历山大为此感到后悔。因此，他听信了心存妒忌的狄奥克西普斯的对手们的恶意中伤。几天之后，在一次宴会上，他们故意藏匿了一只金杯，侍者到国王那里假称丢失了金杯。人们在无辜的窘迫中，常常不如在真正的犯罪中坚决。狄奥克西普斯无法忍受所有人注视着他，把他当作窃贼，于是离开了宴会，写信传给国王之后，用剑自刎而死。国王因他的死悲伤至极，认为这是愤慨而并非忏悔的表现。狄奥克西普斯的对手们欣喜若狂，这表明狄奥克西普斯遭到了错误的指控，这使国王尤其悲伤。

VIII 印度人的使节被送回国后，没过几天，又带着礼物返回亚历山大那

昆图斯·库尔提乌斯《亚历山大史》（选译）

里。这些礼物包括 300 名骑兵，1030 辆由并排的四匹马拉的战车，大量的亚麻布①，1000 副印度盾牌，100 塔兰特白铁，体型庞大的狮子和老虎——两种动物已被驯服，还有一些巨型蜥蜴皮与龟壳。此后，国王命令克拉特鲁斯率领他的军队在离河不远的地方行军，自己将沿着这条河航行，让习惯于跟随他的将士登船，顺流而下，到达玛里人的地区。②

亚历山大从这里出发，继续前进，到达了萨姆巴格拉人（Sambagrae）③所在的地区。它是一个强大的印度民族，依照人民的意志而不是王权进行治理。他们拥有 60000 名步兵，6000 名骑兵，除了这些部队之外，还有 500 辆战车。他们选择在战争中英勇出众的三个人担任将领。不过，在河附近田地中的那些人——他们有众多村庄，在河岸上尤其如此——视力所及之处，整条河流都布满了舰船，众多士兵的武器闪着光芒，他们对新奇的景象目瞪口呆，认为众神的一支部队已经到来，另一位父神里伯——它在那些民族中是一个著名的名字——已经来到。此处是士兵们的呐喊声，彼处是船桨的撞击声和划手们互相鼓励时混在一起的呼喊声，这些声音充斥着他们的耳朵，让他们感到恐惧。因此，他们都跑到全副武装的士兵那里，高呼他们（士兵们，译者注）已经发疯，将与众神作战；其舰船不可胜数，承载着所向披靡的英雄。他们使国人的军队感到惊恐，以至于后者遣使，携其民族归降。

亚历山大接受这些居民臣服后，在第四天到达了接下去的另一个民族那里。他们并不比其他民族更勇敢。因此，亚历山大在那里建立了一座城市——他下令把它命名为亚历山大里亚——之后，进入被称为穆西卡尼人（Musicani）④的境内。在这里，由于帕拉帕尼萨达人进行控诉，亚历山大审判了总督特里奥尔特斯（Terioltes）⑤，并下令将他处死。亚历山大曾任命特里奥

---

① 也即棉布。
② 很可能是现在的木尔坦（Multan）（木尔坦，巴基斯坦中东部城市。译者注）。
③ 阿里安和狄奥多罗斯给出了不同的名字。
④ 这样的称谓源自他们的国王穆西卡努斯（Musicanus）（Arr. vi. 15. 5; Diod. xvii. 102. 5）。参见 viii. 10. 22。
⑤ 这一名字有讹误，无法确定。参见 Arr. vi. 15. 3。

255

尔特斯担任他们的总督，已证实他的许多行为贪婪而傲慢。巴克特里亚人的统治者奥克西亚特斯（Oxyartes）①不但被宣判无罪，而且由于他同国王的感情纽带，被授予了更大范围领土的统辖权。接着，亚历山大降服了穆西卡尼人，留守驻军负责保护他们的首府。

亚历山大从那里出发，穿过森林，到达了一个野蛮的印度民族所在的地区。它的国王波尔提卡努斯（Porticanus）率领由其属民组成的一支庞大的队伍躲在一座设防的城市中。亚历山大开始围攻这座城市，三天后攻克了它。在要塞中避难的波尔提卡努斯，派使节到国王那里商讨投降的条件。不过，在使节们抵达亚历山大那里之前，随着一声巨响，两座塔楼倒地，马其顿人通过垮掉的部分，突然冲入要塞中。要塞陷落后，波尔提卡努斯率他的一小部分士兵进行抵抗，（最后）被杀死。

于是，亚历山大夷平要塞，出售所有俘虏，之后，进入萨姆布斯（Sambus）②国王的统治区域内。在接受许多市镇的投降后，亚历山大通过一条地下坑道，攻克了这个民族最强大的城市③。对于在军事行动中缺乏经验的蛮族人而言，这仿佛是一项奇迹。因为在挖掘通道之前没有任何痕迹，全副武装的士兵，几乎在城市的中央，从地下钻了出来。克里塔尔库斯说，在那一地区，有8万印度人被杀，许多俘虏遭到拍卖。穆西卡尼人再次发生叛乱。皮松（Python）④奉命前去征服他们，俘获了这个民族的首领——他也是叛乱的煽动者——并将他带到亚历山大那里。国王把他钉死在十字架上，之后，又回到那条河的河畔，他曾命令舰队在河畔等他。

接着，三天之后，亚历山大沿河航行至萨姆布斯王国边境的一座市镇。那位国王不久前已经投降，但城中居民拒绝他的权威，关闭了城门。亚历山大鄙视他们，他们的人数不多。亚历山大命令500名阿格瑞亚人士兵推进至城下，通过缓慢撤退，诱敌出城。如果他们认为阿格瑞亚人正在逃跑，肯定会进

---

① 这一名字以多种形式出现。参见 viii. 4. 21.
② 见 Arr. vi. 16. 3。
③ 辛迪玛纳（Sindimana）。见 Arr. vi. 16. 4。
④ 见 Arr. vi. 15. 4; vi. 17. 1-2。

行追击。阿格瑞亚人依照命令，在进攻敌人之后，突然后撤。蛮族人紧紧追击他们，遭遇了其他部队，国王亚历山大就在这些部队中。因此，爆发了新的战斗。在3000名蛮族人中，有600名被杀，1000名被俘虏，其余的人被围在城中。然而，胜利的结果似乎并不像起初看来那样令人愉快，蛮族人在他们的剑上施了毒。结果，受伤者一个接一个的死去，医生们不能推断出这样迅速死亡的缘由，因为即便是轻微创伤，也无法救治。

那时，蛮族人本希望粗心和轻率的国王会成为受害者之一。不过，亚历山大非常幸运，尽管在最前方作战，却未受任何损伤。托勒密左肩受伤，事实上，仅是轻微负伤，但它造成的危害远超伤口引起的危险，他使国王非常担忧。托勒密是亚历山大的血亲，有人认为他是腓力的一个儿子。① 无论如何，众所周知，可以肯定的是，他是国王一名妃子的后代。他也是亚历山大卫队的成员，② 最英勇的战士，甚至他的和平艺术比战争技艺更杰出、更卓越。在生活中，他谦逊、友善，慷慨大方、平易近人，丝毫没有表现出王室血统的傲气。正是因为这些品质，人们不能确定他更受国王的喜爱，还是更受人民的爱戴。不管怎样，正是在那时，他第一次意识到同胞们的感情。在他身陷危险时，这种感情至深，马其顿人似乎预示了他后来荣升的高位。③

事实上，他们对托勒密的关心并不亚于国王。亚历山大因战争和焦虑已经疲惫不堪，但仍守护在托勒密的身边，并下令搬来一张床，供他睡觉休息使用。他一躺在床上，很快就陷入了沉睡。当亚历山大醒来时，他说，在梦中，一条蛇出现在他的面前，口中衔着一根药草，这暗示了它为解毒的药物。国王还声称，如果有人找到那种药草，自己能认出它的颜色。之后，当找到药草时——因为许多人同时去搜寻它 ④——亚历山大把它置于伤口上，疼痛很快就消失了，不久伤口也愈合了。蛮族人因最初的希望落空，他们连同城市都臣服于亚历山大。

---

① 见普萨尼亚斯（Pausanias），i. 6. 2。
② 护卫的七名长官之一。见 Arr. vi. 28. 4。
③ 他成为埃及的国王。见 x. 10. 1 和 20。
④ 狄奥多罗斯（Diod. xvii. 103. 7）说，那条蛇告诉国王在何处能找到药草。

他们（亚历山大及其军队，译者注）从这里出发，到达了接下去的民族帕塔里伊人（Patalii）①所在的地区。他们的国王索埃里斯（Soeris）②弃城而逃，前往山中避难。亚历山大占领这座市镇，劫掠田地。他们从那里赶走了大量的战利品——牛、羊，还找到了大量的粮食。之后，亚历山大带着熟悉这条河的向导，顺流而下，航行至大体在河道中央的一座岛屿。③

IX 由于看守疏忽，向导们逃走了，亚历山大派人去寻找其他的向导，所以被迫在那里停留了很长时间。无法找到向导时，拜访大海与到达世界尽头的渴望，促使亚历山大在没有熟悉那一地区向导的情况下，把自己的生命和如此多勇士④的安危交托给了一条未知的河流。于是，他们继续向前航行，对自己正经过的地区一无所知。那里距离大海有多远，当地生活着什么民族，河口有多么平静，是否能够通航战船，这一切都无法预测，只能盲目猜想。这个轻率计划的唯一慰藉，是国王恒久不变的好运。

他继续航行了 400 斯塔迪亚，这时，领航员告知国王，他们已感受到大海的气息，离海洋已经不远了。亚历山大满怀喜悦，开始催促水手们奋力划桨，说道，他们即将到达热切期盼的劳作的终点。此时，实现他们的荣誉已万事俱备，剩下的一切都无法阻挡他们的英勇。没有马尔斯的决定，没有流血牺牲，他们正在夺取世界的边缘地区，甚至连自然之神也无法行得更远。他们很快就将看到只有不朽的神明才能见到的事物。尽管如此，亚历山大还是派一小部分士兵乘船上岸，去抓获一些农民，希望从他们那里获得更确切的消息。士兵们搜寻了所有的小屋，最终找到一些隐藏其中的农民。当被问及大海离此有多远时，这些人回答说，他们从未听说过任何大海，不过，在第三天，他们会到达有苦水——它们破坏了淡水——的地方。

---

① 位于印度河三角洲地区。Strabo. xv. 1. 33; Pliny, *N. H.* vi. 23(71); ii. 73. 75(184)。它也许是现在的塔塔（Tatta），但低地和冲积地区的变化，使之很难确定。

② 阿里安（Arr. vi. 17. 2）说，这名国王——他没有提到他的名字——先前到亚历山大那里，向他投诚，但后来逃走了（vi. 17. 5）。

③ 存在大量的岛，使这座岛无法确定。

④ 他仅带领了一小部分军队。见 Arr. vi. 18. 3。

昆图斯·库尔提乌斯《亚历山大史》（选译）

显然，这是不熟悉大海本质的那些人对它的描述。因此，水手们都满怀急切的期盼划桨，随着希望实现逐渐临近，他们的热情与日俱增。到第三天时，他们已到达海水与河水交汇的地方，温和的海潮混合了不同的水体。接着，他们更加缓慢地航行至大体位于河道中央的另一座岛屿，航行缓慢是因为潮水减小了他们的速度。他们将舰队停靠在岸边，四处寻找给养，因无知而未考虑到即将降临至他们身上的意外事件。在接近第三小时的时候，海洋依照自身的周期变化，[①]开始涨潮，涌入河流，并使河水退却。水流起初受到阻遏，而后更加猛烈地向前涌，以比在陡峭河道中奔腾的急流更快的速度逆流而上。[②] 普通士兵不了解大海的这一性质，[③]认为当潮水持续上涨淹没了不久前干旱的田地时，他们见证了众神愤怒的征兆与迹象。

此时，战船被抬起，整个舰队被冲散。上岸的那些士兵对突如其来的灾难感到惊愕与恐慌，从各方跑回船上。但在混乱之时，欲速则不达。有些人用篙撑船；有些人则坐了下来，然而却阻碍了把桨放在合适的位置上；有些人未等待应与他们在一起的人而匆忙启航，结果无力驾驭残破而难以操纵的舰船；[④]其他的船只则承载着所有轻率地冲上它们的士兵。人数过多或过少都同样阻碍它们的速度。此处有人大喊等待，彼处有人高呼继续前进，那些人从未要求完全一致的行动，其命令相互矛盾，不仅阻碍视觉而且阻碍听觉发挥作用。甚至领航员也无能为力，因为在嘈杂声中，水手无法听到他们的声音，并且受惊和乱作一团的水手也不能执行他们的命令。

因此，船只被冲到了一起，船桨被依次折断，船员们使彼此的战船纠缠在一起。你会认为，它不是一支部队的舰队，而是两支军队的舰队在进行一场海战。船首冲撞船尾，一些船只损坏了它们前方的战船，而自身又被后方的战船损伤。他们甚至因愤怒的言辞发生冲突。

此时，潮水已经淹没了河流附近的所有平地，只有一些土丘裸露出来，仿

---

① 参见 v. 1. 22。
② 这一现象是人们所知的"涌潮"，就如在塞文河（Severn）或芬迪湾（Bay of Fundi）中发生的那样。
③ 地中海有很微小的潮涨潮落，但受过良好教育的人了解潮汐的这一本质。
④ 因为缺乏足够的划手。

259

佛一座座小岛。许多士兵惶恐不安，急忙弃船游至土丘。分散的舰队一部分处在很深的水中，此前山谷在那里形成了低地；一部分被搁浅在浅滩上，在那里，水平面下方是凹凸不平的土地。突然，一个新的令人恐怖的事件突袭了他们，比前一次更为严重。大海开始以巨大的吸引力退潮，河水流回自己的河道，不久前被淹没在大浪之下的土地得以恢复。因此，船只被这样搁浅了，其中一些船首着地，一些船侧着地。田地中到处是行李、武器、破碎木板与船桨的碎片。士兵们既不敢登陆，也不敢留在船上，因为他们正等待着比目前更严重的灾难随时袭来。他们几乎无法相信自己经历的一切，陆地上发生船只失事，大海涌入河流之中。

他们的麻烦无穷无尽。因为不知道大海不久后将再次涨潮，他们的舰船会被潮水浮起，他们预测自己会遭遇饥荒和最大的困境。潮水退却后留下的可怕的海兽也在四处游荡。黑夜已经来临，对安全的绝望甚至困扰了国王。然而，亚历山大的忧虑并未征服他不屈不挠的精神，并未阻止他整夜进行警戒，也并未阻止他派骑兵前往河口，以使他们看到再次涨潮时，能在潮水到达前回来报告。他还下令修复遭到破坏的战船，抬起被波浪打翻的舰船；命每个人于大海再次淹没陆地时，作好准备，保持警戒。他整整一晚都在戒备和鼓舞军队，同时，骑兵为安全起见，以最快的速度逃回这里，海潮紧随而至。起初，潮水平缓地涌到他们下方，浮起战船；接着，淹没所有的田地，甚至使舰队移动起来。

随后，当士兵与水手们心怀喜悦庆幸自身的安全时，他们的掌声和欢呼声在海滩与河岸上回荡。他们彼此惊奇地询问，如此广阔的大海突然从何处返回了呢？此前一天，它又逃到哪里去了呢？这同一个原理，此时与严格的时间法则相矛盾，彼时又与它们相一致，它的本质是什么呢？国王从所发生的事件中推测，它在太阳升起之后定时发生，因此，为了在涨潮之前行动，他率领少数船只，于午夜时沿河顺流而下，抵达河口，又向前航行400斯塔迪亚进入大海，最终实现了他祈求的目标。接着，亚历山大向主宰这片大海与这一地区的众神献祭，之后，带舰队返回。

| 昆图斯·库尔提乌斯《亚历山大史》（选译） |

X 在此之后，舰队沿河逆流而上，第二天，在一座盐湖①附近抛锚停泊。他们对这座湖的性质一无所知，一些鲁莽冲入湖水中的人，身体开始结痂发痒，并且这种病也传染给其他士兵。用油可以治疗此种疾病。由于这一地区干旱，利昂纳图斯被派往前方，沿着亚历山大可能率军从陆路经过的线路挖掘水井。而亚历山大自己则率部留在原地，等待春天的到来。②在此期间，他建造了几座城市，还命令尼阿库斯和航海技艺精湛的欧涅西克里图斯（Onesicritus）③驾着最坚固的舰船，顺流而下，驶向大海，到达他们所能安全抵达的最远的地方，以熟悉大海的特征。亚历山大告诉他们，当他们想回到他身边时，既可以沿着同一条河上溯而行，也可以沿着幼发拉底河逆流而上。

当冬天几近结束时，亚历山大烧毁了似乎无用的舰船，率军从陆地上行进。④在出发后的第九天，他进入阿拉比塔人（Arabitae）所在的地区；从那里出发，又行军九天，进入科德罗西伊人（Cedrosii）的地区。这个自由民族召开会议后，向亚历山大投降。亚历山大只要求投降者提供给养，别无他取。接下去，他在出发后的第五天，抵达了一条河的河畔，当地人称之为阿拉布斯河（Arabus）。⑤之后，他到达了一片荒芜、水源缺乏的地区。亚历山大穿过这一地区，进入霍利塔人（Horitae）境内。在那里，他把大部分军队交给赫菲斯提昂，自己与托勒密⑥、利昂纳图斯分掌轻装部队。三支军队同时抢劫印度人，掠取了大量战利品。托勒密烧毁了沿海地区，国王及另一个方向上的利昂纳图斯，烧毁了其余的部分。亚历山大还在这一地区建造了一座城市⑦，并将阿拉科西伊人迁入城中。

---

① 阿里安并未提到这座湖泊。它可能是阿里安提到的印度河左侧支流上的 λίμνη μεγάλη(vi. 20.3)。库尔提乌斯的描述显然有缺失。
② 根据阿里斯托布鲁斯（参见 Strabo xv. 1. 17，也见 xv. 2. 3；Arr. vi. 21）的说法，那时已经接近七月末。
③ 尼阿库斯是指挥官，欧涅西克里图斯是领航员或者舵手。关于前者，见 e.g., Arr. iii. 6. 5, 6。
④ 这一描述含糊不清，不准确，狄奥多罗斯（Diod. xvii. 104）的描述也存在同样的缺陷。参见 Arr. vi. 17. 3; 27. 3; 21. 3 等。
⑤ 这一名字存在多种形式。许多人认为，它就是普拉里河（Purali）。
⑥ 狄奥多罗斯也如是说，Diod. xvii. 104. 5；参见 Arr. vi. 21. 3。
⑦ 以前的拉姆巴西亚（Rambacia），Arr. vi. 21. 5。

亚历山大由此出发，到达了居住在沿海地带的印度人那里。① 他们占据着广阔的地区，不过，这里贫瘠而荒凉。他们甚至不与邻居进行任何方式的交往。正是他们的孤独，让他们的性格非常野蛮。他们的指甲很长，从不剪短；头发蓬乱，从不修剪。他们用贝壳②和大海产出的其他东西装饰小屋；以野兽皮为衣，以在太阳下晒干的鱼及大海冲到岸边的体型较大的动物的肉为生。马其顿人的给养已经耗尽，③所以，他们开始遭遇给养缺乏，最后遭受了饥荒，到处挖掘棕榈树根充饥。棕榈树是生长在那里的唯一一种树木。当马其顿人无法找到食物时，他们开始宰杀自己的驮兽，连战马都不能幸免。他们没有了运输自己行囊的工具，就烧毁了从敌人手中夺得的战利品，而为了这些战利品，他们曾穿越东方最遥远的地区。

饥荒之后，瘟疫接踵而至。不健康食物的有害汁液，加之行军辛劳和精神焦虑，使疾病蔓延开来。他们无论留在原地，还是向前推进，都会遭遇死亡的危险。如果留在原地，他们会遭受饥荒；如果继续前进，他们会遭到致命敌人瘟疫的袭击。因此，平原上几乎到处是垂死者的身躯，而并非死者的尸体。甚至有轻微病痛的士兵都无法跟上军队，因为它在快速前进。每个士兵都认为，军队越是快速向安全的希望行进，他们就越需要用迅速行军来缩短行程。精疲力竭的那些人恳求他们认识的人及陌生人帮助自己，可是没有供载运他们的驮兽，士兵们勉强能够携带着自己的武器，而威胁到他们自身的灾难景象就在眼前。因此，他们甚至不忍心看一眼自己的同伴，恐惧战胜了同情。被抛下的那些人，在他们共同的神圣仪式上，在国王的帮助下，召唤众神作证，当他们发现自己使充耳不闻者厌烦，行动毫无效果时，绝望变成了愤怒。他们祈求，让那些人有与自己相同的命运，他们（被请求者，译者注）的朋友与同伴像其自身那样残酷。

国王既感到悲伤，同时又深感羞愧，④因为他自己导致了这场严重的灾难。

---

① 伊克提奥法吉人（Ichthyophagi）。
② 参见 Diod. xvii. 105. 4。
③ 在穿过科德罗西亚，沿着波斯沿岸到波斯湾入口的行军途中。参见 Arr. vi. 24. 4 ff。
④ 斯特拉波（xv. 2. 5）指责亚历山大要超越萨米拉米斯和居鲁士是一项不值得的抱负。阿里安（Arr. vi. 24. 2-3）也有同样的指责；参见 Curtius ix. 6. 23。

亚历山大派信使前往帕尔提亚埃人总督弗拉塔菲涅斯那里，命他用骆驼运来熟食，他还将自己的迫切需要告知周边地区的其他长官，他们都立即送来给养。军队至少摆脱了饥饿，最终，他们到达了科德罗西亚地区。① 这一地区，土地盛产各种果实。他在那里扎营，停留了一段时间，以使受尽折磨的士兵得到休整，恢复元气。在这里，亚历山大收到利昂纳图斯②的来信。信中说，他同霍利塔人的 8000 名步兵和 400 名骑兵作战，取得了胜利。③ 从克拉特鲁斯那里也传来消息说，他击败了试图发动叛乱的波斯贵族奥兹涅斯（Ozines）和扎里亚斯皮斯（Zariaspes），并把他们监禁起来。亚历山大任命西比尔提乌斯（Sibyrtius）④ 为那一地区的长官，因为它的长官梅农不久前生病去世了。此后，亚历山大进入卡尔曼尼亚境内。那个民族的总督为阿斯塔斯佩斯（Astaspes）⑤。阿斯塔斯佩斯受到怀疑，当国王在印度时，他想要发动叛乱。阿斯塔斯佩斯去迎接亚历山大时，后者掩饰了自己的愤怒，亲切地对前者讲话，在他（亚历山大，译者注）调查所报告的信息之前，一直让其享有之前的官阶。

当长官们依照命令从他们治下的整个地区送来大量的马匹和带轭的驮兽时，国王把它们分给缺少装备的士兵。士兵们的武器也被同样精美的武器取代。他们离波斯不远了，那里已被征服，并且很富饶。如以前所说，亚历山大不仅要与父神里伯从那些民族中获得的荣誉相媲美，而且要与他的游行相匹敌，无论它是哪位神明首创的胜利游行，还是饮酒狂欢者的娱乐，他都决定要以超越人类伟大的精神进行效仿。为此，他下令，自己沿途经过的村庄要摆满鲜花与花环，摆上大碗美酒，在各家门口放置盛满美酒的大型器皿；要扩展马车，以使每辆车能载乘更多的士兵；要把马车装饰得像帐篷一样，有的使用了白色的幕布，有的则使用了昂贵的织锦。

---

① 按照一般且更有根据的描述，军队在科德罗西亚遭受了苦难，这种状况在他们抵达它的首府普拉（Pura）——现在的 Punpoor（蓬普尔）——时结束。
② 参见 Arr. vii. 5. 5。
③ 狄奥多罗斯的描述（Diod. xvii. 105. 8）与此不同，不过，参见 Arr. l. c.。
④ 阿里安（Arr. vi. 27. 1）也如是说。
⑤ 否则，我们不知道这位人物。阿里安在 vi. 27. 1 中没有提到他。

国王的朋友们和皇家部队走在前面,他们戴着由多种鲜花编制的花冠。一边是吹笛手的乐曲,一边是里拉琴(lyre)的旋律。军队士兵也在马车中加入了狂欢。他们根据个人喜好装点马车,在它周围悬挂他们最漂亮的武器。国王和他的同伴乘着一辆战车,战车上载着金碗和由同样材质制成的大杯子。军队以这种方式行军七日,狂欢游行。如果被征服者哪怕有一点勇气去进攻饮酒狂欢者,他们(饮酒狂欢者,译者注)很容易成为"猎物"。天哪!只要1000人——如果他们头脑清醒,是真正的男子汉——就能够俘获在他们(马其顿人,译者注)胜利游行中已经沉醉七日的那些军队。不过,赐予行动威名和意义的命运之神,甚至把这一耻辱变成了部队的荣誉!无论是当时的人们,还是后世的子孙都认为,他们醉醺醺地穿过并未被完全征服的民族,蛮族人则把这一鲁莽的行为看作是自信,令人惊奇。在辉煌展示的后面,跟随着行刑者,因为亚历山大已下令处死此前[①]提到的总督阿斯塔斯佩斯。残酷无论如何不会成为奢华的障碍,而奢华也不会阻碍残酷,这确实是真理。

(本文译自昆图斯·库尔提乌斯《亚历山大史》第九卷,Quintus Curtius, *History of Alexander*, Cambridge, Massachusetts, Harvard University Press, London, William Heinemann Ltd., MCMLXXXV, first printed 1946。

武晓阳译)

[①] 见 Quintus Curtius, *History of Alexander*, ix. 10. 21。

克劳狄乌斯·托勒密《地理学》（卷五）

克劳狄乌斯·托勒密（90—168）是古罗马时代著名的地理学家，在西方地理学史上占有重要地位。有学者指出，他的《地理学》是我们关于古典时代地理学知识的主要基础。《地理学》是托勒密的代表作之一，全书八卷。作者在这部作品中试图绘制人类已知世界的地图，他列出了8000多个地点，并给出了每一个地点的经纬度。尽管他给出的这些经纬度有不少错误，与我们今天所知的经纬度存在差距，但就他生活的时代而言，这些数据能接近于准确的程度，实属不易，充分体现了当时人们对世界认识的进一步发展。所选译文出自托勒密《地理学》第五卷，其内容主要涉及小亚细亚和两河流域的部分地区。在这些地区中，有的是古代丝绸之路经过的地方，有的甚至是丝绸之路上的重要交通枢纽。了解这些地区，对于我们更好地认识古代丝绸之路有所裨益。

卷五

卷五包含如下描述：对大亚细亚（Greater Asia）第一部分的描述。

1. 本都（Pontus）和比提尼亚（Bithynia）　　　　地图 I
2. 严格意义上的亚细亚
3. 吕西亚（Lycia）
4. 潘菲利亚（Pamphylia）
5. 加拉提亚（Galatia）
6. 卡帕多西亚（Cappadocia）

7、西里西亚（Cilicia）

8、亚细亚的萨尔玛提亚（Asiatic Sarmatia）　　　地图Ⅱ

9、科尔基斯（Colchis）　　　地图Ⅲ

10、伊比利亚（Iberia）

11、阿尔巴尼亚（Albania）

12、大亚美尼亚（Greater Armenia）

13、塞浦路斯岛（Cypris island）　　　地图Ⅳ

14、叙利亚（Syria）

15、巴勒斯坦（Palestina）

16、阿拉伯·佩特拉（Arabia Petraea）

17、美索不达米亚（Mesopotamia）

18、阿拉伯沙漠（Arabia Deserta）

19、巴比伦尼亚（Babylonia）

第一章　本都和比提尼亚的位置（第一张亚细亚地图）

本都和比提尼亚行省西至本都海海口、博斯普鲁斯（Bosphorus）的特拉契亚（Thracia）及普罗彭提斯海沿岸的部分地区。海岸地区描述如下：

比提尼亚海岬扼本都海口。在海口处有：狄安娜（Diana）神庙（56°25′ 43°20′）、卡尔西登（Chalcedon）（56°5′ 43°5′）、阿克里塔斯（Acritas）海岬（56°30′ 42°55′）、特拉里乌姆（Trarium）（56°54′ 42°45′）、尼科米底亚（Nicomedia）（57°30′ 42°30′）、阿斯塔库斯（Astacus）（57°20′ 42°30′）、奥尔比亚（Olbia）（57°42′30′）、波塞狄乌姆（Posidium）海岬（56°10′ 42°25′）、阿卡尼乌斯河（Acanius）河口（56°45′ 42°15′）、阿斯卡尼亚湖（Ascania）（56°45′ 42°）、普鲁西亚斯（Prusias）（56°40′ 42°5′）、阿帕梅亚（Apamea）（56°40′ 41°55′）、达斯库里乌姆（Dascylium）（56°35′ 41°55′）、林达库斯河（Rhyndacus）河口（56°20′ 41°45′）、河的源头（57°40′ 30′）。

本都和比提尼亚行省北部濒临本都攸克塞因海（Pontus Euxine）的部分海

域，对它的描述如下：在本都海口和狄安娜神庙之后是比提尼亚斯海岬（56°45′ 43°20′）、阿尔特纳（Artane）城堡（57° 43° 5′）、卡尔帕斯河（Calpas）河口（57° 40′ 43° 5′）、散加里乌斯河（Sangarius）河口（58° 42° 45′）、河的第一次转弯（57° 30′ 42°）、河的第二次转弯（61° 20′ 42°）、河的第三次转弯（58° 45′ 41°）、河的源头（60° 50′ 40° 50′）、希斯皮乌斯河河口（Hyspius）（58° 40′ 42° 45′）、埃拉塔河（Elata）河口（58° 50′ 43°）、狄奥斯波里斯（Diospolis）[伊奥维斯·奥皮都姆（Iovis oppidum）]（58° 45′ 43° 20′）、本都海沿岸的赫拉克里亚（Heraclea）（59° 43° 30′）、普西里乌姆（Psyllium）（59° 30′ 43° 30′）、提乌姆（Tium）（60° 43° 30′）、帕尔提尼乌斯河（Parthenius）河口（60° 15′ 43° 30′）、河的源头（62° 30′ 43° 30′）、克罗姆纳（Cromna）（60° 35′ 43° 35′）、库托鲁姆（Cytorum）（60° 45′ 43° 35′）。

在南方，本都和比提尼亚行省以实际上被称作亚细亚的界限为界，沿着从林达库斯河至它的终点（61° 41° 15′）一线延伸。

在东方，它以与帕夫拉戈尼亚（Paphlagonia）相邻的加拉提亚为界，沿着始于上面提到的本都海海滨的库托鲁姆镇附近的终点一线延伸。

在这一地区，最著名的山是奥尔米尼乌斯山（Orminius）和米西亚·奥林匹斯山（Mysian Olympus）（57° 41° 30′），前者的中部位于59° 40′ 42° 40′。

卡尔西登人（Chalcedoni）占据着从本都海海口至希斯皮乌斯河河口的沿岸地区，马里安迪人（Mariandyni）则生活在赫拉克里亚远至库托鲁姆镇的地区。在奥尔米尼乌斯山以远的地区生活着考科涅斯人（Caucones）。提蒙尼提斯（Timonitis）地区位于卡尔西登人所生活地区的下方。在这一地区的下方，则是博格多玛尼斯（Bogdomanis）地区。由博格多玛尼斯地区向东则是兹吉亚纳（Zygiana）。

接下去则是内陆市镇：利比萨（Libyssa）（57° 15′ 42° 45′）、埃里波亚（Eriboea）（57° 10′ 42° 20′）、加里卡（Gallica）（57° 45′ 42° 25′）、塔塔维乌姆（Tatavium）（57° 45′ 42°）、希斯皮乌斯河（Hypius）河畔的普鲁萨（Prusa）（58° 30′ 42° 35′）、德达卡纳（Dedacana）（59° 42° 25′）、普罗托玛克拉（Protomacra）（58° 45′ 42°）、克劳狄奥波里斯（Claudiopolis）或比提尼

亚（Bithynia）（59°20′ 42°45′）、弗拉维奥波里斯（Flaviopolis）或克拉提亚（Cratea）（60°43°）、提玛亚（Timaea）（59°45′ 42°20′）、克里塔埃（Clitae）（60°30′ 43°）、拉加尼亚（Laganea）（60°35′ 42°30′）、尼卡亚（Nicaea）（57°41°55′）、恺撒里亚（Caesarea）或米尔里亚纳（Myrleana）（56°40′ 41°40′）、奥林匹斯山附近的普鲁萨（Prusa）（57°41°40′）、阿吉里乌姆（Agrilium）（57°30′ 41°40′）、达布勒斯（Dables）（58°40′ 41°40′）、达达斯塔纳（Dadastana）（59°30′ 41°45′）、尤里奥波里斯（Juliopolis）（60°10′ 42°）、这一地区附近的群岛库亚尼亚（Cyanea）（56°30′ 43°25′）、提尼亚斯（Thynias）和达弗努西亚（Daphnusia）（57°40′ 43°20′）、埃里提努斯（Erythinus）峭壁与岛屿（58°30′ 43°15′）。

第二章　严格意义上的亚细亚的位置（第一张亚细亚地图）

严格意义上的亚细亚，北方沿我们已经指明的一线与比提尼亚接壤；西方与普罗彭提斯海和赫勒斯滂海峡其余的部分、爱琴海（Aegean）、伊卡利亚海（Icarian）和米尔图姆海（Myrtoum）相邻。对它海岸地区的描述如下：在普罗彭提斯海滨：

赫勒斯滂的小米西亚（Mysia Minor）：库兹库斯（Cyzicus）（56°41°30′）、埃塞普斯河（Aesepus）河口（56°41°20′）、格拉尼库斯河（Granicus）河口（55°50′ 41°30′）、帕里乌姆（Parium）（55°35′ 41°25′）、拉姆普萨库斯（Lampsacus）（55°20′ 41°25′）。

在赫勒斯滂海峡之畔：阿比都斯（Abydus）（55°20′ 41°15′）、西蒙图斯河（Simoentus）河口（55°20′ 41°10′）、达尔达努姆（Dardanum）（55°15′ 41°5′）、斯卡曼德河（Scamander）河口（55°15′ 41°）、爱琴海之滨的西吉乌姆（Sigeum）海岬（55°10′ 41°）。

在小福瑞吉亚（Phrygia Minor）或特洛亚斯（Troas）：亚历山大里亚·特洛亚斯（Alexandria Troas）（55°25′ 40°40′）、勒克图姆（Lectum）海岬（55°25′ 40°25′）、阿苏斯（Assus）。

在大米西亚（Mysia Major）：加尔加鲁姆（Gargarum）（56°10′ 40°20′）、

帕拉塞普西斯（Palaesepsis）(56°15′ 40°30′)、安坦德鲁斯（Antandrus）(56°30′ 40°20′)、阿德拉米提乌姆（Adramyttium）(56°30′ 40°)、波罗塞勒涅（Poroselene）(56°30′ 39°45′)。

在埃奥里斯（Aeolis）：加纳（Cane）海岬（56°15′ 39°30′）、皮塔纳（Pitane）(56°10′ 39°45′)、凯库斯河（Caicus）河口（56°30′ 39°35′）、河的源头（58°30′ 40°30′）、埃拉亚（Elaea）(57° 39°25′)、米里纳（Myrina）(57°15′ 39°15′)、希德拉（Hydra）海岬（57° 39°5′）、库玛（Cyme）(57°20′ 39°)、弗卡亚（Phocaea）(57°10′ 38°50′)、赫尔姆斯河（Hermus）河口（57°30′ 38°45′）、赫尔姆斯河与帕克托鲁斯河（Pactolus）交汇处（58°10′ 39°20′）、赫尔姆斯河源头（60° 40°）、帕克托鲁斯河源头（59° 39°）。

在伊奥尼亚（Ionia）：士麦那（Smyrna）(57°40′ 38°35′)、克拉佐美纳（Clazomenae）(57° 38°35′)、埃利特里（Erythre）(56°40′ 38°35′)、伊卡利亚海滨的阿尔吉努姆（Argennum）(56°30′ 38°25′)、忒奥斯（Teos）(57°10′ 38°25′)、勒比都斯（Lebedus）(57°30′ 38°20′)、科罗丰（Colophon）(57°40′ 38°)、卡斯特河（Cayster）河口（57°45′ 37°50′）、河的源头（60°15′ 39°20′）、以弗所（Ephesus）(57°40′ 37°40′)、特罗吉里乌姆（Trogilium）海岬（57°10′ 37°30′）、梅安德河（Maeander）河口（57°40′ 37°30′）、吕库斯河（Lycus）与梅安德河交汇处（59° 38°40′）、梅安德河源头（62°30′ 39°30′）、吕库斯河源头（60° 37°45′）。

在卡瑞亚（Caria）境内的米尔图姆海滨：皮拉（Pyrra）(57°50′ 37°10′)、赫拉克里亚（Heraclea）(58° 37°10′)、米利都（Miletus）(58° 37°)、亚苏斯（Iasus）(57°50′ 36°50′)、巴尔吉里亚（Bargylia）(57°50′ 36°40′)、米都斯（Myndus）(57°40′ 36°25′)。

在多里斯（Doris）：斯科皮亚斯（Scopias）海岬（57°20′ 36°25′）、哈利卡纳苏斯（Halicarnassus）(57°50′ 36°10′)、克拉姆斯（Ceramus）(57° 36°)、科尼都斯（Cnidus）镇和海岬（56°15′ 36°）。

亚细亚南濒罗德岛（Rhodian）海。在海滨，有奥努格纳托斯（Onugnathos）海岬（56°40′ 35°50′）、罗里玛（Loryma）(57°20′ 35°35′)、

克里萨（Cressa）港（57°40′36°）、菲尼克斯（Phoenix）城堡（58°36′10′）、菲斯卡（Physca）（58°15′36°10′）、卡尔比斯河（Calbis）河口（58°45′36°5′）、考努斯（Caunus）（59°10′36°）。

在东方，亚细亚与吕西亚（Lycia）接壤，从位于考努斯附近的界碑（59°30′37°50′）开始延伸。

在南方，它与吕西亚的米里亚德（Milyade）地区（61°37°50′）、从所指明的界碑至61°20′38°35′一线的潘菲利亚地区相接；在东方，它与比提尼亚边界沿线的加拉提亚地区接壤。比提尼亚的边界线在中部转向东方，转向的地方位于62°15′39°15′。

亚细亚重要山脉的中心位置如下：艾达（Ida）山（56°41°）、契拉乌斯（Cillaeus）山（56°40′40′）、提姆努斯（Temnus）山（57°40′40°30′）、西皮鲁斯（Sipylus）山（59°39′10′）、特姆鲁斯（Tmolus）山（58°30′38°30′）、米玛斯（Mimas）山（57°10′38°30′）、美索吉斯（Mesogis）山（58°40′38°10′）、米卡里（Mycale）山（58°37°40′）、卡德姆斯（Cadmus）山（59°20′37°40′）、菲尼克斯山（58°36′20′）。

赫勒斯滂地区小米西亚的内陆城市有斯科普西斯（Scepsis）（56°30′41°）、萨克拉·格尔玛（Sacra Germa）（56°15′41°15′）。

小福瑞吉亚或特罗亚斯的内陆市镇为伊里乌姆（Ilium）（55°20′41°）。

大米西亚的内陆市镇有达古塔（Daguta）（57°30′41°20′）、林达库斯河河滨的阿波罗尼亚（Apollonia）（57°41°15′）、特莱亚诺波里斯（Traianopolis）（56°40′40°15′）、阿里达（Alydda）（57°30′40°15′）、普瑞佩尼苏斯（Prepenissus）（56°50′40°25′）、帕伽姆斯（Pergamus）（57°25′39°45′）。奥林匹尼人（Olympeni）生活在北方。格里曼诺图里塔人（Grimenothuritae）居住西部，特莱亚诺波里斯是他们的市镇。佩塔德米塔人（Pentademitae）生活在南方。米索玛科多尼斯人（Mysomacedones）则居住在上述居民中间。

吕底亚（Lydia）的市镇：佩尔培拉（Perpera）（57°50′40°）、摩斯特尼（Mosteni）（58°39°55′）、希洛卡萨里亚（Hierocaesarea）（57°15′39°30′）、纳克拉萨（Nacrasa）（58°20′39°30′）、提亚提拉（Thyatria）(58°39′20′)、

近西皮鲁斯山的玛格尼西亚（Magnesia）（58°40′ 39°10′）、尤里奥戈尔都斯（Juliogordus）（59°39°55′）、埃加拉（Aegara）（57°50′ 38°50′）、希帕埃帕（Hypaepa）（58°38°25′）、萨迪斯（Sardes）（58°20′ 38°45′）、菲拉德尔菲亚（Philadelphia）（59°38°50′）、狄奥斯希隆（Dioshieron）（59°40′ 38°55′）、梅特罗波利斯（Metropolis）（58°38°）。

卡瑞亚的市镇：特利波里斯（Tripolis）（59°30′ 38°30′）、吕库斯河河畔的拉奥迪克亚（Laodicea）（59°45′ 38°20′）、梅安德河之畔的安提奥契亚（Antiochia）（59°10′ 38°30′）、伊托亚纳（Itoana）（59°15′ 38°25′）、特拉佩佐波里斯（Trapezopolis）（59°30′ 38°15′）、奈萨（Nysa）（59°38°15′）、阿芙洛狄西亚（Aphrodisia）（59°20′ 38°10′）、特拉里斯（Tralles）（58°40′ 38°5′）、梅安德河之畔的玛格尼西亚（Magnesia）（58°30′ 38°5′）、阿波罗尼亚（Apollonia）（59°25′ 37°55′）、赫拉克里亚（Heraclea）（59°30′ 37°55′）、普里埃那（Priene）（58°37°25′）、哈尔帕萨（Harpasa）（58°25′ 37°35′）、奥索西亚（Orthosia）（59°37°35′）、尼亚波里斯（Neapolis）（59°25′ 37°35′）、巴尔伽扎（Bargaza）（58°20′ 37°25′）、亚马逊（Amyzon）（58°15′ 37°10′）、阿拉班达（Alabanda）（58°40′ 37°20′）、斯特拉托尼科（Stratonice）（59°37°10′）、阿林达（Alinda）（59°10′ 36°50′）、巴德苏斯（Badessus）（58°36°15′）、米拉萨（Mylasa）（58°20′ 36°30′）、希迪萨（Hydissa）（58°30′ 36°30′）、伊底姆斯（Idymus）（59°36°35′）、锡拉（Thera）（59°36°15′）、皮斯图斯（Pystus）（59°36°25′）。

埃里兹尼人（Erizenia）生活在福瑞吉亚附近。

玛埃奥尼亚（Maeonia）位于米西亚、吕底亚和福瑞吉亚交界处，其境内有：塞塔（Saittae）（58°10′ 40°15′）、达达勒斯（Dadales）（58°40°20′）、卡迪（Cadi）（58°30′ 40°25′）。

大福瑞吉亚的市镇：辛纳乌斯（Synnaus）（58°41°15′）、多里拉乌姆（Dorylaeum）（58°15′ 41°20′）、米戴乌姆（Midaium）（59°30′ 41°20′）、特里科米亚（Tricomia）（60°41°10′）、安库拉（Ancyra）（58°20′ 41°10′）、纳克里亚（Nacolea）（59°41°）、特里班塔（Tribanta）（59°40′ 40°35′）、狄奥

克里亚（Dioclea）（60° 40° 55′）、阿摩里乌姆（Amorium）（60° 30′ 41° 15′）、阿布罗斯托拉（Abrostola）（60° 30′ 40° 50′）、科提亚乌姆（Cotiaium）（58° 40′ 40° 40′）、埃扎尼（Aezani）（59° 40° 20′）、科纳（Conna）（59° 15′ 40° 30′）、吕西亚斯（Lysias）（59° 50′ 40° 30′）、科尔克皮亚（Cercopia）（59° 25′ 40° 15′）、攸卡尔皮亚（Eucarpia）（60° 40° 5′）、普利姆涅西亚（Prymnesia）（60° 20′ 40° 20′）、多契玛乌姆（Docimaeum）（60° 15′ 40° 30′）、辛纳达（Synnada）（60° 50′ 40° 5′）、加玛乌萨（Gammausa）（61° 15′ 40° 40′）、梅里特拉（Melitara）（61° 30′ 40° 20′）、尤利奥波里斯（Juliopolis）（61° 30′ 40° 10′）、阿克摩尼亚（Acmonia）（59° 50′ 39° 20′）、攸梅尼亚（Eumenia）（60° 10′ 39° 50′）、德鲁宗（Druzon）（60° 20′ 39° 55′）、提比利奥波里斯（Tiberiopolis）（60° 15′ 39° 30′）、布利安德鲁斯（Bleandrus）（60° 30′ 39° 10′）、斯特克托里乌姆（Stectorium）（61° 39′ 15′）、西尔比乌姆（Silbium）（61° 40′ 39° 15′）、菲罗米里乌姆（Philomelium）（62° 15′ 39° 20′）、佩尔塔（Pelta）（61° 20′ 39° 10′）、梅特罗波里斯（Metropolis）（61° 15′ 39° 25′）、阿帕梅·契波托斯（Apamea Cibotos）（61° 10′ 38° 55′）、希拉波里斯（Hierapolis）（60° 38° 15′）、契比拉（Cibyra）[60° 30′（37°）55′]、狄奥恺撒里亚（Diocaesarea）（61° 38° 15′）、萨尼斯（Sanis）（61° 38° 30′）、提米索里乌姆（Themisonium）（60° 10′ 38° 10′）、菲拉卡乌姆（Phylacaeum）（60° 20′ 38° 20′）、萨拉（Sala）（60° 15′ 38° 20′）、加泽纳（Gazena）（60° 40′ 38°）。

生活在吕西亚附近的民族有拉高涅斯人（Lycaones）和提米索尼人（Themisoni）。居住在比提尼亚附近的民族有摩卡德尼人（Moccadeni）和库底塞斯人（Cydisses）。在这些民族的下方则生活着佩尔提尼人（Pelteni），接下去是摩柯西亚尼人（Moxiani），然后是菲拉克尼塞斯人（Phylacenses）。在菲拉克尼塞斯人的下方生活着希拉波里塔人（Hierapolitae）。

亚细亚附近的岛屿，靠近赫勒斯滂海峡的是特涅多斯岛（Tenedos）及同名的市镇（55° 40° 55′）。

爱琴海中的勒斯波斯岛（Lesbos）是埃奥里亚人（Aeolian）的海岛。在它的周围有西格里乌姆（Sigrium）海岬（55° 40°）、埃勒苏斯（Eressus）（55°

15′ 39°40′)、皮拉（Pyrrha）（55°25′ 39°30′）、玛里亚（Malia）海岬（56°39°25′）、米特里纳（Mytilene）（55°40′ 39°40′）、阿尔戈努姆（Argennum）海岬（55°40′ 39°50′）、米提姆纳（Methymna）（55°25′ 40°25′）、安提萨（Antisa）（55°15′ 40°10′）。

伊卡里亚海中的岛屿有：伊卡鲁斯岛（Icarus）（56°45′ 37°20′）、希俄斯（Chios）岛及同名市镇（56°20′ 38°35′）、法纳亚（Phanaea）海岬（56°20′ 38°15′）、波西狄乌姆（Posidium）海岬（56°25′ 38°25′）、萨摩斯（Samos）岛城（57°37′35′）、安佩罗斯（Ampelos）海岬（56°30′ 37°30′）。

米尔图姆海中的岛屿及阿摩尔古斯（Amorgus）岛上的市镇如下：阿克兴（Arcesine）（56°37′）、埃吉亚鲁斯（Aegialus）（56°10′ 36°50′）、米诺亚（Minoa）（55°50′ 36°50′）、科斯（Cos）岛镇（55°40′ 36°25′）、阿斯提帕拉亚（Astypalaea）岛镇（55°40′ 36°25′）。

罗德岛海域喀尔巴阡海（Carpathian）中的岛屿：塞姆（Syme）岛（56°40′ 35°40′）、卡苏斯（Casus）岛镇（56°30′ 35°15′）。

在喀尔巴阡岛周围有托安提乌姆（Thoantium）海岬（57°35°20′）、埃菲亚尔提乌姆（Ephialtium）海岬（57°20′ 35°20′）、波西狄乌姆（Posidium）镇（57°20′ 35°25′）。

在罗德岛周围有帕诺斯（Panos）海岬（58°35°55′）、卡米罗斯（Camiros）（58°20′ 35°15′）、林都斯（Lindos）（58°40′ 36°）、伊埃里索斯（Ielyssos）（58°20′ 36°）。

第三章　吕西亚的位置（第一张亚细亚地图）

在西方和北方，吕西亚以我们提到的亚细亚的边界为界。在东方，它与潘菲利亚的部分地区接壤，以始于亚细亚边界地区的界碑，穿过玛西库图斯（Masicytus）山远达大海（61°50′ 36°30′）的一线为界。在南方，它濒临吕契乌姆（Lycium）海。对海岸地区的描述如下：在卡努斯之后，是卡林达（Calinda）（59°20′ 35°55′）、希里达（Chlyda）（59°40′ 35°55′）、卡亚（Carya）（59°50′ 35°55′）达埃达拉（Daedala）（60°35°55′）、特尔米苏斯

（Telmissus）（60°10′ 35°55′）、桑瑟斯河（Xanthus）河口（60°20′ 36°）、河的源头（60°37′ 40′）、帕塔拉（Patara）（60°30′ 36°）、安提菲鲁斯（Antiphellus）（60°30′ 36°20′）、安德里亚卡（Andriaca）（61°36°20′）、阿佩尔拉（Aperlae）（61°36°25′）、利米鲁斯河（Limyrus）河口（61°10′ 36°25′）、阿佩罗埃（Aperroe）（61°20′ 36°20′）、神圣海岬（Sacred promontory）（61°30′ 36°15′）、奥林普斯（Olympus）镇（61°40′ 36°20′）、法塞里斯（Phaselis）（61°50′ 36°25′）、克拉古斯（Cragus）山（其中部位置在 60°36°40′）。

吕西亚境内克拉古斯山附近的内陆市镇，有库德纳（Cydna）（59°30′ 37°10′）、辛布拉（Symbra）（59°40′ 36°50′）、奥克塔波里斯（Octapolis）（59°35′ 36°35′）、科姆巴（Comba）（59°50′ 36°30′）、辛迪玛（Sidyma）（59°50′ 36°40′）、皮纳拉（Pinara）（59°50′ 36°25′）、阿拉克萨（Araxa）（59°50′ 36°5′）、特罗斯（Tlos）（60°15′ 36°30′）、桑瑟斯（Xanthos）（60°15′ 36°10′）、玛西库图斯（Masicytus）山附近的市镇有科里达拉（Corydalla）（60°15′ 36°50′）、萨迦拉索斯（Sagalassos）（60°40′ 36°55′）、罗狄亚（Rhodia）（61°36°45′）、特里班达（Trebenda）、（61°10′ 37°15′）、菲罗斯（Phellos）（60°35′ 36°30′）、米拉（Myra）（61°36°40′）、利米拉（Limyra）（61°5′ 36°35′）。

在米里亚斯（Mylias）境内有波达里亚（Podalia）（60°37°30′）、奈萨（Nysa）（60°37′ 15′）、科玛（Choma）（60°20′ 37°20′）、坎迪巴（Candyba）（60°40′ 37°10′）。

在卡巴里亚（Cabalia）境内有布邦（Bubon）（60°20′ 37°40′）、奥埃诺安达（Oenoanda）（61°37′ 40′）、巴尔布拉（Balbura）（60°40′ 37°30′）。

吕西亚附近的岛屿有梅吉斯特（Megiste）岛（60°40′ 35°45′）、多尔契斯特岛（Dolchiste）（61°15′ 35°45′）、科里多尼亚（Chelidonia）（五座峭壁）（61°30′ 36°）。

第四章 加拉提亚的位置（第一张亚细亚地图）

加拉提亚西邻比提尼亚以及我们上面所提到的亚细亚的部分边界地区；

南接潘菲利亚，从亚细亚边界上所标示的界碑延伸至位于同一纬线上的另一座海湾（64°15′ 38°35′）；东部毗连从这一界碑延伸至本都海海岸特定地点（65°10′ 43°10′）的部分卡帕多西亚（Cappadocia）地区；北部与本都的部分地区接壤。对北部地区的描述如下：从海滨城市库图鲁姆开始，克里玛克斯（Climax）城堡（61°10′ 43°50′）、图特拉尼亚（Teuthrania）（61°30′ 44°）、卡拉姆比斯（Carambis）海岬（61°20′ 44°25）、卡利斯特拉提亚（Callistratia）（61°30′ 44°15′）、泽菲里乌姆（Zephyrium）（61°45′ 44°5′）、阿布尼提科斯（Abonitichos）（62°44°）、契诺里斯（Cinolis）（62°30′ 44°）、斯特法纳（Stephane）村（62°55′ 43°55′）、阿尔梅纳（Armene）（63°20′ 43°55′）、辛诺普（Sinope）（63°50′ 44°）、库普塔西亚（Cyptasia）（63°40′ 43°40′）、扎格鲁姆（Zagorum）（64°43°30′）、扎勒库斯河（Zalecus）河口（64°15′ 43°20′）、哈莱斯河（Halys）河口（64°30′ 43°10′）、河的转弯处（64°15′ 40°15′）、阿米苏斯（Amisus）（65°43°5′）。

加拉提亚境内重要的著名山脉有奥尔加西斯（Olgassys）山，它的中部位于63°42°；狄戴姆斯（Dindymus）山，它的东部位于62°41′20′；克勒纳鲁姆（Celenarum）山，其中部位于62°30′ 39°30′。

帕夫拉高尼亚人（Paphlagonian race）占据着海岸地区，他们的内陆市镇和村庄有扎吉拉（Zagira）（61°40′ 43°40′）、普勒格拉（Plegra）（62°30′ 43°30′）、萨科拉（Sacora）（63°20′ 43°40′）、赫尔维亚（Helvia）（61°40′ 43°）、托巴塔（Tobata）（62°20′ 43°）、格尔曼尼科波里斯（Germanicopolis）（63°43′）、格拉卡（Gelaca）（63°40′ 43°15′）、佐亚卡（Zoaca）（63°15′ 43°15′）、达卡塞（Dacasye）（61°40′ 42°40′）、摩西乌姆（Mosium）（61°5′ 42°20′）、萨科尔萨（Sacorsa）（62°42°15′）、庞培奥波里斯（Pompeiopolis）（62°30′ 42°15′）、科尼卡（Conica）（62°45′ 42°30′）、安德拉帕（Andrapa）或新克劳狄奥波里斯（Claudiopolis）（63°15′ 42°20′）、萨巴尼斯（Sabanis）（63°50′ 42°20′）、提图亚（Titua）（64°15′ 42°30′）、攸塞纳（Eusene）（60°40′ 42°40′）。

在帕夫拉高尼亚内陆的西部地区，生活着托里斯托波吉人（Tolistobogi）。

他们的市镇有格尔玛克罗尼亚（Germa colonia）（61°30′ 42°）、佩西努斯（Pessinus）（61°10′ 41°30′）、文迪亚（Vindia）（61°40′ 41°40′）、安德鲁斯（Andrus）（61°30′ 41°20′）、托拉斯塔克拉（Tolastachora）（61°15′ 40°55′）、维提斯图姆（Vetistum）（62°20′ 40°40′）。

朝向东方，与这些居民相邻的是特克托萨加埃人（Tectosagae）。他们的市镇有安库拉·梅特罗波里斯（Ancyra Metropolis）（62°40′ 42°）、奥勒努斯（Olenus）（62°15′ 42°）、科尔邦图斯（Corbeuntos）（62°40′ 41°40′）、阿格里扎玛（Agrizama）（62°41′ 30′）、文泽拉（Vinzela）（62°30′ 41°20′）、罗索洛吉亚（Rosologia）（63°41′ 25′）、萨尔玛里亚（Sarmalia）（63°20′ 41°25′）、狄克提斯（Dictis）（62°40′ 40°50′）、卡里玛（Carima）（63°40′ 40′）、兰多西亚（Landosia）（63°40′ 40°45′）。

特克托萨加埃人以东的地区生活着特罗克米人（Trocmi）。他们的市镇有塔维乌姆（Tavium）（63°55′ 41°40′）、拉斯克里亚（Lascoria）（63°15′ 42°）、安德罗西亚（Androsia）（64°20′ 42°5′）、克劳狄奥波里斯（Claudiopolis）（63°50′ 42°）、卡里萨（Carissa）（64°40′ 41°40′）、弗巴提纳（Phubatina）（64°10′ 41°30′）、杜杜萨（Dudusa）（63°50′ 41°20′）、萨拉鲁斯（Saralus）（64°30′ 41°20′）、攸凯纳（Ucaena）（64°10′ 40°55′）、拉斯提亚（Rastia）（64°30′ 41°）。

在这些民族以下的地区，如我们所言，生活着普罗西勒曼提尼塔埃人（Prosilemmenitae）及与其有亲缘关系的民族。在他们之后则是生活在拉高尼亚境内部分地区的比泽尼人（Bizeni）。他们的市镇有佩特涅索斯（Petenessos）（62°15′ 40°30′）、埃克多玛瓦（Ecdaumava）（63°20′ 40°25′）、西瓦塔（Sivata）（64°15′ 40°25′）、阿尔狄斯塔玛（Ardistama）（64°40′ 10′）、辛纳（Cinna）（63°20′ 40°）、康古斯托斯（Congustos）（62°40′ 39°50′）、提里亚乌姆（Tyriaeum）（63°39′ 30′）、拉奥狄塞亚·康布斯塔（Laodicea combusta）（63°40′ 39°40′）、瓦萨达（Vasada）（64°39′ 25′）、佩尔塔（Perta）（64°20′ 39°30′）。

接着，在这些居民的下方，向西行进，就进入皮西底亚（Pisidiae）的部分地区了。市镇有阿波罗尼亚（Apollonia）（62°39°）、安提奥契亚·皮西底亚

（Antiochia Pisidiae）（62°30′ 39°）、安布拉达（Amblada）（61°50′ 38°50′）、尼亚波里斯（Neapolis）（62°40′ 48°45′）。

继续向东则是伊索里亚（Isauria）及其市镇：萨巴特拉（Sabatra）（64°20′ 39°15′）、吕斯特拉（Lystra）（64° 39°）、伊索拉（Isaura）（63°50′ 38°40′）。

在它们中间则是奥隆狄克里人（Orondicori）及其市镇：米斯提乌姆（Misthium）（63° 39°15′）、帕普帕（Pappa）（63°20′ 38°50′）。

第五章　潘菲利亚的位置（第一张亚细亚地图）

潘菲利亚西邻吕西亚和我们已经提到的亚细亚的部分边界地区，北部以加拉提亚的边界为限；东部与西里西亚及卡帕多西亚的部分地区相接，并延伸至从加拉提亚附近界碑到潘菲利亚海一线，这一线在大海的终点位于63°50′ 36°45′；北部濒临同一片潘菲利亚海。接下来是对海岸地区的描述，在吕西亚市镇法塞里斯（Phaselis）之后：潘菲利亚海海岸地区，有奥尔比亚（Olbia）（62°36′55′）、阿塔里亚（Attalia）（62°15′ 36°30′）、卡特拉克特斯河（Cataractes）河口（62°15′ 36°35′）、玛吉多斯（Magydos）（62°40′ 36°30′）、科斯特鲁斯河（Cestrus）河口（62°50′ 36°30′）、攸里梅敦河（Eurymedon）河口（63° 36°35′）、塞德（Side）（63°5′ 36°40′）。

西里西亚·阿斯佩拉（Cilicia Aspera）的海滨市镇：米拉斯（Melas）河（63°10′ 36°40′）、科拉克西乌姆（Coracesium）（63°35′ 36°40′）、叙埃德拉（Syedra）（63°50′ 36°45′）。

福瑞吉亚·皮西迪亚（Phrygia Pisidia）内陆省的市镇有：塞琉西亚·皮西迪亚（Seleucia Pisidia）（62°38′30′）、古老的贝多斯（Ancient Beudos）（61°30′ 38°10′）、巴里斯（Baris）（61°50′ 38°25′）、康纳（Conane）（61°50′ 38°5′）、吕西尼亚（Lysinia）（61°15′ 38°15′）、科尔玛萨（Cormasa）（61°10′ 37°55′）。

在卡巴里亚（Cabalia）境内，有克勒托波里斯（Cretopolis）（61°15′ 37°30′）、波格拉（Pogla）（61°40′ 37°40′）、墨涅德米乌姆（Menedemium）（61°20′ 37°40′）、乌拉诺波里斯（Uranopolis）（61°40′ 37°20′）、皮辛达

（Pisinda）（61°40′ 37°10′）、阿里亚苏斯（Ariassus）（62°5′ 37°10′）、米里亚斯（Milyas）（62°30′ 37°25′）、特尔梅索斯（Termessos）（62°10′ 37°15′）、科尔巴萨（Corbasa）（62°20′ 37°5′）。

潘菲利亚的内陆市镇，有佩尔格（Perge）（62°15′ 36°50′）、西鲁姆（Sileum）（62°25′ 36°50′）、阿斯潘都斯（Aspendus）（62°15′ 36°45′）。

皮西迪亚的内陆市镇，有普罗斯塔玛（Prostama）（62°15′ 38°20′）、阿达达（Adada）（62°55′ 38°15′）、奥尔巴萨（Olbasa）（62°40′ 38°）、戴尔泽拉（Dyrzela）（63°10′ 38°20′）、奥尔班纳萨（Orbanassa）（63°20′ 38°）塔尔邦达（Talbonda）（63°45′ 38°）、克勒姆纳殖民地（Cremna colonia）（63°37′ 50′）、康玛库姆（Conmacum）（62°50′ 37°40′）、佩德涅里索斯（Pednelissos）（63°30′ 37°50′）、文泽拉（Unzela）（63°15′ 37°30′）、塞尔格（Selge）（63°37′ 20′）。

西里西亚·阿斯佩拉（Cilicia Aspera）的内陆市镇，有拉埃尔特（Laerte）（63°40′ 37°25′）、卡塞埃（Casae）（63°50′ 37°30′）、里尔贝（Lyrbe）（63°45′ 37°5′）、科罗布拉苏斯（Colobrassus）（63°20′ 37°10′）、契比拉（Cibyra）（63°15′ 36°45′）。

潘菲利亚附近的岛屿，有克拉姆布萨（Crambusa）（62°30′ 35°50′）、阿佩尔布萨（Apelbusa）（63°15′ 35°50′）。

第六章　卡帕多西亚的地理位置（第一张亚细亚地图）

卡帕多西亚西接加拉提亚和我们提到的从本都延伸至界碑（64°37°40′）的潘菲利亚的部分地区；南邻西里西亚和叙利亚的部分地区，与前者的界线穿越陶鲁斯山（Taurus mountains）、阿玛努斯山到达位于70°37°20′的界碑处，与后者的界限穿越阿玛努斯山延伸至幼发拉底河（位置在71°20′38°）；东部毗连已经标明的亚美尼亚（Greater Armenia）的部分地区，界线沿幼发拉底河延伸至河道开始由北偏东奔流的地点（位置在71°42°30′），接着沿莫斯奇克斯（Moschicos）山一线延伸至位置在73°44°30′的终点，由此又伸展至已提到的海滨的界碑处；北部以本都海为界，界线始于加拉提亚的阿米苏斯城延伸至位于72°20′44°45′的界碑处。

这一地区的海滨地带以如下顺序描述：

鲁克叙里（Leucosyri）：安康（Ancon）（65°40′ 43°20′）、伊利斯河（Iris）河口（66°43°）、河的第一次转弯处（67°15′ 41°20′）、河的第二次转弯处（66°41′ 20′）、河的源头（68°41°）。

本都·加拉提库斯（Pontus Galaticus）的法纳罗亚（Phanaroea）地区：提米斯库拉（Themiscyra）（66°20′ 43°5′）、赫尔库里斯（Herculis）海岬（66°50′ 43°20′）。

本都·波利莫尼亚库斯（Pontus Polemoniacus）：特尔莫冬托斯河（Thermodontos）河口（67°43°15′）、河源（68°30′ 42°45′）、波利莫尼乌姆（Polemonium）（67°15′ 43°5′）、伊亚索尼乌姆（Iasonium）海岬（67°30′ 43°15′）、科提奥拉（Cotyora）（67°35′ 43°15′）、赫尔莫纳萨（Hermonassa）（67°50′ 43°15′）。

西德纳（Sidene）地区的本都·卡帕多西亚（Pontus Cappadocia）：伊斯克波里斯（Ischopolis）（68°20′ 43°20′）、科拉苏斯（Cerasus）（68°50′ 43°20′）、法尔纳西亚（Pharnacia）（69°20′ 43°5′）、希西（Hyssi）港（70°45′ 43°20′）、特拉佩祖斯（Trapezus）（70°50′ 43°5′）。在契西奥斯（Cissios）境内，有奥菲乌斯（Ophius）（71°43°25′）、利祖斯（Rhizus）港（71°10′ 43°35′）、阿忒纳鲁姆（Athenarum）海岬（71°43°45′）、科尔戴勒（Chordyle）（71°20′ 43°45′）、摩尔图拉（Morthula）（71°40′ 43°45′）、阿尔卡比斯河（Archabis）河口（72°44°）、克塞里纳（Xyline）（72°5′ 44°10′）、契萨河（Cissa）河口（72°10′ 44°20′）、阿普索鲁斯（Apsorrus）（72°20′ 44°30′）、阿普索鲁斯河河口（72°20′ 44°40′）、格劳库斯河（Glaucus）与吕库斯河汇入阿普索鲁斯河处（72°30′ 43°45′）、格劳库斯河的源头（72°45′ 43°）、吕库斯河的源头（71°15′ 43°）、塞巴斯托波里斯（Sebastopolis）（72°20′ 44°45′）。

穿过卡帕多西亚的有名的山脉为阿尔古斯山（Argeus）、安提陶鲁斯（Antitaurus）山和斯科尔狄斯库斯山（Scordiscus）。（在卡帕多西亚境内），阿尔古斯山的两端分别位于 65°30′ 40°30′ 和 66°30′ 39°40′。米拉斯河发源于阿尔古斯山，在 71°39°20′ 处流入幼发拉底河。安提陶鲁斯山从陶鲁斯山绵延至幼发拉底河。此山脉在 65°30′ 38°30′ 和 67°15′ 39°15′ 的部分与陶鲁斯山并行，

281

位于 67° 30′ 39° 40′ 和 71° 30′ 41° 15′ 之间的部分沿着幼发拉底河延伸。斯科尔狄斯库斯山在卡帕多西亚境内两端分别位于 68° 41° 和 69° 42° 30′。

接下去则是卡帕多西亚境内鲁克叙罗斯（Leucosyros）以下的内陆市镇和农村，它们位于加拉提亚的边境地带：在加拉提库斯的内陆，有波埃纳萨（Boenasa）（65° 30′ 42° 45′）、塞巴斯托波里斯（Sebastopolis）（66° 41′ 20′）、特班达（Tebenda）（66° 40′ 42° 10′）、阿玛西亚（Amasia）（65° 30′ 42°）、科罗埃（Choloe）（66° 42°）、埃托尼亚（Etonia）（65° 41′ 30′）、皮亚拉（Piala）（65° 45′ 41° 40′）、普鲁拉米斯（Pleuramis）（65° 15′ 41° 20′）、皮达（Pida）（66° 40′ 41° 45′）、塞尔姆萨（Sermusa）（66° 20′ 41° 25′）、科玛纳·本提卡（Comana Pontica）（67° 41° 30′）。

在本都·波利莫尼亚库斯内陆，有格扎勒纳（Gozalena）（66° 30′ 42° 40′）、攸狄弗斯（Eudiphus）（67° 20′ 42° 10′）、卡瓦尼斯（Carvanis）（67° 40′ 42° 10′）、巴尔巴尼萨（Barbanissa）（68° 42° 20′）、阿布拉塔（Ablata）（68° 20′ 42°）、尼奥恺撒里亚（Neocaesarea）（67° 20′ 41° 50′）、萨拉尼亚（Saurania）（68° 42°）、梅加鲁拉（Megalula）（67° 40′ 41° 40′）、泽拉（Zela）（67° 30′ 41° 20′）、达纳埃（Danae）（68° 41°）、塞巴斯提亚（Sebastia）（68° 40′ 40′）、美索罗玛（Mesoroma）（68° 30′ 41° 45′）、萨巴里亚（Sabalia）（68° 20′ 41° 40′）、梅加罗索斯（Megalossus）（68° 10′ 41° 20′）。

在本都·卡帕多西亚内陆，有泽菲里乌姆（Zephyrium）（68° 20′ 43°）、阿扎（Aza）（69° 42° 30′）、科卡里亚（Cocalia）（69° 30′ 42° 45′）、特拉佩祖萨（Trapezusa）（70° 30′ 43° 5′）、阿西巴（Asiba）（71° 20′ 43° 15′）、玛尔达拉（Mardara）（71° 30′ 43° 40′）、卡穆里萨尔布姆（Camuresarbum）（72° 43° 30′）。

在卡玛涅涅（Chamanene）辖区，有扎玛（Zama）（65° 40′ 40° 45′）、安德拉卡（Andraca）（65° 40° 20′）、加达塞纳（Gadasena）（65° 45′ 40° 55′）、瓦达塔（Vadata）（65° 20′ 40°）、萨尔维纳（Sarvena）（65° 40′ 40° 30′）、奥多加（Odoga）（66° 40° 20′）。

在萨尔加拉塞纳（Sargaurasena）辖区，有菲亚拉（Phiara）（67° 41°）、萨达格纳（Sadagena）（66° 20′ 40° 45′）、高拉埃纳（Gauraena）（67° 40° 30′）、

萨巴拉苏斯（Sabalassus）（66°30′ 40°25′）、阿里亚拉提拉（Ariarathira）（67° 20′ 40°45′）、玛罗加（Maroga）（67°30′ 40°30′）。

在加尔萨里提斯（Garsauritis）辖区，有弗里亚塔（Phreata）（65°40′）、阿尔克莱斯（Archelais）（64°45′ 39°40′）、纳纳苏斯（Nanassus）（65°30′ 39°45′）、狄奥恺撒里亚（Diocaesarea）（65°30′ 39°30′）、萨拉姆布利亚埃（Salambriae）（65°15′ 39°20′）、特提拉皮尔吉亚（Tetrapyrgia）（60° 39°20′）。

在西里西亚辖区，有穆斯提里亚（Mustilia）（66°15′ 40°20′）、西瓦（Siva）（66°30′ 40°5′）、卡姆帕埃（Campae）（66°15′ 39°45′）、玛扎卡（Mazaca）或恺撒里亚（Caesarea）（66°30′ 39°30′）、库吉斯特拉（Cyzistra）（67° 39°20′）、攸亚吉纳（Euagina）（67°10′ 40°15′）、阿尔卡拉（Archalla）（67°30′ 40°）、索巴拉（Sobara）（67°10′ 39°40′）。

在拉高尼亚有阿多皮苏斯（Adopissus）（64°40′ 39°15′）、卡纳（Canna）（64°45′ 39°）、伊科尼乌姆（Iconium）（64°30′ 38°45′）、帕拉莱斯（Paralais）（64°45′ 38°45′）、科尔纳（Corna）（65° 38°25′）、卡斯比亚（Chasbia）（65°10′ 38°45′）。

在安提奥契亚纳（Antiochiana）辖区，有德尔贝（Derbe）（64°20′ 38°15′）、拉兰达（Laranda）（64°45′ 38°5′）、奥尔巴萨（Olbasa）（65°20′ 38°10′）、穆斯班达（Musbanda）（64°50′ 37°50′）。

在提亚尼提伊斯（Tyanitiis）辖区，有德拉塔埃（Dratae）（65°30′ 39°）、提亚纳（Tyana）（66° 38°55′）、巴济斯（Bazis）（66°15′ 38°55′）、西亚拉（Siala）（66°30′ 38°55′）。

小亚美尼亚（Armenia Minor）最北部被称为奥尔巴里塞纳（Orbalisene），在它的下方是埃图拉涅（Aetulane），接着是哈埃里提卡（Haeretica）及位于它下方的奥尔塞纳（Orsene）。奥尔比塞纳（Orbisene）则位于奥尔塞纳之后更靠南的地方。幼发拉底河河畔的市镇有：西尼布拉（Sinibra）（71°42′30′）、阿济里斯（Aziris）（71°42′）、拉达纳（Ladana）（71°41′40′）、西斯玛拉（Sismara）（71°30′ 41°25′）、济玛拉（Zimara）（71°30′ 40°40′）、达斯库萨（Dascusa）（71° 40°25′）。

在山区中深处，有萨塔拉（Satala）（69°30′42°10′）、多玛纳（Domana）（70°42°5′）、塔普拉（Tapura）（70°30′42°10′）、尼科波里斯（69°41′40′）、科尔萨比亚（Chorsabia）（69°40′41°45′）、卡拉克斯（Charax）（70°30′41°45′）、达格纳（Dagona）（68°40′41°20′）、塞勒奥贝里亚（Seleoberea）（69°30′41°）、卡尔提奥里萨（Caltiorissa）（69°50′41°15′）、阿纳里布拉（Analibla）（70°20′41°10′）、皮辛加拉（Pisingara）（68°30′40°55′）、格达萨（Godasa）（69°40′45′）、攸多埃克萨塔（Eudoexata）（68°15′40°25′）、卡拉佩（Carape）（71°20′41°）、卡萨拉（Casara）（70°30′40°40′）、奥罗曼都斯（Oromandus）（69°40′40°30′）、伊斯帕（Ispa）（70°30′40°20′）、弗菲纳（Phuphena）（69°40′15′）、阿拉涅（Arane）（69°45′40°10′）、弗法吉纳（Phuphagena）（68°30′39°50′）、玛尔达拉（Mardara）（69°5′39°45′）、瓦尔帕萨（Varpasa）（67°50′39°30′）、奥尔萨（Orsa）（68°30′39°30′）。

在梅里特纳（Melitene）境内，位于幼发拉底河河畔的市镇，有达苏萨（Dagusa）（71°40°5′）、辛尼斯科隆（Siniscolon）（71°39°45′）、梅里特纳（71°39°30′）。由梅里特纳朝向内陆的方向上，有佐帕里苏斯（Zoparissus）（70°40°）、提塔里苏斯（Titarissus）（69°45′39°45′）、契亚尼卡（Cianica）（69°20′39°30′）、弗西帕拉（Phusipara）（70°30′39°40′）、攸西玛拉（Eusimara）（70°10′39°30′）、伊亚苏斯（Iassus）（69°39°30′）、契亚契斯（Ciacis）（69°30′39°15′）、鲁加埃萨（Leugaesa）（70°15′39°10′）、卡尔玛拉（Carmala）（70°40′39°20′）、拉多埃涅里斯（Ladoeneris）（69°30′38°50′）。

在卡塔奥尼亚（Cataoina）辖区，有卡巴苏斯（Cabassus）（67°15′38°35′）、提纳（Tynna）（66°50′38°30′）、提拉里斯（Tirallis）（67°38°20′）、库比斯特拉（Cybistra）（66°38°15′）、克劳狄奥波里斯（Claudiopolis）（65°40′37°50′）、达里散都斯（Dalisandus）（66°20′37°50′）、波迪安都斯（Podyandus）（67°38°）、科玛纳·卡帕多西亚（Comana Cappadocia）（68°38°）、莫普苏克里纳（Mopsucrene）（67°20′37°30′）、塔纳达里斯（Tanadaris）（68°20′37°45′）、利安迪斯（Leandis）（68°40′37°40′）。

在穆里梅纳（Murimena）辖区，有辛迪塔（Sindita）（67°30′39°10′）、科

塔埃纳（Cotaena）（68°15′ 39°10′）、佐罗帕苏斯（Zoropassus）（69°20′ 39°）、奈萨（Nyssa）（68°20′ 38°40′）、阿拉萨克萨（Arasaxa）（67°30′ 38°30′）、卡尔纳里斯（Carnalis）（68°45′ 38°30′）、加尔纳卡（Garnaca）（68°30′ 38°10′）。

在拉维亚塞纳（Laviansena）辖区，位于幼发拉底河河畔的市镇，有科涅（Corne）（71°39′ 15′）、梅提塔（Metita）（71°39′）、克劳狄亚斯（Claudias）（71°38′45′）。

由（上述）这些地区向内陆行进，则有卡帕科里斯（Caparcelis）（70°10′39°）、济佐亚特拉（Zizoatra）（70°38′45′）、帕萨尔涅（Pasarne）（70°30′38°30′）、契扎拉（Cizara）（69°20′38°30′）、萨巴吉纳（Sabagena）（68°50′38°10′）、诺萨勒纳（Nosalene）（69°50′38°20′）、劳加萨（Laugasa）（69°20′37°50′）。

在阿劳埃纳（Arauene）辖区，位于幼发拉底河附近的市镇有，朱利奥波里斯（Juliopolis）（71°38′25′）、巴尔扎罗（Barzalo）（71°38′10′）。

由此向内陆行进，则会遇到塞拉斯特勒（Serastere）（70°40′ 38°15′）、拉克里亚苏斯（Lacriassus）（70°15′ 38°10′）、恩特里亚（Entelea）（70°37′45′）、阿达塔（Adattha）（69°30′ 37°30′）。

第七章　西里西亚的位置（第一张亚细亚地图）

西里西亚西部与我们上面谈到的潘菲利亚的那部分地区相接；东部与沿着阿玛努斯山延伸的叙利亚地区相邻，从卡帕多西亚附近的界碑处伸展至伊西库斯（Issicus）湾和阿玛尼卡埃（Amanicae）港，界碑位于69°30′ 36°20′；北部与沿着陶鲁斯山延伸的卡帕多西亚地区接壤；南部以西里西乌斯（Cilicius）海峡和伊西乌斯（Issicus）湾为界，这样描述它的海岸地带：从位于海滨的潘菲利亚市镇塞埃德拉（Syedra）开始，描述如下：

在崎岖不平的西里西亚塞林尼提斯（Selinitis）境内，有伊奥塔佩（Iotape）（64°36′45′）、塞林努斯（Selinus）（64°20′ 36°45′）、山脉附近的安提奥契亚（Antiochia）（64°40′ 36°50′）、涅菲里斯（Nephelis）（64°50′ 36°35′）。

在科提狄斯（Cetidis）境内，有安涅穆里乌姆（Anemurium）（65°10′

36°50′)、奥里马格都斯河（Orymagdus）河口（65°20′ 36°50′）、阿尔西诺埃（Arsinoe）（65°30′ 36°50′）、塞林德里斯（Celenderis）（65°45′ 36°50′）、阿芙洛狄西亚斯（Aphrodisias）（66° 36°50′）、萨尔佩敦（Sarpedon）之岬（66°10′ 36°45′）、卡利卡都斯河（Calycadnus）河口（66°20′ 36°50′）、泽菲里乌姆（Zephyrium）海岬（66°20′ 36°40′）。

在西里西亚低地，有科里库斯（Corycus）（66°30′ 36°50′）、塞巴斯特（Sebaste）（66°45′ 36°45′）、拉姆斯河（Lamus）河口（67° 36°45′）、庞培奥波里斯（Pompeiopolis）或者索里（Soli）（67°15′ 36°40′）、泽菲里乌姆（Zephyrium）（67°10′ 36°20′）、库德努斯河（Cydnus）河口（67°45′ 36°40′）、库德努斯河河源（66°38′ 30′）、萨鲁斯河（Sarus）河口（68° 36°30′）、皮拉姆斯河（Pyramus）河口（68°15′ 36°30′）、皮拉姆斯河河源（68°30′ 38°）、玛鲁斯（Mallus）（68°30′ 36°30′）、塞勒里提斯（Serretillis）（68°45′ 36°30′）、埃加埃（Aegae）（69° 36°30′）、伊苏斯（69°20′ 36°25′）。

西里西亚和崎岖的塞林尼提斯境内的内陆市镇，有凯斯特罗斯（Caystros）（64°45′ 37°10′）、多米提奥波里斯（Domitiopolis）（65°25′ 37°5′）、菲拉德尔菲亚（Philadelphia）（66° 37°25′）、塞琉西亚（Seleucia）（66°10′ 36°50′）、狄奥斯恺撒里亚（Dioscaesarea）（66°10′ 37°10′）。

在科提狄斯境内，有奥尔巴萨（Olbasa）（64°30′ 37°30′）。

在拉拉西狄斯（Lalassidis）境内，有尼尼卡（Ninica）（65°30′ 37°30′）。

在卡拉科纳（Characena）境内，有弗拉维奥波里斯（Flaviopolis）（66°20′ 37°30′）

在拉莫提狄斯（Lamotidis）境内，有拉姆斯（Lamus）（67° 37°）。

在拉卡尼提狄斯（Lacanitidis）境内，有伊利诺波里斯（Irenopolis）（67°50′ 37°20′）。

在布利埃里卡（Bryelica）境内，有奥古斯塔（Augusta）（68°30′ 37°30′）。

西里西亚低地的内陆市镇有塔尔苏斯（Tarsus）（67°40′ 36°50′）、阿达纳（Adana）（68°15′ 36°45′）、恺撒里亚（Caesarea）（68°30′ 37°）、摩普苏埃斯提亚（Mopsuestia）（68°50′ 36°45′）、卡斯塔巴拉（Castabala）（69° 37°）、尼

科波里斯（69°30′ 37°15′）、埃皮法尼亚（Epiphania）(69°30′ 36°40′)、阿玛尼卡埃（Amanicae）港（69°30′ 36°20′）。

第八章　亚细亚的萨尔玛提亚的位置（第二张亚细亚地图）

亚细亚的萨尔玛提亚，北部与不知名的地区接壤。它的西部与欧罗巴的萨尔玛提亚和玛埃奥提斯湖（Maeotis）东部相邻；与欧罗巴萨尔玛提亚的分界线，始于塔奈斯河（Tanais）的源头，并沿着塔奈斯河延伸至它流入玛埃奥提斯湖入口处；同玛埃奥提斯湖东部的分界线，始自塔奈斯河河口，延伸至契美里乌斯·博斯普鲁斯（Cimmerius Bosphorus），沿着这一部分有如下地点：

自塔奈斯河河口开始，有帕尼亚尔迪斯（Paniardis）(67°30′ 53°30′）、玛鲁比乌斯河（Marubius）河口（68°53°）、帕塔鲁埃（Patarue）(68°52′ 30°）、大罗姆比特斯河（Rhombites）河口（68°30′ 52°）、提奥法尼乌斯河（Theophanius）河口（68°30′ 51°40′）、阿扎拉镇（Azara）(68°30′ 51°20′）、小罗姆比提斯河河口（69°50′ 30°）、阿扎拉比提斯·塔埃尼亚（Azarabitis Taenia）(68°50°）、提拉姆巴埃（Tyrambae）(69°40′ 49°50′）、安提契特斯河（Anticites）河口（70°49°20′）、格鲁萨镇（Gerusa）(70°49°）、普萨提斯河（Psathis）河口（69°30′ 48°45′）、玛特塔（Mateta）(69°48°30′）、瓦尔达涅斯河（Vardanes）河口（68°48°20′）、契美里乌姆（Cimmerium）之岬（66°30′ 48°30′）、阿帕图罗斯（Apaturos）(66°20′ 48°15′）、博斯普鲁斯海峡入口处的阿契鲁姆（Achilleum）(64°30′ 48°30′）和契美里亚·博斯普鲁斯海峡（Cimmerian Bosporus）中的法纳格里亚（Phanagoria）(64°30′ 47°50′）、科罗康达美（Corocondame）(64°15′ 47°30′）。

亚细亚的萨尔玛提亚，南部以本都·攸克塞因海的部分地区为界，并从那里延伸远达科拉斯河（Coras），科尔基斯（Colchis）、伊比利亚和阿尔巴尼亚的分界线，此后又伸展至赫尔卡尼乌姆或者卡斯皮亚海（Caspian Sea）。对这一边界的描述如下：在本都海滨的科罗康达美之后，有赫尔摩纳萨（Hermonassa）(65°47′ 30′）、辛迪科（Sindice）港（65°30′ 47°50′）、辛达（Sinda）村（66°48°）、巴塔（Bata）港（66°30′ 47°40′）、巴塔村（66°20′

47°30′）、普塞克鲁斯河（Psychrus）河口（66°40′47°30′）、阿卡亚（Achaia）村（67°47°30′）、科尔克提狄斯（Cercetidis）湾（67°30′47°20′）、塔佐斯（Tazos）镇（68°47°30′）、托勒提库姆（Toreticum）海岬（68°47°）、安帕萨里斯（Ampsalis）镇（68°30′47°15′）、布尔卡斯河（Burcas）河口（69°47°15′）、欧埃安提亚（Oenanthia）（69°40′47°15′）、塞叙里斯河（Thessyris）河口（69°40′47°）、卡尔特隆提克斯（Carterontichos）（70°46°50′）、科拉克斯河（Corax）河口（70°30′47°），科尔基斯一侧的界碑位于75°47°；此后，它（边界，译者注）沿着伊比利亚的边界地带（边界上有萨尔玛提亚关口）、阿尔巴尼亚延伸至赫尔开尼乌姆海滨位于索亚纳斯河（Soanas）河口的界碑处。

它的东部与赫尔卡尼乌姆海的部分海域相连，始于索亚纳斯河河口。河口的位置上面已经给出。阿隆塔斯河（Alontas）河口位于86°30′47°40′，乌敦河（Udon）河口的位置在87°48′20′，拉河（Rha）河口位于87°30′48°50′。它东部的部分地区还和西徐亚（Scythia）相邻，分界线沿着拉河延伸至转弯处（85°54′），之后沿着经线伸入不知名的地区。

拉河在塔奈斯河转弯处（74°56′）附近再次转弯。在这一转弯处的上方，两条河汇流。它们都发源于希佩尔波里亚（Hyperborean）山。两河交汇处位于79°58′30′。自西方奔流而来的河流，源头在70°61°，自东方奔流而来的河流，源头位于90°61°。

在穿越萨尔玛提亚的山脉中，有名号的山脉为，著名的希皮契（Hippici）山，科劳尼山（Cerauni），科拉克斯山以及沿着科尔基斯和伊比利亚延伸的那些山脉［统称高加索山（Caucasus）］，其中的一条支脉也向赫尔卡尼乌姆海延伸，它也被称为高加索山。

希皮契山的两端分别位于74°54°和81°52°，科劳尼山的两端的位置在82°30′49°30′和84°52°，科拉克斯山的两端位于69°48°和75°48°，高加索山两端的位置则分别在75°47°和85°48°。它们附近有亚历山大·科罗姆纳（Alexandri Colomnae）、萨尔玛提亚关口（81°48′30′）和阿尔巴尼亚关口（80°47°）。

希佩尔波里亚·萨尔玛提亚（Hyperborean Sarmatia）不知名地区附近的草场上放牧着牛群。在这些地区以下，生活着巴西里契·萨尔玛提亚人（Basilici Sarmatians）、摩多卡人（Modoca）、希波法吉·萨尔玛提亚人（Hippophagi Sarmatians）。在这些居民的下方，生活着扎卡塔埃·萨尔玛提亚人（Zacatae Sarmatians）、苏亚尔德尼人（Suardeni）和阿塞伊人（Asaei）。接着，靠近塔奈斯河北部转弯处的地方，是强大的佩里尔比迪人（Perierbidi）的居所。在他们附近，则生活着南方的伊亚克塞玛塔人（Iaxamatae）。

塔奈斯河畔的市镇有赫克塞波里斯（Hexapolis）（72° 55′ 40°）、纳瓦里斯（Navaris）（70° 55°）、塔奈斯（Tanais）（67° 54° 20′）。

在苏亚尔德尼人的下方居住着卡埃尼德斯人（Chaenides）。自拉河向东的地区生活着弗提罗法吉人（Phthirophagi）、玛特里人（Materi）和涅西奥提人（Nesioti）。接着，在伊亚克萨玛塔斯人（Iaxamatas）的下方居住着西拉克尼人（Siraceni）。在玛恩提姆（Maentim）沼泽和希皮契山之间，与西拉克尼人相邻的是普塞西人（Psessi）。在此之后是塔特梅奥塔埃人（Thatemeotae），这些居民的下方，居住着提拉姆巴埃人（Tyrambae）。接下去是阿斯普尔吉亚尼人（Aspurgiani）以及科拉克斯山附近的阿里契人（Arichi）和济恩契人（Zinchi）。在科拉克斯山以上的地区，则生活着科纳普塞尼人（Conapseni）、梅提比人（Metibi）和阿格里塔埃人（Agoritae）。

在拉河与希皮契山之间是米特里达梯斯（Mithridatis）地区。在它下方的地区生活着梅兰克拉尼人（Melanchlani）。在这些居民之后是亚马逊人（Amazones）。在希皮契山和科劳尼山之间生活着苏亚尼人（Suani）和萨卡尼人（Sacani）。此外，在科劳尼山和拉河之间居住着奥里涅伊人（Orinei）、瓦里人（Vali）和塞尔比人（Serbi）。在高加索山和科劳尼山之间的区域生活着图斯契人（Tusci）和迪都里人（Diduri）。在卡斯皮亚海附近居住着尤达埃人（Udae）、阿隆塔埃人（Alontae）、伊松达埃人（Isondae）和格尔里人（Gerri）。在山脊之下，生活着博斯波拉尼人（Bosporani）。在博斯波拉尼人的两侧是契梅里人（Cimmeri）。阿卡埃人（Achaei）、科尔契特埃人（Cercitae）、赫尔奥契人（Heniochi）和苏亚诺克尔契人（Suanocolchi）生活在本都海海滨。塞纳拉埃人（Senaraei）生活在阿尔巴尼亚以上的地区。

在小罗姆比图斯河（Rhombitus）、普萨提斯河（Psathis）河畔的市镇或村庄分别为阿克萨拉巴（Axaraba）（70°50°30′）和奥契斯（Auchis）（70°40′49°40′），在瓦尔达努斯河（Vardanus）河畔的有斯科佩鲁斯（Scopelus）（68°48°）、苏鲁巴（Suruba）（72°48°20′）、科鲁西亚（Corusia）（73°40′48°30′）、埃布里亚帕（Ebriapa）（75°20′48°30′）、塞拉卡（Seraca）（77°48°40′），在布尔卡斯河（Burcas）河畔的是库昆达（Cucunda）（70°47°45′），在塞叙里斯河（Thessyris）河畔的是巴特拉克（Batrache）（71°47°30′），位于科拉克斯河河畔的是纳亚那（Naana）（73°30′47°15′）。处于最高山脉中的市镇有阿布尼斯（Abunis）（73°48°）、纳苏尼亚（Nasunia）（74°48°）和哈尔米亚（Halmia）（75°48°）。

第九章　科尔基斯的位置（第三张亚细亚地图）

在北方，科尔基斯与我们所谈到的萨尔玛提亚的一部分地区接壤。在西方，它与本都·攸克塞因海从科拉克斯河到转弯处的部分相邻；发西斯河在转弯处注入大海，这一部分的描述如下：

狄奥斯库里亚斯（Dioscurias）（71°10′46°45′）、希普斯河（Hippus）河口（71°46°30′）、库亚努斯河（Cyaneus）河口（71°30′46°10′）、尼亚波里斯（Neapolis）（71°30′46°15′）、西加努姆（Siganeum）（71°30′45°45′）、埃亚镇（Aea）（72°45°30′）、卡利乌斯图斯河（Chariustus）河口（72°45°15′）、发西斯河河口（72°30′45°）、发西斯镇（72°30′44°45′）。

在南方，它与本都相接，并从那里沿着卡帕多西亚延伸至我们提到的分界线处；此后，它与大亚美尼亚的部分地区毗连，沿着边界线延伸至位于74°47′的界碑处。在东方，它与伊比利亚接壤，边界线远达高加索山75°47′。

拉济人（Lazi）占据着科尔基斯的沿海地带。与之毗邻的区域则生活着曼拉里人（Manrali）和在埃克里提卡（Ecritica）地区的民族。

位于内地的市镇和村庄有梅克勒苏斯（Mechlessus）（74°30′46°45′）、

玛狄亚（Madia）（74° 15′ 46° 15′）、萨拉克（Sarace）（73° 45°）、苏里乌姆（Surium）（73° 20′ 44° 40′）、扎德里斯（Zadris）（74° 44° 40′）。

第十章　伊比利亚的位置（第三张亚细亚地图）

伊比利亚的北部与我们提到的萨尔玛提亚的部分地区相接；西部与科尔基斯相邻，以我们已谈到的那条分界线为界。它的南部同大亚美尼亚的部分地区接壤，从科尔基斯边境的界碑延伸至位于77° 47′的界碑。

以下是这一地区市镇与村庄（的位置）：鲁比乌姆村（Lubium village）（75° 40′ 46° 50′）、阿吉纳（Aginna）（75° 46° 30′）、瓦萨埃达（Vasaeda）（76° 46° 20′）、瓦里卡（Varica）（75° 20′ 46°）、苏拉（Sura）（75° 45′ 20′）、阿尔塔尼萨（Artanissa）（75° 40′ 46°）、梅斯特里塔（Mestleta）（74° 40′ 45°）、扎里萨（Zalissa）（76° 44′ 40°）和哈尔玛斯提卡（Harmastica）（75° 44′ 30°）。

第十一章　阿尔巴尼亚的位置（第三张亚细亚地图）

阿尔巴尼亚的北部边界，沿着我们已经描述过的萨尔玛提亚的部分地区延伸。它的西部以（上文）已标明的分界线与伊比利亚相接。它的南部与大亚美尼亚的部分地区相邻，从伊比利亚边境的界碑延伸至居鲁士河注入赫尔卡尼乌姆海的地方（79° 40′ 44° 30′）。它的东部濒临赫尔卡尼乌姆海，延伸至索亚纳河（Soana）。海岸地区的描述如下：索亚纳河河口（86° 47′）附近的特拉埃巴城（Telaeba）（85° 46° 40′）、格鲁斯河（Gerrhus）河口（84° 30′ 46° 30′）、格尔达（Gelda）镇（83° 46° 30′）、卡西乌斯河河口（82° 30′ 46°）、阿尔巴纳镇（Albana）（81° 40′ 45° 50′）、阿尔巴努斯河（Albanus）河口（80° 30′ 45° 30′）、盖埃塔拉（Gaetara）镇（79° 30′ 45°）。在盖埃塔拉镇之后是居鲁士河（Cyrus）河口（79° 40′ 44° 30′）。

阿尔巴努斯河发源于高加索山，沿着整个伊比利亚和阿尔巴尼亚奔流，并把亚美尼亚同两者分离开来，最终汇入居鲁士河（Cyrus）。位于伊比利亚和阿尔巴努斯河之间的市镇和村庄，有塔加达（Tagada）（77° 30′ 46° 50′）、巴基亚（Bacchia）（77° 46° 30′）、萨努亚（Sanua）（77° 40′ 46° 40′）、德格拉涅

（Deglane）（77°20′ 45°45′）、尼加（Niga）（77°20′ 45°15′）。

此外，在那条河（居鲁士河）与发源于高加索山的阿尔巴努斯河之间，则有摩塞加（Mosega）（79°47°）、萨姆尼斯（Samunis）（79°46°40′）、伊奥布拉（Iobula）（78°46°20′）、伊攸纳（Iuna）（79°46°）、安波拉乌姆（Embolaeum）（78°30′ 45°40′）、阿迪亚布拉（Adiabla）（79°45°30′）、阿布拉纳（Ablana）（78°45°15′）、玛梅基亚（Mamechia）（79°45′ 45°40′）、奥西卡（Osica）（77°30′ 44°45′）、西奥达（Sioda）（78°15′ 44°40′）、巴鲁卡（baruca）（79°20′ 44°40′）。

如我们所言，阿尔巴尼亚要道（Albanian passes）的位置在80°47°。

在阿尔巴努斯河与卡西乌斯河之间，是卡巴拉（Chabala）（80°47°）、科波塔（Chobota）（80°30′ 46°45′）、波济亚塔（Boziata）（80°46°20′）、米西亚（Misia）（81°46°20′）、卡达卡（Chadacha）（81°46°）、阿拉姆斯（Alamus）（82°46°15′）。在卡西乌斯河与格鲁斯河之间，是提亚乌纳（Thiauna）（84°15′ 46°40′）、塔比拉卡（Thabilaca）（82°45′ 46°50′）。在格鲁斯河与索亚纳河之间是提尔比斯（Thilbis）（84°15′ 46°50′）。

阿尔巴尼亚附近有两座岛，岛上布满了沼泽，它们的中间位置在80°30′ 45°。

第十二章　大亚美尼亚的位置（第三张亚细亚地图）

亚美尼亚北部与科尔基斯的部分地区、伊比利亚以及我们已经指明的沿着居鲁士河一线延伸的阿尔巴尼亚地区接壤。它的西部，以幼发拉底河可以接近的部分为界与卡帕多西亚相邻，还同穿过摩塞基乌斯山（Mosechius），延伸远达科尔基斯边境的本都·卡帕多西亚的部分地区相接。在东部，它濒临赫尔卡尼乌姆海，从居鲁士河河口延伸至界碑处79°45′ 43°20′；它还同米底相邻，分界线通向卡斯皮乌斯山（Caspius）并沿着这些山脉延伸，起点与终点分别在79°42°30′和80°30′ 40°。在南部，它沿陶鲁斯山一线与美索不达米亚平原相连，分界线始于幼发拉底河（位置在71°30′ 38°），延伸至底格里斯河（位置在75°30′ 38°30′）;接下去，它与亚述相邻，分界线沿着尼法特斯山（Niphates）

延伸，我们已经谈过，那条线继续沿直线延伸至已经指明的卡斯皮乌斯山的终点。

亚美尼亚境内著名的山脉有：摩斯契基（Moschici）山脉，它沿着位于它上方的本都·卡帕多西亚的部分地区延伸；帕里亚尔德斯山（Paryardes），它的两端分别位于75° 43′ 20′和77° 42′；攸达科斯皮斯山（Udacespes），它的中心位置在80° 30′ 40°；位于幼发拉底河这一侧的安提陶鲁斯山的一段，其中间位置在72° 41° 40′；所谓的阿巴斯山（Abas），它的中间部分在77° 41° 10′；格尔迪亚埃山（Gordyaei），其中间位置在75° 39° 40′。

穿越这一地区的河流有阿拉克塞斯河（Araxes）。它注入赫尔卡尼乌姆海，河口位于79° 45′ 43° 50′；它的源头在76° 30′ 42° 30′，发源后水量增大，向东奔流至卡斯皮乌斯山，之后折向北流，其中一支流入赫尔卡尼乌姆海，一支在78° 30′ 44° 30′的位置与汇入居鲁士河。在它的境内，还有幼发拉底河的一段，从转弯处（即如我们所言从东方）到河的源头（75° 40′ 42° 40′）。

在亚美尼亚境内，有另一条著名的河流，它汇入幼发拉底河。它的终点，也即它与幼发拉底河的交汇处，位于71° 30′ 40° 30′。它的另一端在源头附近，位于77° 41°。底格里斯河在它境内也有河段，这一段从南部边境的入口处到河的源头（位置在74° 40′ 39° 40′）。河的源头处有一座湖，名叫托斯皮提斯湖（Thospitis）。那里还有另外两座湖泊：一座名叫吕克尼提斯湖（Lychnitis），它的中央位于78° 43° 15′；另一座名叫阿尔塞萨湖（Arsesa），其中央在78° 30′ 40° 45′。

在亚美尼亚地区，科塔尔泽纳（Cotarzena）地处幼发拉底河、居鲁士河与阿拉克塞斯河之间，在摩斯契基山附近。在它的上方，是居鲁士河河畔的波卡埃（Bochae），阿拉克塞斯河之滨的托巴里纳（Tobarena）和托特涅（Totene），科尔提纳（Colthene）以及在它下方的苏都科涅（Soducene）。此后是位于帕里亚尔德斯山沿山地带的西拉克涅（Siracene）和萨卡佩涅（Sacapene）。这一部分地区的市镇有：萨拉（Sala）（73° 20′ 44° 20′）、阿斯库拉（Ascura）（74° 44° 10′）、巴拉扎（Baraza）（75° 20′ 44° 10′）、拉腊（Lala）（76° 10′ 44°）、散图塔（Santuta）（77° 20′ 44° 20′）、散塔法拉（Santaphara）

（78°44′20′）、托加（Toga）（78°50′43°20′）、瓦图拉（Vathura）（73°43°）、阿扎塔（Azata）（73°45′43°15′）、科鲁亚（Cholua）（74°43°10′）、塞达拉（Sedala）（74°40′43°45′）、苏尔塔（Surta）（74°30′43°40′）、塔斯提纳（Tastina）（74°40′43°）、科扎拉（Cozala）（75°20′43°30′）、科塔玛纳（Cotomana）（75°15′43°40′）、巴提纳（Batinna）（76°10′43°40′）、迪扎卡（Dizaca）（76°50′43°40′）、普图萨（Ptusa）（77°43°45′）、格里斯玛（Glisma）（78°20′43°40′）、科鲁亚塔（Choluata）（78°45′43°40′）、萨卡尔比纳（Sacalbina）（79°10′43°15′）、阿尔萨拉塔（Arsarata）（79°30′43°15′）。幼发拉底河沿岸的市镇有：布勒苏斯（Bressus）（72°42′15′）、埃勒吉亚（Elegia）（73°20′42°45′）、卡西拉（Chasira）（74°42′40′）、科尔萨（Chorsa）（74°40′42°50′）、塔林纳（Talina）（75°20′42°45′）、哈尔玛维里亚（Harmaviria）（76°40′42°45′）、阿尔塔沙特（Artaxata）（78°42′40′）、纳克叙亚拉（Naxuana）（78°50′42°45′）。

在上述部分以下，一直到流入幼发拉底河的河流之间的北方区域，自西部开始，为巴西里塞纳（Basilisene）、波尔比纳（Bolbene）和阿尔塞萨（Arsesa）地区，以及在这些地区之后，位于这条河同一转弯处的阿基里塞纳（Acilisene）、阿斯陶尼提斯（Astaunitis）和索菲纳（Sophene）地区。位于这一部分的市镇有：阿图亚（Athua）（71°30′42°30′）、提尼萨（Tinissa）（73°30′42°30′）、佐里加（Zoriga）（71°30′42°）、萨纳（Sana）（73°30′42°）、布里加卡（Brizaca）（74°50′42°30′）、达拉尼萨（Daranissa）（76°42′20′）、佐格卡拉（Zogocara）（77°15′42°20′）、库比纳（Cubina）（78°30′42°20′）、科达纳（Codana）（71°30′41°40′）、卡库拉（Cachura）（72°41′20′）、科鲁亚（Cholua）（73°30′41°）、索格卡拉（Sogocara）（74°41°）、法乌叙亚（Phausya）（74°15′41°45′）、番达里亚（Phandalia）（74°50′41°30′）、扎鲁亚纳（Zaruana）（75°40′41°45′）、基塔姆摩（Citamum）（76°41′30′）、安纳里乌姆（Anarium）（76°50′41°30′）、西古亚（Sigua）（77°41°）、特鲁亚（Terua）（78°41′50′）、祖尔祖亚（Zurzua）（78°30′41°40′）、玛图斯塔纳（Matustana）（78°41′40′）、阿斯塔卡纳（Astacana）（78°41°）、塔里纳

（Tarina）（72°20′ 41°）、巴里斯比加（Balisbiga）（73°40′ 40°40′）、巴比拉（Babila）（74°20′ 40°45′）、萨高亚纳（Sagauana）（75°15′ 40°45′）、阿扎拉（76°10′ 40°50′）。

在其余的部分中，位于幼发拉底河与底格里斯河的源头之间，朝向南方，但在上述地区以下，是安兹特涅（Anzitene）和托斯皮提斯（Thospitis）地区；之后是科里亚（Coriaea）地区。位于这一部分的市镇有：埃勒格尔达（Elegerda）（72°15′ 40°15′）、玛扎拉（Mazara）（71°20′ 39°50′）、安泽塔（Anzeta）（72°39′ 30°）、索伊塔（Soita）（72°50′ 39°30′）、贝尔卡尼亚（Belcania）（73°30′ 39°20′）、塞尔提亚（Seltia）（74°40′）、托斯皮亚（Thospia）（74°20′ 39°50′）、科尔基斯（Colchis）（75°30′ 39°）、西奥亚纳（Siauana）（71°30′ 38°20′）、阿尔萨摩萨塔（Arsamosata）（73°38′ 20′）、科尔拉（Corrha）（74°30′ 38°40′）。

此外，从底格里斯河的源头向东是巴格拉南德涅（Bagranandene）及位于它下方的格尔戴涅（Gordyene）。由此向东则是科达亚（Cotaea）及在它下方的玛尔迪（Mardi）。在这些地区的市镇有：

塔斯卡（Tasca）（75°30′ 40°10′）、弗拉（Phora）（76°40° 10′）、玛埃帕（Maepa）（76°10′ 40°40′）、布亚纳（Buana）（76°45′ 40°）、科里姆玛（Cholimma）（77°45′ 40°40′）、特里比亚（Terebia）（77°40′ 40°55′）、多戴亚纳（Daudyana）（77°40′ 40°20′）、卡普塔（Caputa）（79°20′ 40°30′）、阿尔忒弥塔（Artemita）（78°40′ 40°20′）、特尔巴拉涅（Thelbalane）（76°15′ 39°50′）、西亚埃（Siae）（75°45′ 39°40′）、菲伦迪斯（Pherendis）（74°40′ 39°20′）、塔格拉诺克尔塔（Tagranocerta）（76°45′ 39°40′）、萨尔德瓦（Sardeva）（75°50′ 39°10′）、科尔萨（Colsa）（78°39′ 50′）、提格拉诺亚玛（Tigranoama）（79°45′ 40°）和阿尔塔吉加尔塔（Artagigarta）（75°20′ 38°45′）。

第十三章 塞浦路斯岛的位置（第四张亚细亚地图）

塞浦路斯四面环海。它西临潘菲里乌姆（Pamphylium）海，对这一侧的描述如下：阿卡玛斯（Acamas）海岬（64°10′ 35°30′）、帕夫斯·诺瓦（Paphus Nova）（新）（64°20′ 35°10′）、泽菲里乌姆（Zephyrium）海岬（64°10′ 35°5′）、帕夫斯·维图斯（Paphus Vetus）（古代的）（64°30′ 35°）、德里帕努姆（Drepanum）海岬（64°30′ 34°45′）。

塞浦路斯南临埃及海和叙利亚海。对这一侧的描述如下：在德里帕努姆之后是弗鲁里乌姆（Phrurium）海岬（64°45′ 34°50′）、库里乌姆（Curium）镇（65°35′）、吕库斯河（Lycus）河口（65°20′ 35°5′）、库里亚斯（Curias）海岬（65°30′ 34°45′）、阿玛苏斯（Amathus）（65°45′ 35°）、特提乌斯河（Tetius）河口（66°10′ 35°）、基提乌姆（Citium）镇（66°15′ 35°）、达德斯（Dades）海岬（66°30′ 35°）、特罗尼（Throni）镇及同名海岬（66°45′ 35°）。

它东临叙利亚海，对这一海岸地区的描述如下：在特罗诺斯（Thronos）海岬之后，是佩达里乌姆（Pedalium）海岬（67°35°10′）、佩迪亚乌斯河（Pediaeus）河口（66°50′ 35°20′）、萨拉米斯（Salamis）（66°40′ 35°20′）、埃拉亚（Elaea）海岬（67°35°40′）、克里德斯（Clides）海岬（67°30′ 35°50′）。

塞浦路斯北濒西里西乌斯海峡，对这一侧的描述如下：卡尔帕西亚（Carpasia）（66°50′ 35°50′）、阿卡奥鲁姆·阿克特（Achaeorum Acte）（66°40′ 35°50′）、阿芙洛狄西乌姆（Aphrodisium）（66°30′ 35°40′）、玛卡里亚（Macaria）（66°35′45′）、克里尼亚（Cerynia）（65°40′ 35°45′）、拉佩苏斯河（Lapethus）河口（65°30′ 35°50′）、拉佩苏斯镇（65°20′ 35°50′）、克罗米昂（Crommyon）海岬（65°10′ 36°10′）、索利（Soli）（65°36′）、卡里努萨（Callinusa）海岬（64°40′ 35°45′）、阿尔西诺埃（Arsinoe）（64°40′ 35°35′）。

岛的东部是萨拉米尼亚（Salaminia），岛的西部是帕菲亚（Paphia）；在两者之间的地区，南方是阿玛苏西亚（Amathusia）和奥林匹斯山；北方是拉佩西亚(Lapethia)。

内陆市镇有库特鲁斯（Chyturs）（66°10′ 35°35′）、特里米苏斯（Tremithus）（66°25′ 35°25′）、塔玛苏斯（Tamassus）（66°40′ 35°25′）。

这里附近的群岛名叫克里德斯（Clides），它的中部位于67°35′ 35°45′，卡尔帕西亚（Carpasian）群岛的中部位于67°5′ 35°45′。

第十四章　叙利亚的位置（第四张亚细亚地图）

叙利亚的北部与西里西亚和卡帕多西亚沿着我们已经指出的穿越阿玛努斯山一线延伸的部分地区接壤；西部濒临叙利亚海，对这一侧以如下顺序进行描述：在伊苏斯和西里西亚港之后：在叙利亚境内，有伊苏斯附近的亚历山大里亚（69°30′ 36°10′）、米里亚德鲁斯（Myriandrus）（69°30′ 35°50′）、罗苏斯（Rhosus）（69°20′ 35°40′）、罗西库斯岩石（Rhosicus）（69°35′ 40′）、塞琉西亚·皮里亚（Seleucia Pieria）（68°35′ 35°15′）、奥隆特斯河河口（68°30′ 35°30′）、奥隆特斯河河源（70°33′ 20′）、波西狄乌姆（Posidium）（68°30′ 35°10′）、赫拉克里亚（Heraclea）（68°30′ 35°10′）、拉奥狄塞亚（Laodicea）（68°30′ 35°5′）、加巴拉（Gabala）（68°20′ 34°55′）、帕尔图斯（Paltus）（68°20′ 34°45′）、巴拉尼亚（Balanea）（68°20′ 34°35′）。

在腓尼基境内，有埃鲁特鲁斯河（Eleutherus）河口（68° 34°25′）、西米拉（Simyra）（67°50′ 34°20′）、奥尔托西亚（Orthosia）（67°40′ 34°20′）、特里波里斯（67°30′ 34°20′）、图普罗索旁（Theuprosopon）海岬（67°20′ 34°20′）、波特里斯（Botrys）（67°30′ 34°5′）、比布鲁斯（Byblus）（67°40′ 33°55′）、阿多尼斯河（Adonis）河口（67°40′ 33°45′）、贝里图斯（Berytus）（67°30′ 33°40′）、利奥尼斯河（Leonis）河口（67°30′ 33°35′）、西顿（67°10′ 33°30′）、提鲁斯（Tyrus）（67° 33°20′）、埃克迪普帕（Ecdippa）（67°10′ 33°15′）、托勒迈斯（66°50′ 33°）、叙卡米农（Sycaminon）（66°50′ 32°55′）、卡尔米鲁斯（Carmelus）山（66°25′ 32°55′）、多拉（Dora）（66°25′ 32°40′）、克尔塞亚斯河（Chorseas）河口（66°20′ 32°40′）。

在南方，叙利亚与朱迪亚（Judaea）相邻，它们之间的边界线向东延伸，在67°10′ 32°20′处折向南方，终点在68°31′；它还沿着我们已经谈到的通向阿拉伯·德塞尔塔（Arabia Deserta）界碑（70°30′ 31°50′）一线与阿拉伯·佩特拉相接。

在东方，叙利亚的边界线沿着阿拉伯·德塞尔塔延伸至塔普萨库斯

（Thapsacus）（位置在 73°20′ 35°5′）附近，并从那里沿着美索不达米亚平原上的幼发拉底河延伸至河的界碑处。界碑在卡帕多西亚的边境上，其位置在 71°20′ 38°。

叙利亚境内重要的山脉有：皮里亚（Pieria）山，它的中央位置在 69°40′ 35°40′；卡西乌斯山，其中央位置在 68°45′ 34°45′；利巴努斯（Libanus）山，它的两端分别位于 68°45′ 34°和 70°33′ 15′；安提利巴努斯（Antilibanus）山，它的两端分别在 68°33° 20′和 69°40′ 32°30′；阿拉伯·德塞尔塔附近的阿尔萨达姆斯（Alsadamus）山，它的中部在 71°33°。此外，还有朱迪亚附近的希普斯（Hippus）山，它的中部在 68°10′ 32°。

穿越叙利亚地区的河流有：帕尔米拉（Palmyra）附近的河，流入和流出叙利亚的地点分别在 71°15′ 34°和 71°40′ 33°40′；流经大马士革的克里索罗亚斯（Chrysorrhoas）河，流入和流出这一地区的位置分别在 69°15′ 34°和 69°45′ 32°；革涅萨勒湖（Lake Gennesaret）附近约旦河（Jordan）的部分河段，它的中间位置在 67°20′ 32°20′；辛加斯河（Singas），它发源于北部的皮里亚山，之后在 71°37° 30′处转向东流，在 72°37° 20′的地方汇入幼发拉底河。

叙利亚内陆的市镇，从北部开始，有科玛吉纳（Commagene）境内的阿瑞卡（Areca）（70°50′ 37°40′）、陶鲁斯山附近的安提奥基亚（Antiochia）（70°15′ 37°20′）、辛加（Singa）（71°37° 30′）、格尔曼尼西亚（Germanicia）（70°37°）、卡塔玛纳（Catamana）（70°40′ 37°）、多里克（Doliche）（70°40′ 36°40′）、德巴（Deba）（70°20′ 36°30′）、卡奥尼亚（Chaonia）（70°30′ 36°20′）和幼发拉底河河滨的科尔玛达拉（Cholmadara）（71°15′ 37°50′）、萨摩萨塔·勒吉奥（xvi）·弗拉维亚［Samosata Legio（xvi）Flavia］（71°30′ 37°35′）。

皮里亚境内有市镇皮纳拉（Pinara）（69°50′ 36°30′）、帕格拉埃（Pagrae）（70°36′ 5′）及叙利亚隘道（69°40′ 36°15′）。

库里斯提卡（Cyrrhestica）境内的市镇有：阿利塞里亚（Ariseria）（71°37°）、利吉亚（Rhegia）（71°15′ 36°50′）、鲁巴（Ruba）（71°20′ 36°40′）、

赫拉克里亚（Heraclea）（71°36′30′）、尼亚拉（Niara）（70°50′36°10′）、希拉波里斯（71°15′30°15′）、库鲁斯（Cyrrhus）（70°10′36°）、贝罗亚（Beroea）（70°30′36°）、巴特纳（Batna）（70°50′36°）、帕法拉（Paphara）（71°30′36°）。

幼发拉底河河畔的市镇有乌里玛（Urima）（71°45′37°30′）、阿鲁狄斯（Arudis）（71°55′37°15′）、祖格玛（Zeugma）（72°37°）、攸罗普斯（Europus）（72°36′50′）、卡埃基里亚（Caecilia）（71°55′36°40′）、贝塔玛里亚（Bathammaria）（71°50′36°30′）、格里（Gerrhe）（71°50′36°5′）、阿里玛拉（Arimara）（72°10′36°）和埃拉吉扎（Eragiza）（71°50′36°）。

赛琉西斯（Seleucis）境内的市镇有格菲拉（Gephyra）（69°30′35°30′）、金达鲁斯（Gindarus）（70°35′40′）、伊玛（Imma）（69°50′35°25′）。

卡西奥提斯（Casiotis）境内的市镇有奥隆特斯河河畔的安提奥基亚（Antiochia）（69°35′30′）、达弗尼（69°35′25′）、巴卡泰里（Bacatailli）（69°35°）、吕底亚（69°30′35°）、贝鲁姆（Belum）附近的塞琉西亚（69°30′34°45′）、拉里萨（Larissa）（69°40′34°35′）、埃皮法尼亚（Epiphanea）（69°35′34°25′）、拉法尼亚（Raphaneae），第三军团（Third Legion）（69°15′34°15′）、安塔拉都斯（Antaradus）（68°15′34°15′）、玛拉图斯（Marathus）（68°40′34°25′）、玛里亚美（Mariame）（69°20′34°）和玛姆加（Mamuga）（69°20′33°45′）。

卡利波尼提斯（Chalybonitis）境内的市镇有塞玛（Thema）（71°30′35°30′）、阿克拉巴（Acoraba）（71°15′35°15′）、德里玛（Derrhima）（72°35°）、卡利邦（71°20′35°）、塞佩伦卡（Spelunca）（71°40′35°15′）以及位于幼发拉底河河畔的巴尔巴利苏斯（Barbarissus）（71°55′35°45′）、阿提斯（Athis）（72°35′30′）。

在卡尔基迪卡（Chalcidica）的市镇有卡尔基斯（Chalcis）（70°30′35°40′）、阿萨菲达玛（Asaphidama）（70°30′34°50′）、托尔米德萨（Tolmidessa）（70°25′34°30′）、玛罗尼亚（Maronia）（71°10′34°30′）、科亚拉（Coara）（70°50′34°10′）。

阿帕梅尼（Apamene）境内的市镇有纳扎玛（Nazama）（70°30′ 34°5′），以及由奥隆特斯河向东遇到的特尔梅尼苏斯（Thelmenissus）（69°40′ 35°）、阿帕梅亚（70°34′ 45′）、埃米萨（Emisa）（69°40′ 34°）。

拉奥迪克尼（Laodicene）境内的市镇有斯卡比奥萨·拉奥迪克亚（Scabiosa Laodicea）（69°40′ 33°45′）、帕拉狄苏斯（Paradisus）（69°45′ 33°35′）伊亚布鲁达（Iabruda）（70°33°30′）。

腓尼基的内陆市镇有阿尔卡（Arca）（68°34°）、帕拉埃奥比布鲁斯（Palaeobyblus）（67°45′34°）、加巴拉（Gabala）（67°15′33°）、恺撒里亚·帕尼亚斯（Caesarea Panias）（67°40′33°）。

科勒叙利亚和德卡波里斯（Decapolis）境内的市镇有赫里奥波里斯（Heliopolis）（68°40′33°40′）、被称为吕西尼亚的阿比拉（Abila）（68°40′ 33°20′）、萨亚纳（Saana）（69°20′33°25′）、伊纳（Ina）（68°30′33°）、大马士革（69°33°）、萨姆里斯（Samulis）（67°30′32°30′）、阿比达（Abida）（68°15′32°45′）、希普斯（Hippus）（68°32°30′）、卡皮托里亚斯（Capitolias）（68°45′32°30′）、加达拉（Gadara）（68°32°10′）、阿德拉（Adra）（68°40′32°10′）、西徐托波里斯（Scythopolis）（67°40′31°55′）、格拉萨（Gerasa）（68°15′31°45′）、佩拉（Pella）（67°40′31°40′）、狄乌姆（Dium）（67°50′31°50′）、加多拉（Gadora）（67°45′31°30′）、菲拉德尔菲亚（Philadelphia）（68°31°20′）和卡纳塔（Canatha）（68°50′31°45′）。

帕尔穆里尼（Palmurene）境内的市镇有里萨法（Rhesapha）（72°15′34°45′）、科尔勒（Cholle）（71°45′34°30′）、奥里扎（Oriza）（72°15′34°30′）、普提亚（Putea）（71°20′34°30′）、阿达达（Adada）（71°20′34°15′）、帕尔米拉（Palmyra）（71°30′34°）、阿达卡（Adacha）（72°34°）、达纳巴（Danaba）（70°50′33°50′）、格亚里亚（Goaria）（70°30′33°30′）、奥埃里亚（Aueria）（71°30′33°40′）、卡萨玛（Casama）（70°40′33°20′）、奥德玛纳（Odmana）（70°10′33°10′）、阿特拉（Atera）（71°10′33°15′）。

位于幼发拉底河附近的市镇有阿拉里斯（Alalis）（72°20′35°15′）、苏拉（Sura）（72°40′35°20′）、阿拉玛塔（Alamatha）（73°35°5′）。

自巴塔纳亚（Bathanaea）地区向东是萨卡亚（Saccaea）地区。阿尔萨德姆斯山（Alsadamus）山下是特拉克尼塔阿拉伯人（Trachonitae Arabes）所在的地区。巴塔纳亚境内的市镇有格拉（Gerrha）（70°32°50′）、埃里拉（Elera）（70°32°40′）、涅拉克萨（Nelaxa）（70°10′32°30′）、阿德拉玛（Adrama）（69°10′31°30′）。叙利亚附近有阿拉都斯群岛（Aradus）（68°34°30′）和距离大陆不远的提鲁斯群岛（Tyrus）（67°33°20′）。

第十五章　巴勒斯坦或朱迪亚的位置（第四张亚细亚地图）

巴勒斯坦或朱迪亚（Judaea）在北方和东方沿着上面已经提到的一线与叙利亚接壤；在北方，它与阿拉伯·佩特拉相邻，边界线自叙利亚东部的界碑处延伸至埃及的界碑处（64°15′30°40′）；在西方，它与我们已经提到的埃及的那一部分相接，继续延伸至大海，并沿着大海延伸至叙利亚的边界地区。对那一部分海岸地带的描述如下：

在科尔塞亚斯河河口之后是恺撒里亚·斯特拉托尼斯（Caesarea Stratonis）（60°15′32°30′）、阿波罗尼亚（Apollonia）（66°32°15′）、伊奥贝（65°40′32°5′）、伊亚姆尼塔鲁姆（Iamnitarum）港（65°30′32°）、阿佐图斯（Azotus）（65°15′31°55′）、阿斯卡隆（Ascalon）（65°31°40′）、安西顿（Anthedon）（64°50′31°40′）、加札奥鲁姆（Gazaeorum）港（65°45′31°30′）。

约旦河部分河段穿过朱迪亚流向死海。死海的中央位置在66°50′31°10′。

内陆市镇：在加里拉亚（Galilaea）境内有萨普弗里（Sapphuri）（66°40′32°25′）、卡帕克特尼（Caparcotni）（66°50′32°5′）、尤里亚斯（Iulias）（67°5′32°15′）、提比里亚斯（Tiberias）（67°15′32°5′）。

在萨玛里亚（Samaria）境内有尼亚波里斯（Neapolis）（66°50′31°50′）、提纳（Thena）（67°5′31°45′）。

在朱迪亚境内，约旦河以西的地区有拉菲亚（Raphia）（65°31°10′）、加沙（65°25′31°45′）、伊亚姆尼亚（Iamnia）（65°40′32°）、吕达（Lydda）

（66°32°）、安提帕特里斯（Antipatris）（66°20′32°）、德鲁西亚斯（Drusias）（66°30′31°55′）、塞巴斯特（Sebaste）（66°40′32°10′）、巴埃托加布里（Baetogabri）（65°30′31°30′）、塞布斯（Sebus）（65°40′31°25′）、以马忤斯（Emmaus）（65°45′31°50′）、古弗纳（Guphna）（66°10′31°45′）、阿尔科来斯（Archelais）（66°30′31°45′）、法塞里斯（Phaselis）（66°55′31°35′）、希里库斯（Hiericus）（66°45′31°25′）。

现在被称为埃里亚·卡皮托里亚（Aelia Capitolia）的希罗索里玛（Hierosolyma）（66°31°40′）、塔姆纳（Thamna）（66°15′31°30′）、恩加达（Engadda）（66°30′31°15′）、贝多罗（Bedoro）（66°30′31°）、塔玛罗（Thamaro）（66°20′30°50′）。

约旦河与奥隆特斯河之间的地区，有科斯姆斯（Cosmus）（67°15′31°35′）、利维亚斯（Livias）（67°10′31°25′）、卡里罗埃（Callirrhoe）（67°5′31°10′）、加佐鲁斯（Gazorus）（67°30′31°15′）、埃皮卡鲁斯（Epicaerus）（67°31°）。

伊都玛亚（Idumaea）位于约旦河以西，在它境内有贝尔札巴（Berzaba）（64°50′31°15′）、卡帕罗尔萨（Caparorsa）（65°30′31°15′）、戈玛鲁里斯（Gemmaruris）（65°50′31°10′）、埃鲁萨（Elusa）（65°10′30°50′）和玛普西斯（Mapsis）（65°40′30°50′）。

第十六章 阿拉伯·佩特拉的位置（第四张亚细亚地图）

阿拉伯·佩特拉西部以我们已经谈到的埃及的那部分地区为界；北部以巴勒斯坦或朱迪亚以及沿着我们已经确定为叙利亚南部边界的沿线地带为界；南部濒临阿拉伯湾转弯处和延伸至尽头的希罗奥波里特斯湾（Heroopolites）。希罗奥波里特斯湾的尽头地处埃及边境，在法兰（Pharan）海角（位于65°28°30′）附近，与埃拉尼特（Elanite）湾相邻并延伸至它的转弯处（66°29°）。法兰村的位置在65°28°40′。埃拉纳（Elana）村地处同名海湾的夹角处，位置在65°50′29°15′。在东部，它（阿拉伯·佩特拉）的边界线延伸至我们已确定的叙利亚的东部尽头，在离阿拉伯·菲利克斯很近的地方与经过70°30°30′的界线相接，并沿着阿拉伯沙漠和此线剩余的部分延伸。

这一地区有大山名叫梅拉涅斯（Melanes）[尼格尔（Niger）]，它们从法兰附近海湾夹角处绵延至朱迪亚。

从这些山脉沿埃及向西是萨拉克涅（Saracene）地区。在萨拉克涅之后是穆尼契亚提斯（Munychiatis）。在穆尼契亚提斯之后的海湾沿岸是法拉尼塔（Pharanita）地区。在阿拉伯·菲利克斯的山脉附近则是莱特尼（Raitheni）。

位于内陆的市镇和村庄有埃波达（Eboda）（65°15′ 30°30′）、玛里亚塔（Maliattha）（65°45′ 30°30′）、卡尔古伊亚（Calguia）（66°20′ 30°30′）、吕萨（Lysa）（65°50′ 30°15′）、古布巴（Gubba）（65°50′ 30°）、古普萨里亚（Gypsaria）（65°40′ 29°45′）、格拉萨（Gerasa）（65°30′ 29°30′）、佩特拉（Petra）（66°45′ 30°20′）、卡拉克姆巴（Characmoba）（66°10′ 30°）、奥亚拉（Auara）（66°10′ 29°40′）、札纳亚塔（Zanaatha）（66°45′ 29°50′）、阿德鲁（Adru）（67° 29°55′）、佐亚拉（Zoara）（67°20′ 30°30′）、托亚纳（Thoana）（67°30′ 30°30′）、尼克拉（67°30′ 30°15′）、克里塔罗（Cletharrho）（67°50′ 30°20′）、摩卡（Moca）（67°50′ 30°10′）、埃斯布塔（Esbuta）（68°30′ 31°）、齐札（Ziza）（68°45′ 31°）、玛古札（Maguza）（68°30′ 45′）、梅达巴（Medaba）（68°30′ 30°45′）、吕底亚（69°30′ 40′）、拉巴特姆巴（Rabathmoba）（68°30′ 30°30′）、安提塔（Anitha）（68°40′ 30°15′）、苏拉塔（Surattha）（69°15′ 31°10′）、波斯特拉（Bostra）第三军团库勒尼亚克（Cyreniac）（69°45′ 31°30′）、梅萨达（Mesada）（69°20′ 30°30′）、阿达拉（Adra）（69°40′ 30°40′）、科拉克（Corace）（68° 30°5′）。

第十七章 美索不达米亚的位置（第四张亚细亚地图）

在北方，美索不达米亚与我们已描述过的大亚美尼亚的那部分地区相邻。在西方，它以我们谈到过的沿叙利亚边境延伸的那段幼发拉底河为界。在东方，它以亚述附近从亚美尼亚边境延伸至赫拉克里斯石柱（Hercules Altars）（位置在80° 34°20′）的那段底格里斯河为限。在南方，美索不达米亚以幼发拉底河其余的河段为界，沿着阿拉伯荒漠延伸至终点76°15′ 33°20′，沿着巴比伦尼亚延伸至幼发拉底河与底格里斯河交汇处。交汇处在我们称之为祭坛的地方附近，位置在 80° 34° 20′。

美索不达米亚地区著名的山脉有玛西乌斯山（Masius）和辛加拉斯山（Singaras），前者的中心位置在 74° 37° 20′，后者的中心位置在 76° 40′ 36° 15′。

此外，发源于我们提到的山脉并流经这一地区的河流有卡波拉斯河（Chaboras）与萨奥克拉斯河（Saocoras）。卡波拉斯河的源头位于 74° 37° 15′，在 74° 35° 10′ 的地方汇入幼发拉底河。萨奥克拉斯河的源头位于 75° 37° 30′，在 75° 45′ 33° 55′ 的地方注入幼发拉底河。

在这一地区中，安特穆西亚（Anthemusia）靠近亚美尼亚。在安特穆西亚的下方是卡尔契提斯（Calchitis）地区。在卡尔契提斯的下方是高札尼提斯（Gauzanitis）和底格里斯河附近的阿卡贝纳（Acabene）。在高札尼提斯地区的下方则是印吉纳（Ingene）地区和靠近幼发拉底河的安科巴里提斯（Ancobaritis）。

在美索不达米亚地区靠近幼发拉底河的市镇和村庄有波尔西卡（Porsica）（72° 37° 30′）、安尼亚纳（Aniana）（72° 20′ 36° 40′）、拜萨姆普塞（Baisampse）（72° 20′ 36° 15′）、萨尔努卡（Sarnuca）（72° 10′ 35° 50′）、贝尔西巴（Bersiba）（72° 20′ 35° 50′）、莫巴埃（Maubae）（72° 50′ 35° 20′）、尼科弗里乌姆（Nicephorium）（73° 5′ 35° 20′）、玛古达（Maguda）（73° 15′ 35° 10′）、卡波拉（Chabora）（74° 35° 10′）、特尔达（Thelda）（74° 15′ 34° 45′）、阿普法达纳（Apphadana）（74° 30′ 34° 35′）、巴纳克（Banace）（74° 45′ 34° 25′）、兹塔（Zitha）（75° 10′ 34° 20′）、贝陶纳（Bethauna）（76° 34° 15′）、里斯契法（Rescipha）（76° 34°）、安格玛纳（Agamana）(76° 30′ 33° 30′) 攸德拉帕（Eudrapa）（77° 10′ 33° 40′）、埃达伊（Addaea）（77° 15′ 34°）帕科里亚（Pacoria）（77° 20′ 34° 45′）、提里达塔（Tiridata）（77° 30′ 35° 20′）、纳尔达（Naarda）（77° 40′ 35° 30′）、西普法拉（Sipphara）（78° 15′ 35° 40′）。

幼发拉底河在 79° 35° 40′ 处注入穿越巴比伦尼亚的河流以及流经塞琉西亚的勒吉乌斯河（Regius），塞琉西亚镇位于 79° 20′ 35° 40′。

在底格里斯河两岸有如下市镇：多尔贝塔（Dorbeta）（76° 38°）、萨普菲（Sapphe）（76°37′40′）、德巴（Deba）（76°37′20′）、辛加拉（Singara）（76°37′）、贝图恩（Betoun）（77°36′45′）、兰巴纳（Lambana）（77°50′36°30′）、比尔塔（Birtha）（78°45′36°20′）、卡尔塔拉（Carthara）（79°36°15′）、曼卡涅（Manchane）（79°10′36°15′）。在塞琉西亚以下是斯卡菲（Scaphe）（79°45′34°30′）、阿帕梅亚（79°50′34°20′）。勒吉乌斯河与底格里斯河的交汇处在阿帕梅亚的下方。

在内陆则有如下市镇：比提亚斯（Bithias）（72°20′37°40′）、埃德萨（Edessa）（72°30′37°30′）、奥姆布拉亚（Ombraea）（73°37′10′）、安玛亚（Ammaea）（73°20′37°50′）、苏玛（Suma）（73°30′37°40′）、里西纳（Rhisina）（73°30′37°30′）、欧里贝拉（Olibera）（73°30′37°）、萨拉拉（Sarrara）（74°38°15′）、萨卡涅（Sacane）（74°20′37°45′）、阿拉克萨玛（Arxama）（74°40′37°15′）、吉札玛（Gizama）（74°20′37°15′）、辛纳（Sinna）（74°15′37°30′）、玛姆布塔（Mambuta）（74°45′37°25′）、尼西比斯（Nisibis）（75°10′37°30′）、比提加（Bithiga）（75°10′37°45′）、巴克萨拉（Baxala）（75°30′37°）、奥拉狄斯（Auladis）（73°36°40′）、巴拉塔（Ballatha）（73°45′36°40′）、卡雷（Carrae）（73°15′36°10′）、提里塔（Tirittha）（73°50′36°15′）、森古比斯（Thengubis）（74°40′36°30′）、奥尔加塔（Orthaga）（74°40′36°）、埃拉亚（Eleia）（75°40′36°45′）、札玛（Zama）（75°30′36°20′）、辛纳（Sinna）（76°20′36°40′）、戈尔巴塔（Gorbatha）（77°36°15′）、大堡萨（Dabausa）（76°36′）、巴里亚纳（Bariana）（77°40′36°）、阿卡拉巴（Acraba）（73°10′35°50′）、阿普法达纳（Apphadana）（74°35′30′）、里萨埃纳（Rhesaena）（74°40′35°40′）、佩里亚拉（Peliala）（75°45′35°50′）、阿鲁亚尼斯（Aluanis）（74°15′35°20′）、比玛特拉（Bimatra）（76°15′35°20′）、达里姆玛（Daremma）（76°20′35°）。

第十八章　阿拉伯沙漠的位置（第四张亚细亚地图）

阿拉伯沙漠北部与我们已经指出的濒临幼发拉底河的美索不达米亚部分地区相连；西部与叙利亚的部分地区及阿拉伯·佩特拉的部分地区相接。在东部，它与巴比伦尼亚相邻，在两者之间横亘着群山。这些群山始于我们所说的界碑处（位置在 79°30′10′），在幼发拉底河附近延伸至距海湾不远的波斯湾内侧转弯的地方；在波斯湾那一部分区域附近，它们延伸至位于 79°29°的界碑处。而在南部，它与阿拉伯·菲利克斯毗邻。阿拉伯·菲利克斯与我们已经指明的地处波斯湾附近的阿拉伯·佩特拉接壤。

高加贝尼人（Gauchabeni）居住在幼发拉底河附近的阿拉伯沙漠地区。巴塔纳埃人（Batanaei）生活在离叙利亚不远的地方。阿古贝尼人（Agubeni）居住在阿拉伯·菲利克斯附近的地区。与阿古贝尼人相邻的，是拉阿贝尼人（Rhaabeni）和生活在波斯湾畔的奥尔科尼人（Orcheni）。埃西塔埃人（Aesitae）居住在巴比伦尼亚附近的地区及高加贝尼人下方的地区。玛萨尼人（Masani）则生活在拉阿贝尼人上方的地区。此外，阿格拉埃人（Agraei）生活在内陆，所在地区离巴塔纳埃人不远。玛尔特尼人（Marteni）居住在巴比伦尼亚附近。

这一地区和幼发拉底河附近地区的市镇和村庄有塔普萨库斯（Thapsacus）（73°30′35°5′）、比尔塔（Birtha）（73°40′35°）、加狄尔塔（Gadirtha）（73°50′34°45′）、奥札拉（Auzara）（74°5′34°30′）、奥达塔（Audattha）（74°15′34°20′）、阿达拉（Addara）（74°20′34°10′）、巴拉加埃（Balagaea）（75°34°）、法尔加（Pharga）（75°40′34°）、科拉里纳（Colarina）（75°30′33°40′）、贝尔吉纳亚（Belgynaea）（76°33°30′）。

波斯湾附近地区的市镇有阿玛亚（Ammaea）（79°30°10′）、伊狄卡拉（Idicara）（79°29°30′）、攸卡拉（Iucara）（79°29°15′）。

内陆市镇有：巴拉特纳（Barathena）（73°20′33°）、萨维（Save）（73°33°）、科克（Choce）（72°30′32°30′）、高加拉（Gauara）（73°40′32°40′）、奥拉纳（Aurana）（73°15′32°20′）、里加拉（Rhegana）（75°40′33°20′）、阿拉塔（Alata）（72°30′32°）、埃鲁帕（Erupa）（72°30′31°15′）、特姆梅（Themme）（75°31°41′）、鲁玛（Luma）（75°40′31°）、陶巴（Thauba）（72°45′30°30′）、塞维亚（Sevia）（73°30′30°30′）、达法（Dapha）（74°15′30°30′）、索拉（Sora）（75°30′30°20′）、奥达加纳（Odagana）

（76°15′ 30°40′）、特狄乌姆（Tedium）（77°30′ 30′）、札格迈斯（Zagmais）（76°30′ 30°10′）、阿拉德（Arrade）（71°30′ 30°15′）、欧巴埃拉（Obaera）（71°30′ 45′）、阿尔忒米塔（Artemita）（72°15′ 30°10′）、巴纳塔（Banatha）（73°15′ 29°40′）、杜玛埃塔（Dumaetha）（75° 29°40′）、阿拉塔（Alata）（75°40′ 29°30′）、贝勒（Bere）（76°40′ 29°30′）、卡拉图亚（Calathua）（77°30′ 29°30′）、萨尔玛（Salma）（78°20′ 29°30′）。

第十九章　巴比伦尼亚的位置（第四张亚细亚地图）

巴比伦尼亚北部与我们已经描述过的幼发拉底河沿岸的美索不达米亚地区相连；西部与阿拉伯荒漠相接，紧挨荒漠的是我们已经描述过的群山；东部与苏西亚纳（Susiana）毗连，边界线沿着底格里斯河其余部分伸至它注入波斯湾的东部河口（80°30′ 31°）；南部与波斯湾部分区域相邻，分界线延伸至位于阿拉伯沙漠边境的界碑处。

有一条大河名叫玛卡萨里斯（Macarsares）。它流经这一地区，穿过巴比伦尼亚。玛卡萨里斯河在 78°20′ 35°40′ 与幼发拉底河交汇，在 79° 34°20′ 流入巴比伦尼亚。这些河流形成了湖泊与沼泽的狭长港湾，它的中段在 78°30′ 32°30′。

此外，毗连幼发拉底河的地区名叫奥兰尼提斯（Auranitis），邻近阿拉伯沙漠的地区名叫卡尔迪亚（Chaldaea）。阿玛尔多卡亚（Amardocaea）环绕着沼泽。在阿玛尔多卡亚的下方是斯特罗法德斯人（Strophades）的居住地。

巴比伦尼亚境内，自阿帕梅亚城以下直到大海的底格里斯河沿岸，有如下市镇和村庄：比布勒（Bible）（79°45′ 34°）、狄迪古亚（Didigua）（79°30′ 33°40′）、彭达（Punda）（79°40′ 33°）、巴特拉卡塔（Batracharta）（79°40′ 32°40′）、塔拉塔（Thalatha）（80° 32°10′）、阿尔塔（Altha）（79°30′ 31°15′）。

特里敦（Teredon）位于底格里斯河河口，也即朝向东方的河口（80°30′ 31°）和朝向西方的河口（79°30′ 30°15′）之间。

幼发拉底河附近有伊狄卡拉（Idicara）（77°33°20′）、杜拉巴（77°40′34°）、塔克纳（Thaccona）（77°45′34°30′）、特尔本卡涅（Thelbencane）（78°30′35°30′）。

位于穿越巴比伦尼亚河流河滨的是巴比伦（79°35°）。地处玛卡萨里斯河河畔的是沃尔加西亚（Volgaesia）（78°20′34°30′）、巴尔西塔（Barsita）（78°45′34°20′）。

在这些市镇和村庄下方，靠近沼泽和阿拉伯沙漠的有，贝奥纳（Beona）（79°32°40′）、库都卡（Chuduca）（78°33°20′）、库玛纳（Chumana）（79°33°10′）、恺撒（Caesa）（76°40′32°50′）、比兰德（Birande）（77°30′32°30′）、奥尔科埃（Orchoe）（78°30′32°40′）、贝塔纳（Bethana）（79°32°55′）、特尔梅（Thelme）（76°40′32°）、索尔狄达（Sorthida）（77°32°30′）、伊亚姆巴（Iamba）（78°31°20′）、拉吉亚（Rhagia）（78°40′31°20′）、契里菲（Chiriphe）（79°15′31°10′）、拉塔（Rhatta）（79°15′30°50′）。

（译文选自 *Geography of Claudius Ptolemy*, Edward Luther Stevenson, Translator; Introduction by Joseph Fischer, New York: Cosimo Classics, first published in 1932, Current edition published by Cosimo Classics in 2011, Book Five。武晓阳译）

阿米亚努斯·马尔凯利努斯
《晚期罗马帝国史》（选译）

阿米亚努斯·马尔凯利努斯（约325或330—391或397）是罗马帝国后期的优秀史家。他系希腊裔罗马公民，曾在罗马东方军团中服役，到过意大利、高卢等地，开阔了自己的视野，收集了许多有关王室的故事。他的《晚期罗马帝国史》[《事业》(Res Gestae)] 上起公元96年，下迄公元378年，共31卷；前13卷遗失，现存第14卷至第31卷，涵盖的时间范围为353至378年。这一时期是作者生活的时代，因此他撰写的作品属当时人记当代史，具有很高的史料价值。他追求历史真实，强调史家首要的任务就是要真实地叙述已发生的事情，被认为是古典史学传统最后一位出色的体现者。选译内容涉及波斯王国境内的许多地区和民族，与古代丝绸之路有着较为密切的关系。其中也有关于中国的比较准确的描述。它们反映了到公元4世纪晚期，罗马人关于东方、关于中国、关于丝绸的知识的更新，也反映了东西方世界之间的交流进一步加深。

对波斯王国十八个大行省的描述，其中包括每个行省的实力及其居民的风俗习惯（XXIII.6．1—88）

1. 行文至此，我须短暂离题来说明波斯王国的地形，从少有真实甚或几乎没有真实的民族描述中谨慎编撰。不过，我的描述将较为丰富，对完备知识有所裨益。无论对谁而言，只要其目的在于极为简洁地讲述未知之事，他就会努力找寻应忽略什么内容，而不是将什么内容描述得更加清晰。

2. 这个王国曾经很小，由于经常被提起而有众多名称。命运在巴比伦收走亚历山大之后，它因出身卑微的帕提亚·阿尔萨塞斯（Parthian Arsaces）而获得了名字。① 帕提亚·阿尔萨塞斯年轻时曾为匪首，不过随着他的理想逐渐向善，通过一系列辉煌功绩，他达到了新的高度。3. 他建功立业，征服了上述亚历山大的继承者塞琉库斯·尼卡特（Seleucus Nicator）②——他因获取许多胜利而赢得了这个称号③——驱逐了马其顿驻军，然后过着平静的生活，成为一名温和的统治者和臣属的仲裁者。4. 帕提亚·阿尔萨塞斯用武力，或通过尊重正义，或通过（对方）的恐惧，把所有毗邻的地区都置于自己的统治之下，并在波斯广建城市、筑有防御工事的兵营以及要塞，他还让自己的民族成为它原先所害怕的周围所有民族永远敬畏的对象。最后，他在中年安详地去世。贵族与平民争相同意按照他们国家神圣的惯例，把他置于星宿之列。如他们所认为的那样，帕提亚·阿尔萨塞斯最应受到这样的礼遇。5. 因此，直到今天，那个民族自夸的国王们容许自己被尊为日月二神（Sun and Moon）的兄弟。我们的皇帝钟爱与渴求"奥古斯都"的称号，帕提亚的国王们同样如此。帕提亚的国王们先前低下而卑微，在阿尔萨塞斯的有力帮助下，他们得到极大提升，表现卓越。6. 所以，他们把阿尔萨塞斯奉为神明，至今对他崇敬有加，甚至在我们时代的记忆中，唯有阿尔萨塞斯家族的成员——只要有这样的人物，无论他身在何处——优先于其他所有人登上王位。即便在内战中——不断在他们中间发生——无论是士兵还是普通民众，都会把伤害阿尔萨塞斯家族视作冒犯神圣的行为，而加以避免。

7. 众所周知，这个民族依靠武力征服了众多民族，把疆域扩展至普罗彭提斯海峡和色雷斯。④ 不过，它因傲慢的国王们——他们无法无天地远征劫掠——

---

① 即被称作帕提亚。见 Justinus, xli.4, 6f。
② 此人并非塞琉库斯·尼卡特，而是在他之后的第四位国王塞琉库斯二世卡林尼库斯（Callinicus）。卡林尼库斯被阿尔萨塞斯征服。见 Justinus, xli. 4, 9。
③ 尼卡特（参见 xiv. 8, 5）意为胜利。
④ 参见 xxv. 4, 23。

的自负行为而损失严重，受到削弱：首先是居鲁士，他率领一支规模庞大的军队穿越博斯普鲁斯海峡，因遭到为儿子们疯狂复仇的西徐亚女王托米丽斯（Tomyris）的袭击而全军覆没。① 8. 后来，当大流士（Darius）及在他之后的薛西斯（Xeres）改变事物的用途②进攻希腊时，他们的海陆军队几乎都遭到摧毁，他们自己也险些无法全身而退，更不必说亚历山大发动的战争以及他留下遗嘱要把整个民族置于一位继承者的管辖之下了。③

9. 在此之后过了很久，其间罗马国家先是由执政官们统辖，后来又由恺撒们治理。这些民族不时与我们作战，有时双方旗鼓相当，有时他们遭到征服，不过他们偶尔也会取得胜利。

10. 只要情况允许，我将简要描述这个国家的位置。这些地区地域辽阔，④全都沿着波斯湾延伸。波斯湾中有许多岛屿，岛上民族众多。这片大海（他们这样称波斯湾）的出口非常狭窄，以至于站在卡尔曼尼亚的霍尔木兹（Harmoz）海岬上，能轻而易举地看到它对面当地人称作马塞斯（Maces）的海岬。11. 你穿过这座狭窄的海峡后，大海扩展开来，沿着它可以航行至特雷顿（Teredon）城。⑤幼发拉底河在消耗许多水量后在这里与深水交汇。⑥整座海湾的海岸长达20000斯塔迪亚，它呈圆形，仿佛加工过一样。海岸沿途，城市和乡村星罗棋布，众多的船只往来穿梭。12. 越过上述海峡后，你就到了朝向东方的卡尔曼尼亚海湾。接着，向南行进很长一段路程后，就会到达坎提库斯湾（Canthicus）。距它不远处是另一座海湾，名叫卡里特斯（Chalites），这

---

① 参见 Hdt. i. 214; Just. i. 8, 9 及以下内容。
② 他在赫勒斯滂海峡上架桥时改变了水的用途，开挖穿过阿陀斯（Athos）海岬的运河时改变了陆地的用途。
③ 无论在库尔提乌斯、阿里安的文本中，还是在狄奥多罗斯·西库鲁斯的文本中都没有提到这一遗嘱。
④ 居鲁士统治时期的疆域，见 Xen., Cyrop. viii. 7, 7; 参见 i. 1,4; 大流士·希斯塔斯皮斯（Darius Hystaspes）统治下的疆域，见 Hdt.iii. 88。
⑤ 在巴比伦尼亚境内。
⑥ 幼发拉底河在流入波斯湾之前与底格里斯河交汇。"消耗"指的是幼发拉底河在奔流过程中因冲积物而水量减少。

座海湾朝向太阳落山的方向。接下来，你绕过很多岛屿（其中的一小部分为人们所熟知）后，那些海湾与印度洋连成一片。太阳升起后，灿烂的阳光最先洒向这座大洋，它的海水也非常温暖。13. 地理学家们勾画了它的形状，刚才描述的全境呈现这样的轮廓：在北方，它延伸到卡斯皮亚门户（Caspian Gates）[①]，与卡都西伊人（Cadusii）、西徐亚人的许多部落、野蛮的独目人亚里玛斯皮斯人（Arimaspæ）等所在的地区接壤；在西方，它与亚美尼亚、尼法特斯（Niphates）[②]、亚细亚的阿尔巴尼人（Asiatic Albani）所在的地区、红海[③]、斯科尼提克·阿拉伯人（Scenitic Arabs）（后世人们称其为萨拉森人[④]）所在的地区相邻；在南方，它俯瞰美索不达米亚平原；在东方，它延伸至恒河流域。恒河流经印度，注入南部大洋。

14. 现在，在波斯全境由维塔克塞（vitaxae）或骑兵长官、国王、总督治理的较大的行省——列举数量众多、规模较小的行政区域存在困难，也毫无必要——也即亚述、苏西亚纳、米底、波西斯（Persis）、帕提亚、大卡尔曼尼亚、赫尔卡尼亚（Hyrcania）、马尔吉亚纳（Margiana）、巴克特里亚、索格迪亚纳、萨卡（Sacae）、伊玛乌斯（Imaus）山[⑤]脚下的西徐亚，以及同一座山之外的塞里卡（Serica）、阿里亚（Aria）、帕罗帕尼萨戴（Paropanisadae）、德兰吉亚纳（Drangiana）、阿拉科西亚（Arachosia）和格德罗西亚（Gedrosia）。

15. 在所有行省中，亚述离我们最近。它以地域广阔、人口庞大、物产丰富且种类繁多著称于世。这个行省曾经地域广袤，民族众多，[⑥]后来合并于一个名字之下，现在整个地区被称作亚述。这里除了大量丰富的浆果和常见的水果之外，索辛吉提斯湖（Sosingites）附近还产出沥青。底格里斯河潜入索辛吉提

---

① 陶鲁斯山中的通道，位于帕提亚和米底之间。
② 亚美尼亚境内的一座山。
③ 红海（波斯湾）位于波斯帝国的南方或西南方。参见 Pliny, *N. H.* vi. 112, *a meridie*, 美索不达米亚位于西方。
④ 参见 xiv. 4, xxii. 15, 2。
⑤ 喜马拉雅山。
⑥ 它包括亚述、巴比伦尼亚和美索不达米亚。

斯湖的湖床，在地下奔流了很长一段距离①后又涌出地面。16. 这里还出产石脑油，它是类似树脂的一种黏性物质。这种物质也与沥青相似。如果一只小鸟落在上面，将无法飞翔，会没入其中，消失得无影无踪。这种液体着火时，人们除了使用尘土外，没有其他办法把火扑灭。②

17. 在这些地区，大地上有一条裂缝，③裂缝中升腾着一种致命的蒸汽，蒸汽散发的恶臭能毁掉靠近它的一切生物。如果这种有害气体从一种深井中升腾起来，它升出井口未至高空之前就广泛散布开来，其恶臭将使周围的地区变成一片荒漠。18. （如一些人所说），先前在福瑞吉亚（Phrygia）的希拉波里斯有类似的孔洞。从孔洞中也冒出有刺鼻臭气的有毒蒸汽，靠近它的一切都受到破坏，唯独宦官不受其害，至于其中的原因，要留给自然哲学家去探究了。④19. 在卡帕多西亚（据说著名的哲学家阿波罗尼乌斯⑤就出生在提亚纳镇附近）的朱庇特·阿斯巴玛乌斯（Jupiter Asbamaeus）神庙中有一口水泉，泉水自水池中涌流。现在水池充满了大量的水，之后，水泉又把水吸了回去，所以泉水永远不会溢出水池的边沿。⑥

20. 这一地区的阿迪亚贝纳（Adiabena）在古代被称作亚述，经过长期的变迁才有了这个名字，这是因为它位居可以通航的奥纳河（Ona）与底格里斯河之间，无法通过涉水而到达。我们希腊人称"越过"（transire）为 διαβαίνειν。至少这是古人的观点。21. 不过，就我而言，这些地区有两条奔流不息的河流迪亚巴斯河（Diabas）与阿迪亚巴斯河（Adiabas）⑦，我亲自跨过这两条河，⑧河上有用船搭建的渡桥。因此，阿迪亚贝纳的名字可能源自那两条河，就如根据

---

① Justin. xlii. 3, 9 说，它在地下奔流了 25000 斯塔迪亚。

② 参见 xxiii. 4, 15。

③ 参见 Lucr. vi. 756ff。

④ 参见 Dio. lxviii. 27, 3; Pliny, *N. H.* ii. 208。

⑤ 卡帕多西亚提亚纳的这位自封的哲学家，以其深信自己的魔力或超自然的力量而著称。他生活于公元 1 世纪。菲罗斯特拉图斯（Philostratus）所写的关于他的传记流传于世。见 *Philostratus, L. C. L.*, i. Introd。

⑥ 见 Philost. *Vita Apoll.* i. 6 (*L. C. L.*, i. 15)。

⑦ 瓦勒西乌斯（Valesius）认为，它们是与现在常常被称为扎巴斯河（Zabas）与安扎斯河（Anzabas）相同的河流；只不过 dia 变成了 za。

⑧ 在朱利安（Julian）死后逃亡期间。

荷马的说法，埃及的名字源于大河，①印度和幼发拉特西斯（Euphratensis）［在我生活的时代以前，它被称作科玛吉纳（Commagena）］的名字源于大河一样。与此相同，希贝里亚（Hiberia）［现在的希斯帕尼亚（Hispania）］的名字源于希贝鲁斯河（Hiberus）②，巴埃提卡（Baetica）行省的名字源自壮丽的巴埃提斯河（Baetis）。③

22. 在阿迪亚贝纳有一座城市名叫尼努斯（Ninus）④，它曾统治着波斯，这让曾经最强大的国王、塞米拉米斯（Semiramis）的丈夫尼努斯的名字垂诸久远。这里还有艾克巴特那（Ecbatana）⑤、阿柏拉（Arbela）和高加米拉（Gaugamela）⑥。经过多次战役之后，亚历山大在阿柏拉和高加米拉的激战中推翻了大流士。

23. 不过，在亚述全境有许多城市，其中有阿帕梅亚（Apamia）［以前被称作梅塞纳（Mesene）⑦］、特雷顿、阿波罗尼亚和沃罗吉西亚（Vologessia）。众多相似的城市引人注目，不过（以下）这三座城市尤其伟大，广为人知：巴比伦，⑧塞米拉米斯用沥青修筑了它的城墙⑨（古代国王贝鲁斯修建了城堡）；泰西封（Ctesiphon），瓦尔达涅斯（Vardanes）⑩在很久以前建造了这座城市，后来的国王帕科鲁斯（Pacorus）⑪修筑了城墙，向城中新迁了居民，增强了它的力量，还赋予它一个希腊名字，让它成为波斯王冠上的明珠；最后是塞琉西亚，它是塞琉库斯·尼卡特的杰作。24. 这座城市被维鲁斯·恺撒（Verus Caesar）

---

① 荷马称尼罗河（Nile）为 Aegyptus，参见 xxii. 15, 3。
② 埃布罗河（Ebro）。
③ 瓜达尔基维尔河（Guadalquivir）。
④ 也被称作尼尼微（Nineve），参见 xxviii. 7,1。
⑤ 同样还有米底城。
⑥ 高加米拉是阿柏拉附近的一座小村庄，正是在这里发生了战役，不过这场战役常常被称为阿柏拉战役。
⑦ Pliny, *N. H.* vi. 132，区分了阿帕梅亚和梅塞纳。参见 xxiv. 3, 12；关于特雷顿，参见 Pliny, vi. 145。
⑧ 狄奥多罗斯·西库鲁斯（ii. 9, 9）说，在他生活的时代，巴比伦几乎完全被毁。波桑尼亚斯（Pausanias）(viii. 33, 3)说，仅剩城墙和贝鲁斯（Belus）神庙依然矗立着。
⑨ 参见 Curtius, v. 1, 16 和 25。
⑩ 关于瓦尔达涅斯，我们无从知晓。
⑪ 帕科鲁斯似乎是奥罗德斯（Orodes）国王的儿子，曾被文提狄乌斯击败。

的将领们攻占时（如我以前所述），①阿波罗·科玛乌斯（Apollo Comaeus）的神像遭到拆除，并被运至罗马。众神的祭司们把这尊神像竖立在帕拉丁山阿波罗的神庙中。据说这尊神像遭劫走后城市被烧毁。士兵们抢劫神庙时发现了一条狭窄的缝隙。他们拓宽缝隙，希望找到一些宝物。不过，用迦勒底人的神秘技艺封闭在神殿中的瘟疫病菌喷发而出，它们后来产生了无法医治的毒性，在维鲁斯时代以及马尔库斯·安托尼乌斯（Marcus Antoninus）时代流行，导致了大量的人死亡，从波斯边境到莱茵河与高卢的所有大道都难以幸免。②

25. 在这些地区附近，是迦勒底人生活的地方。迦勒底人是古代哲学之母——正如他们自己所说的那样——真正的占卜之术最先在他们那里出现。穿越那些地区最重要的河流，除了我已经提到的之外，还有马尔塞斯河（Marses River）、罗亚尔河（Royal River）③与幼发拉底河。幼发拉底河分成三条支流，都可以通航。它们还形成了几座岛屿。通过农民的勤劳，田地能得到充分浇灌，为耕作和林木栽培做准备。

26. 苏西亚尼人（Susiani）生活的地区与迦勒底人所在的地方相邻。苏西亚尼人的城市不多，其中有名的有苏萨（Susa）、阿尔西亚纳（Arsiana）、塞勒（Sele）和阿拉卡（Aracha）。苏萨常常是国王们的居所。④其他的城市规模小，少为人知。另一方面，这一地区有许多河流，它们中最著名的是奥罗亚特斯河（Oroates）、哈拉克斯河（Harax）与摩萨乌斯河（Mosaeus）。后者沿着将卡斯皮亚海与红海分离开来的狭窄沙质地带奔流，河水溢出河岸形成了为数众多的池塘。

27. 米底在苏西亚尼人所在地区的左侧，它濒临赫尔卡尼亚海。⑤关于这

---

① 在丢失的一卷中。参见 Capitolinus, *Verus*, 8, 3。
② Capitolinus, *Marcus Antoninus*, 13, 3-6。
③ 实际上，它是一条运河，参见 xxiv. 6, 1，它在当地的名称是纳尔玛尔查（Naarmalcha）。
④ 国王们冬天在苏萨或巴比伦［有时在巴克特拉（Bactra）］居住，夏季在埃克巴特纳（Ecbatana）生活。参见 Strabo, *Geography*, xi. 13, 1, 5; xv. 3, 2。
⑤ 赫尔卡尼亚海是卡斯皮亚海的一部分。

个行省，我们了解到，在老居鲁士（elder Cyrus）统治和波斯的力量崛起之前，它是整个亚细亚的女王。米底推翻亚述①后，亚述靠征服获得的许多行省都更名为阿格罗帕特纳（Agropatena）。28. 米底是一个好战民族，不过它最畏惧与之相邻的帕提亚人，因为他们唯独无法战胜帕提亚人。米底的版图呈长方形。整体而言，当地的居民生活在最广阔的地区，境内有陡峭巍峨的山脉，他们称之为扎格罗斯山（Zagrus）、奥隆特斯山和伊亚索尼乌斯山（Iasonius）。② 29. 生活在高耸的科罗努斯山（Coronus）③西侧的居民，拥有肥沃丰产的土壤，众多的谷物田地和葡萄园，④丰富的河流与清泉资源。30. 米底人绿色的牧场产出骏马，他们的主将骑上骏马，英勇无比地投入战斗（古代的作家这样说，我也亲眼所见）。米底人将这些马称为尼西亚（Nesaean）。⑤ 31. 因此，米底拥有众多的城市和修建得如市镇的村庄，拥有数量庞大的居民。（简而言之），它是国王们最富饶的居所。

32. 在这些部分中有玛吉人（Magi）肥沃的土地。关于玛吉人的教派和信仰——既然我们恰巧论及这一问题——稍做解释是合适的。根据柏拉图的说法，崇高理念最卓越的创造者，以神秘的哈吉斯提亚（hagistia）⑥为名的巫术（magic），是对众神最纯粹的敬拜。它起源于迦勒底人神秘的学问。在过去漫长的时代中，巴克特里亚人索罗亚斯特（Zoroaster）为这一知识做出了许多贡献。在他之后，大流士的父亲、智慧的希斯塔斯皮斯⑦也做出了贡献。

---

① 发生在亚述王萨尔达纳帕鲁斯（Sardanapalus）统治时期。公元前876年，在阿尔巴克斯（Arbaces）的领导下推翻了亚述。

② 它们都是陶鲁斯山的支脉。

③ 在帕提亚境内。

④ Polybius, v. 44, 1.

⑤ 参见 Herodotus, vii. 40; Strabo, xi. 13, 7; 14, 9. 其他人说这些马仅用于国王的御驾。

⑥ 用于指查拉图斯特拉（Zarathustra），波斯伊朗当地宗教的创建者，流行于公元前559年至公元636年。希腊罗马作家们把他的出生地归于多个地方，他的宗教信仰也在这些地方传播。它很可能是在巴克特里亚或者西部伊朗。他生活的时代也不确定，亚里士多德把时间定在柏拉图去世前6000年之前（Pliny, N. H. xxx. 2），其他人把时间定在了公元前1000年。

⑦ 希斯塔斯皮斯不是国王。其他人把一位所生活时代要早得多的希斯塔斯皮斯当作巫术的老师。

阿米亚努斯·马尔凯利努斯《晚期罗马帝国史》（选译）

33. 索罗亚斯特贸然进入上印度（Upper India）的未知地区，来到了林木繁茂的荒野中。他镇静自若，征服了婆罗门掌控的高傲的智者。索罗亚斯特竭尽所能学习他们的学说，掌握支配大地和星辰运行的规律以及纯洁的祭礼。他把所学的部分内容融入玛吉的知识之中。玛吉把这些知识和占卜未来之术一代代地传至后世。34. 从那时开始，经过许多代延续到今天，拥有同一血统的一大批人一直献身于服务众神的事业。① 玛吉也说（如果相信他们所言正确的话），他守护着上天赐给他们国家的永恒火焰，常常把其中的一小部分作为吉兆呈现给亚细亚的国王们。35. 在古代，具有这一出身的玛吉的数量很少，波斯君主们祭拜众神时常常让他们进行服务。在其中的一名祭司以一套祈祷仪式洒酒祭奠之前，靠近祭坛或接触祭品是罪恶之事。不过，他们的数量逐渐增多，形成一个强大的集团，并且有自己的名称。他们拥有乡村居所，不过这些居所没有围墙护卫。他们可以遵循自己的规则生活，因为人们对宗教的敬意而深受尊敬。36. 正因为玛吉的这一起源，如古代记录所述，冈比西斯死后，七个人登上了波斯王位，不过，我们得知他们被大流士的集团推翻了。大流士通过一匹马的嘶鸣声让自己成为国王。②

37. 距这里不远的地方产出米底油（Medic oil）。如果在投射物上涂抹这种油，用松弛的弓略微缓慢地（迅疾飞驰火焰就会熄灭）发射出去，无论射中何处都会燃烧起来。倘若试图用水浇灭火焰，反而会使火着得更旺。用尘土覆盖火焰能将它扑灭，除此之外别无他法。38. 现在，使用如下方法制作这种油。精通这些业务的技师取来普通的油，把它与某种牧草混合，通过长时间放置让油变稠，直到它从材料中获得了魔力。另一种产自波斯当地的黏稠的油，（我已经谈到过）③ 在当地语言中叫作石脑油。

39. 在这些地区散布着许多城市。其中最大的城市为佐姆比斯（Zombis）、

---

① 他们的祭司之职世袭，从父亲传至儿子。
② "七个人"指的是公元前512年密谋对付篡位者塞尔米迪斯（Smerdis）的那些人，其中就有大流士。他们一致同意，谁的马率先嘶鸣，谁就应当成为国王。大流士通过自己马夫奥埃巴勒斯（Oebares）的伎俩，被选为国王并一直统治到公元前485年。其他六个人并未登上王位。见 Hdt. iii. 70 及以下内容。
③ 见上文 6, 16。

帕提格兰（Patigran）和加扎卡（Gazaca）①。赫拉克里亚（Heraclia）、阿尔萨基亚（Arsacia）、攸罗波斯（Europos）②、库罗波里斯（Cyropolis）和埃克巴特纳③城墙厚坚，非常富有，引人注目。它们都坐落在伊亚索尼乌斯山脚下，位于叙罗米底（Syromedi）④境内。40. 这一地区有许多河流，其中科亚斯皮斯河（Choaspes）、古德斯河（Gyndes）⑤、阿玛尔都斯河（Amardus）、卡林达河（Charinda）、冈比西斯河与居鲁士河最大。居鲁士河宽阔而美丽，可敬的国王老居鲁士匆匆行军去攻占西徐亚人的王国时，赋予它这样的名字，以取代旧名。因为它非常"英勇"（居鲁士也被认为异常勇敢），以雷霆万钧之势（就如他自己那样）奔流至卡斯皮亚海。

41. 老波斯（Old Persia）濒临大海，在上述地区之外，向南方延伸得更远，这里富产小水果⑥和海枣，有丰富的优质水源。有许多河流穿过老波斯注入上述海湾。在这些河流中，最大的是巴特拉迪特斯河（Batradites）⑦、罗格玛尼乌斯河（Rogomanius）、布里索亚纳河（Brisoana）与巴格拉达河（Bagrada）。42. 不过，内陆城市规模较大——他们没有在海岸沿途建设名城，其中的原因不得而知——其中著名的城市有波塞波利斯⑧、阿尔迪亚（Ardea）、哈布罗亚提斯（Habroatis）和特拉格尼塞（Tragonice）。不过，仅能在这一地区见到三座岛屿：塔比亚纳（Tabiana）、法拉（Fara）和亚历山大里亚。

43. 帕提亚人生活在北方，距此不远。他们所在的地区覆盖着积雪和冰霜。科亚特里斯河（Choatres）贯穿全境，它比其余的河流更丰产。下面这些城

---

① 阿特罗帕特纳（Atropatene）的首府，斯特拉波和普林尼称之为加沙（Gaza）。
② 根据斯特拉波的说法（Strabo, *Geography*, xi. 13, 6），阿尔萨基亚和攸罗波斯是同一座城市，也叫作卡加（Khaga）或卡加埃（Khagae）。
③ 参见 Hdt. i. 98; 现在的哈马丹（Hamadan）。
④ 它是米底的一部分，在波斯（Persia）的前方。
⑤ 这条河在叙利亚境内，不在米底。
⑥ 水果和豆类蔬菜。
⑦ 对这条河一无所知。显然，它是苏西亚纳境内的阿罗西斯河（Arosis）。
⑧ 城中有令人震惊的废墟。其他的城市我们一无所知。阿米亚努斯漏掉了波塞波利斯之后的第二大城市帕萨加代（Pasargada），或者阿尔迪亚是帕萨加代的讹误。

市比其他城市更重要：欧诺尼亚（Oenunia）、摩埃西亚（Moesia）、卡拉克斯（Charax）、阿帕梅亚（Apamia）①、阿尔塔卡纳（Artacana）与赫卡托摩皮罗斯（Hecatompylos）②。有人测算，从赫卡托摩皮罗斯沿卡斯皮亚海道至卡斯皮亚门户为1040斯塔迪亚。44. 在那里，所有地区的居民都野蛮而好战，他们从战争和冲突中获得欢愉。谁在战争中牺牲，就会被视为最幸福的人；谁若自然死亡，就会受到侮辱性攻击，被视为颓废之徒和懦夫。

45. 在这些地区的东南边境，生活着"幸福"的阿拉伯人③，之所以有这样的名字，是因为他们物产富饶，牲畜成群，盛产海枣，香料种类繁多。他们的一大部分地区右侧濒临红海，左侧与波斯海相接。人们懂得如何充分利用自身在两方面的优势条件。46. 在海岸地带，有许多停泊处，也有无数安全的港口；有接连不断的贸易城市，也有国王们装饰得富丽堂皇的宫殿；有疗效显著的天然温泉，也有数量极为丰富的溪水河流，还有有益健康的气候，以至于人们认为，他们显然不缺乏达到至上幸福的一切条件。47. 阿拉伯人在海岸沿途和内陆有大量的市镇，并且还有丰产的平原和谷地。他们一等的城市有吉亚波里斯（Geapolis）、纳斯克斯（Nascos）、巴拉巴（Baraba）、纳加拉（Nagara）、玛埃菲（Maephe）、塔弗拉（Taphra）和狄奥斯库里斯（Dioscuris）④。此外，在两座海之间靠近海岸的地方，散布着许多岛屿，不过，并不值得一一列举。在它们中，最著名的是图尔加纳（Turgana）⑤，据说在岛上有一座伟大的塞拉皮斯（Serapis）神庙。

48. 阿拉伯人的边境以外是大卡尔曼尼亚。它延伸至印度洋，地势高耸，境内有巍峨的山峰。这一地区物产丰富，果子充裕，不过就名声和地域广度而言远逊于阿拉伯。然而，它河流众多，土地肥沃，（可以与阿拉伯相媲美）。

---

① 希腊人建立的城市。
② 阿尔萨塞斯的首都和居住地。它的名字源于四面八方有为数众多的道路通达那里。
③ 阿拉伯不属于波斯，在上述省中也未曾被提及。阿拉伯·菲利克斯（也门，Yemen）与半岛北部的阿拉伯沙漠和阿拉伯·佩特拉形成对比。
④ 这是索克特拉岛（Socotra），它远离阿拉伯海岸。
⑤ 现在的奥尔穆兹（Ormuz）。

49. 在河流中，比较著名的有萨加鲁斯河（Sagareus）、萨加米斯河（Saganis）与叙德里亚库斯河（Hydriacus）。大卡尔曼尼亚地区也存在城市，尽管数量较少，但却拥有丰富的可以保持幸福生活的一切资源。其中著名的城市有卡尔曼纳（Carmana）、波尔托斯帕纳（Portospana）、亚历山大里亚和赫尔姆波里斯（Hermupolis）。卡尔曼纳是其他所有城市的母城。

50. 继续向内陆行进，你就会到达赫尔卡尼亚人（Hyrcanians）那里。他们所在的地区濒临同一片大海。① 赫尔卡尼亚人的土地贫瘠，种子无法发芽，农业不受重视。他们以狩猎为生，猎物种类繁多，数量极为丰富。他们这里还有成千上万的老虎和数不清的其他野兽。我记得很久以前描述过人们经常使用何种工具去捕获它们。② 51. 不过，尽管如此，他们仍然熟悉耕作，还在土地较肥沃的地方进行套种。在适合种树的地方也有小树林。许多居民以从事海上贸易为生。③ 52. 这一地区有两条河为人们所熟知，它们是奥克苏斯河（Oxus）与马克塞拉河（Maxera）。老虎有时会因饥饿而游过河流，给附近地区造成巨大的意外损失。当地有市镇，也有一些大城市，其中索坎达（Socanda）和萨拉曼纳（Saramanna）位于海滨，阿斯穆纳（Asmurna）、塞勒（Sale）以及比它们有名的赫尔卡纳（Hyrcana）地处内陆。

53. 与这一民族相对的北方，则是阿比伊人（Abii）的居所。他们是最友善的民族，常常蔑视一切不好的事物。正如荷马在他的史诗中所唱的那样，朱庇特从艾达山（Ida）上饱含恩情地俯瞰着他们。④

54. 玛尔吉亚尼人（Margiani）在赫尔卡尼亚人之后的地方建立了家园。这个民族完全被高山环绕，因此也与大海隔绝。尽管他们的土地因缺水成为一片沙漠，但他们也有一些市镇，其中伊亚索尼昂（Iasonion）、安提奥基亚（Antiochia）⑤ 和尼加亚（Nigaea）⑥ 比其余的市镇更为有名。

---

① 卡斯皮亚海的一部分。
② 在丢失的一卷中。参见 Mela, iii. 5, 43; Pliny, *N. H.* viii. 66; Ambros., *Hexam*. Vi. 4。
③ 商人们从帕提亚出发，取道卡斯皮亚门户进行贸易。
④ 参见 *Iliad*, xiii. 6, 在第 62 节中有引用。
⑤ 由塞琉库斯的儿子安提奥库斯创建。
⑥ 现在的赫拉特（Herat）。

55. 与玛尔吉亚尼人所在地区相邻的地方归巴克特里亚人所有。巴克特里亚人先前好战且非常强大，与波斯人不和。后来，他们使周围的所有民族都俯首称臣，并将其并入自己的名下。在古代，巴克特里亚人由国王们统治，这些国王甚至让阿尔萨塞斯心生敬畏。① 56. 这一地区的许多部分就像玛尔吉亚纳一样，距离海岸遥远但却植被繁茂。平原和山间草场上的牧牛肥硕，四肢强壮，犹如骆驼一样。米特里达梯（Mithridates）从那里带走了牧牛，罗马人在围攻库吉克斯（Cyzicus）时，第一次见到了它们。57. 有几个民族臣服于这些巴克特里亚人，其中有名的是吐火罗人。与意大利相似，吐火罗境内有许多河流。在这些河流中，阿尔塔米斯河（Artamis）与扎里亚斯皮斯河（Zariaspes）首先汇流，奥库斯河（Ochus）与奥尔格曼涅斯河（Orgomanes）也交汇在一起。它们汇流后注入奥克苏斯河，使它的河水汹涌澎湃。58. 这一地区境内也有其他滨河城市，不过他们认为，以下城市更为卓越，也即卡特拉卡尔塔（Chatracharta）、阿里科德拉（Alicodra）、阿斯塔提亚（Astatia）、梅纳皮拉（Menapila）和巴克特拉（Bactra）。这个王国和民族的名字也源于巴克特拉城。

59. 接下去是索格迪亚人（Sogdiani）。索格迪亚人居住在他们称之为索格迪伊山（Sogdii）的山脚下。阿拉克萨特斯河（Araxates）② 与戴玛斯河（Dymas）贯穿他们所在的地区。这两条河都可以行船通航。它们汹涌奔流，越过高山峡谷，进入平原地区，形成了一座湖泊。这座湖泊名叫奥克西亚（Oxia），湖面广阔。在当地的市镇中，亚历山大里亚、库里斯卡塔（Cyreschata）③、梅特罗波里斯（metropolis）和德勒普萨（Drepsa）比较有名。

60. 与索格迪亚人相邻的是萨卡人（Sacae）。他们是一个野蛮部落，生活在丘陵地带。这里没有城市，牛是唯一盛产的牲畜。在他们境内，阿斯卡尼米亚山（Ascanimia）和科梅都斯山（Comedus）拔地而起，陡峭险峻。一条长道

---

① 尤斯廷（Justin, xli. 4, 5）说，巴克特里亚王国在帕提亚人之前不久由狄奥多图斯创建。在 xli. 4, 7 中，他称这个王国有 1000 座城市。在经过许多战役之后，它最终臣服在帕提亚人的统治之下。

② 可能是伊亚克萨尔提斯河（Iaxartes）；见 Curtius, vii. 6, 19-21。

③ 其他古典作家称之为库罗波里斯（Cyropolis），被亚历山大摧毁。参见 Arrian, *Anab.* iv. 2, 2f。

沿着它们的山基延伸，经过一座名叫里提诺斯·皮尔格斯（Lithinos Pyrgos）①的村庄后伸向远方。商人们常常沿着这条线路前往塞里斯人（Seres）所在的地区。

61. 在当地人所说的伊玛维山（Imavi）和阿普里伊山（Apurii）山坡沿途和山脚下，有众多西徐亚人的部落生活在波斯境内。这些部落所在的地区与亚细亚的萨尔玛提亚人（Sarmatians）生活的地区接壤，并延伸至哈拉尼人（Halani）最远的一侧。这些居民仿佛生活在世界的一个角落里，广泛散布，孤独成长，习惯于食用普通和粗糙的食物。62. 在这些地区，还生活着许多其他部落，不过，我想目前列举它们是多余之举，因为我很快就要论述另一个主题了。仅需知晓以下信息：在这些民族中，有一些友好而和善，比如伊亚克萨尔塔埃人（Iaxartae）和加拉克托法吉人（Galactophagi）。②诗人荷马在诗行中提到过他们："加拉克托法吉人和阿比伊人，是正直的人们。"③不过，因为他们所在的地区十分崎岖陡峭，几乎难以到达那里。

63. 这一地区有许多河流，它们要么汇入大河，要么自己流入大海。在它们之中，里姆斯河（Rhymmus）、伊亚克萨尔特斯河（Iaxartes）与戴库斯河（Daicus）比较著名。不过，这一地区仅有三座有名的城市，也即阿斯帕波塔（Aspabota）、考里亚纳（Chauriana）和萨加（Saga）。

64. 在两个西徐亚④之外，朝向东方的区域，高墙形成了一个圆圈，环绕着塞里斯人⑤。塞里斯地域辽阔，非常富有，引人注目。在西部，他们与西徐亚人相邻。在北部和东部，他们所在的地区延伸至白雪覆盖的荒漠地带。在南部，他们所有的土地伸展至印度和恒河流域。塞里斯境内有一些山脉，它们名叫安尼巴山（Anniba）、纳扎维基乌姆山（Nazavicium）、阿斯米拉山（Asmira）、埃摩顿山（Emodon）和欧普罗克拉山（Opurocorra）。65. 他们所在

---

① 石塔（Stone Tower）。
② 食牛奶者。
③ *Iliad*, xiii. 6.
④ 欧罗巴的西徐亚和亚细亚的西徐亚。
⑤ 中国人。

的地区，周围是陡峭的悬崖，有辽阔的平原。两条著名的河流奥卡尔提斯河（Oechartis）与鲍提斯河（Bautis）[1]在他们境内缓缓流淌。不同区域的土地有不同的特征，它们时而开阔平坦，时而逐渐递减形成斜坡。因此，他们那里布满了果园，到处是庄稼，遍地是牛羊。66. 在这片肥沃的土地上生活着众多的民族。其中，安特罗波法吉人（Anthropophagi）、阿尼比人（Anibi）、希兹格斯人（Sizyges）和卡尔狄人（Chardi）生活在朝向北方和白雪覆盖的地带。拉班纳人（Rabannae）、阿斯米拉人（Asmirae）和最著名的埃塞顿人（Essedones）居住在朝向太阳升起方向的地区。在与这些民族相邻的西部，则生活着阿塔格拉人（Athagorae）和阿斯帕卡拉人（Aspacarae）。在南部，是居住在高山山麓地带的巴埃塔人（Baetae）。他们以拥有城市而闻名，尽管城市数量不多，但其规模大且非常繁荣。其中最大的城市为阿斯米拉（Asmira）、埃塞顿（Essedon）、阿斯帕拉塔（Asparata）和塞拉（Sera），它们非常美丽，也很著名。67. 塞里斯人过着和平的生活，他们远离武器，不习战争。对于温和与宁静的民族来说，最愉快的事情是安逸，他们不会给任何近邻带来麻烦。塞里斯气候宜人，天空明朗，微风和煦而令人愉悦。这里林木丰富，阳光普照。这些树产出像羊毛一样的东西，塞里斯人经常向这些物质上洒水。他们将羊毛一样的材料搅之于水，抽出非常精细的丝，纺纱并将其织成塞里斯布（Sericum）[2]。从前，这种塞里斯布仅为贵族享用，而如今最低贱者也能使用了。68. 塞里斯人比其他所有民族都更为节俭，他们生活安宁，避免与其他人接触。当陌生人渡江去采购丝线或别的商品时，他们的货物就摆在那里；他们仅以目光估量商品的价值，甚至一句话也不交流。[3] 塞里斯人非常节俭，他们在出售自己的产品时，不买回任何外国产品。

69. 在塞里斯以远的地区生活着阿里亚尼人（Ariani）。他们这里盛行北风。阿里亚斯河（Arias）贯穿全境，它深而宽阔，能够行船。这条河形成了一座面积广大的同名湖泊。并且，在阿里亚（Aria）境内有许多城市，其中下面这些

---

[1] 色楞格河（Selenga）与黄河（Hoang Ho）。
[2] 丝绸。
[3] 参见 Hdt. iv. 196。

城市比较有名，也即维塔克萨城（Vitaxa）、萨尔玛提纳城（Sarmatina）、索提拉城（Sotira）、尼西比斯城（Nisibis）和亚历山大里亚。据估算，从亚历山大里亚航行至卡斯皮亚海，航程有 1500 斯塔迪亚。

70. 与这些地方相邻的是帕罗帕尼萨戴人（Paropanisadae）[1]所在的地区。帕罗帕尼萨戴人的东面是印度人（the Indi），西面是高加索山。他们自己也生活在山麓上。发源于巴克特里亚的格尔多玛里斯河（Gordomaris）流经他们的地区（此外，其境内还有一些较小的河流）。他们也有城市，其中阿加扎卡（Agazaca）、瑙里布斯（Naulibus）和奥尔托斯帕纳（Ortospana）比较出名。从奥尔托斯帕纳出发，沿着河岸到与卡斯皮亚门户相邻的米底边境，里程有 2200 斯塔迪亚。

71. 与上述居民相邻的是德兰吉亚纳人（Drangiani）。他们所在的地区通过一座小山相连。德兰吉亚纳人境内有一条河名叫阿拉比乌斯（Arabius），它因发源地而有了这样的名字。[2]德兰吉亚纳人有一些市镇，其中普罗弗塔西亚（Prophthasia）和阿里亚斯佩（Ariaspe）富有而著名，他们以这两座市镇为傲。

72. 我们发现，阿拉科西亚（Arachosia）在德兰吉亚纳的对面，它的右侧是印度人所在的地区。一条河[3]发源于大河印度河（整个地区以它为名），它比印度河小得多，但却给阿拉科西亚带去了丰富的水资源。这条河形成了一座湖泊名叫阿拉科托斯克里纳（Arachotoscrene）。当地也有一些不太出名的城市，如亚历山大里亚[4]、阿尔巴卡（Arbaca）和科亚斯帕（Choaspa）。

73. 格德罗西亚位于波斯境内的偏远地区，向右侧延伸至印度人的边境。它因受到阿尔塔比乌斯河（Artabius）与其他一些较小河流的浸润而土地肥沃。这里是阿尔比塔尼山（Arbitani）的尽头。发源于山基的其他几条河汇入印度

---

① 或者帕罗帕米萨戴人（Paropamisadae），这样的名字源于帕罗帕米苏斯山（Paropamisus）[兴都库什山（Hindu Kush），与高加索山混淆了]。他们所在地区是从波斯前往印度的通道。

② 在阿拉比人（Arabi）或阿拉比特斯人（Arabites）所在的地区。这个民族具有印度血统。

③ 阿拉科托斯河（Arachotos），阿拉科托斯也是他们首府的名字。

④ 参见 Pliny, *N. H.* vi. 92。

河中，失去了原来的名字。这里也有一些名城，还有部分岛屿，其中拉提拉（Ratira）和吉纳孔·里曼（Gynaecon limen）①最受尊敬。

74. 不过，我们不能离题太远，不会详细描述波斯边境的沿海地带。仅说明从卡斯皮亚山开始沿着北侧延伸至上述海峡的大海有9000斯塔迪亚已经足矣。②据估算，南部边境从尼罗河河口至卡尔曼尼亚有14000斯塔迪亚。

75. 在这大量的居民当中，他们语言各异，民族众多，生活在不同的地方。不过，会从整体上描述他们的身体特征和风俗。他们几乎都很修长，略显黝黑或铅色苍白；眼睛如山羊眼睛一样丑陋，眉毛连在一起并弯成半圆；留着整齐的胡须，但却有长而蓬乱的头发。他们毫无例外地甚至在宴会和节日时携带佩剑。希腊也有这样古老的旧俗，不过根据修昔底德③的权威证据，雅典人首先抛弃了这种习俗。76. 他们中的大部分人纵情欲望，妻妾成群仍不满足。④他们不会与男童保持不道德的关系。⑤每个男子根据自己的财力订立或多或少的婚约，他们的感情因施与众多的对象而变得冷淡。⑥他们竭力避免奢华的宴会，尤其是过度饮酒。⑦除了国王们的饮食外，他们没有固定的进餐时间，仿佛每个人的肚子就是日晷，当它发出信号时，他们就开始吃手头的食物。饱腹后，谁也不会再吃多余的食物。⑧ 78. 他们极为谨慎，因害怕毒药或巫术甚至有时在行军穿越敌人的花园和葡萄园时，不贪求或触碰任何东西。79. 此外，你很少看到波斯人停下来小便或者到一旁小便，⑨他们非常小心地避免这些及其他不当行为。80. 另一方面，他们不受约束，自由散漫，以至于有人认为他们带有女人气质。但实际上，他们是最英勇的战士，不过与其说是勇敢不如说是狡

---

① Γυναικῶν λιμήν "妇女港"（the Women's Port），不清楚名字的起源。
② 见 Strabo, *Geography*, xi. 7 以下内容。斯特拉波并未给出距离长度。
③ i. 6, 1-3.
④ 参见 Hdt. i. 135。
⑤ 也见 Curt. x. 1, 26，不过，根据希罗多德的说法（Hdt. *l. c.*），他们从希腊人那里学来了这一恶习。
⑥ 参见 Sallust, *Jug.* 80, 6-7，关于努米底亚人（Numidians）。
⑦ 色诺芬和阿忒那奥斯（Athenaeus）并不同意这种说法。
⑧ 参见 Hdt. i. 133。
⑨ 参见 Hdt. i. 133；Xenophon, *Cyrop.* viii. 8, 11。

猾，听闻他们的名声就感到害怕。他们爱讲空话，甚至胡言乱语。他们自夸、残酷且无礼，无论在逆境还是顺境中都具威胁性。他们狡诈、傲慢而无情，握有对奴隶和普通民众生杀予夺的大权。他们一点一点地或一下子生剥活人。服侍或侍奉他们进餐的仆人不许开口，说话或吐口水都遭到禁止，甚至到了这样的程度，在皮革铺开后，①谁都不能说话。81.他们尤其敬畏法律，其中惩处忘恩负义者和逃兵的法律特别严厉。不过一些法律令人憎恶，也即那些因一人犯罪而处死所有亲属的法律。②82.法官由已被证明为正直的人充任，他们很少听别人的意见。因此，他们嘲笑我们的习惯，我们时常让精通公法的雄辩之人站在没有法律知识的法官身后。③不过，法官必须坐在因不公而被判处死刑的人身上，这要么是古代的杜撰，要么是曾经的惯例，而很早以前就被抛弃了。83.通过军事训练，通过在我们经常描述的战争和军事演习中不断锻炼，他们甚至让庞大的军队感到恐惧。他们尤其倚重英勇的骑兵，所有贵族和有地位的男子都曾在其中接受磨砺，艰苦服役。至于步兵，他们被装备得像盾斗士（murmillones）④一样，如众多马夫那样服从命令。所有步兵总是跟在后面，仿佛注定永远是奴隶，不曾有薪饷，不曾得到赠礼。这个民族如此勇敢，为了马尔斯的光辉这样训练有素，如果没有接连不断受到内外战争的困扰，除了完全被其征服的那些民族外，他们还会将其他许多民族置于自己的统治之下。84.他们中的大部分人穿着色彩斑斓、闪闪发光的衣服，尽管他们的衣服前方和两侧敞开，在风中会随风飘摆，但从头到脚，他们不会露出任何皮肤。他们在战胜吕底亚和克罗埃苏斯（Croesus）⑤之后，才开始习惯于佩戴黄金臂钏、项链、宝石和珍珠。他们这里大量出产珍珠，因此这种饰品尤为流行。

85.接下来，我简要地谈一谈珍珠的形成。在印度人和波斯人那里，人们能够在坚硬的白色海贝中找到珍珠。珍珠形成之前与露珠混合，并需经过一定

---

① 开始进餐时盖在餐桌旁边的长椅上。这些皮革装饰精美，价值很高。
② 例如，当国王遇刺时。
③ 目的在于提示他们。
④ 一种角斗士。他们依照高卢人的方式进行装备，配有椭圆形小盾牌，但没有护臂和护胫甲。
⑤ 公元前546年。

年限的孕育。在那时，它们仿佛需要交尾，不停地开合以吸收经月光照射的水汽。这样，海贝孕育了珍珠，每个海贝生成二至三颗小珍珠，要么就形成"球形珍珠"（uniones）。之所以被称为"球形珍珠"，是因为打开海贝时，有时会发现仅产生了一颗珍珠。不过，那样的情况下，珍珠的个头儿比较大。86. 珍珠起源于天上而不是从大海中获取营养得到孕育。其证据之一便是，早晨的露珠落在珍珠上，会使它们圆润而光彩夺目；不过，与此相反，傍晚的露珠落在珍珠上，会让它们有不规则的形状，呈现红色，有时还带有斑点。它们因吸收露珠的质量高低，随条件变化而变大或变小。海贝常常因害怕雷雨而闭合贝壳，要么产出有瑕疵的宝石，要么根本不形成任何宝石，或者无论如何，因"夭折"而逐渐消失。87. 采珍珠很困难，也很危险，当然它们的价格很高。这是因为，海贝会避开人们经常光顾的海岸，以躲过采珍珠者布下的罗网，如一些人认为的那样，它们隐藏在孤岩之下和鲨鱼的巢穴之中。88. 众所周知，不列颠海幽静的海湾中有这种珍珠，并且那里是它们的集中地，不过，它们没有上述珍珠的价值高。

（译文选自 *Ammianus Marcellinus*, with and English translation by John C. Rolfe, in three volumes II, Cambridge, Massachusetts: Harvard University Press; London: William Heinemann Ltd. MCMLXXXVI, XXIII, 6. 1-88, 1940。武晓阳译）